总 序

在人世生活中寻求法意

——“法意文丛”总序

去岁中，周赟君来信告诉我，厦门大学出版社拟出版一套以法学理论和法律史学术论著为收录对象的学术文丛，问我有没有意向组织书稿、担任主编。我回信说容我思考数日再说。若干天后，他又来信询及此事，我回信说最好见过出版社相关人员后再作决定。去岁中秋期间，我亲赴厦门，和该社负责这套丛书的编辑甘世恒君详细磋商了有关细节，决定组织并编辑这套丛书，并把丛书命名为“法意文丛”。

之所以选择这一丛书名，一为遵循法理、法史探索之宗旨，二为倡导在生活意义中探寻法理意义。众所周知，自从严译《法意》以来，这个多少带有浪漫色彩、但又不乏中性温情的词汇，就在中国法律学人心中，有了其独特的地位——它一反法律就是专政工具、就是刑杀镇压一类“词的暴政”，而道出了法律以勾连交往行为中人们的日常生活为使命这一真谛。法律不是日常生活的外在之物，而是日常生活方式的规范提纯、精神萃取，从而成为日常生活的内在构成性因素。然而，验之以学术史，这种对法意的理解框架并非一以贯之。一方面，所谓神意论、自然精神论、理性论等等，都给法律涂抹了一层神圣的光环，从而使法律为什么有权威这样的现实考虑有了预设和保障。另一方面，所谓法律虚无论、阶级意志论、主权者命令说等等，又把法律从天庭拉到凡世，不仅如此，而且法律不过是实践人间既得利益者需要的工具，是当权者随其所需任意打扮的婢女，因之法律进入令文人不齿的境地，这不禁令人想起苏轼"读书不读律"的遗训。此种情形，为有人借机打破人间一切法律秩序，作好了前提性准备。

介于两者之间的，乃是把法律作为一种社会—政治契约。法律就是选民和选民、选民和政府间达成的社会—政治交往的契约，是社会—政治交往的规范构成要素，人类只要不能舍弃社会—政治交往，也就无法舍弃法律。所以，法律是社会构造的必要性和构成性因素，而非选择性和权宜性因素；法律是主体交往行为的规范根据，而非镂刻在精美石头上的装饰物；人因为法律所布置的交往路线和逻辑构图而显示其存在，显示其主体身份，取消了这一交往路线和逻辑构图，势必就模糊了人存在的意义，消隐了人的主体身份。这样，法律就摆脱了被置诸神界的虚无缥缈，也摆脱了被置诸魔界的面目狰狞。法律回到了它应有的生活场景——法律是人们日常生活不可或缺的构成性因素。所以，法律既是世俗的，它强调以清晰的概念表达"群己权界"；也是值得"信仰"的，因为人类离开法律，其交往就会事倍功半。

当下我国对法意的处理，一面是想方设法将其意识形态化，"依法治国，建设社会主义法治国家"的响亮口号，成功地从法学家的意识形态走向官方意识形态。不时自我表扬一番"我们是法治国家"，既是表扬者的时髦，也可以隐约看出其对法治的某种崇仰，或者至少在其看来，法律和法治不会是什么坏东西。于是乎，法治、法律之类，俨然再度显示出其神圣面貌。另一面却自觉不自觉地将其工具化，譬如广受学界质疑的所谓法治"五句话"，对世所公认的法治原则视而不见，转而以"权治"精神，解构法治理念，从而法律及法治又轻飘飘自天庭落入凡世。遗憾的是，此番落入凡世的法律，并非世人必须之交往规范，而只是强化一元化领导的一种可替代的手段。

【法意文丛】

总主编 谢晖

沟通理性与法治

Communicative Rationality and Rule of Law

◎谢晖 著

国家一级出版社
全国百佳图书出版单位

一旦公民利用这种手段从事“合法斗争”，便立马会遭到“依法办事，不是说几毛钱的纠纷也要诉诸法院”一类的无理指责！这样，法治这个标签就如同当年的人权一般，只剩下在国际社会对敌斗争的场合，偶露峥嵘。由此必然导致的结局是当年西北政法学院图书馆前的一幅雕塑所引发的、流传法学界已多年的那个隐语：“宪法顶个球”——法律虚无论又隐隐死灰复燃，教化意识形态和权术治理又想方设法，粉墨登场。

这一切，自然表达的也是一种“法意”，但和近代以来法学家心目中的法意以及法治实践中的法意大相径庭，也表明，按照日常生活之规范需要，对法意的继续探寻和深入钻研，依然是法学家任重道远的使命。如何按照世俗生活的要求，撷取法意，又以法意之内容，安排世俗生活，使世俗生活和法律精神相得益彰——以世俗生活彰显法律精神，以法律精神光照世俗生活，让人们生活在自治、自由、文明、有序的法律交往体系中，既是法学家的使命所在，也是全体公民之福祉所系。

本丛书即着眼于此种追求。书稿标准，唯学术是尚，不论大腕名流，抑或无名小卒，倘可提供自生活之活水源头，求索法意之学术作品，概可纳入计划。选题范围，可着眼宏大，可着手细微，宏则法治路线、法律传统，微则法条诠释，疑案精解，只要源于生活，富含法意，皆入选题范围。研究方法，可崇尚思辨，可奉行实证，无论逻辑辨驳，还是事实白描，但能反映生活，突出法意，尽在欢迎之列。期待相关有志者，能贡献一家之言；也期待作者、编者和出版者锲而不舍，能助窥天人之际。

是为序。

陇右天水学士 **谢 晖**

序于公元 2011 年 4 月 10 日

序 言

沟通理性与法治

自从第二次世界大战以来，尽管世界上仍不乏强权和战争，但无论如何，我们进入了一个沟通的时代，不论在国际交往中，还是在内国事务中；不论在公共安排上，还是在私人活动中，人们诉诸对话、协商、沟通及类似词汇的交往日多，而尔虞我诈、巧取豪夺、恃强凌弱的现象，虽然远没有销声匿迹，但和人类交往的任何时代相比，不能说有增无减。这说明沟通理性对人类交往和生活的深刻影响。

这种沟通理性，不但一般性地影响了人类的交往和生活，而且在国际社会，在不少国家定格为一种可预期的制度，既固化为人们沟通的物化或符号形式，也成为人们继续沟通的纽带和桥梁。1787年，美利坚合众国宪政的55名缔造者，从不同的州赶来，为了一个新生国家的未来和前途，坐在费城那个密不透风的会议室里，就美国的前景和出路进行了旷日持久的谋划和协商，116天的争辩、摊牌和沟通，最终产出了使这个新生的国家迅速崛起为目前世界上最强大的国家的宪法。从而宪法既是理性沟通的结果，又为人们日常生活中的进一步沟通创造了制度前提和基础。

法治的基础，就在于沟通理性的建立，在协商精神的成长。但长期以来，一种有关法律的学术理念至今还在很大程度上困扰着我们的政法工作，困扰着人们对于法治的看法。法律不是沟通理性的产物，不是社会协调的事实，更不是人们妥协的结果。反之，法律是人世矛盾不可调和的产物，是阶级斗争的工具，是社会压迫的武器。这样，法律本来就远离人们相互交往的精神世界，法律不是我们精神世界的安顿者，反之，法律是人们自觉精神和伦常道义丧失的替代品，因之，法律在人际交往结构中是外在的，而不是内在的，法治自然也就是人们行动的口号式标签，而不是结构性要素。

此情此景，和港人所谓法律和人们的日常生活须臾不可分离的说法和感受，形成明显的对照。在如此这般的背景下，倡导所谓法治，其效果若何，可想而知。从依法治国的东风劲吹，到“德治”呼声甚嚣尘上，在很多人根本不知法治为何物的情形下，一种教化、甚至驯化的传统飘然而至，习惯性地替代了令法学家们魂牵梦绕的法治理念和追求。于是，从上至下，对话、沟通理念颓然，而指示、教导传统复活。公务人员不是做法律的奴仆，而是争当教化公民的牧师、导师。公民之间，协商、沟通精神式微，而暴戾、怨怒之气日盛。这让道德家慨叹：世风日下，今不如昔；也让法律家慨叹：威权重现，法治倒退。

当然，还有照抄照搬的法律拿来思潮，罔顾国民固有的日常生活方式和规范交往结构，只顾法律条文是否合乎“国际前沿”；不管相关规定是否具有成长土壤，企图借“外来的和尚会念经”，彻底催生一个崭新的法治出来，而其实却是法律自身就缺乏协商和沟通。看似“先进”的法律规范，在这里仍然是压制的产物，而不是对话与协商的产物。企图以彼岸对话与协商的结果，替代此岸人民的对话与协商，即使不说是幼稚，至少可谓是浪漫。一些重要法律的制定。几乎是在静悄悄中进行的，学界争论的声音，要么被刻意扭曲，要么在权力面前，连一圈涟漪也未曾显现，就石沉大海。

一言以蔽之，迄今为止，我国法治“进化”中的协商理性、沟通意识还远远不足，甚至在一定意义上，社会构造与沟通理性本身在这里南辕北辙。因此，人们精通唯上、唯权、唯钱，昧于唯真、唯法、唯理。我们丧失了古典社会中的礼法秩序,但并没有建立起现代社会的法理秩序。所替代者,只是威权秩序。而所谓威权秩序,每每弃协商、沟通于不顾,却稔熟权治、术治,并把其标榜为德治。这更使得法治追求,惑于种种似是而非的宣传攻势和理念下。法治所期待和要求的沟通理性,仍远在天边、遥涯无际!但无论如何,以外向型经济为纽带的市场经济在推进,以互联网为媒介的多元意识和文化在发展,以主体自治为特征的民主诉求在日渐形成。这一切,都是法治在这个古老的国家必然会形成并发展的前提和基础。在这种背景下,再沿用固有的秩序生成和维护模式,只能是顾此失彼、捉襟见肘。这或许是这些年来我国社会矛盾不断激化,但也只能按下葫芦浮起瓢的缘由所在。我以为,这种混乱,或许为法学研究提供了某种用武之地。

本书起名为《沟通理性与法治》,就是本人作为一位法学者,在这些年来通过学术讲演的形式,对法治所需要的沟通理性的自觉追寻和探索。书中有关法律的全球对话,法学流派的形成、了解和对话,司法的社会认同,中央和地方、地方和地方的契约式沟通和对话,司法与法理、特别是法律方法的对话,民意与法意的调适,能动司法与法律的外部关切等等,都紧紧围绕着沟通理性这个问题而展开,可以说它和我已出版的《法律的意义追问》(商务印书馆 2003 年出版)、最近将出版的《大、小传统的沟通理性》(中国政法大学出版社 2011 年出版)等书一起,共同构成我对法治所要求的沟通理性的较为系统的探讨。

本书所收入的 12 次讲演内容,是我应一些学术机构邀请所做的学术讲演,或者在一些学术会议上所做学术讲演的录音整理。自 1996 年以来,我曾应近百家学术机构和人大、政府、法院、新闻媒体等的邀请，做过大大小小130余场次的学术报告[①]，平均每年近9场学术报告。这些学术报告的绝大多数内容，并没有录音，更没有整理。以前曾经买过一个小录音机，但录音整理不及时，很浪费磁带，所以一直没怎么用。直到2003年左右，买了一支录音笔，才把一些讲座的内容刻意录制下来。但在外地的讲演，往往因为忘记带录音笔，所以，很多讲演内容，讲演过后，只能付诸东流。好在毕竟有不少讲演的内容，还是通过录音保留了下来。这其中讲演的主题，主要围绕着法治问题展开。早期的讲演内容，着眼于法治的一般理念问题，我已经整理出版了《法治讲演录》(上卷，广西师范大学出版社2005年版，下卷待时机成熟时再出版)；后来的讲演内容，更多地着眼于法治和沟通理性的关系，这就是本书的内容。

作为一部讲演集，且大体是通过录音转化而来，因此，一些口语的内容，或许会影响逻辑的严谨；现场的生动感，或许会打破学术的

---

① 这些学术新闻机构有：中国人民大学(2——讲座次数，没标明者为讲座1次，下同)、北京大学、复旦大学、浙江大学、南京大学(2)、吉林大学(2)、四川大学(2)、厦门大学(3)、山东大学和山东大学威海分校(5)、上海交通大学、西安交通大学(2)、湖南大学、重庆大学(2)、中南大学、名古屋大学、东吴大学、西旺斯大学、中国政法大学、西南政法大学(5)、华东政法大学(3)、中南财经政法大学、西北政法大学、甘肃政法学院(2)、苏州大学(3)、黑龙江大学(2)、郑州大学(2)、河南大学(2)、湘潭大学、贵州大学、宁夏大学、海南大学、广西大学、江苏大学、扬州大学、烟台大学、聊城大学、济南大学、宁波大学(2)、上海财经大学、西南财经大学、兰州商学院(2)、河南财经大学、山东经济学院(2)、山东财政学院、西南民族大学、贵州民族学院(2)、北方民族大学、贵州工学院、河南工业大学、西南科技大学、南京师范大学(3)、湖南师范大学(2)、广西师范大学(4)、临沂师范学院(2)、东北林业大学、浙江林业大学、甘肃政法学院(2)、广西政法干部管理学院、松田学院、漓江学院(2)、贵阳学院、凯里学院、滨州医学院、山东工商学院(2)、《南方都市报》等。实务机关有：国务院法制办、山东省人大(3)、山东省高级人民法院、山东省法制办(2)、山东省科委、山东省建委、山东省计生委、日照市委、菏泽市委、济宁市委、泰安市委、威海市政府、上海市第一中级人民法院、徐州市中级人民法院、德州市中级人民法院、天水市中级人民法院、肥城市委(2)、章丘市委(3)、安丘市委、邹平县委、济宁市公安局、济宁市建委、烟台牟平区法院、青岛市南区法院、莱州市公安局、淄博市张店区政府、平邑县公安局、郯城县公安局等。记忆可能会有遗漏，借本书出版之机，特向如上学术机构和实务单位的邀请表示衷心的感谢！

精细;观点、例证上难免的重复(尽管该删节的我尽量作了删节),或许会影响读者阅读的美感……这些,还请读者诸君能够谅解。只要能通过这种方式,多少传达我对中国法治发展的一些观点和看法,也就于愿足矣。

本书的录音整理,绝大多数是由讲演邀请单位负责录音,并委托老师、学生或者速录员整理的,其中有一讲的内容,是我委托弟子尚海涛整理的,有几次会议发言的内容,是我自己整理的。在本书进行系统整理、合成的过程中,我又委托尚海涛君前后仔细校对了两遍,苏州大学法学院硕士生李勤通君仔细校对了一遍。在此,对他们所付出的辛劳,表示特别的感谢!本书的出版,幸赖厦门大学出版社甘世恒君的玉成,本书将收入由我主持、该社拟出版的“法意文丛”中。在此,也向厦门大学出版社及甘世恒君表示特别的感谢!

是为序。

陇右天水学士　谢　晖

序于公元 2011 年 1 月 16 日

目　录

第一讲

关注中国法学的流派化发展问题*

——在西南政法大学的讲演

主讲人 谢　晖：山东大学教授、博士生导师
山东大学理论法学研究所所长
主持人 张永和：西南政法大学教授、硕士生导师
评论人 王学辉：西南政法大学教授、博士生导师
赵树坤：西南政法大学博士生
陆幸福：西南政法大学博士生
周　力：西南政法大学博士生
蒋海松：西南政法大学硕士生
时　间 2007年5月11日　19:30—22:42
地　点 西南政法大学沙坪校区学术报告厅

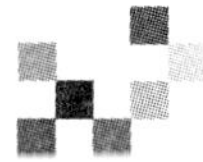

主持人介绍

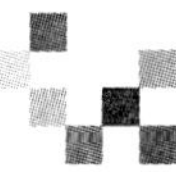

张永和：各位周末好！在我们度过几日闷热的天气后，今天我们终于迎来了这个凉爽的周末。这个周末是谢晖教授给我们带来的。但是，非常遗憾，他今天迟到了。按照我们教学评估打分的话，这应该算是严重的教学事故。希

* 本讲的内容，我分别应邀在南京师范大学法学院、广西师范大学法学院和西南政法大学讲演过。收在本书的是我在西南政法大学讲演的录音整理稿。同时，该稿已经刊于付子堂主编：《法理学讲演录》(第5卷)，法律出版社2008年版。

望我们的谢晖教授待会能给我们作一个小小的检讨。

谢晖教授今天的到来的确给重庆人民带来了一丝清新，同时也给我们沉闷多时的西南政法大学校园带来了一丝清新，扫除了我们沉闷的学术风气，给我们带来了新鲜的空气。我们都知道，在重庆像这样的夏天是不多见的。如果我们这样来联想的话，那么这样的夏天应该是谢晖教授给我们带来的，因此我们真的不希望他走，让他能够留在我们山里边。

谢晖教授是我们法理学界中的江湖侠客。我们可以看出他这种牛仔风度，而且谢晖教授在学术上以及在生活上的风范我们随处可见。你们看，他的牛仔帽就像2007年流行的贝克汉姆的发型，将会引领一段时间，以至于他的粉丝——武汉大学的研究生汪佩——当时就一定要摘下他的帽子拍照留念。这也告诉大家，今年流行牛仔帽。刚才大家看到谢晖教授的年龄，其实那是虚幻的。因为对谢晖教授而言，他的年龄基本上保持在0～100岁之间，他一直都保存着他的一种纯真，这是一种0岁的纯真；而他又有100岁的智慧和思想，所以我们也不能简单地说谢晖教授的年龄到底有多大。正因为如此，他一直都保持着一种旺盛的学术精力，他每年总要出去讲学。比如现在，他从鲁国来到了巴国给我们讲学。同时，他每年还有大量著述问世，这在学术界真的很少见。现在，有很多这个年龄段的人基本上沉溺于写一些随笔呀，或者成为空中飞人。因此，谢晖教授还能保持如此旺盛的精力，让我们不得不佩服。谢晖教授有很多的著作，现在还不方便讲。其中，他还当过兵，曾在象牙塔上放过哨，做过哨兵。近段时间，《法哲学讲演录》好像是刚出版的吧？（转向谢晖教授）有没有带来？

谢晖：正准备出版。

张永和：《法哲学讲演录》是谢晖教授新近准备推出的，可能可以和黑格尔相媲美吧。当然，谢晖教授的粉丝遍天下，我想今天在座的有很多同学也是谢晖教授的新粉丝吧。因此，在这里我也就不多说了，待会就让我们聆听谢晖教授的讲座吧。

今天我们请到的嘉宾有岳彩申教授，他现在是我们经贸法学院的院长。他曾经是我们学校86级法理学研究生，他对法理也是非常熟悉的，后来他改行师从李昌麒教授，现在就在经贸法学院供职。当然，从我们法理学走出来到其他部门法的人有很多，像我们伟大的刘想树副教授，他就是我们法理学的人；我们伟大的王学辉教授，他虽然不是法理学的，但他从来都没有把他的脚跨出过法理学。王学辉教授是做民间法的，谢晖教授也是做民间法的，所以他们比较有共同语言。再接下来介绍的就是我们最靓丽的赵树坤博士，还有周力博士、幸福博士。还有我们的海松，大家都非常熟悉，他是2004级的硕士研究生。由于今天的讲座属于学术文化节的一部分，所以我们请了研究生来进行点评，今天我们就请了海松出场。

按照规矩，先由谢晖教授讲一个小时，再由我们的嘉宾进行点评，最后再由谢晖教授回应。现在有请我们的谢晖教授登场！请我们靓丽的研究生同学献花！

谢晖：尊敬的各位同学，尊敬的张永和教授、岳彩申教授、王学辉教授，亲爱的树坤博士、幸福博士、周力博士、海松硕士研究生。呵呵，对不起，前三位应该还是博士研究生吧，我提前叫你们博士，给你们戴高帽子了，请别介意！我相信你们很快就会成为博士的。幸福已经是博士了，是吗？哦，也还不是。

非常感谢大家。我没记错的话，我应该是第三次在这里做讲座了。我每次来这里都觉得很幸福，如此美丽芬芳的鲜花一送上来，我就知道我是到了西南政法大学了。我这次本来是为了一个私人活动而来的，因为我在重庆有几位很好的男、女朋友，一定要偷偷见面，不想公之于世。没想到我的一个同学也是贵校的教授，她悄无声息地给我安排了这次活动。在我快到重庆时，她才给我打电话说，谢晖啊，我给你安排了一次讲座。我说，我本来没要求安排讲座的。她说海报已经贴出去了，覆水难收了！我到各地，都尽量遵循不打扰各位尊贵的朋友们的原则。但这次实在没办法，沈萍老师既然已经这样安排了，我只好恭敬不如从命了。

今天我跟大家交流的主题是"关注中国法学"。我刚才在我另一位很好的朋友家里吃饭时，我还跟他说，我还不太清楚今天晚上讲什么。这个题目是临时起意的，说临时起意，我今年在南京师范大学也曾做过类似的讲座。但上次是临时起意，这次没做更进一步的思考，所以仍然是临时起意。

那么，究竟如何来展开和大家交流这个问题，我想大体上先分析如下四个方面的问题：

一、话题的提出

第一个方面，为什么要提出这个话题？或者说提出这个话题的背景。我之所以跟大家交流这个问题，是有这样几件让我感触很深的事情。第一个事情是，今年我们招收法理学博士研究生，考试的唯一命题是“我国规范法学研究的现状及其述评”。结果，我们三位阅卷人在阅卷之后发现有很多方面令我们觉得不是很满意。有的学生是这样答题的，他对西方规范法学的发展从头到尾答的都非常认真，甚至能够写上10页(他的答题总共16页)。而一谈起我国规范法学却不知所云。难道说中国法学界对规范法学真的没有任何贡献吗？难道说这些年来中国的法学者在规范法学方面都没有做任何工作吗？据我所知，似乎并非如此。但是，考生们就是不了解。比如，这些年来专注于规范法学研究的一些学术团体，像中国政法大学、浙江大学、苏州大学，包括我所供职的山东大学，大家对他们的研究知道的很少；再比如大家对国内相关的规范法学的讨论也了解得甚少；还比如对中国学术界所办的有关规范法学的刊物、出版的学术著作以及翻译的状况也不甚了了！这就引发了我的一个思考——我在我的一篇博文中专门谈过我的感想——我们的学生对中国法学了解甚少。无独有偶，在我们进行博士研究生入学复试时，有18位同学参加了复试，其他老师出的题目是很专业化的，而我出的命题其实是最简单的。我们采取现场答问的方式。比如有的同学抽的主题是“后现代法学”。那我就向他随机性地问一个问题：“你能不能举出中国学术界研究后现代法学最有代表性的5位学者及其作品?”其他老师问的问题他可以回答得非常利索，但是我所提出的问题他却瞠目结舌。为什么？一言以蔽之，他对中国法学界的情况不太了解。再比如说，关于“法律全球化”，有一位同学正好抽的是这样一个题目，他回答结束以后我也问了他一个常识性的问题。我说：“请以你的标准说明，我国目前的法律全球化研究方面最有代表性的5位学者及其作品?”一听到我这样的问题，这位学生也是瞠目结舌，可谓一问三不知。原因何在？在我看来，也是由于我们的学生对于中国法学界的研究情况不太了解。

不太了解也罢了，但是问题还出在我要谈的第二个背景上，不论是学者也罢，还是我们的学子也罢，都存在一个普遍的看法——“中国法学什么都不是”。我看到我尊敬的广西大学教授孟勤国先生——我想在座的各位大概都非常熟悉他，他也是我们西南的民法学界中实力派教授之一——有一篇随笔在《法学评论》上发表，他的文章写得非常潇洒、激情，文笔也十分漂亮、流畅。他对中国法学目下所呈现出来的“热潮”以及背后可能所隐藏的一些危机进行了反思，他所用的词汇可以说是冷嘲热讽式的。我看过孟教授的文章，并为其喝彩的同时，也在反思这样一个问题：中国法学确实还存在很多很多的缺陷，但孟教授，当你在这儿讽刺中国法学界的时候，我想问你究竟看了中国法学界多少本书？认认真真地读了多少本？我们可以追问：有没有看过100本？或者再进一步追问：有没有看过1000本？如果没有这种认真地阅读，你怎么得出中国法学什么都不是的结论？更重要的是，我也注意到我们尊敬的孟勤国教授在批判法学界其他人的时候，他能说得头头是道；但是他在自我表扬的时候却也绝对不含糊。大家知道他写了一本关于物权法的书，他的序言是这样写的，学术应当是“沉甸甸的”！由此大家能不能推出：在我们尊敬的孟教授看来，他的学术是沉甸甸的，可惜中国法学界其他学者所做出来的都是不值一提的。大家可以看看孟教授的那本书，书名叫什么我一下想不起来了，我也认真拜读过他那本书，确实写得相当不错。从他早年研究政策法这个问题一直到近年他研究物权法，他的作品我一直在关注。我确实也认为他写的是沉甸甸的，但是在中国法学界，著有让人感觉到沉甸甸的书的，恐怕不仅是孟教授一人吧？我在这里想要说的就是这一问题。

无独有偶，我在阅读网上文章的时候，看到我们一位不知是硕士研究生还是博士研究生写的一篇文章，题目是非常令人震惊且耐人寻味的——《中国法学狗屁都不是》！各位，这个形容很不好听，是吧？我就无法理解：你作为一位中国的学者，作为一位中国的法学硕士生或者博士生，你这个结论究竟是自何得出来的？我也猜想，现在我们法科毕业的学生就业情况不是很好，你看我们学了这么多年，本科四年，硕士三年，毕业之后居然连一个像样的、体面的工作都找不到，许多学生一两年后还处在待业状态，被逼得没办法，还需要读一个硕士、博士什么的——如果从这个角度看，我觉得发发私愤是可以理解的。但是你说“中国法学狗屁都不是”，这实在让我不可理解。为什么？我还有一定的资格说这是在信口开河：因为这些年来，我本人因为主持“公法研究”这样一套学术论丛（现在已经出34部了），同时也主持“法理文库”这样一套学术论丛（现在已经出到接近70部了）——正好贵校有些教授也为我的工作贡献了他们的才智——所以我对中国法学界的大体情况还多少了解一些，因为每本书我都要认真地翻看一遍。与此同时，我还和别人共同主持了《民间法》、《法律方法》，每份稿件到手之后，我都要有选择地认真阅读一些。与此同时，我也阅读一些相关的西方学者的作品，在比较过程中会发现，尽管我们的学者、我们的学术还存在很多缺陷，但并不像有些学者所讲的那样不济、不值一提。因为这样一些背景，所以我呼吁、我建议：我们的学生应当认真地阅读中国法学！而不要根本不阅读，而扬扬乎结论在先——中国法学什么都不是！只有在认真地阅读了之后，我们才能准确地总结：我们什么地方还做得不够？什么地方还有一定的贡献。我们才可能作出一份有关当代中国法学的理性判断。以上是我跟大家今天想交流的第一个问题：为什么我要提出“关注中国法学”这样一个话题。

二、中国法学及其流派化发展是否值得关注

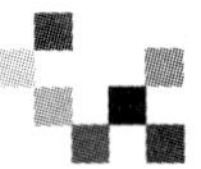

今天想跟各位交流的第二个话题是：中国法学从哪些方面看是值得人们关注和阅读的？大家也许会问：你既然说中国法学具有它的一些特色，是值得我们阅读的，那么为什么是值得阅读的？有哪些地方是值得人们关注和阅读的？

我觉得中国法学值得大家关注的第一个原因是：我们已经明显地看到中国法学的多元化发展这样一个既定的、既成的事实。我在这之前听说今天晚上程燎原教授也要来这里，刚才我发现他不在咱们这儿，很遗憾啊！为什么要提到程燎原教授？是因为大概在1998年或者1999年——不是很清楚了——在清华大学召开的一个会议上，我强调说：中国法学已经出现了向流派化、多元化方向发展的迹象，经过进一步努力，多元化和流派化的中国法学必将呈现在世人面前。结果我们程老师听后非常激动，他说有些教授(我想指的就是我谢晖教授吧？哈哈)居然说中国法学要多元化发展、流派化发展，在我看来，中国法学多元化的种子还没撒下呢，又怎么会朝多元化、流派化发展？当时我对这样的说法并不赞同。正好在我们那次会议之前，我出了一本书叫《价值重建与规范选择》，在这本书中，我已经对当时我国可能出现的法学的多元化发展迹象和事实作出了一个梳理和判断，在座的诸位如果感兴趣可以去看看。这些年来，中国法学的多元化发展和流派化发展，我觉得已经成为一个不争的事实。我这两年倡导在全国召开了两个系列的学术会议，第一个系列的学术会议就是贵校也做得非常不错的领域——民间法领域，即有关民间法和民族习惯法的系列学术研讨会。第一届在青海召开，第二届在成都召开，今年第三届在兰州召开，现在初步决定第四届在武汉召开，第五届在贵州召开。在这样的会议上，我们深深地感觉到，专门研究民间规则和民间习惯法的一些学者，他们不论是在学理上，还是在知识上、资料储备上，当专研其他领域的学者和他们进行对话的时候，其他学者的知识储备简直无法跟他们进行对话。原因何在呢？因为有那么一部分人在认真地专注这个问题、在深入钻研这个问题。而毋庸讳言，我们有些学者却根本就不关注这样的问题，不关注当然就不了解这方面的动态，不了解这方面的资料，不了解民间规则在法律实务中、法律实践中可能的贡献——这不是已经说明这部分学者对我国法学学术多元化的推进吗？我倡导的另一个系列的学术会议是全国法律方法研讨会，第一届正好去年在中国政法大学召开，法大做的是非常红火的，居然有 140 多位代表来参加，本来我的设想是每届会议最多有 30～40 位代表参加就足够了，结果却吸引了 140 多位专家参加。可惜，上次贵校没派代表参加！周力，没去是吧？今年第二届将于 11 月份在广州召开，如果贵校有相关的学者和学术论文我建议可以去一下，给我们举办单位一个面子，哈哈。这个系列会议的发起是在广州的一次聚餐中，发起者从单位讲有山东大学威海分校、中国政法大学、浙江大学、中山大学和华南理工大学，后来在第一届会议上苏州大学、中南财经政法大学也提出他们想以发起单位名义参加。就这样，发起单位共有上述高校的七家法学院。由每个学院轮流举办一次。为什么我要谈起这个系列的会议？因为在第一次会议上，我深深地感觉到，本来会议主题是法律方法研讨会，但是，国内这些相当知名的学者上去发言的时候，他们所谈的根本和法律方法这样一个论题相去十万八千里！还有，主办者也邀请了一些著名的学者做评论，其中做评论的有些学者是各位在座的同学都非常熟悉的。但听过这些学者的评论，你就会发现他们对法律方法这个领域的问题几乎一无所知，你听后也不知所云：不知道他们究竟评论的是什么！这样，我最后就只能得出这样的结论：有些学者对这个领域根本就一窍不通。我认为主办者当时做的有不够的地方：为什么让对这个问题几乎一窍不通的学者去做什么评论、总结呢？为什么让对该问题基本没什么钻研的学者做大会的发言呢？当然，这个事情从另一个角度给了我们一个启示——中国法学正在朝多元化甚至流派化方向发展。有些人熟悉的法学领域,另一些很著名的法学家,却不甚了了!

正是基于这样的考虑,我认为,同样是从事法理学的学者,但当有些学者所研究的专业领域另一些学者读都读不懂,或者根本不了解的时候,我们就完全可以说我们必须得关注它的发展,关注多元化尤其是关注中国法学已经多元化发展的既成事实问题。这是我的一个根据。中国法学已经出现了多元化、流派化发展的既成事实,对于这样一个既成事实,我们应当不应当关注?我个人觉得应当关注。至于说这样的多元化、流派化发展和西方法学相比较,它所作出的学术贡献究竟有多大?它自身的知识创造究竟有多少?它是不是在我们既有的西方知识基础上给人类法学知识增量了?我觉得这些问题另当别论。但是有一点可以肯定,你总要了解了之后再说话、再作结论,而不能不了解、不阅读就急急忙忙把结论先放在前面。

弄清中国法学值得关注的原因之后,就需要进一步了解为什么中国法学值得我们关注、学习?我试作如下解释:这些年来我特别注意到,我国 20 世纪 70 年代以后有一批非常优秀的年轻学者正在蓬勃地成长起来,包括在座的诸位博士候选人,像赵老师、陆老师、周老师等,还有硕士候选人海松啊(我是第一次见到他。我在网上看到了海松君写的那篇洋洋洒洒的赋,号称“中华第一赋”吧——当下“中华第一赋”,说老实话,我看了之后真有些心潮澎湃啦!在网上看到他的作品,觉得他应当是一位非常潇洒自如的、目空一切的、喜欢指点江山的优秀学者,但是没想到他是这样一位谦谦君子。我相信海松只要持之以恒,将来会成就大事业的)。总之,我觉得这样一批新生代学者的发展,特别值得我们关注。前一段时间,有一位中国政法大学的本科生——他才是本科三年级的学生——通过网络和我交流了关于他对拉德布鲁赫的看法,我看了他写的文字之后,感到非常惊讶,我甚至怀疑这是不是出自一位本科生之手的文字!后来我就给中国政法大学舒国滢教授专门去信,我说请您查查这位学生究竟是不是你们中国政法大学的本科生,不要拿你们的博士生唬我说他是本科生。他一了解,果真是一位本科生。他对拉德布鲁赫的深刻理解,对德语的熟悉,对英文的了解,让我们这代人只能叹为观止了!我相信,这样的才子在西南政法大学也多的是,包括鄙人供职的山东大学,这样的年轻才子也有的是。我觉得,关注中国法学,就要从关注他们的每篇文章开始、关注他们的每个具体探索开始。我在这里想自吹自擂了:这些年来,我跟国内的学术界,尤其是年轻的一代法学者,保持着比较好的关系。关系好的基本原因就在于每当我发现刊物上或网络上出现一篇令我非常钟情的文章的时候,虽然不知道他是谁,但我一定竭尽全力把这个作者找到。比如我在网上发现你们永和老师指导的一位硕士研究生,今天应当在场的,学术上很有见解,于是,我去年到重庆时,曾专门告诉永和老师说:我这次到重庆来,专门请他报考我们的博士研究生呢,因为我发现他写的几篇文章太漂亮了!虽然永和老师一开始不同意让他报考,但精诚所至、金石为开,最后还是同意让他报考了。结果尽管他考试差了几分,没考上,我很遗憾,但是我认为他只要坚持不懈,将来在学问上绝对是一个非常有出息的学生。我就是非常欣赏他写的文章后动员他报考的!

我以上的举例是想说明:只有当我们关注我国法学所取得的点滴进步时,我们才有可能在学生当中、在我们的学者当中树立一种自信心。当我们对我们的学生、我们的学者所做的成果视而不见,先入为主地认为他们不能写出什么好东西,从而把他们的作品扔在一边时,怎么可能促使我们的法学学术的进步?怎么可能给我们的学者以必要的自信心呢?我在 1999 年于中南财经政法大学所召开的一次学术研讨会上——那次学术研讨会的主题也是"中国法理学向何处去",倡议人是著名学者童之伟教授——提到了一点,我说:我们这代人特别要关注 70 年代后成长起来的法学家,要关注新一代法学家的成长。因为这一代法学家的成长对我国法学而言,也许是我国法学承前启后的最关键的一代。为什么这么说呢?因为我们这一代绝大多数人学术功底很一般,当然,你们的张老师、王老师是例外啊。像站在你们面前的谢老师,学术功底就很一般啊。古文功底很一般,洋文功底也很不好。在这样一个背景和学养之下,我们作出来的学问大家可想而知,很大程度上,往往是空想出来的。而 70 年代后这一辈县全数代人,既有很不错的英文功底,也有相当深的中文功底。更重要的是他们的实践践行能力比我们这一代要强得多。所以,我们这一代学者必须随时关注、呵护年青一代法学者的成长。否则,中国法学的发展很有可能会成问题。这是我讲的其中一点:想从新一代的迅速成长这一视角来看我国法学究竟有没有可关注之处。

第三个问题,我要联系一个我曾反驳过的结论来讲。有些学者、学生曾跟我这样说:"谢老师,你看看现在我们书店里面琳琅满目的法学作品中值得我们看的究竟有几本啊?那么多学术作品,那么多教材性的作品,究竟哪一本是值得我们看的?"首先我对他们这样说:第一,看了再说;第二,这种情形不仅仅在我们中国存在,在国外也照例存在。如果在座的各位有兴趣,并且将来有可能的话,你到美国的一些书店里看看,那么多琳琅满目的法学作品里面真正能够称得上在那个国家里有代表性的、经典性的著作有哪些,特别是看它的教材,相互间借用甚至相互照搬的情形也比比皆是。所以这种情况不仅在中国如此,当然只是中国表现得更为明显、突出罢了。尤其国内的有些教材,几乎是完全照搬照抄的,仅仅换个封皮、换个作者,把别人东西拿过来就算自己的,这种情况我也看到过。但是正像我刚才所说的,这种情况并不是在国外没有。事实并非如此。如果各位感兴趣,你也可以再看看日本的法学作品,也存在类似的一些情形。所以我要说,学术研究本来就是一个大浪淘沙的过程。我们绝不能因为在诸多琳琅满目的法学作品中,相当多的内容似曾相识,就把其中一些未曾相识的也放过去。似曾相识的固然是多见的,但是我要说的是:在任何一个国家——当然"任何一个国家"这个论断是不是太泛化了——我想,真正在学术界能够作出贡献的、作为学术界领头羊的、值得我们认真关注的学者总是稀有的,而不是供过于求的。我想,如果从这个角度出发,尽管我们会发现在法律、法学书店里各种各样的教材也罢、著作也罢,鱼目混珠的非常多,但是你要从中发现好书,发现对你足以有所启发的书,你就要多阅读,去粗取精、慧眼识珠嘛。我相信在座的各位一定能够做到这一点,这是今天我跟大家想交流的第二个问题。

三、为什么要关注中国法学及其流派化发展

我想跟大家交流的第三个问题就是:大家可能不禁要问,西方法学的著作那么多,人家原创性的作品那么多,你为什么一定要我们来关注中国法学?为什么要我们关注中国法学的学术作品?对这些问题,我有这样的几点考虑:

第一点,中国是一个举世皆知的、悠久的文化大国,在这个伟大的转型时期,在整个社会的创新、文化的创新当中,法学家自然负有责任,法科学生自然也负有责任,为这一伟大的转型和社会创新作出贡献。当然,我跟大家这样讲,绝不是因为我们是中国人,我们就在这里王婆卖瓜自卖自夸——我们中国是富有文化创造力的民族和国家——现在有很多人谈起对中国文化的看法,

往往是嗤之以鼻的，特别是谈到对中国制度文化的看法时，更是嗤之以鼻。在座的各位如果注意的话，前不久，南京师范大学秦国荣教授在网上写了一篇文章，题目叫做《警惕法学界的“复古”思潮》，我给他留了言，做了一个相反的回应。后来我把那个回应也发表在我的网页上。我对他的这种看法不太赞同。不太赞同在什么地方？第一点，我们有没有可能复古？我们国人今天这样的文化素养有没有可能、有没有能力复古？第二点，他在那里极力讽刺的是我国的一些学者企图在中国古典文化的基础之上寻求法制现代化的因子。我的回答是，这样的一种因子是不是在中国固有法律文化中决然不存？我并不这样看。前不久，贺卫方、葛洪义和我，我们三个人在南京大学做了一场互动式、论辩式的演讲。当然，内容是我们三个人事先设计好的：贺卫方主张在中国制度文化领域的建设中应当走全盘西化的道路，所以，他姑且是法制建设的“全盘西化论”者；我的主张正好唱反调，我主张寻求对话的普适性，即使在中国制度文化领域中，也有条件有可能寻求对话的普适性；而葛洪义教授则是居间者，他提出一种关于法律实践理性的说法，并在我们俩之间居间其说。我觉得，这个演讲应当说还算成功，当时大家在会场上讨论也非常热烈。在和老贺交锋的时候我谈到了一个问题，即美国的 ADR 解决机制问题。老贺认为，ADR 解决机制完全是西方人、美国人的创造，你不要硬把它说成是中国调解文化传统对西方的影响。我这样对他说：“即使你的这个说法是正确的，但是 ADR 解决机制和我们中国传统调解体制之间有没有勾连性？有没有可沟通性。”他说：“对，这两者之间肯定是有可沟通性的。”我再向他提问：“既然有可沟通性，请问，我们对这种沟通性是了解一点好呢？还是说我们压根就对自己的文化传统什么都不愿了解，而直接稀里糊涂地向美国人引进 ADR 解决机制就得了？”他思考了一下，说：“当然，我们了解一点、知己知彼是好的。”“那好”，我说，“如果这样，事实上我们就达到一定程度的共识了。”我们还谈到了考试制度。我说：“在西方学者中，有一些人说中国人知道古代中国的四大发明对西方有巨大贡献，但是不知道中国人对西方人还有一个非常重大的贡献，这个贡献就是中国古代的科举考试制度，简称考试制度。可以说，西方文官制度的发明，其借鉴的原始基础很大程度上就是中国的科举考试制度。”他对这一看法嗤之以鼻，说：“不是如此，谢晖，你别听那些西方学者乱说。”我就问他：“为什么西方学者是乱说？”他跟我讲：“我亲自听到的。”我没有继续追问他“亲自听到的”是什么意思，我只是反问他：“别人是乱说，那你卫方兄在这一问题上是不是也在乱说？哈哈。”我们也提到了台湾的“考试院”。他说：“你问问台湾人去，他们的‘考试院’发挥作用了没有？”我说：“卫方兄啊，我们都是好朋友，你如果这样说，你是睁着眼睛说瞎话。不需要问台湾人，我们查查民国史，查查一些台湾同胞所写的所谓台湾史，无论如何也不能说这样一种制度——它本身是民国和台湾‘宪政制度’中的非常重要的一个组成部分——没发挥作用的结论吧？”这是我们辩论的一个场景，我在这里凭记忆复述一下，是想说明：事实上，不论在中国既有传统当中也罢，还是在中国当下的国民所创造的新的文化传统当中也罢，我可以完全肯定地说，能够有助于当代中国法制现代化建设的因子是多方面的。当然，我这样说，不是让我们一定要翻检中国古典制度文化、引来汉家故物以解决当下中国的问题，这不但没必要，而且不可能。但是，作为关注中国制度建设的一群职业者，至少我们要了解这些东西，这对我们有的放矢地引进西方的法学思想、法律观点、法律制度至少可以提供一座方便的桥梁吧？至少没有什么坏处吧？所以，在我看来，对我们中国这样一个向来富有文化创造性的大国而言，关注中国自身的东西是极为重要的。这是我想讲的第一点。

第二点，我们中国不仅仅是一个非常关注文化创造性、富有文化创造性的国家，而且在中国传统当中，我们还善于兼容并包。关于这一点，在座的有些听众可能又会说：“你这个谢老师作为中国人是不是又在沾沾自喜，王婆卖瓜了？”我要说：“不是如此。”在这一点上，我跟一些学者的看法不一样，中华文化是非常富有兼容并包精神的，我们不能因为近代以来发生了几场排斥西方文化的事件，就认为我们的文化从根上排斥外来文化。中国文化的兼容并包，大家只要关注一些现象就可以看得出来。上个月，我在河南进行调查的时候，正好到了河南和山西交界处的一个名叫青天河的地方。那个地方和中原腹地相比较，是非常偏远的，位于太行山深处。但就在那样一个偏远的地方，明末清初的时候就有一座寺院，这座寺院名为“三教寺”。三教大家知道，就是儒、道、释。大家想一想，在世界各国当中，能够把三种完全不同的宗教、三种完全不同的学说融洽地结合在一起的还有哪个国家？类似现象不仅仅在这个地方存在，在四川的青城山我也见过。青城山是一座什么名山呢？大家知道，是道教名山。但当大家到了这座道教名山去了之后，会发现在其中一座寺庙里面，摆着孔子的塑像、佛陀的塑像，还有老子的塑像，真可谓三教不但并肩，而且融洽相处。我在山东一个叫莒县的地方也见过一个年代非常久远的寺院，建于晋代，名叫“定林寺”。大家都知道大名鼎鼎的《文心雕龙》的作者——刘勰，尽管他曾在江苏镇江出家，但事实上他老家是山东人，晚年的时候他就定居在自己老家。他老家的那座山——定林寺所在的山——并不太高，名叫“浮来山”。哈哈，青岛出产了一种名酒，就叫“浮来春”。浮来山尽管不高，但是，在座的各位如果感兴趣，它有两样是很值得去看一看的，一个是现在世界上所发现的最早的人工栽培的银杏树。最早的天然银杏树大概在浙江的天目山，这两棵树我都见过。第二个，就是有个著名的定林寺。而这座定林寺啊，正好是三教合一的。和前面我提到的两座寺院的情形大体一样。这说明，三教合一的文化融合在我们国家已经有一千多年的历史了！如果大家感兴趣，再回头看看《文心雕龙》这本书吧，它其实就正好体现着儒道释三家融合的真精神。

我们不仅仅是在这样一种信仰层面、在寺院里面可以发现这种文化融合精神，其实，在我们国民的日常信仰层面也会发现这一点。有一次，我在四川大学讲课，结束之后，川大的一位司机陪着我到峨眉山、青城山去了一趟。没想到，他在青城山是那样虔诚，烧了那么高的一炷香。直等他把香烧完后我们才离开。到峨眉山去的时候，他仍然是那么虔诚。我就问那位师傅，我说你怎么佛也信，道也信啊？他跟我说：“谢老师，我是不管走到哪里，只要看见寺院我就信、就拜。”我问他，那你到了清真寺拜不拜？他说：“如果那些穆斯林跪下的时候，我在跟前，我也会跪下的。”由此不难看出三教融合对我国普通公民的影响。讲到这里，我们不妨再谈谈另一种宗教——伊斯兰教在我国的命运。我是非常尊重伊斯兰教的，因为它是非常具有创意的宗教，对此，今天由于时间关系我就不说了。我想指出的是：它能和中国的宗教、中国的各种不同文化信仰和主张之间相对融洽地共处这一事实。不仅仅如此，一些非常知名的伊斯兰学者，还努力实现伊斯兰教和中国固有文化传统的共处。例如，清代有一位著名的回族学者叫刘智，在座的各位有些大概听说过，有些可能没有听说过。他翻译过大量的伊斯兰经典文献，如《天方典礼》、《天方性理》等。特别值得注意的是，他明确提出了“以儒释伊”——即以儒家经典来解释伊斯兰宗教这一观点。这样一种宽广的胸怀，大概只有伊斯兰教学者到了中国之后才可能达到！而大家反观一下西方当年基督教和伊斯兰教之间的关系，几乎可以说无法共存了！因为他们的一些纠纷，最后导致了西方人残酷的十字军东征！而犹太教和伊斯兰教之间，本来还具有一定的渊源关系呢，阿拉伯民族和犹太民族都是古代“闪米特族”人的后裔，所以，历史上他们本身是兄弟民族呢。可后来他们之间为什么产生了那么大的纠纷呢？其实主要是宗教和文化上的纠纷。这就不禁让我们思考：为什么同样是伊斯兰教，西方人却不能宽容它，犹太人也不能宽容它，而我们中国人能够宽容这种宗教？在这里，难道还看不出中国文化的兼容并包的特征吗？所以，在这方面，我对我们中国的文化非常自豪。这些都是我们文化包容性和开放性的典型体现。在这样一个国度、在这样的一种文化背景之下，一方面，毫无疑问，我们要宽容、包容来自那些西方的，甚至那些来自非西方国家的法律思想、法律制度、法律传统；另一方面，我始终认为，一个国家对他人的包容，是建立在对自己文化自信的基础上的，我不知道大家赞成不赞成这一观点？倘若对他人的包容不是建立在自己文化自信的基础之上，那就不是我们包容别人，而是人家在我们这里进行文化占领、文化侵略、文化殖民了！大家一定要把文化殖民、文化侵略、文化占领和文化包容区分开来。包容的前提是什么？正如刚才所言，是文化自信、是文化自觉。但是，占领、殖民的前提是什么？是丧失自我。各位，丧失自我和文化自信是不一样的吧？如果说我们中国已经在文化上丧失自我了，在座的各位绝对不会同意吧？包括在制度文化上丧失自我了，这样的见解大家同意吗？至少我本人是不能同意的，我相信在座的绝大多数同学也不能同意吧？既然如此，那么，一方面，我们就需要放大我们的视角，在文化上，包括在制度文化上努力推进全球开放；另一方面，我们必须进一步增强我们的文化自信。这种文化自信不仅仅是人们"发思古之幽情"，也绝不是说民国人比我们今天做得好、上一代人比我们这一代人做得好。而是首先要说，我们这一代人要有这一代人的担当和贡献，每一代人都要有自己的贡献和担当，所以，每一代人首先要瞧得起自己这一代人，我们这一代人首先就要瞧得起我们这一代人。否则，我们有什么资格、有什么理由说我们的文化、我们的中国是博大的、是兼容并包的、是能够真正实现开放的一个国家和民族呢？这是我讲的另一点。

为什么我们要关注中国法学？还有一点，在座的各位，即使是外语再好的学生，我们将来得以安身立命的工具恐怕还是中文，是我们民族自己的语言、文字。我知道，在座的周力博士生，他对符号学非常感兴趣，他的语言学兴趣，可以说在一定程度上、在某些领域里已经达到较高的境界，他对语言学的研究也让我非常推崇。我们知道，海德格尔有一句名言："语言是存在之家。"那么，什么是"语言是存在之家？"是不是可以这样理解：是语言划分了我们的家园边界？界定了我们的存在之家？在座的各位，将来诸位的吃饭、穿衣、日常交往行为，我想更多地运用的是我们自己的语言文字吧？在座的张老师，我知道他英语是非常棒的，但是，他也没在英国工作、没在美国工作、没在澳大利亚工作，而是义无反顾地学习了西方的一些经典后回到我们中国来。为什么？至少我可以揣测：在他看来，只有在中文世界这样一个自己的家园中、自己的世界当中，他的主张、他的见解才能够被我们的学子、被我们的同行更加认可、更加理解，他才能在这样的语言体系中感觉到他的主体性存在是什么、主体性地位是什么，是吧，张老师？在英语世界当中，也许非英语世界的人们也会做得很好，但那毕竟是极个别的。对绝大多数人而言，身处母语之外，很难充分感受到自身的主体性地位和存在。

谈到这个地方，我就想起洪堡先生、伽达默尔先生等对语言翻译的一种观点。一方面，我们刚才谈到，“语言是存在之家”；另一方面，我们也要追问：语言为什么是存在之家？因为语言在很大程度上具有不可译性。大家都知道洪堡这位柏林大学的创始人，也是近代语言学的最重要的奠基人之一。他明确主张：语言是不可译的。只有在自己的母语当中，我们才能更深地感受到自己语言存在的意义和价值。伽达默尔是当代诠释学、哲学诠释学的奠基人和集大成者。洪汉鼎教授在翻译他的名著《真理与方法》的时候，向当时已近百岁的伽达默尔请教，说：“我想把该书翻译成中文，您认为合适不合适？”老人家这样说：我非常钦佩你的毅力，但是我不对此抱更大的希望（洪汉鼎先生是我的忘年交，我们俩论私交可以说是达到无话不谈的程度，尽管他是老一辈，他甚至会把他很私人的一些感慨跟我谈。我比他小得多，但是我自己私人的一些事情也经常跟他交流和请教）。后来，等他把这本书翻译完了之后，再请教伽达默尔先生看看怎么样，伽达默尔先生点了点头，说我欣赏你的工作。似乎也就这样赞扬了洪先生一番，却没有说更多的。洪先生就相关的问题专门写了篇文章。后来伽达默尔先生去世后，他也专门写了篇文章，我忘记发表在哪份报纸上了，大家有兴趣可以去找找看看。我讲这些，讲语言的不可译性，是想为“语言是存在之家”寻求另一种理解——不同的语言，决定着人们不同的生存边界——提供一种支持。

对此，我自己也有过一些经历。在某些方面，我比较幸运，有些文章被德国一位非常著名的学者翻译成德语。其中有一篇是国内一位在德国留过五年学，在中国上过五年德语，加起来学习了整整十年德语的中国学者翻译成了德语之后，寄给了德国那位著名学者的。信中说你以前翻译过谢老师的文章，现在我也翻译了谢老师的文章，我期望你能推荐这篇文章在德国发表。结果这位学者给我来信征求我的意见，他明确地说，我认为你们这位翻译者，你们这位教授，虽然德语也很好，但毕竟德语不是他的母语，所以我很怀疑他的翻译能否到位，所以我准备重新翻译一次，署名上他仍然是第一译者，我是第二译者。后来我又征求国内这位译者的意见，问他同意不同意这样处理？这位教授说我当然同意、当然同意！后来我给这位德国学者回信后，他们就按照这个意见处理了。我给大家讲这个故事想说明什么问题呢？仍然是想说明“语言是存在之家”的关键因素，就在于语言在很大程度上是不可译的。尽管在实践中，我们都知道语言是可译的，但是语言的沟通在很大程度上是存在一些障碍因素的。所以你在国际学术会议上经常会发现这样的情形，日本学者在散会之后就基本上和日本学者拉在一起聊天，尽管不少韩国学者的英语都是很棒的，但是他们下来之后就是和自己的同胞们扎堆在一起聊天。而我们中国的学者也是一样，当然我们中国学者之所以如此，更多的是外语比较差，就像谢老师这样的。但是，即使外语很好的，比如说於中兴教授，我的老师，你们有些同学也很熟悉的，他的外语多棒啊，但他在一些学术会议之余，并不是首先和阿列克西泡在一起聊天，不是和哈贝马斯泡在一起聊天，不是首先和欧美任何一位聊天，而是跑来首先和我们聊天。这说明什么问题？也许在座的有些人可以说，他的学术影响力恐怕还不足以首先和别人在一起聊天吧？但我并不这样看。如果说他的学术影响力还不够，还不足以引起如上大家的兴趣，那么，在会议代表中，还有许多赶不上阿列克西的、赶不上哈贝马斯的，或者与於先生学术水平不相上下的呢。但为什么他和其他学者也不交流，而是更多地和那些中文学者们交流？我想，最关键的一点就是我们的生活文化限度，我们的文字和语言限度决定了我们交往行动的限度。所以，在这样一种背景之下，尽管我相信我们在座的各位有些将来有可能成为国际化的律师，甚至可能产生在国际法院任职的法官，有些将来在国际上可能是非常有影响的学者，但是，绝大多数人的影响大概首先就是在中文世界，中文和汉语就是我们的“存在之家”，中文和汉语也是中国法学的“存在之家”。即使将来走向国际的同学们，也未必忽视中文、汉语这个自己的存在之家。所以，基于语言和文字的考虑，我们应当关注中国法学。

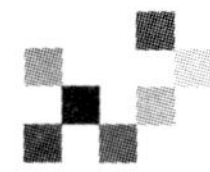

四、中国法学的问题和反思

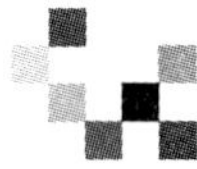

我想和大家交流的最后一个问题是：大家可能会问，谢老师，你在这儿摆活了这么长时间，是不是说中国法学就灿烂明丽，美丽芬芳，像你桌前的这一束花？哈哈，当然不是如此。中国法学确实还存在许多弊端，我作为一位已经在中国法学界混迹了整整22年的学生、学子，也可以说是一位学者，对它的弊端深有感触、体会。比如，我们学术体制上的弊端。迄今为止，在我们这里，有一些正当的探讨还是被认为犯"禁忌"的。去年，我很尊敬的一位兄长，因为在他的作品当中多次提到宪政问题，所以中国一个很著名的出版社不敢给他出这本书。怎么因为探讨宪政问题就不敢出了呢？真是匪夷所思啊！但事实上，我们当下的一些所谓统治者，深深地感到宪政对政治家的手脚是一个严重的束缚，他们不愿意接受这个束缚。前些年我国在探讨修宪问题时，一些学者特别对所谓的代表思想提出了异议，并认为不能把代表思想写进宪法序言当中去。其实，这也是学者们的一般主张。结果，某个报社因为受到所谓压力，把本来排好版的，包括我本人写的一篇文章在内数篇文章决定不用了。这是已经安排好了的稿件啊！已经和作者达成了契约关系啊！报社为什么突然决定不用？还不是因为和上面规定的某种精神可能冲突？再如，法学界本来对所谓"以德治国"这样一个不伦不类的口号非常有意见，但是，你不能把对它所提的相反意见写出来。尽管我在《法治讲演录》当中，还是写了我对这一口号的反对意见，但如果你写成长篇大论，交给某家杂志社，人家一般不敢采稿。在我看来，这个口号本身要么说明我们的一些领导人对法治一窍不通，要么说明我们的领导人别有用心，担心法治对某种政治的威胁。当然，除此之外，还有很多其他的制度对学术的困扰，比如在我国对学术过度的形式审查，一年一度，甚至一年数度，没完没了填表，应付差事，但你还必须得花时间应付！我是山东省所谓的"泰山学者"，这让我比较自豪，但一年一度对我的相关学术检查，却让人疲于应付。尽管我自认为还是比较勤奋的，还能经常写些东西。倘若一个人表面看上去并不勤奋，但是学问做得很扎实，五年磨一剑，即他在那里做了五年苦功夫之后，把他的成果拿出来奉献给你行不行？或者说你不要动不动就检查行不行？因为一检查就必须要填表，而那表格之繁杂，在座的各位老师大概都有切身的体会吧？因此，这样的一系列制度，极大地牵制了学者们的自觉、自主和自治。

除了制度方面的影响之外，还有经济方面的影响。特别是对70后的不少学者们而言，经济方面的压力特别大。我们结婚的时候，一间小房子住上四五年，甚至更长时间，住下去也就住下去了，没有什么了不得的。但现在的年轻人结婚，人家住的是百平米的。本科生毕业都住的是百平米的，我一个博士研究生毕业，应有更多的知识和贡献，更高的社会地位，现在住一个二三十平方米的房子似乎是说不过去的，甚至是不可理喻的。如此这般的攀比，就让学子们自觉地把主要精力放在赚银子上去了。赚银子是必要的，但是对我们学者们的学术而言是影响巨大的。

大家也许知道，当年咱们西南政法大学出过两位非常知名的，我个人认为是有可能成长为顶尖级学者的人物，一位是研究马克思法哲学的陈学明先生，但现在据说他是一位亿万富翁（道听途说，不可当真啊），但是在学问上却默默无闻。我估计在座的年轻的学者听说过他的已经很少了，尽管不是说没有，但估计不是很多了。第二个是原来在四川省发改委工作的顾培东先生，当年我上大学的时候，看他写的文章简直让我如痴如醉，就像看梁治平的文章一样。但是，即使他本身还是非常勤奋的一个学者，因为他在后来做律师的工作中，在做体改委的工作中，仍然坚持写了很多东西，但和他上大学时写的东西相比较，我个人觉得视域是宽广了，深度却是不够的。我跟大家谈起这些我尊重的学者们走过的道路，意思是说：一个方面，经济问题对学者成长是非常重要的；但另一个方面，怎么样在体制上解决我们的学者们，特别是我们新一代学者们在生活、在经济上的牵制问题，让他们衣食无忧，专心致志做学问，是极其重要的。你们的付校长今天不在，若他在的话，我就建议他要把我们西南政法大学优秀的年轻学者们的这个问题解决好。不然的话，很多优秀的学者就有可能因此做不成学问。

当然，还有一些其他利益的因素。大家也注意到了这些年来，法学界出现了很多在领导职务上确实很有作为的一些学者，但是让我们感觉到非常遗憾的是，职务的升迁和学问的衰降往往成正比例发展。这和波斯纳相比，多让人汗颜啊！大家知道，尽管波斯纳在联邦法院系统还担任着那么重要的职务，但是他仍然能写出那么多优秀的作品。而在我们这儿，哪怕是一个大学里面的校长，一旦有了这样一个位置，他的学问基本上也就终止了。当然也有例外，比如公丕祥教授，他写的质量如何是一码事（我认为很有见地，但有些学者看法不同），但是他作品不断。再比如何勤华教授，且不论他的作品质量如何，但他那种不遗余力的考据精神和功夫，是值得大家所关注的。但是更多的人，一旦到了这样一个岗位，就很少见他的作品。有一次我和我一位很好的朋友，现在也是一位厅级领导干部，过去是一位著名的学者，谈起这个事情。他跟我讲，谢晖，我将不愧对我们学界；我将会利用我这样一个领导职务，争取给学界做更多的事，这是其一。第二个方面，我每天都把我的思考记在笔记上，现在我的笔记多了不说，至少百万字有了。他也用了“沉甸甸”这个词来形容。因为我们是很好的朋友，所以我就盼着他这个笔记能早日出版。但是到现在还没见到。也许是我太迫切地期望能见到他的那些笔记了。而这些恰恰都说明我们中国法学还存在很多制度性的、利益性的制约。当然，还有一些其他的制约因素，特别是有学者的创作能力有限是更大、更根本的制约因素。时间关系，我就不再继续讲下去了，因为刚才张老师给我定的是一个小时左右，是不是我的一个小时快到了？所以我就不再继续进行下去，如果大家有兴趣，我们可以继续在网上或者其他场合进行交流，先向大家表示感谢，谢谢！

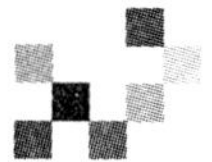

评议、交流和总结①

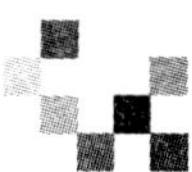

张永和：我非常高兴谢晖教授今天晚上来做这个讲座。我今天看到这个题目后，说句老实话，我都不知道该怎么讲，因为这个题目太大。但是我听了以后，我认为谢晖教授今天这个题目虽然大，但是讲的一点都不空，他讲的非常实在，而且每一个都落到实处，正如他今天两次引用了一个词，都是“沉甸甸的”。谢晖老师是学术中的性情中人，他在学术上是爱憎分明的，一是一，二是二，从来不给人留面子，包括那些年青一代的学者和我们这一代，就是已经马上要过气的这些人，他都从来不留情。从这点来讲，我是非常钦佩他的。

我作为主持人，今天我就因为我的特权先作一点简单的点评。他今天关于阅读中国法学这一点来讲，我认为的确讲得非常好。因为就这一点来讲，我也觉得我们做得不够。我们总是认为读一点古典就差不多了，我们的确缺失

① 限于本书篇幅，各位老师们的点评意见已经删节。

对中国现在法学的阅读，我们不知道我们的家底子到底有多大。我经常跟同学讲，我们要对中国的法治现状盘点，要知道现在中国法制现状是什么。今天谢晖教授告诉了我们，我们还要对中国的法学研究现状进行盘点。我们应该知道，我们中国法学现在到底研究到了什么程度，这个的确是值得我们思考的。比如我们的伟大的苏力教授经常有一句话“我从来不读中国人写的东西”，这是他经常挂在嘴边的一句话，我现在就把他盯着，看他读不读。但是，至于他会不会偷偷读我就不知道了。反正他的意思就是说没有什么可读的。当然，我们也知道，中国的法学里面的确有很多垃圾，比如像我们每年偶尔还要造一点垃圾，有一次我碰到一个朋友跟我讲，他说，“哎呀，你的书我看了，写得不错”。“啊”，我说，“那写的什么呢?”他一下子愣了。他不知道我居然会问这样一句话，我写的什么？我就说，为什么不错呢？我说，算了吧。你没读就不要说了，是不是，没意思。还有一个学生也是如此，他说，张老师你有篇文章，我觉得那个问题是有关什么什么的，他就提了一些问题。我说：你读过没有？他说：我读过！我说：那你刚才所提的那些问题我都在书里面讲了，你知道吗？当时我们在书店里面站着，我顺手就把这本书拿过来，我说在这个地方，你看到没有？他也没有读！当然我觉得他也不一定说要读我的，那么我问：谢晖教授的呢？还有其他老师的呢？其他学者的文章你读过没有？比如说王学辉教授的书你们读过没有？没有读过吧！

这样来讲的话，今天谢晖教授的确给了我们一个非常清醒的认识，我们在座的多数都是研究生——因为我知道这里面有几个非常好学的并不是研究生的同学——我只能说多数都是研究生，就是硕士和博士，再余下的就是老师。但是在这个地方，我们到底读了多少书？就这点上讲的话，就关于中国法学的阅读，我还是觉得我这个学生，就是谢晖教授刚才也提及到的——褚宸舸，在这方面的确我应该向他学习，他对现在中国的法学研究现状，不能说是了如指掌，也是非常熟悉的，一说到哪个方面哪一块，他是很熟悉的。我们能够做到这一点吗？如果没能做到这一点，我们的确是需要思考的。我们应该检讨！当然这的确是一件很麻烦的事情，因为要了解的话，就需要大量的阅读，而阅读的量，就是时间的安排，的确是很麻烦的。这样就占用了我们大量的，比如说玩的时间、打双扣的时间、斗地主的时间，连喝茶的时间都没有了。这个到底怎么协调？我倒觉得在中国，特别是在座的各位研究生同学应该好好地思考一下，你现在不读更待何时呀！好，就这点来讲，我觉得今天对我的启发是很大的，所以从今天晚上开始，我回去以后都要把这些书找出来读了！

我刚才就简单地谈一下。当然，我的吹捧就到此为止，在座的各位待会就别再吹了。现在我就想讲讲关于谢晖教授今天谈的一些问题。其中就有一点是关于中国的法学流派的问题，我还不敢苟同谢晖教授那样的判断或者定位——中国已经有了法学流派或者说是正在兴起。我也不知道今天是怎么说起的，说燎原教授要来，当然我也不是说赞同燎原教授的说法。但是就我自己的判断，我觉得中国就现在而言，可能一时半会儿还不能兴起法学流派。为什么呢？因为就刚才谢晖教授告诉我们的那些事实，他并不是告诉我们中国法学流派的存在。比如，研究规范法的，研究民间法的，研究西方法律思想史的，研究法哲学的等等这些研究法学现状的，它实际上不是一种法学流派，而是在关注法学的某一个问题。所谓的法学流派，应该是共通的问题，从不同的认识角度所阐发出来的理论，这才应该是法学流派。就这点来讲的话，我们中国的学者现在已经在关注很多方面的问题，比如关注规范法学。当然就这点来讲的话，我非常佩服谢晖教授，他能够像他所说的——有集几大信仰于一身的霸气。比如规范法学，我们能够在规范法学里找到他，因为他是领军人物；民间法这一块，他也是领军人物；现在又“染指”公法，这种气度是很难得的。但是，有时候我真的担心谢晖教授，到底什么是你的最爱？我认为一个人可能还是要执著于某一个具体的方面。当然，正如谢晖教授经常谈到的，他说他外语不行，其实他是非常谦虚，而且我们也知道他很勤奋。但是我倒觉得规范法学这一块可能玩一下就差不多了，为什么呢？因为这个的确需要语言。由于整个规范法学全部的技术，乃至于理论全部来自于西方，特别是来自于德国，而德语是很难学懂的。不过，谢晖教授在民间法这块也做得非常好。我也不是说要劝谢晖教授该怎样去做，我只是在为他的精力担忧，因为我们要爱护他，他不属于他自己，而是属于我们大家！

当然，今天还有一点就是关于谢晖教授谈的文化自信问题。我认为他谈的文化自信到最后引申出了一个结论——就是我们现在有很多学者对其他学术的拒绝，谢晖教授认为这是不对的。我赞同他的这个结论。的确，我们现在有很多学者对其他人或某些观点都有些抗拒，这是有问题的。谢晖认为这是一种文化自信，我倒认为这可能是知识储备的一种自信。你如果有了一定的知识储备以后，就无所谓任何观点的存在了，我都能够接纳，而且我都能够认真地对待。我觉得这个的确是很重要的。

后来谢晖教授谈到了关于语言的问题，关于这点我的感受的确很深。他刚才在那里吹捧我，其实没有吹到点子上。我根本就没有想回来，如果是20年以前，没准我就不回来了，我就可以在那儿混了。但后来想想不行，因为存在很多问题。在那个地方有些方面的确是应该注意的。如果你要在那里搞学术，换句话说如果你要找人聊天，比如我以前参加过很多会议，有一次我去参加一个关于欧洲的税收观念改革的会议，它讲的就是19世纪的欧洲税收观念改革——它的税收观念是如何由最早的较弱转变为最后的加强。当时我去参加这个学术会议的时候，就有很多人围着我，跟我讲话，后来我发现，他们不是喜欢我，而是觉得很奇怪:你怎么来研究这个问题？实际上，我们在西方就经常会面对这些问题，这是一种情况。另外一种情况恰恰相反，如果是真正喜欢中国文化的人，他会来和你交流，除此之外他是不会愿意跟你交流的，你也就很难融入他们的社会中间去。包括我有很多在外面的朋友，他们写的博士论文，实际上都是研究一些中国的问题。无独有偶，我今天刚评完一篇校外的博士论文，是写越南的有关乡规民约的。我很好奇，翻开一看，是吉林大学的一个留学生写的。我一看，发现很有意思，他虽然写得一般，但其中大量引用了谢晖教授的语录，也包括了王学辉教授的语录。他填补了汉语世界里有关越南民间法研究的空白。西方人就是这样的，他会认为，你给他们提供了一个他们所不知道的视角和材料，从这个意义来说，他会觉得你还不错，就如同我们认为这个小伙子不错，为什么呢？正是因为我们不知道。他的论文提到，在越南“民间法高于国王的法律，优于国王的法律”。这是在越南民间流传的一句话。现在他们的民间法和国家法就是这样一种关系。从这个意义上讲，我们也有这种感觉，更不用想别人是什么样的感觉。在这一点上，谢晖教授的确也告诫了我们，作为一个中国人，不要轻易放弃我们这块土地，这块文化，不要放弃我们自己。

我认为谢晖教授今天除了告诉我们读书，告诉我们怎样关注中国法学以外，他更重要的是告诉我们怎样做人。其中，做人，包括男同学在年轻时代一定要好好读书;女同学在这个时代一定要能够宽容你心中的他，在这段时间一定不要提出过高的关于经济上的要求，让他们慢慢读书，总有一天他们会读出来的，比如谢晖教授。

好，下面有请我们的王学辉教授第一个做点评。大家欢迎。

……(此处略去各位老师和博士生的点评内容)

张永和:今天晚上,这几位同学,今天几个点评是非常非常有分量的,超出我的想象。我才感觉到这个七字头的,不要低估他们啊!要提防他们。好,有没有其他同学给纸条就递上来啊!可以递给我,然后我再传给谢老师。现在就请谢晖老师来做简单的回应。你看多长时间?好,那我们有请。

谢晖:刚才,尊敬的张老师、王老师他们点评的时候,我觉得很轻松。我不知今天怎么了?西南政法大学过去非常尖锐的学术批判精神,今天怎么没了?是不是因为咱们搞评估啊,只怕得罪我啊?是不是以为得罪我也有可能连带得罪其他人啊?我想不应当是如此吧?因为这毕竟是西南政法大学啊!但是当我听到后来,却感觉越来越精彩。不但精彩,而且给我不少的压力,同时也让我坚定了自己的、和今晚主题相关的一个基本的判断。我作为在中国法学界正在辛勤工作着的一位学者,将来必须认真阅读蒋海松、必须认真阅读陆幸福、必须认真阅读周力。不阅读他们,我就不可能赶上他们,不要说超越他们啦。尽管各位,不论是海松也罢、幸福也罢、周力也罢,都有一个共同的看法:我们为什么不阅读西方呢?我们为什么不直接关注西方呢?你谢老师为什么不直接关注西方呢?你谢老师有什么理由让我们一定关注当下中国的法学?看来,我刚才特别提到70年代以后的优秀青年学者——这是有针对性地说的,而不是因为在座的各位绝大多数都是70年代以后,我一个老头子在这儿刻意巴结讨好大家——哈哈,没这个必要。因为我确实关注到了,你们的言谈举止也罢,你们的行文风格也罢,我感觉到不仅仅是西方学统在中国传播,而且是中国法学家已经在开始创造。所以我对这三位同学表示特别的感谢和敬意!

永和老师给我提了很多问题,但他特别关注的是"法学流派"问题。我个人觉得,一个流派的存在,是不是要有这样几个最基本的判准,大家看看我讲的有没有道理:首先,它要有核心的观点,核心的思想;其次,它要有一个基本的学术团队,或者学术基地;最后,它要有学术思想上的传承。在这个意义上讲,有些学术名家后继有人,有些则相反,后继乏人。如以中国历史地理学派为例,我个人觉得葛剑雄先生就继承了他导师谭其骧先生的学统,在他的坚持下能够形成我国历史地理学的一大派。而和谭其骧先生齐名的陕西师范大学著名学者史念海先生,其思想就后继乏人,我们经常能看到史先生的大作,但对其弟子们的信息和作品所知甚少。而史先生本身,可以说代表了中国历史地理学派的另一个分支、另一个学派啊,但后继无人,只能让人扼腕长叹了!

再比如说在我国心理学界，我们知道北师大，南京师范大学，还有陕西师范大学，都曾经是中国心理学界很有影响的学术机构——也许大家会说：心理学在中国历史上压根儿就是没有什么学统的，是我们中国引进的——但尽管如此，我仍然要说在中国曾有几个基本的心理学流派，这就是以刘泽如先生为代表的陕西师大派，以高觉敷先生为代表的南京师大派，以潘菽先生为代表的北京师大派。但遗憾的是：有些学校因为后继有人，至今仍然枝繁叶茂，如北师大；而有些学校却后继乏人，只能江河日下，如陕西师大！以上是其他学界而言。在我们法学界，我想，尽管到目前为止，我完全赞同我们主要的学术立场、学术观点来自于西方，但同样已经有了多元化发展的事实——大家可注意，我还是说的比较谦虚、比较有分寸，我说的是多元化发展的事实，而没有说我们已经形成流派了——从现在的多元化发展，也不难预见将来的流派化发展，我没有说目前已经形成流派。这是我对张老师这个问题的基本解答。

张老师还问到了我一个很私人性的问题：我的最爱是什么？我相信他问的是我学术上的最爱，而不是我私人的最爱吧？不过，我私人的最爱我也可以悄悄告诉大家，就是你们面前的赵老师。树坤，允许我开这样的玩笑吧？呵呵！我想赵老师今晚回去后会激动得睡不着觉的。赵老师可别介意啊。确实，我是很欣赏她的，当然，这是题外话。

在和学界朋友交流时，我不时会提到自己的一个小小经验，我之所以在山东大学倡导创办几份刊物——因为我是山东法理学研究会的会长，在我任会长伊始(大概是 2000 年吧)，就倡导创办了三份以书代刊的刊物，那是我被选为会长之时，给山东省法理学界的同仁所做的一个承诺。我说在我任职期间，准备创办三份以书代刊的刊物，一份是《人权研究》，一份是《民间法》，一份是《法律方法》。其目的是企图以这样一种方式，一方面引导学生有针对性地阅读；另一方面，因为法理学导师们研究的方向不一样，有这些阵地，可以使他们的研究做大、做强。这三个刊物现在都已经出到第六卷了，从专题研究来讲，应该说在国内学界还形成了一定的影响。记得有一年联合国开发计划署驻中国办事处的一位官员，看到《民间法》这本书以后，就非常感兴趣。他邀请我给联合国提出的“善治”思想做一个论证。

这个“善治”的思想其实是安南秘书长特别钟情的。他当时邀请了三位学者，一位是梁治平，一位是范愉，还有我。后来不知中间发生了什么变故，答应的经费没到位，我们的研究也就没有进行下去，但课题论证工作都做了。它至少表明,民间法研究的这一工作引起了一些人的关注。再如日本一些学者看到这本书后——如名古屋大学就专门邀请我去,做了一些关于中国民间法的会议报告。京都大学寺田浩明教授专门就我的一个观点写文章进行了批评。这也说明这样一种专题化的研究既有的影响。当然这些都是题外话了。我想进一步说这种专题化的研究,很可能对我们学术多元化的发展是一个必要的促动,至少不是一种倒退吧,这是我做的一些工作,也是我喜欢做的工作。至于说我自己在学术上爱好什么,一言以蔽之,我爱好法哲学。但相对而言,在法理学这个范围内我确实做得比较杂,法哲学的东西也多少感点兴趣,出过几本书,我自认为是法哲学的书。今年湖南人民出版社邀请我写一本法律哲学。因为我把法哲学与法律哲学分开来看待,依法律为标准,法哲学是外部阅读的学术成果,而法律哲学是内部阅读的学术成果。那么,这部法律哲学我准备怎么来写?我初步的想法是:大体上循着规范法学的思路,选择世界上著名的50部左右的法典,200个左右的判例——我的学术参考资料也完全从这些法典、判例出发研究。我既不遵循哈特,也不遵循拉兹,更不遵循凯尔森。我根据我对法典和判例的阅读,写成我心目中的法律哲学。但是,我跟别人承诺之后,大家可以想象,难题出现了:实在很难写啊。我曾要求我的学生们,你既然想研究规范法学,那么你研究的就是法律当中的具体问题,如"应当"这个词,有位学生就专门对"应当"这个词写了一篇博士论文。这位学生现在在厦门大学工作。再如法律当中的"可以"这个词,专门研究很有必要。其中有位同学已经写了"可以"的博士论文,这位学生已经毕业——现在在重庆市委党校工作,据说不久有可能到我们西南政法大学工作。刚才周力提到我的那位学生,我曾告诉他:你干脆就写法律当中的"不得"吧?就这样一个词,你能写出20万到30万字的博士论文,那是你很大的贡献!他目前已经写出来了。写的我大体上还是比较满意的。透过这些,我想说明我目前最感兴趣的究竟是什么。事实上,我个人还是比较喜欢思辨性问题的,我认为思辨性的东西就可称为哲学的问题、可称为法哲学和法律哲学的问题。只是我们要做得更细、更具体,这样,才能有利于推进法学的多元化发展。

记得上次我在这里做讲座(似乎是和研究生座谈时)的时候,谈到法哲学,赵明教授就曾批驳说:"我们中国人动不动就谈什么哲学,人们究竟有什么资格谈哲学啊?"当然,我绝对不因此否定我们赵明教授有充分的资格谈哲学。我在一些场合谈起这件事的时候曾说:赵明教授虽然认为其他的学者没资格谈哲学，但是他绝对不反对自己有资格谈哲学——我相信，在他发言的时候，他绝对是认为自己有资格谈哲学的——尽管如此，我觉得还是谈点哲学吧。呵呵，我是比较喜欢法哲学的，这是我的爱好。民间法研究仅仅是我倡导学生们这样做，到今天为止，我特别抱歉，在这方面我很少有贡献。最近我准备把我以往的一些文章以及准备要写的几篇文章编成一个论文集，一份小册子，在我准备主编的一套民间法丛书中出版，书名叫《大、小传统的沟通理性》。如果顺利出版了，到时候再和各位在这个问题上深入交流——其实，上一次在咱们这里的讲座，就是专门针对民间法问题而展开的，我不知道有没有录音？

学辉老师提出了一个问题，也对我进行了批判。他说制度对于我们阅读中国法学、关注中国法学是否构成一个理由？大概有可能是我对一些问题没讲清楚；也有可能是学辉老师没听清楚我在今天讲座中谈及制度的用意。我是在反思中国法学当下存在的问题、弊端这样一个题旨之下谈到制度的：尽管我倡导要阅读、要关注中国法学，但这并不意味着中国法学已经是一朵艳丽的花，它委实还存在很多问题。我本来准备要谈很多问题，但由于时间的关系，我只能谈一个问题，最大的一个问题——即目前中国法学发展的根本性制约问题就是制度的牵制。难道我们中国这样一个富有创造性的民族就创造不出一种有利于学术发展的制度吗？我不相信我们缺乏创造力，像海松、幸福、周力，像树坤，以及我们在座的各位，你们这样聪明的人难道真没有创造力吗？我不相信！大家或许说你仅仅不相信有什么意义呢？我们客观上学术就是赶不上人家西方吧？但我要说的是，如果我们一定认这个“命”，永远跟在别人后面亦步亦趋，我们自身的主体性就不可能得到呈现！我们的创造性就不可能得到发挥。

讲到这里，我要联系到三位同学对我的所谓民族主义情绪的批判。我认为民族主义是个好东西，并不必然是坏东西。只要世界是多元的，民族主义就一定是需要的，所以哈贝马斯才能提出商谈理论。不仅仅在国内政治事务当中我们面临多元化——在面对多元境遇时我们要商谈，在国际事务当中又何尝不是如此？没有国际事务的多元、没有民族主义的主张我们何来商谈呢？只有在多元及其商谈中，才能进一步领会伽达默尔所提出的“视域交融”理论。为什么？因为这个理论的前提就是我们本来不同嘛。有不同才要进行交融、才要进行对话，才能在对话过程当中实现“同情的理解”。不然，罗尔斯为什么要提出一种“交叠共识”的理论呢？如果我们都是相同的，我们还来什么“交叠共识”呢？就是因为我们是不同的，才要在对话中形成交叠共识嘛。美国人没有民族主义情绪吗？我想不是吧？哈贝马斯先生没有民族主义情绪吗？我想也不是吧？你看看数年前，当德国参与南斯拉夫战争的时候，他多么高兴！多么自豪！看他的书，好像他是一个很理性的人，但事实上面对自己的民族利益时，他不是如此！他的文笔也变味了。我觉得，民族沙文主义我们要反对，但民族主义我们必须强调！一个个人，我们说他的人格体现在他的主体性上，没有主体性就没有人格。一个民族，其个性也必须体现在民族主义背景下的民族主体性上，没有民族主体性，就没有这个民族的人格。从这个意义上讲，我觉得我们应当正确地对待民族主义，不要一谈到民族主义就是列宁当年批判的民族沙文主义，民族主义不是那个意思！韩国有民族主义吗？有嘛！不然怎么为了千余年前的一个渤海国问题，还在会上争得面红耳赤？甚至一些运动员在一个运动会上还打出挑衅中国的旗号？越南有民族主义吗？我想也是有的；泰国有民族主义吗？照样有嘛！不然泰国有些人就不会认为阿尔泰山一带也是他们祖先的领土！这说明，民族主义是一个民族彰显自己存在，彰显其民族主体性的必然。对别人的民族主义人们可以宽容，甚至赞美，对我们自己的民族主义思想和情绪，对我们自身民族主体性的强调，我们为什么不能宽容？所以，不要以为自己就是真正的马克思共产主义者，因为马克思太复杂了。马克思自身也是有民族主义情绪的。马克思也没有说他自己的一切主张都是放之四海而皆准的、都是为全人类服务的。马克思自身在很大程度上就是一位典型的西方中心主义者，你从他对“亚细亚”这样一种文化传统站在西方立场上的否定就可看出——我这里先不管他否定的对不对。所以，不要轻易地说我们的民族主张、民族愿望、民族思潮、民族主义都是错误的。民族主义的存在是一个不争的事实：不然的话，萨伊德就不可能提出东方主义；不然的话，亨廷顿就不可能提出所谓文化的冲突问题；不然的话，那些所谓的公正的西方世界就不可能对待伊斯兰世界是那样一种态度！是吧？以上是我针对三位博士生都批评了我的民族主义思想，我在这儿有针对性的回应。再申明一下，我宁可认为：我很不完美，不是一个世界主义者，我宁可做一位民族主义者。我也不认为我的理论是放之四海而皆准的，我只是说，只要有可能有利于我们这个民族的事，我们都要做，都应当做。我能做到这一点就相当好了。至于这三位同学，将来有可能做得更好，做更有价值的事，有利于全人类的事，那当然再好不过了。

在这里我要说，事实上，海松提出的问题是我最感兴趣、最值得我思考的问题。海松对我的期待，有可能是跟我过去写的一些书相关联的。我这个人有个特点，学术演讲和学术作品大体上是分开的。我在演讲时奉行以打动听众为前提的，所以强调广征博引；而我的学术作品主要是说明我的思想的，所以，并不特别看重对别人思想、观点的交代。这是我自身在学术行为中的明显分裂。有些听众曾有这样的感受，他跟我说："谢老师，本来看了你那些书后，听说你要来演讲，我真不想来了，只怕听不懂。你的书我们看起来都很吃力啊。但是听了你的演讲，你好像并没有那么不食人间烟火嘛。"所以，我的演讲总是感觉深度不够。不过今天让我非常感动的是：海松方才非常有逻辑性的说服工作，使在座的各位听得津津有味。这让我想到，在今后演讲的时候，应当更加关注逻辑性的内容，少一些实证性的列举。当然，实证列举在一定程度上也关联着一种逻辑，问题在于在这样一种实证列举当中，你是不是顺着演讲者的思路去行动。

谈到这个问题，我就注意到，包括学辉老师还有其他几位评论者，批评我时谈到：你在关注中国法学这样一个题目之下，谈到了中国的文化创造力问题、谈到了中国文化的兼容并包问题，那么，它们都能说明你这个主题吗？我要说，你作为听众，大概没太注意我第三个大问题的宗旨是什么。我是在第一、二个大问题的前提之下，引申出第三个问题的，是对前两个问题的进一步的思考、引申性的思考——这样一种关注和阅读对我们这个民族而言，有什么作用？我们民族历史上曾经就有这样辉煌的文化，有这样兼容并包的传统，那么今天我们这一代怎么办？我们只有在阅读、兼容并包的基础之上才可能继续创造，我企图表达的是这个意思。或许时间的关系我没有表达清楚，或许你对我的演讲本身有误读。

另外，还有几个是很具体的问题。如周力提出：中国人是不宽容的。他批评我是拿着个案来说问题。但我要说，他恰恰是拿着个案来说问题的。你举的这样一个个例是不是能说明中国人不宽容？我知道的，尽管周力可以把很多学者批得下不了台，但是，即使你今天把我批得下不了台，我们仍然是很好的师生，很好的朋友。当然，今天周力很给我面子，我不知道他把谁弄得下不了台？——但我知道的，我们这儿的赵明教授曾经把一位学者批得下不了台，这个故事全国到处都传得沸沸扬扬的啊。由此导致了一些人一谈到西南政法大学就有点胆怯。呵呵！但我个人对这种做法是非常欣赏告诉大家，我跟赵明教授是很好很好的朋友——所以，我并不在乎你让我下不了台，我本身就这点面子嘛，下不了台有什么大不了的？还能因为今天让我下不了台就使我失去了饭碗？只要有这样一个饭碗保障，下不了台恰恰是我继续努力的一个前提，所以，我不在乎你让我下不了台的。有一次，当国内有一位著名的教授说他对西南演讲评论风格不满的时候——这是一位非常著名的学者跟我讲的——我说我们要正确对待。我说我曾注意到在藏传佛教里面，那样的一些佛学家、僧人们在进行论辩的时候，啪～啪～啪……拍着手，就表明他要和谁论辩，那个激烈程度，简直论辩得面红耳赤。咱们不知道人家说的什么话，什么内容，因为人家是用藏语讲的，咱们听不懂，但是感觉人家的论辩是非常激烈的，不过大家仍然没有下不了台的感觉。所以我觉得论辩再激烈我们都应当接受，对贵校这种评论风格、论辩风格，我们没理由反对，更应当欢迎才是。这是第一个问题。

但是，有些结论，我们应当注意，或许我们都面临一种困境，我们总是要通过个例继续、维系我们的逻辑，我们总是要通过个例来进一步完善自己主张的逻辑合理性。周力提出了一个例证，他通过这样一个什么地方的什么事，然后说是中华民族不宽容。我仍然可以给你提供例证——其实，这样一种不宽容的例证我们在历史上可以举出很多。“管宁割席”不就是最典型的不宽容吗？管宁自己是喜欢读书的，而他的朋友华歆却喜欢当官。两个人过去在一张席子上学习，但是华歆这个人就是羡慕人家的高头大马，羡慕人家的荣华富贵，不专心学习。怎么办呢？管宁把席子割掉了，我跟你不在一张席上学习了，你看我管宁不和你华歆为伍的气节啊！以这样的例证来举的话，我国历史上不宽容的事多了去了。但是，相对而言，我个人觉得到今天为止，中华民族历史上还没有发生过因为文化不宽容而导致战争的事情。尽管历史上曾经有“三武毁佛”的严重事件，但因为我们的文化不宽容而导致的战争，似乎到目前为止，在我们中国历史上还找不到，但在西方，这类战争比比皆是。所以我们说宽容不宽容是一个相对性的概念，你怎么看待它，不要以个别的例子来以偏概全。

方才海松提出的问题很多，我很想系统地一一回答，但因为时间关系我就不具体展开了，总之，海松提出的问题是非常重要的。不过，海松提出的其中一个问题我要在这做一下回应。他说，人文是情感的，学术是理性的，只要理性的东西就是放之四海而皆准的。这大概恰恰是受了一种西方理性哲学的影响。理性，特别是在人文领域的理性，要和自然理性有所区别。自然领域的理性和人文领域的理性是不一样的。后者多多少少总会带有人文的、地方性的、情感的色彩。我刚才谈到哈贝马斯，他为什么面对德国参与北约对南斯拉夫的打击那么赞同、那么高兴？但我们都肯定，他是理性的，显然，他的理性是带有人文色彩的。美国的那些制度总是理性的吧？我们都承认它是理性的。因为法律就是理性的，而美国的制度似乎反映了这个时代最好的制度，那更应当是理性的。但我们又都怀疑，美国为什么对南联盟那么激烈，对米洛舍维奇针对科索沃分离运动的所谓暴政如此深恶痛绝？为什么对土耳其、伊朗和伊拉克镇压库尔德工人党（库尔德分离运动）却坚决支持？它为何不但不支持库尔德工人党，反而还帮助土耳其政府逮捕了库尔德工人党的领袖？既然它的理性制度是放之四海而皆准的，为什么在类似的事件上，它却不适用同样的规则？我想，这里面反映了一些问题：一个就是"利益"问题，再一个就是"人文情感"问题。只要把一个问题与利益、与人文情感联系起来，它就不可能是放之四海而皆准的理性。所以，我有可能在一定程度上是个相对主义者，我绝对不相信在人文领域当中，有放之四海而皆准的所谓纯粹理性，我真的不相信。当然，你也可以说，那是你谢老师没有一种广阔的胸怀啊，你没有以天下为己任的心志啊。当然大家都可以这样说，但是，我仍然不相信在人文领域有普适的理性。

刚才，张老师打圆场说我很年轻，说我的心态是从一岁到一百岁这样的话，其实在上述观点中，你不难看出我已经在老化……实际上很多人都对我的年龄有一个很老化的估计，有人甚至说我是老一代法学家。有一年，诸多教授在苏州大学做过讲演后，《江南时报》登出新闻说：我国老一代法学名家郭道晖教授、谢晖教授，新生代法学名家朱苏力教授、何勤华教授、贺卫方教授云云。我比他们似乎还老，其实，何勤华和朱苏力都比我大 9 岁，郭道晖教授整整比我大 38 岁呢。前年在山东东营，中国政法大学的樊崇义教授——学诉讼法的同学都知道吧——别人给他敬酒他是一滴都不喝，我给他敬酒他不但喝了，而且过了一会还反过来给我敬，他说："谢晖教授，一来我们校长（就是徐显明校长）在我跟前经常提起你，二来我也经常读你的文章，所以我要给你敬一杯。但是敬之前，咱俩得论一论，你大还是我大？"结果在场的刘作翔教授、陈金钊教授就顺势开玩笑说："他大、他大，赶快喝吧。"结果，他老人家一仰脖子就喝下去了，接着，对面坐了一位先生，这位先生是谁啊？是他的博士生，现在在最高人民法院工作，当时任山东东营法院的副院长，他说："樊老师，谢老师和我是同年的。"结果老先生酒也不喝了，再三给我道歉，说："实在对不起！"哈哈，这样的事例太多了。我在宁波大学的时候，领着我女儿转，结果一位姓王的教德语的教授，骑着自行车，捎着他夫人，然后文绉绉地说："谢教授，你带着孙女玩啊？"结果他夫人在后面打了他几拳，自行车把不住了，连人带车都栽倒在地上了。只听他生气地说："你干什么啊？干什么啊？"没想到他夫人讲："那是人家的女儿，不是孙女！"——因为他夫人是我孩子幼儿园的班主任——结果这老先生（老一辈的人真是非常严谨啊，我们年轻人必须得向他们学习），过了几天，在一个礼拜天，专门带着礼品到我家去赔礼道歉，说实在对不起！刚才我又在边听边揣摩自己：是不是我这样一个半大老头，这样一个未老先衰者，有可能已经形成这样一个理念，从而要让我去改变都很困难？是不是我的上述看法就是人老了的标志？

当然，我也很想和在座的年青一代的学者交流一下我的经历，在你们这么大年龄的时候，我大概是西方普适性观念的期待者，甚至可能比在座的各位还要强烈。大家可以看看我当年批判苏力的一篇文章。湖南有一位学者跟我说："谁先出来批判苏力，谁就能出名。谢老师，你是第一个站起来批判苏力的，你在中国法学界很快会出名。"我当时告诉他说："我不是为了出名而写，我是觉得苏力在论证方面有些问题，我只是提出来了而已。"我把苏力的观点称为法保守主义思潮。如今，我却被诸位指责为一个保守主义者。不过我很高兴，我今天想在这里正式宣布，我宁愿做保守主义者！这样一种观念我以后可能很难更改。在座的各位刚才谈起了这个问题，我就回应一下——因为我现在讲的是想起一点回应一点，大家所批评的更多内容不可能都一点一点地回应了——我们在五四以来，以鲁迅先生等为代表的一些学者，他们已经给我们开发出来了一种向西方学习的一些先例和传统。有些人说：我们今天很多的思想，包括法律思想、法律制度的建设，在文本上、语词上都是西化的，对这个结论，我不完全赞同。我们的法学术语，词汇果真是西化的吗？大家知道，王健博士曾专门就中国近代以来法律中的外来词汇考据过，他写了一大本书，谈到我们现在能总结出来的一些重要的翻译过来的法律词汇。但是，除这些词汇之外，我们的法律中更多的仍然是在用中国固有的语言文字表达的啊！且不论我们的法典在精神上如何，但是，我们的文字是中国的，我们的语言是中国的，所以，即使英文世界的发音，只要转换为中国的固有的语言文字来表达，从这个意义上讲，就是一个本土化的过程，换言之，我个人觉得这样的翻译过程本身就是本土化的过程。大家可能注意到：澳门特区的法律主要是把葡国的法律翻译成中文，澳门媒体称之为“澳门法律的本土化”。我认为表达得很准确。

由此我想更进一步说明：法律移植如果不借用我们固有的语言和文字，有可能吗？不用我们固有的语言和文字在这里搭架，除非像当年钱玄同所讲的那样废除汉字、废除汉文。但是，大家知道，钱玄同先生虽然说的那样激进，他自己并没实现这一点，还是用汉语汉字交流写作。鲁迅曾经主张不读中文书的，结果他不但读了，而且，他的后期以研究中国小说史而出名。我认为鲁迅最著名的论文，一个是《中国小说史略》，另一个就是《文化偏至论》。这两篇最著名的论文，其中之一，恰恰是阅读中国经典的产物。这就说明了刚才谁提起的那个逻辑陷阱问题。我要说，也许鲁迅的主张才给我们设置了逻辑陷阱呢：他自己读中国书读得那么认真、那么稔熟，但让其他人不读！从这个意义上讲，得看你对一个观点、对一种文化是从哪个角度来思考的。正因为如此，我非常欣赏、也非常喜欢林毓生先生的一种论证。他认为五四以来，我们中国全面反传统，导致了中国文化根基的丧失。他对鲁迅、陈独秀、钱玄同、胡适都进行了批评，他认为这样激烈的全面反传统是导致中国后来发生“文化大革命”的重要原因。类似的说法，朱学勤在他的《道德理想国的覆灭》中也有论证，大家可以看看。当然，他主要是在中西对比的立场上谈的，是从卢梭思想的渊源、雅各宾派的过激行动和我们中国近代以来的思想以及行动的关系这个角度进行探讨的。但是，我觉得还是很能说明一些问题，说明我上述的一些看法——抛弃自己的文化传统，盲目地引进移植，意味着自我的丧失。在法律领域也是如此。

我最后还想回应一个问题。刚才周力讲：或许我们可以和外国人比较做学问，我相信在我们西南这个具有如此寻求真理传统的校园里，在诸位新一代蓬勃成长的背景下，这一点是完全有可能的。我有一个基本的估计，我国法制现代化的完全呈现，大概还需要 50 到 70 年左右。在这一过程中，经过一代代学者对中国法学的认真关注，我们中国法学和西方法学对话的条件绝对是存在的，这绝对不是一种妄谈。谈到这儿，我就想起韩国著名学者崔钟库先生，他跟我恰好在某个场合曾谈到一个问题：他谈的是关于“东亚普通法的建设”问题。我谈的虽然不是东亚普通法建设问题，但我谈的是这么个讲题：“东亚的忧思”，我是通过反思东亚在文化上的分裂，忧思我们当下东亚。他则是期望通过东亚普通法的重建，实现东亚团结。应当说是有异曲同工的效应吧？崔钟库教授是在当今西方法律学术界有较大影响的东亚学者之一。他这么大的年纪，能够提出这样问题，还是值得我们特别钦佩和关注的。还有一个问题，这是个大问题，大家都问到了：“谢老师，你究竟讲的什么是中国法学？”海松拿着当年陈寅恪和金岳霖对冯友兰的学术考察报告来质问我——这些学术报告我曾认真地看过，记得陈寅恪只是提出了这个问题，但他自己也没做解说，究竟什么是中国哲学？

那么，究竟什么是中国法学？（我注意到海松在批评谢老师的过程中，他仍然对中国法学寄予了很大的期望嘛，例如他说我们中国法学将怎么怎么……）我觉得中国法学就是约定俗成意义上出自中国人研究的法学，包括中国人所研究的西方法学和中国人通过对自己的问题的研究所创建的法学。谈到这里，我想补充一点张老师的一个结论。张老师你大概对乡约研究的状况有所疏忽：其实，在越南有研究乡约的，我就曾请我的学生在多年前翻译过越南社会科学院的一个学者所写的一篇乡约的文章，在《东岳论丛》上发表，好像在我主持的《民间法》里也刊出来了，作者是越南社会科学院某个所的所长，在这方面研究是很权威的。同时，我也注意到，韩国汉城大学的一些教授专门研究乡约，他们都是从朱熹、王阳明开始，从历史上寻根溯源，一直研究到当代，我觉得都是很有价值的，我也曾经组织学生翻译过。日本一些学者也在关注这一研究呢。这尽管是题外话，但和说明对中国法学的界定有关联啊。对这个问题，我不再做更多的解释了。我所讲的中国法学，就是约定俗成的、由中国人所写作和研究的法学。

这个意义上的中国法学，我想不是周力能从个例就否定掉的。即使周力所举的“第四代人权”的说法，也应当如是观。毕竟徐显明教授关于第四代人权的说法，我们没听过他本人的演讲和解说，只是看了一个报道而已。如果听了他的讲解，或许周力就不这样看了。我以为，在中国目前法学界，说出来的话立马可以成为文章的，在我们这一代学者当中，大概只有徐显明一个人可以做到。他的讲演常常娓娓道来，他讲出来的就是文章，就像照稿子念出来的一样，但他常常并不用稿子。在座的有些老师可能听过他的演讲。我这样说，不是因为他是我过去的领导，也不是因为他是我的好朋友，我就一定这样赞扬他，而是因为他在这方面的才能确实是我们这代法学人中其他人很难赶得上的。他讲出来的不但可以成为很好的文章，并且非常具有学理性。你可以留意一下中国法理学研究会最近几年会议上他最后的讲话，我只能说在这方面我自愧不如。我没有详细听过徐显明对“第四代人权”这个问题的研究究竟所说的是什么，我也没看到他写得更详细的文章，他似乎只是在回答记者提问的时候，讲了这样一个观点，对他观点的具体论述，相信周力也没有注意到吧？在这种情况下，你一定要说人家的观点不成立，我以为很成问题。因为毕竟你没看过他详尽阐述这个问题的文章嘛。这样，我就不敢肯定你的结论成立还是不成立——这不是我替他辩护，因为看过详细论述后，我们才能分析，他的观点有可能不成立，也有可能成立。但绝对不能因他说过这种观点，就认为我国法学不值得关注、不值得阅读。或者某一个学者比较差、某一本书比较差，就成为我们全盘否定中国法学的理由。总之，个例不能解决问题，除非你的个例是非常周延，这个问题我就回答到这里。一句话，只有全面地关注、阅读和把握了中国法学，我们才能对它有一个更好的评判。好，时间该到了吧？非常感谢各位！谢谢大家！

张永和：非常感谢谢晖教授精彩的回应，当然，我们也很感谢今天在座的各位同学，而且我还有疏漏，我们也非常感谢行政法学院的唐忠民教授，他今天也坐在这里听，让我们非常感动。今天还应该感动的，就是我们谢晖教授一直在顾盼他的曾经同桌的你（谢晖老师：我没看着），刚才都出现了，又出去了，（谢晖老师：是吗？）所以本来想给大家隆重推出的，她是我们学校的沈萍教授，她就不进来，她就坐在门后，这个周末我们非常愉快地度过了，感谢大家，也感谢谢晖教授！

第二讲

法律的全球化与法律的全球对话*

——在郑州大学的讲演

时　间　2007 年 4 月 18 日

地　点　郑州大学法学院学术报告厅

主讲人　谢　晖：山东大学法学院教授、博士生导师

主持人　石茂生教授：郑州大学法学院教授，副院长

评议人　石茂生教授

司　莉教授

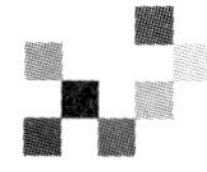

一、引言和问题的提出

今天我准备给大家讲演的主题是："法律的全球化与全球性的法律对话"。听到这个题目，我不知道大家会不会得出它的内涵？我自己认为，在这个题目当中，至少蕴涵了这样几层意思：一方面，我们国家和世界其他国家一样，确实正在面临法律全球化的问题，面临世界交往的规则越来越统一、趋同的问题；另一方面，我们同时也面临着任何一个民族在全球化进程中都应有的民族自信、民族自强和民族自尊这种心理所引发的关于自己民族文化的尊崇、保障问题；更面临在法律国际化过程中，我们民族对人类文化可能作出更大贡献的热

* 本讲内容，曾分别在西南财经大学法学院、郑州大学法学院和临沂师范学院政法系讲演过。收在本书的，是我在郑州大学讲演的录音整理稿。感谢郑州大学法学院邀请速录员现场速录，也感谢司莉教授根据速录稿作出的初步整理！

切期待问题。

这样几种交织的心理和交织的事实构成了我们这个时代独特的问题。所以,也会产生这样的选择和结局:一方面,我们必须设法开放、引进、吸收外来的政治、经济、文化财富;另一方面,我们又必须坚守民族的特色和我们这个民族对世界的可能贡献,甚至设法输出我们民族的文化内容,以增益于世界的发展,丰富全球化的内容。

这是一种两难的情形,当然,这种两难的情形,不仅仅在中华民族当代发展的事实中存在,即使在其他国家和民族的发展史当中,也存在着或存在过此类的问题。例如大家都知道,大名鼎鼎的历史法学派的奠基人之一萨维尼,就在当年《德国民法典》的酝酿、制定过程中究竟要取法法国传统,还是取法日耳曼民族固有的法律精神和传统,和德国另一位著名的法学家蒂堡进行了深入的论辩(尽管萨维尼所言的"民族精神"已经是被罗马法改造过的民族精神)。论辩的结果并不是谁"战胜"了谁,反映在民法典上,可以说是平分秋色。大家都知道,德国民法典,一方面参考了法国民法典的恢弘大气;另一方面,德国民法典又深刻地保留了日耳曼自身的民族特色,在世界民事立法史上,在保持个体利益的前提下,倾向于集体本位(有些人不叫集体本位,而叫社会本位),开创了新的民法典立法体例(虽然真正的"社会本位",是魏玛宪法以后的事)。可见,即使德国这样一个西方国家,在法治现代化过程中,当面临重要的法典制定及其体例的选择时,也不能回避这样一个重大的权衡问题——究竟是取法外国的、被普遍接受的既有经验,还是取法本民族的固有传统,抑或是两者兼而有之的问题。为什么会如此?在我看来,这是因为:一个国家或者一个民族的发展,既需要瞄准世所公认的发展方向,也需要保持自己的国家立场、利益和民族根性。倘若一个国家或一个民族的发展,抛弃了自我固有的传统遗产、国家立场和利益基准,而重起炉灶、一味地向全球化靠拢,则本身就是这个国家、这个民族在性质上被同化,而不是这个国家或民族独立自主的发展。以趋同化这种标准要求所谓法律的全球化,只能是被别人同化,从而这个国家或民族的自我主体性将荡然无存。

在当代世界经济和文化的发展过程中,大家知道,美国已然是独占鳌头、独领风骚。在这种情况下,它的经济模式、文化模式,它的汉堡包、麦当劳,它的好莱坞、迪斯尼,已经传遍并影响到了世界各个角落——不仅仅影响了不少"落后的"东方国家,而且影响着甚至支配着众多"先进的"西方国家。在这样一种背景之下，西方一些国家的政要们也纷纷出来，进行这样的表态，法国的一位部长这样说："我们必须审慎地对待快餐文化，对待好莱坞的明星文化，要坚守法兰西文化主导的路线。"在加拿大，似乎是他们的旅游部长吧？也专门谈到美国和加拿大这么近，但是加拿大必须坚守住自己的民族文化的立场，而不能被美利坚文化所同化。而澳大利亚，长期以来，一直是美国的朋友和盟友，但是它的政要们在谈到澳大利亚的民族文化的时候，照样说澳大利亚不能再过度美国化。这些都说明，不仅仅是我们中国人在现代化进程当中强调：必须一方面要加强学习现代化先进国家的经验，另一方面也要保留和坚守自己文化的独特性，即使在很多西方国家也是如此——我刚才讲了，德国如此，法国如此，加拿大如此，澳大利亚也如此。这两种情形的不可避免，足以证明法律的全球化，不是一个让某种强势文化同化后发国家的过程，而是一个在全球性对话基础上，形成统一规则、统一行动纲领的过程——前种情形即使存在，也是一种压制的全球化，后种情形，才可能是对话的全球化。

所以，法律的全球化和法律的全球对话问题应当是、并且已经是在全球化进程中充分引起了人们关注的一个世界性话题。讲到这里，大家可能首先要问的是：为什么会出现法律的全球化这种法律的发展景致和情形呢？

二、法律全球化产生的背景

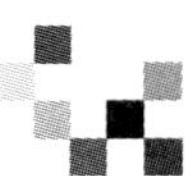

为了给大家解答这个问题，我今天想和大家交流的第一个话题是"法律全球化产生的背景"问题。我把这个背景，大体归纳为以下三个方面：

第一个方面，经济的全球贸易，以及它所带来的在经济领域当中的全球游戏规则的统一化，这一点我想大家都清楚。所谓全球化，主要是或者首先是经济领域的全球化。当今世界在经济交往方面全球化，已经发展到了这样的程度：国家与国家之间的经济依赖关系，到了你中有我、我中有你，相互无法离开的地步。经济交往不再仅仅是一国内部商人之间、公民之间的交往，而且是开放的、国际性的、跨国界的商人之间、公民之间的交往关系。一旦一个国家在这个世界性的、全球性的交往体系中，离开了国际化背景的协作和支持，换言之，一旦一个国家被国际社会所孤立，那么，它的发展空间就非常局促和有限。大家可能还记得——当然，也可能在座的有的同学年龄小，不大记得——从

1978年改革开放开始，一直到1988年前后，我们中国的经济基本上保持着很快的增长速度，在当时的世界经济发展中，独领风骚，增长速度极快。但是1989年，我们中国发生了一次著名的政治风波，就因为这次风波，西方国家对我们中国实行普遍的制裁措施，导致我们在国际市场上，进行进出口国际贸易的空间大幅度缩小，在有些地方和行业，市场几乎全盘丧失！在这种情形下，我们只能通过挖掘内需，搞自己国内的商业交易，但当时的内需状况又不是很景气。因为我们失去了在国际市场上大规模开展进出口贸易的机会，所以在这几年，1989、1990年连续两年中，我们中国经济的增长率不到4%！大家想想啊，我们这样一个大国，经济增长率由原来的平均11%左右，一下子降到了不到4%，这是一个多大的落差啊！也就是说我们当时的经济状况已经到了相当困难的程度。为什么如此困难呢？就是因为西方国家对我们进行了普遍的经济制裁，我们生产的商品出不去，人家生产的商品进不来，我们过去能够依赖的国际市场一下子消失了，所以经济成长到此就大大倒退了。可见，经济的全球性依赖，或者外向型依赖到了何种程度！正是在这种背景之下，邓小平才在视察南方一些省市时，发表了那篇被誉为《东方风来满眼春》的著名谈话，为新一轮的开放打破了坚冰，为我们重新进入国际市场开辟了道路。由此可见，即使我们中国这样一个后发达的国家，我们在今天世界性的全球贸易当中，已经对国际市场形成了严重的依赖，离开国际市场，我们的商品，它的价值，它的交易价值会大大降低。与此相伴随的是，商品生产能力、人们就业状况以及公民生活质量的普遍下降。

岂止中国如此，当今世界上，几乎任何一个国家，都在经济发展过程当中，依赖着这种全球性的交易。但是大家知道，全球性的贸易必须有一个条件，那就是要求交易规则必须是统一的，或者至少在不同交易主体间是能够协商的。如果没有统一的，或者可协商的规则，一旦在交易中遇到纠纷，就不知道按照什么规则解决我们所面对的纠纷，就丧失了处理贸易纠纷的规范基础，从而只能增加交易的无穷无尽的负担和成本，很难恢复人们在国际贸易交往中的公共秩序。

大家或许知道，我国在刚刚改革开放的那些年，我们给外商规定的投资政策是非常优惠的，但凡外商投资，基本上实行最惠优待原则。但是即使在这种优惠的情形之下，不少外商还是纷纷观望，不愿到中国投资。据说这时候，有几位香港的巨商，包括李嘉诚先生、包玉刚先生等，他们率团到大陆访问。当时我们的最高政治领袖在接见这些港商的时候就请教他们：中国政府已经给了这么优惠的政策，为什么商人还是不到中国来投资，或者纷纷观望？这些商人给政治领袖建言说，商人投资，除了看你的硬件投资条件之外，更要看的是一个国家法律制定的是否健全，政策承诺并没有法律效力。如果一个国家的法律制定得不好、不健全，谁都不敢来投资。为什么？你这个国家没有最基本的法律秩序保障啊！正是因为这样的启发，中国在20世纪70年代末的立法中，制定和出台了比较多的鼓励外商投资方面的法律和法规。这一立法事实，我想大家是知道的。那么，这表明了什么问题呢？这表明：在国际性的、全球性的经济贸易和经济交往当中，你一个国家说得再动听、再动人，如果没有建立一种和全球性的贸易、投资秩序相吻合的规则系统和交往方式，那么，人家就不会跟你交往，你也就没办法把别国的人才、技术、资本和商品引进来。同样，你自己的人才、技术、资本和商品也就出不去。为什么？因为你的法律安全保障没有到位——不仅财产安全没有保障，甚至可能连人身安全都没有保障。在此种情形之下，我们怎么能吸引投资？人家怎么相信我们？如何让一个国家融入全球性的经济贸易呢?!

恰恰因为如此，自20世纪中叶以来，世界各国为了全球性贸易的达成，建立了非常著名的关贸总协定（世界贸易组织的前身），并制定了其运行规则。大家知道，中国加入这个组织的过程可谓一波三折，和各成员国之间、世贸组织之间进行了多方面的、多层次的、双边的、多边的、艰难的和复杂的谈判后，终于加入这样一个组织。去年是中国全面兑现加入世界贸易组织承诺的第一年。我们知道，自从加入世界贸易组织后，其相关的规则已经深深地影响着我们中国的经济贸易，从而进一步影响着国民生活的方方面面和点点滴滴。从此，我们中国的商品、人力、技术，甚至资本大幅度地出口或投资到海外市场。当然，海外的商品、技术、资本也不断地进入我们中国的市场。中国正在并且不断在融入世界市场体系当中。最近，甚至有许多国家给了我们市场经济国家的待遇，尽管我个人认为，我们中国离真正的市场经济国家还有一段距离，因为我们中国很大程度上还是政府经济，不是市场经济。所以在我国，说到招商，谁去招商啊？不是商人招商，而是我们政府官员去招商，甚至任何国家公务人员，都可以去招商啊！我们的法院院长有招商任务，公安局局长有招商任务，在一些地方，甚至中小学教师也有招商任务！我有一位同学，他是某法院院长，有一次他在广州给我打电话，说谢晖啊，你有没有在厦门认识的人呢？

我问他干什么，他说，我陪我们的县委主要领导在这里招商啊。我说，你一个法院院长，去招什么商呢！他在电话那端说，老同学，你说的意思我知道，但你别说了，你不在这个岗位上啊，你就根本不知道、不理解。还有一次，在山东某电视台报道行政如何服务于地方经济的时候，报道过这样一个先进事迹：山东某市公安局的局长，是该市招引外商投资最多的一位官员，为此受到了多方面的嘉奖，然后他也不嫌寒碜，到处现身说法。看到这一报道，我很快就写了一篇文章讽刺这种现象。我们的社会治安形势如此之严峻，公安局不好好按照自己的职业分工和权力分工，做好自己的本职工作，还搞什么招商呢！但是，这就是我们中国的现实，这就是我们中国政府经济惟妙惟肖的说明。这种情况不仅在山东有，各地都有。

前两天我在咱们河南某地的时候，某位检察长见到我就说：谢教授，有可能的话欢迎你到我们这里来投资啊。可见，在该检察长的心中，随时惦记着投资问题，这种心情固然可嘉，但是从权力分工的行使和应用上讲，不用多说，当然是大有问题的。所以，我说中国目前仍然是政府经济，而不是所谓的市场经济，这一点大家应该理解。但是，即便是如此，中国作为一个人口大国和发展中国家，蕴涵着如此庞大的需求，在这种情形下，世界各国对中国经济发展的期待、主体需要的期待和商品自由贸易的期待也就格外高。因此，即使目前我们实行的不是真正的市场经济，但是我们今天已经融入世界经济体系当中去了，在这样一种境遇之下，不仅仅在国际法意义上要强调法律的国际性、全球性和全球化，而且即使在内国法上，我们大量的法律也越来越迈向了国际化与全球化。我国的《专利法》，就是按照国际组织的相关规则进行修订的，我国的《商标法》也是如此，我国最近制定的《物权法》照例是如此——即按照我国可接受的国际标准，按照国际上相关法律的主导性规定进行内国法的修订。这就是在经济领域当中，法律全球化的表现。

第二个方面，在政治领域当中，全球性的政治对话也必然要求法律的全球化。我刚才讲了在经济领域当中法律全球化的必然趋势，其实即使在政治领域当中，全球性的政治对话也要求法律全球化。大家知道，从 20 世纪中叶以来，世界各国在政治上基本上是进入到一种对抗体系当中，当时有所谓“两霸”，年轻的各位朋友大概不是太熟悉，我们这个年龄层次的人都非常熟悉。这“两霸”——一个是美国，我们简称美帝；另一个是苏联，我们简称苏修（苏联修正主义）。这“两霸”分别代表了当时世界两大集团，一是资本主义世界集团，一是社会主义世界集团，一个由“北大西洋公约组织”（这个组织现在还存在）联结，另一个由“华沙条约组织”联结。当然，我们中国那时声称是不结盟的，我们没有参与这两大组织。当时，这两大国际组织经常进行对抗，“不是西风压倒东风，就是东风压倒西风”是这种对抗的形象写照。人们把这个时代称为国际政治、军事的“冷战”时代。在这样一个时代，不同集团的国家和国家之间的政治对话几乎是非常困难的，东方国家和西方国家之间的政治对话也非常罕见。因此，可以说它基本上奉行的是一种政治对抗，而不是政治对话。大家知道，只要有对抗，就不可能有统一的规则。两个不同的营垒正在打仗，正在想着随时消灭对方，还能签订什么统一的规则吗？只有在双方讲和的时候，才可能签订统一的规则，才可能有和谈。所以，当东西方两大集团如此在军事上、政治上进行对抗的时候，就很难有统一的、被双方都接受的规则！因为这也不需要统一的规则，两大集团各行其是，各自根据自己的利益主张进行行动就行了。

但是，自从冷战结束之后，尽管国际霸权主义还严重地存在——这一点大家可以看到——美国在国际世界当中的所作所为，人们都看得很清楚。然而，霸权主义的严重存在，霸权主义对世界的严重影响，并未构成我们时代的主流。如今在世界各国之间，已不是像过去那样，越来越走向国与国之间的对抗，而是走向了国与国之间日益频繁的政治对话。

今天，我们中国几乎展开了与世界各国进行全方位对话的局面，和美国，和日本，和俄罗斯，和这些大国搞政治对话，而不是进行政治对抗，甚至不仅仅是进行政治对话，而且还在积极寻求和各大国之间建立某种盟友关系。例如同欧盟，我们是每年轮流要搞一次中欧首脑会议和亚欧首脑会议，这两个会议中国都在参与。对于整个太平洋沿岸的国家开展的亚太国家政府首脑（国家元首）的非正式会议，我们也积极参与。特别值得我们关注的是，去年我们还搞了一个中非首脑合作会议，这个会议搞得非常成功。我们的国家元首去年访问了非洲多个国家，也非常成功。还有特别需要大家注意的是，这些年来，在我们中国主导之下，因为朝鲜核问题，中国和美国、俄罗斯、日本、韩国、朝鲜，搞了多次六方会谈。这样的会谈一方面是要有会谈的前提和规则；另一方面，就是通过不断的会谈，进一步寻求在六国之间建立起互信的规则体系的可能性。由此可见，我国目前不仅和发达国家在进行政治对话，而且和发展中国家同样进行着政治对话，以此增进我们的政治互信，增进我们在国际交往当中的政治可信度。

大家可能会问，谢老师你给我们讲政治对话是要说明什么问题？政治对话和法律的全球化是什么关系？我们知道，任何一种对话，必须有一个基本的前提，这个前提是我们必须遵守共同的对话规则。例如在一个学术会议上，一个人正在发言，规定给他发言的时间是五分钟，但那人刚一开口，有人就吵吵嚷嚷着说："唉，对不起，我要打断你的话。"他这一打断，就远远超过了五分钟，他还没结束，另有人又起来又说："唉，对不起，我也想说两句……"最后发言者就根本没法透彻地讲自己的观点，也无法和他人对话。为什么呢？人们不尊重学术对话的基本规则。这种情形，在我国的学术会议上，以前经常出现。别人讲得兴趣正浓的时候，会上一些老人家们觉得心里痒痒，一旦某个话题讲到他们的痛处了，或者正好触及他们的兴奋点了，就会打断发言者的话。结果一讲就是四五十分钟。我曾因此在 20 世纪 90 年代"得罪"过两位学者。当第一位无节制地发言近五十分钟(会议规定每人发言不超过十分钟)，第二个接过话题，又发言到四十二分钟的时候，我实在忍无可忍，对会议主持人说："主席先生，我给您提两条意见：第一条意见，能不能在发言时间上有所限制？第二点，能不能让发言者讲一些前沿性的，有自己独特见解的内容，以便能够给我们有所启发？我们给学生在课堂上讲的那些东西，甚至比我们给学生在课堂上讲的东西还要浅显的东西，最好不要在这儿讲，我们可是花着单位的钱在这儿参加会议的。"结果，据说两位老先生下来还相互埋怨——说"小谢说的是你"，呵呵，多可爱的老人家！我提及这个是想说明什么意思呢？在以对话为目的的学术会议上，学术性的对话，我们必须遵循统一的规则，遵循商谈理论所强调的"理想的言谈情境"。当对话者自身破坏规则、破坏"理想的言谈情境"的时候，这个对话就无法进行。如果说学术对话是如此的话，那么国际政治领域中的对话就更是如此，你既然要进行国际政治对话，你就必须遵守基本的对话前提——这种对话前提就是法律。

所以，全球性的政治对话，毫无疑问必须要有统一的国际规则。没有这样的统一规则，对话就无以存在，就不可能达成任何结果，甚至对话就有可能变成训话。大家知道，训话和对话不一样，我们的一些领导讲话往往就是训话，他们在讲话中没有对话的成分，只有训话的成分。这在一定意义上是有道理的，因为在科层制管理模式中，训话和遵循就是维系科层稳定的一种方式。领导的讲话就是人们进行管理的根据，下级必须服从上级的训话精神，否则，科层内部就会紊乱，就会失序。所以，我们在一定意义上可以理解，领导的讲话为什么往往是训话。但是学术讨论会上进行的，一般是对话，在国际政治交往中进行的，也应当是对话。但要使人们的对话能够达成并取得成效，就必须避免训话——训话可以不讲规则，或者少讲规则，但是对话必须有统一的理想言谈情境和统一规则体系约束。这正是在政治领域中之所以会导致法律全球化的重要背景缘由——全球性、国际性的政治对话，以及由政治对话所产生的政治互信必须要求具有统一的国际规则，从而也必然要求在政治领域中建立全球化的法律体系。我国对诸多国际条约、特别是一些人权国际条约的加入，就是在政治领域里促进和国际规则沟通甚至接轨，从而适应政治领域法律全球化的举措。

法律全球化的第三个背景必须在文化领域当中追寻，即文化的全球交流也必然要求法律的全球化。可以说，自从近代以来，世界各国在文化领域中出现了一个明显的特点，这个特点是什么？我把它总结为文化领域的全球化交流。

去年，我曾到芝加哥，正好碰到埃及在芝加哥的一个文化展。埃及我没去过，但在和埃及远隔万里的芝加哥，我却把埃及相当精华的一些文物都看到了(那个展览是免费的)。本来是埃及的文物，怎么敢到美国去展览呢？因为这个世界有了什么？对，有了文化的国际交流！更重要的是还有文化交流的国际规则。正好也是在芝加哥，我还看到上海大戏院在那个地方进行演出的海报，很想凑个热闹去看看，但是到门口，囊中羞涩，没敢买票，非常贵，我买不起。后来就不可能去看了，只是看了看海报的画片。那么，为什么中国上海大戏院的节目，其风采能够到大洋彼岸去展现呢？嗯，对，因为我们时代也出现了全球性的文化的国际交流，以及和这种交流紧密相关的统一的法律体系。

同样在我们中国，现在也可以看到很多海外的一些文化团体前来演出，俄罗斯的、澳大利亚的、欧洲的、美国的……这都说明，文化的全球交流更多地呈现出一种蓬勃的相互性。恰恰是在这种交流的普遍性和相互性的社会背景下，相关文化交流的全球化的规则也必然会应运而生。

大家知道，之所以能够展开这样一种国际性、全球性的文化交流，必须有一个前提，这个前提就是要有国与国之间的(或者整个国际社会的)文化交流协定。如果没有这样的交流协定，那么，以埃及的文物到美国展出为例，一旦美国借用强力，说这些文物既然到我们国家来，我给你强行扣留了，不让它们再回到埃及去了怎么办？如果美国人硬要这样做，我看埃及也丝毫没办法，毕竟美国如此之强盛！最多埃及人只是骂一骂、呼吁一下、声明一下，过过嘴瘾而已。但是在一个国际文化交流秩序已经建立起来的世界，美国尽管很强大，但它不能甚至也不敢这样做。为什么呢？因为一个人也罢，一个国家也罢，总是要讲基本的诚信的，一个大国、一个优秀民族就更是要讲诚信的。这个诚信的根据是什么呢？就是国际化、全球化的文化交流法律法规。既然国与国之间，或者国际社会已经有了相关的文化交流的国际协议和法律，那么，任何国家都必须遵循自己签订的协议、法律，不遵循这些协议、法律，那你这个民族就言而无信。言而无信，从个人的角度来讲是非君子，是小人；就一个民族来讲，可以被称之为劣等民族。你全是一些宵小之徒，其他国家还敢和你进行文化交流吗？如果真是这样，即使你一时再强大，最终也会让国际社会其他成员避之唯恐不及，弃之如敝屣！

所以，一个国家必须遵循在国际交往中文化交流的国际规则，这种国际规则，就是具有全球化特征的法律。这也意味着，当今世界这样一种大规模的、经常性的文化国际合作与交流，早已取代了文化的掠夺时代那种无序、无法的局面。这一全球性的文化交流，也必然要求，并实然地导致了法律在文化领域的全球化。这是我今天和大家交流的第二个题目。

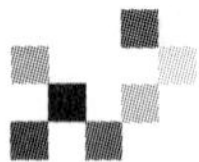

三、法律全球化的模式设计

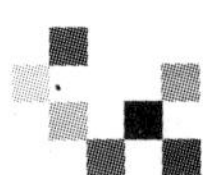

前一个题目是什么内容啊？大家回忆回忆。对，是法律全球化的背景分析。紧接着我和大家交流第三个题目是：法律全球化的模式设计。

在这个问题上，不同的学者有不同的主张，有些学者主张法律全球化就是法律的西方化，这是西方文化中心主义和单边进化论的观点。为什么会出现这样的观点？这需要从近代法律的发端考察。近代以来的法律是起源于什么地方的？大家知道，是西方世界。即使现在所谓的全球化的法律，就起源而言，也是起源于西方世界的。所以，法律全球化，按照单边进化论和西方中心主义的文化进化论观点，只能是后进国家的法律朝“先进的”西方国家法律的目标发展，只能向西方学习。这有没有道理？当然不是毫无道理。因为我刚才讲过，近代以来，世界各国的法律大体上都是按照西方国家法律的模式发展起来的，不仅仅欧美国家如此，我们亚洲各国、非洲各国等也都基本如此。今天我国大量的法律，毫无疑问取法欧美经验，移植外来法律——我们的《合同法》有移植，《物权法》有移植，特别是我们的《海商法》，更是被人们称为法律移植方面的典范（我记得有一年，有一所大学博士研究生考试中出过这样一个题目——请论述我们中国改革开放以来，在法律移植领域最成功的法律是什么？并说明理由。据说，考生有各式各样不同的回答，但是只有极个别的人回答是《海商法》，老师们的本意也是要让他回答《海商法》。因为我们《海商法》是移植海外法律或者说是和国际社会在海商方面的统一标准接轨最成功的一部法律。在座的学过海商法的同学应该很清楚）。这样一种单边进化论，这样一种西方中心主义的法律发展模式有没有道理？我刚才讲了，有道理，但是充分不充分？我认为不充分。为什么不充分？因为毕竟当今世界是一个多元文化的复合体，而不是一元文化的复制体。任何一个国家，都不可能以自己的文化来消灭、同化其他的文化，不但如此，即使从一个民族、一个国家分裂出去的新民族和新国家，也会在新的境遇下形成新的文化。比如说，我们都知道，今天的美利坚民族是以当年英国人为主体而形成的，但这个新民族的产生，也形成了一种全新的文化——美国文化，它完全不同于英国文化。大家也知道，今天的墨西哥，主要是继受了西班牙的文化而形成的，也以此为特点建立了一个民族—文化的国家。然而，它和原先西班牙的文化却不尽相同。如尽管墨西哥也有斗牛，但是墨西哥的斗牛就很不同于西班牙的斗牛……正因为如此，我们说，今天世界各国尽管在规则上走得越来越近，但是这并不意味着趋同的规则消灭了多种文化，并不意味着它消灭了多元文化的共存这个事实。反之，世界规则的趋同化，恰恰是在多元性前提之下发生的，没有多元性前提，世界法律的趋同化、法律的全球化就不可能实现。

大家可以注意我这样一个结论：所谓法律全球化，恰恰是建立在世界文化的多元性基础之上的，文化多元性一旦被排除，也就意味着法律全球化的必要性和前提不复存在了。为什么呢？因为只有在多元文化存在的情况下，才有可能需要文化的交往，才有可能出现因文化多元而引起的交往中的纠纷，才有可能需要规则来规制人们的交往，并通过规则实现纠纷的处理和解决，以便恢复交往的秩序。所以统一性、趋同性是以什么为前提的？对，是以多元性、多样性为前提的，失去了多元性、多样性，统一性、趋同性也将不复存在、没有必要了。所以，这样一种单边进化论的思想，这样一种西方中心主义的说辞，恰恰是以否定世界文化的多元性为前提的。因此，以这种思想所主导的法律全球化建设，自然是很成问题的，甚至是不可能的。以上所讲的，可以称为法律全球化的第一种主张或第一种模式。从本质上讲，这是一种“压制的法律全球化”。

那么，第二个模式是什么模式？我把它称为多边进化论和多中心主义的法律全球化，这只能是一种“对话的法律全球化”。它强调的基础是什么？它强调世界文化是多元的，文化的进化不是按照一个模式发展的，而是按照多种模式发展的。对于这一点，事实上马克思当年在分析亚洲国家的时候，已经清楚地交代过。斯大林后来总结的那种原始社会、奴隶社会、封建社会、资本主义社会、社会—共产主义社会的进化谱系，仅仅是适用于欧洲国家，特别是西欧国家。但是长期以来，我们却忽视了这种进化模式所适用范围的特殊性，把领袖们对西欧社会发展模式的分类和总结作为普适的结论来看待，最后导致很多非常可笑、可悲的做法，而对马克思所阐述的亚细亚国家的独特发展道路，却未予认真关注。

今年在武汉召开的全国法理学研究会的会议上，有一位年轻的学者，张口闭口讲中国封建社会的法律如何如何。我在评议他的观点的时候说：作为学者应该严谨、再严谨，其他人这样说，我们可以在某些方面稍微马虎一点，容忍一点，但是作为学者在讲学术问题时，更应该严谨。因为中国古代社会，按照马克思的封建理论，根本就没有出现过马克思意义上的封建社会。我们确实有几个封建时期：一个是西周的分封制时期，这是一个封建制时期，但是后来它终于导致了天下大乱、分崩离析；再一个是汉朝的初期，汉朝也搞了分封制，但是后来很快也导致天下大乱；接着是西晋时期，朝廷也搞了分封制，同样也很快导致天下大乱。所以很长时期以来，中国并没有搞分封制或封建制。我想，封建至少应有两个特点：第一个特点是分权，即中央和地方要分权，地方和地方也要分权，这就叫封建。第二个特点，是等级特权。不同等级的封国之间，有不同的特权，这种特权是不能逾越的，否则构成僭越罪。大家知道，我们中国历史上虽有过封建，也有过因封建而产生的分权，但它不是马克思意义上的封建社会。马克思反倒把包括中国、印度等在内的文明发展模式称为什么？对，称为亚细亚进化模式（我们郑州似乎有一个著名的亚细亚商场，不知道现在还存在不存在，这里的亚细亚，就是亚细亚商场的前三个字）。由此可见，马克思当年已经深刻地意识到文化和文明的多元性问题，从而在社会进化方面，不主张单边进化论，而在一定意义上预言了必然是一个多模式进化的过程。

今天我们更可以清楚地看到这一点：世界各国的进化，明显的是多边、多元的进化，不是一个所谓的单边、一元的进化。正因为是多边、多元的进化，我们就必须尊重多边进化的事实。所以，我个人倾向于我们的法律全球化应当是在多边进化、多元进化的背景基础上，然后再寻求统一推进的一个过程。如果强调单边进化论，最后所谓法律全球化，只能给我们带来一个什么结果呢？我认为只能是法律的全球压制，而不是法律的全球交流。正因为如此，我主张是多边主义的进化论，主张“对话的法律全球化”。我不知道在座的各位是怎么看待这一问题的？

当然，除了这样的观念之外，还有综合性进化观念，即把这两者综合起来。比如北京大学著名的学者罗荣渠先生，他虽然不是研究法学，而是研究现代化理论的，但是他提出了现代化的一种观点，认为现代化进程是一个一元多边的进化论过程。一元多边是什么概念？大家可以想象和论证。我的理解是：现代化的基本规则和基本要求是统一的，但是它的发展方向和模式是多方位、多元化的。罗荣渠先生的一元多边的进化论对我们应当有一定的启发，但是我不完全赞同他的观点，为什么不完全赞同？因为在社会进化和现代化的实践史中，一元的进化是不存在的，哪怕是目标上的一元，也不存在，更不要说过程中的一元。即使在今天，所谓一元的进化实践也是不存在的。这是我今天想跟大家交流的第三个大问题，核心观点是要区分“压制的法律全球化”和“对话的法律全球化”。我只是很简单地提及，然后供大家进一步参考和思考。

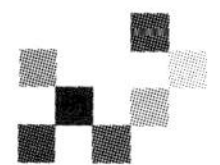

四、法律全球化的模式选择

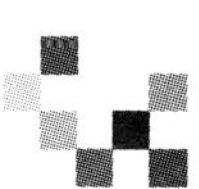

我要讲的第四个大问题是什么呢？我要讲一下法律全球化的模式选择问题：面对不同的现代化进路和法律全球化模式，我们究竟应如何选择？特别像我们中国这样的大国，在法律全球化的进程当中，究竟应如何选择？选择单边进化的法律全球化模式，从而选择“压制的法律全球化”？寻求西方中心主义的法制现代化、全球化之路？还是选择多边进化模式和多中心理论指导下的法律全球化模式，从而选择“对话的法律全球化”？我想，一般来说，大家会有一个比较肯定的答复，这个答复就是，我们只能选择后者，不可能选择前者。

但是在一些学术交往中，对此往往还有不同的看法。

前不久，在法律博客上(我知道郑州大学的同学在法律博客上注册的有好多，有一位叫“妙妙书生”的就是郑州大学的，不知道现在在不在场，我不认识他，但他写的文章相当不错，我猜测是位小伙子吧，噢，但也有可能是位姑娘。呵呵。还有一位网名叫“疯狂的骆驼”的，也应该是郑州大学学生注册的，我不知道在不在场啊?)南京师范大学有一位年轻教授叫秦国荣，最近写了一篇文章，其核心内容，一言以蔽之，就是中国传统的法律文化我们要彻底地抛弃，不抛弃这样的吃人的法律文化，中国的法制现代化就绝无可能。在他的文章中，也涉及对民间法研究的批判问题。因为这几年我一直在倡导民间法的研究，所以，对此我也做了一些回应，当然我的回应一般是尽量能让别人接受的、比较友好的回应。在这一争论中，我的老乡，一位非常著名的律师——他在我国企业规制和相关纠纷的代理方面，在全国都是很有影响的律师——他和秦老师的观点是不谋而合的，两个人在法律博客上可谓是一唱一和(我这个“一唱一和”可是中性词，不是贬义词，呵呵)，强调上述观点。但是也有些学者就坚决反对上述观点，并且反对的态度非常激烈。在这种情形下，我做一个调停人、和事佬。尽管角色是位和事佬，但我的观点是明白无误的：在一个民族的现代化过程中，任何人想要彻底抛除这个民族的，哪怕是某一个方面的文化，我认为都是不可能的，从而也是极端的。在我国，包括法律文化在内的传统文化，真能被我们人为地割断吗？我们真能彻底地抛除自身的传统法律文化吗？

我当时这样质问好友秦国荣教授：当你的同学和别人发生了纠纷之后，你首先是建议他选择法院诉讼，还是首先建议他选择私下调解呢？当你自己和他人遇到纠纷之后，你首先是向法院起诉，还是首先希望通过调解解决呢？当某位家长的孩子成人后，生活过不下去的时候，作为父母在有资助能力的情况下，能否做到一毛不拔？有这个可能吗？我进一步说：如果这些东西，只要你在实践中做不到，那么你恰恰坚守的是我们中国固有的文化，而且不是一般的文化，它就是中国固有的法律文化。接着我责问道，如果你国荣教授做不到，那么，你为什么一定要坚持己见，必欲毁弃传统而重修“法治”呢？为什么不设法在我们固有的文化传统中，寻求有利于法治的“创造性转换”的因素呢？(大家或许知道，美国著名学者林毓生先生，他非常强调“创造性转换”这个概念。他认为，中国自近代以来，特别是自五四以来，强调的是全面反传统的路线，这种“借思想以解决问题”的做法，把中国文化给连根拔掉了。所以，他对一些学者和革命家——包括陈独秀、胡适、鲁迅等在内——的学者进行了善意的、有价值的批评。对此，大家可以看看《中国意识的危机——“五四”时期激烈的反传统主义》和《中国传统的创造性转化》等书。林毓生的一些作品，我觉得写得非常好，对我个人的启发也很大，我在我的书中也曾多次谈到他的观点和作品）。

大家知道，近代以来，西方法制现代化的发展，恰恰也是借助了古典的希腊哲学文化，借鉴了古代罗马的法律文化，借鉴了古代希伯来的宗教文化，借鉴了古代中国的文官制度，从而对希腊的哲学、罗马的法律、希伯来的宗教和中国的管理进行了创造性的转换，然后才生成了近代西方的法律和法治。我们尽管不能完全像西方人那样做到这种转化——因为毕竟现代法治的源头来自西方，但即使如此，我们也有必要关注我们民族的法律传统。难道在这种传统中，毫无可资于我国现代法治借鉴的因素吗？我觉得绝不是如此。刚才谈到西方人在法治发展中，还参考了中国固有的文官制度呢！再比如调解制度，它是一种鲜活的东方经验，但是在今天的西方世界也十分盛行，著名的 ADR 纠纷解决方式，即使没有借鉴中国固有的调解经验，也能说和中国固有的调解经验相沟通吧？再如国际仲裁制度，即便不是按照东方的调解经验设立的一种具有世界性影响的制度体系，但至少我们可以从中看到两者相通的因素吧？

有一年我在美国南德州的一个大学里访问时，他们安排我到当地法院参观，那里的法院都存在着所谓 ADR 纠纷解决方式，也就是我们所谓的替代性的纠纷解决机制。这种纠纷解决方式中，大量的内容是和调解的原理相通的。我问他们的法官，按照 ADR 解决方式结案的案件能占到多少比例？他们回答说民事案件能占到 60％以上。你看他们的民事案件，60％左右是通过 ADR 方式解决的，不是通过法院判决解决的。一桩案子送到法院之后，法院巴不得两造通过 ADR 的方式解决，既省成本，又省人力，同时又能够有效地解决案件，取得两造更容易接受的结案效果。不但如此，而且他们国家的律师当中，专门有帮助两造通过 ADR 方式解决纠纷的律师。我也曾专门参观过当地一所律师事务所，该所就是以代理 ADR 方式解决案件为特色和专长的，他们的负责人专门给我介绍了近两个小时。

美国人能够如此重视和调解具有相通性的 ADR 解决机制，那么在调解制度和传统非常发达的东方，特别是我们中国，我们何乐而不为，不把它发展成为一种有助于今天我们法治建设的独特制度呢？关于这些内容，我在我的一本书《法治讲演录》中有比较系统的论述，大家如果感兴趣可以看看，是由广西师范大学出版社出版的，它记录了我相关讲演的上半部分，在那里我专门谈到了这个问题。

所以，我们不能决然说我们的文化传统，我们的法律文化传统，在今天一点价值都没有。我个人认为，这对我们的传统而言，不仅仅是一个不尊重的问题，也是一个态度的问题：如果你根本没有挖掘法律传统，没有搜寻法律传统，没有仔细去分析法律传统，你怎么能说法律传统没有让现代中国法治可借鉴的因素呢？我们中国人从先秦时期开始，数千年来就在这块土地上生活，就在这块土地上繁衍生息，就在这块土地上交往行为并解决交往中的相关纠纷，这种解决方式从数千年前一直延续到今天，我们怎么能说它就没有现实意义和价值呢？怎么能说它就完全是糟粕，必欲一扫而光呢？

在座的各位如果感兴趣，可以到山东的苍山去看看。荀况在那个地方工作了近八年的时间，当时的苍山名叫兰陵，是楚国的领土，也是一个非常乱的地方，经过荀况的治理，兰陵这个出了名的乱地方被治理得井井有条。著名诗句“兰陵美酒郁金香”，所描述的酒就是那个地方出产的，说明我的老乡、诗人李白也去过那个地方。不过，兰陵美酒就像现在的绍兴黄酒一样，是黄酒，不是白酒。但是，那里今天出产的却主要是白酒。兰陵美酒也是中国历史上的三大黄酒之一。当然，这些都是题外话，和我们今天的话题没有关系。我想讲的是兰陵地界及附近的另两件和法律相关的传说，它们似乎能说明一种法律传统的牢固性。

这个地方有一个著名的村庄叫造律条村，这个村的起名起源于一个人，据说这个人是萧何的好朋友，大家知道汉律是萧何领导、组织起草的。造律条村有很多非常值得我们法律人关注的故事。当地人讲起来娓娓动听，很有传奇性。而这个村庄作为传统的“活化石”，从汉代以来，一直留存到今天！我最近特意派一位硕士研究生去那里采风。

从苍山走到江苏和山东的交界处，还有一个县，叫郯城县，这个县有一座著名的坟墓，叫孝妇坟。孝妇是汉代人，她就是元代著名杂剧《窦娥冤》中窦娥的原型。孝妇在历史上似乎确有其人。为孝妇案件申冤的一位官员叫于公，于公有一位著名的儿子叫于定国，也是一位著名的判官，他和张释之是齐名的西汉大臣。在郯城，于公墓至今还在，孝妇坟至今也在。孝妇的故事，一直流传到元代，关汉卿以她的故事为蓝本，写成著名的戏曲剧本。到今天为止，我们还有很多学者在研究《窦娥冤》的故事，中山大学的徐忠明教授就在研究，而且不止一次地研究它；苏力也在研究。可见，这样一类的传统，已经在中国历史上言传了这么多年，至今仍然影响弥深，如此，我们怎么能把固有的法律文化传统一抹而了之呢！这可能吗？更重要的问题还在于，谁有这个本事抹掉？既然人们没这个本事，那就正视现实、别喊口号。所以我跟秦国荣教授之间的分歧就在这儿，我说：第一，你没可能抹掉；第二，你自己的行为也在遵循它。

为什么我对这个问题如此热心，要积极参与？长期以来，别人的论战我很喜欢看，但仅仅是喜欢观战，而不喜欢亲自“参战”。但是这次我却亲自加入了，为什么？因为我认为这是真正的大是大非问题。我不是说这是政治上的大是大非，而是说在文化上，这涉及我们民族文化对世界、对人类历史在法律全球化进程当中可能的贡献问题。这是我在这儿要讲的一个重点——在法律全球化当中，我们应该有一个基本姿态或态度——我们不能总是被动地被裹挟进去，全盘接受别人的法律经验，而必须体现出我们民族的智慧、民族的理性和民族的法律创造精神，如果没有这样一点气魄、理想和胸怀，那么，我们就不可能真正在世界民族当中有自己的一席之地，就只能是别家法律制度的傀儡，而不是自家法律制度和法律精神的拥有者。对这一点，不仅仅中国人看到了，西方人也看到了。

所以在西方20世纪以来的哲学当中，有一个重要的理念就是对话或对话哲学，在这里，不强调对抗哲学，不强调绝对命令，不像黑格尔。哲学家们更多地强调对话哲学。我举几个人的观点，大家就可以更明白。一位是大名鼎鼎的哲学解释学的集大成者伽达默尔先生，他强调人们之间必须对话，必须通过游戏、对话，解决前见在场时人们的认识分歧。当然，要对话，就需要建立并遵循对话的游戏规则。他强调对话最终要形成一种什么样的结果呢？他有一种著名的理论，人们常称为“视域交融理论”——即在对话过程当中，不是要追求我完全征服你，或者你完全征服我，对话所要实现的是什么？就是对话者之间相互能够实现“同情的理解”。比如下面这位同学提出一个观点，他提出来的观点和我完全不同，但是我完全尊重，并且完全能够理解他为什么这样提出，他也能够完全理解我为什么这样提出。这就叫做“视域交融”。在对话中，人们能产生视域上的交融，观点上的相互理解，能够达到这一点就足够了。对话不求千篇一律，定于一律，不强调用我的观点影响它甚至征服它，在对话中只要能够达成相互间为什么提出这个观点的理解，这就够了。这种对话就是民主，这就是国际主流社会的民主精神。而在国际文化交流，包括法律文化交流中，这种对话理念也必然会得以呈现。这种对话理论，就是“视域交融理论”。

还有一位大名鼎鼎的学者，大家都听说过的，叫哈贝马斯。他的书在座的各位有没有看过的？在座的老师就不说了，各位同学有没有看过的？嗯，他有很多作品，仅仅翻译成中文的作品，现在不少于十一二部吧。他重要的作品之一叫《交往与社会进化》，当然他在法学方面也很有贡献，他在法学方面的书现在也已经翻译成中文了。在《交往与社会进化》当中，他提出了一种很有影响的理论，这种理论叫什么？简称为商谈理论，或者交往行为理论。商谈是什么意思？大家可以看看柏拉图的作品。在柏拉图的作品中，无论是他和老师间，还是和学生间，在一起的基本交往方式是什么？或者他作品中的思想通过什么表现呢？大家或许知道，就是通过谈话或对话模式表现的。你问一句，我答一句；你答一句，我再反驳一句，如此这般，他们师徒之间就通过这种交谈方式完成了一系列彪炳千古的著作。我觉得这种模式是非常好的。在座的在法律博客上注册的同学或许注意到了，我在我的网页上，对那些学术性的对话，我是非常在乎、非常精心的，为什么我很在乎它？因为我有一个想法，将来有可能，我可以把在博客上通过对话写的文字整理成一本书，这完全是有可能的。现在我已经委托学生给我整理了27万字的对话记录，将来我再梳理、删减一下，和其他网友的对话我将会整理成一本书的。我认为这本书它的生动、它的风采，绝对比我自己坐下来单独写的东西更有启发性。如果这本书能够顺利出版，有可能会有我们郑州大学学生的留言在里面，这又可能会侵犯你的著作权啊。不过到时候，我会在网上公告，如果你觉得愿意把你的真名写上，或者你不愿意在我这本书里面出现你的留言，那我就删掉。届时再跟各位同学交流。好了，扯远了，还是回到哈贝马斯、回到“商谈理论”。“商谈理论”论述的就是对话问题。人们通过对话才能理解并解决问题。但对话必须有一个前提，就是对话者要相互尊重对方的意见，如果不尊重对方的意见，人们怎么展开对话？只有相互之间尊重对方的意见，才能进行对话，如果相互之间，谁都不把对方当人对待，对方压根就不是和我平等对话的对象，压根都没有资格和我进行对话，那么人们之间怎么进行对话呢？这种相互尊重，就是对话的“理想言谈情境”。事实上，在哈贝马斯的商谈理论里面，已经蕴涵了这种全球性对话的伦理基础问题。

如今，在政治、法律领域当中，我们要进行全球性的对话，而不要进行全球性的对抗。这样，无论用商谈理论命名也罢，以对话理论命名也罢，这种理论本身恰恰都是哈贝马斯本人观察了当今世界各国在现代民主发展的进程当中，人的主体性存在和多元性存在而立论的。它必然只能通过对话、商谈来解决问题。也有些人认为，哈贝马斯的理论是一种乌托邦，是商谈乌托邦或对话乌托邦。我个人觉得，毫无疑问，他的理论当中有乌托邦的成分，因为他特别强调对话要有一个前提，这就是“理想言谈情境”。在座的年轻同学肯定知道这个概念了，也就是说，人们在对话的时候，只有具备“理想言谈情境”，才有真正的对话，否则，没有这种情境，对话就不可能达成。但是“理想言谈情境”又是什么呢？它恰恰是一种乌托邦。我以为，即使没有“理想言谈情境”，我们也应该有最基本的言谈前提，并在这一前提之下进行“修正的对话”。无论如何，哈贝马斯的对话理论有巨大的现实意义。哈贝马斯事实上也是马克思的传人，是法兰克福学派在当代的领袖和宗师，同时又是西方马克思主义当今的代言人，他的学说在西方影响特别大，在我们中国影响也非常大。这几年他曾到我国来过，到我们中国演讲过，在清华、北大、复旦等高校专门做了演讲。前年，我在西班牙开会时，也见识过先生的演讲，我亲自聆听了他的演讲，老人的演讲风采，坦率地讲很一般，尽管演讲水平一般，但是大家对他的演讲都是洗耳恭听。因为他的影响实在太大了。这是我谈的第二个人。

第三位学者，我们学法学的更应该熟悉，就是大名鼎鼎的罗尔斯。罗尔斯谈到人们在交往行为的时候要形成一种什么样的境界呢？要形成一种“重叠共识”的境界，也有些人翻译成“交叠共识”的境界。什么意思呢？我的理解是：在这个世界当中，国与国之间，民族与民族之间，个人与个人之间，他们肯定是多元的，不是一元的，但是如果我们要在政治上形成公共秩序，就必须建立统一的规则。怎么样形成统一规则呢？他提出了著名的“重叠共识论”。这样一种“重叠共识”，不是说以我的观点压倒你的观点，或者相反，不是我们“文化大革命”期间所强调的“不是东风压倒西风，就是西风压倒东风”——在那个时候，人们坚信世界上只有一种真理，真理之外，全是谬误。所有的一切都只能围着“真理”一边倒，人们特别是不同制度的国家之间不可能通过交往，达成一种“重叠共识”的境界。但是罗尔斯已经透彻地看到通过交往和对话，形成“重叠共识”的可能。把它放大到政治法律领域，则这个世界要强求意志统一是不可能的，然而，要寻求“重叠共识”则完全是有可能的。

我根据我的浅显理解，给大家介绍伽达默尔、哈贝马斯、罗尔斯，究竟要说明什么样的问题？我想要说明对话模式的法律全球化，或者建立在一种多元共识基础上的法律全球化，不仅仅是我们中国人的追求，而且在西方，即使如此伟大的学者，也在阐述和论证这一点。他们已经充分地认识到，任何一元的意志灌输是不可能的，人们必须寻求一种模式，这就是要以多元对话的模式，展开政治交往和法律建构。方才我已经讲了，在政治领域当中的全球对话，经济领域当中的全球贸易，以及文化领域中的全球交流与合作，恰恰就是这样一种对话理论的现实表达。我们不仅要推进法律的全球化，而且要以对话的姿态，寻求法律的全球对话。唯有如此，才有在理想言谈情境基础上形成法律的“视域交融”、“重叠共识”。

在这样的背景下，我们尽管要引进、要吸收那些西方国家的先进理论、先进法律和先进制度，但是我们绝对不能妄自菲薄，我们不能仅仅满足于移植、仅仅满足于借鉴，而忘记了我们自己的可能贡献，忘记了我们这一代人自身应有的创造。所以我对现在我们的一些年轻学者，动辄说中国法学、法律、法治什么都不是很不感冒。我甚至在网上看到过这样的语言，在这儿讲出来我都觉得难堪，不讲嘛，又觉得憋得慌！他们怎么说呢？说中国的法学“狗屁都不是”。说实话，当我看到这样的词汇时，我感觉他们确实是非常无知的，尽管我很不情愿用“无知”这样的词下判断。

今年我们的博士研究生考试，我们出的命题是非常简单的，命题老师各出了一个命题，就是针对一个题写一篇文章，其中一个题目是：请谈谈规范法学在我国的研究现状并评论。结果很多考生回答的时候，2/3 以上的篇目谈什么是规范法学，规范法学在国外的代言人是谁，他们对这个背得非常清楚。至于题目要求的中国规范法学的情况如何？有哪些代表人物？有哪些代表性的作品？哪些学校是研究规范法学较有成就的学校？举办过什么样的学术会议？在专业的刊物上有什么样的相关文章？等等，很多考生可以说一概不知。所以，我阅卷结束后忍无可忍，就写了一篇文章，内容是我们法科学生，尽管在学习中国法学，但对中国法学基本上不甚了了。在后来复试的时候，我们随机性问的就更是常识性的问题了，但往往常识性的问题却能把考生全部难倒。比如有一个学生抽到的题目是：“谈谈法律移植。”他回答完后，我就问这位考生，请你再谈谈在法律移植的研究方面，我们中国法学界你认为最有代表性的学者及其作品。一听这问题，他使劲地挠头，一直想不起来，有什么样的作品，不知道；谁在研究这个领域，不知道。最后我只能说罢了。还有一位考生抽的是“谈谈中国古代法律传统在今天的可能贡献”。他回答完毕后我再问他什么问题呢？我的问题是：在中国法律文化传统和法理学的结合研究上，请举出你认为在中国做得最好的五位学者和五部作品。然后这位考生又挠头说：“不知道。”后来磨蹭来磨蹭去，居然把梁慧星先生给扯出来了！还有位同学抽到的是“后现代法学对中国法学和法制的可能影响”。他回答完后，我再问他，在我们中国研究后现代法学你认为最有代表性的学者及其作品各举五人和五部，结果又是“不知道”！

这说明，很多法学的硕士研究生对中国法学的情况基本上不了解，那么，你有什么资格在网上发言说中国的法学狗屁都不是呢？你看过人家的作品了吗？你看过人家的研究成果了吗？这也足以说明，我们的不少学生是极其懒惰的。你对你自己这个专业里面的知识、学者都不知道，何谈什么历史学？政治学？何谈什么社会学？哲学？这不是我在这里刻意批评研究生，我只是对不少学生意志消沉、无所作为、怨天尤人的一种描述。尽管我知道，还有很多研究生，确实很努力、很有学问、很有研究成果。

去年有一次我到北京时，碰巧见到一位叫金南川的网友，这位年轻人并不是学习法学的，而是学工科的，但他谈论政治学界的动态和法学界的动态时，对相关问题了如指掌。我不得不佩服他：一位本科生，一位大三的学生，并且不是学法学的，也不是学政治学的，居然对相关学界状况如此了解，我赞扬他是一位有理想，也是一位认真读书的人才，他说要考人民大学的法学硕士研究生，我动员他能不能考山东大学的，他快人快语，告诉我说：谢老师，如果人民大学考不上，我就考山东大学。我说硕士研究生全国是同一天考试，你不是要搪塞我嘛！老实说，对这样的学生，我非常欣赏。我觉得他们才有资格评论中国法学的是非。

大家也可以看到我在网页上的交流，我在网上特别喜欢和这样的学生进行交流。当然，我这是题外话，尽管是题外话，但是这题外话的含义是明确的：那就是作为法科学生，尤其法理学的学生，你要对中国的法理学界非常了解；同样，作为民法学科的学生，你要对中国民法学界的研究有深入地了解。也许你会说：谢老师，中国法学、法律那样落后，我为什么不直入更先进的法学、法律去了解？这未尝不可，但对绝大多数读者，你所谓从先进的理论或制度了解，我估计也主要是借助中文工具了解，而不是直接用西文。只要如此，事实上你已经不可避免地把中国文化的因子带入到了你的阅读中了。正因为如此，我觉得作为中国的法学者，应当连同“主体中国”一起，树立法律和法学的中国意识，积极地投入到了解中国法律、了解中国法学，并为参与到法律的全球性对话而创造条件。

这是我今天和大家交流的第四个问题：在法律全球化中，我们的姿态——我们的姿态是什么呢？我们的姿态，就是要突出我们这个民族对法律全球化的可能贡献，要借助法律的全球对话突出中国作为一个国家的主体地位，就是要以对话的姿态融入法律全球化，而不是让法律全球化吞没主体中国。

五、主体中国与法律全球化

最后，我想和大家交流一个问题是：主体中国、中华民族在法律全球化当中，究竟是一味地移植、引进，还是可能贡献些自己独特的法律创意？

谈到这一问题，我们首先要随机性地谈谈历史，谈谈我们的法律文化传统，谈谈中华民族在历史上给人类法治文明贡献了些什么？这些贡献对今天究竟有没有借鉴意义？

谈到华夏，在座的各位河南人是非常自豪的，因为河南这块历史悠久、文化发达的地方，是华夏文化最正宗的代表地。谈到中华文化，就不可能不谈到中原大地、中原文化。中原文化是我们中华民族文化的一个最重要的交汇地，尽管未必是原生地，但它是交汇地。为什么说中原文化未必是华夏文化的原生地呢？比如河南淮阳有个羲皇故都，朱镕基总理还给那里题写了“羲皇故都”四个大字呢。而在我的家乡，多位帝王也题写了大字，名为“羲皇故里”，江泽民主席也曾专门题词过。现在随着大地湾文化遗址的不断出土，证明“羲皇故里”在我的家乡天水的可信度越来越高，大地湾文化遗址最早的距今 8000 年左右，最晚的也距今 4500 年左右。可见，虽然伏羲的事业，并不发迹在河南，伏羲文化诞生在我的家乡，但是最后伏羲文化的交汇地却是在河南的淮阳一带，他是在定都淮阳后事业才蒸蒸日上的。再比如，据说这两天郑州要祭祀黄帝，但黄帝部族的发端，毫无疑问，不在河南。根据我掌握的有限的资料，他不是出生于河南的。但是逐鹿中原后，他把事业发展到了河南，发展到了“天下”。还有，河南人也祭周公，但周公毫无疑问按照现在的行政区划，应是陕西人，而不是出生于河南，但是周王得天下后，周公被分封在什么地方，嗯，分封在鲁。鲁有西鲁、东鲁之说。所谓西鲁,大致就是今天河南的鲁山县一带。去年我到鲁山参加一个会议,一位当地官员说,鲁山峡谷中的某处山丘,说不定是周公的陵墓呢!据历史记载,周公并未到鲁享受封地,但他的儿子伯禽却享受了封地。先是到西鲁,后来迁到东鲁,即今天山东曲阜一带。如上例证说明什么问题呢?说明华夏文化在河南、在中原一带形成了一个交汇地,成为一个文化的聚宝盆。所以一谈到华夏文化,不谈中原,等于说没有真正了解华夏文化,没有深入华夏文化的核心地带。所以,河南人应因此而自豪。河南这块风水宝地,确实为华夏的发展作出了巨大的贡献。当然,应说明的是:中原大地,应当包括今天安徽、山东、河北、江苏临近的一些地方。

今天,我们的生活日新月异,文化变革也可谓翻天覆地。但无论如何,我们的文化根性,仍然延续的是华夏文化。我们这个民族总的来讲,仍然属于华夏民族,或中华民族。当然,对此也有些人提出了异议,并建议从全国范围来讲,最好不要用华夏民族这样的说法。为什么呢?因为在我国诸多的民族成员当中,有些民族不是属于历史上的华夏族的。比如当年一些犹太人来到河南,当年一些西域人来到中国各地,当年的一些阿拉伯人经商中土,后来慢慢演变成了回族,他们就和华夏民族关系不大。再如维吾尔等民族,也不属于历史上的华夏民族。尽管有此说,但是我仍然要说,即使是回族(我相信在座的有回族同胞,我本人的回族朋友非常多,我对伊斯兰教也非常尊重并很感兴趣)同胞,自己也有这样一种说法,回族在血统上是"回爹汉妈"。什么意思呢?就回回民族的父系血统来讲,他们是来自西域、来自阿拉伯、来自波斯一带,但从其母系血统来讲,更多的是娶了汉族女子。因此,就有"回爹汉妈"之说。从这个角度来讲,回族也是有华夏民族的血统的,也当然是中华民族重要的一员。所以,有些学者的上述意见和建议,我不赞同,我认为华夏民族或中华民族的说法,能够代表全体中国人。

啰啰唆唆地谈论这么多的民族问题,谈论这么多的华夏民族问题,究竟想进一步说明什么问题呢?我想说的是:我们仍然要思考在法律文化领域,在今天世界性、全球化的法律进化过程中,我们主体中国、华夏民族究竟能够做些什么贡献?讲到这里,我突然想到有一年我在南京某大学做演讲的时候,讲了这样一个题目:"建构法治,善待传统"。讲的主旨是:我们在建构法治的时候,一定要善待我们的传统,不能说也不可能把传统彻底地抛弃。为什么要善待传统?因为在传统当中,有足以值得我们今天借鉴的经验。譬如秦朝的法律,我们经常把它骂得狗血喷头，说它是苛政暴法。但是，通过《睡虎地秦墓竹简》，我们知道，即使在秦朝的法律当中，也有非常明智和人性的规定。例如在“法律问答”当中，有人问：丈夫盗窃，赃物放在家里面，对妻子要不要判刑？答复说：如果妻子不知丈夫盗窃，则不论，如果妻子知道是赃物，与夫同论。这个解释如此明显、如此合情合理！如果妻子不知道这是赃物，不追究刑事责任，如果知道这是赃物，那么应当和她的丈夫一起追究刑事责任。诸位想想，这是2000多年前的智慧啊，这种智慧和我们今天对相关问题的处理是不是极其相似！2000多年前，我们的古人都已经知道这样处理问题，今天我们也仍然是这样处理问题的。2000多年前，古人所坚持的道理，今天我们在相关法律当中仍然要坚持这个道理。难道既有的法律文化传统能被统统消灭吗？难道不能古为今用吗？还有，在秦朝法律中，我注意到那时在审理案件时，也特别强调要坚持五善制度。今天人们人云亦云地认为：秦朝的法律是非常专制的，但是，文献证明，即使在那个时代，秦始皇的法律也知道要根据善良的要求处理案件，做到在审理过程中的善。今天，我们不仍然在追求人性化审判、人性化执法吗？这不同样是一种司法、执法中的善良说教和选择吗？可见，无论古今在执法、司法中所追求的善良的具体内容是什么，但是对善良的追求本身，却从古至今，一以贯之，大家说是不是如此啊？这就说明了固有法律文化传统在今天的可适用性、可借鉴性。

再以汉简中的有关记载为例，在西北地区的居延海，在湖北张家山汉墓等地，都出土了大量的竹简，其中涉及法律的内容很多。如在居延汉简里面，就有一例记载，说有一位士兵，起诉了他的长官，这位长官的行政级别，相当于现在的县团长这一级吧。起诉之后，判官进行了审理，判决结果是这位亦兵亦农的士兵胜诉，他的长官自然败诉。由此可知，即使那个时候没有什么行政诉讼和民告官的概念，但“民告官”的事实已经存在。拿这个案件再回过头来看看发生在重庆的所谓“最牛钉子户”拆迁案，就这样一件事情，我们费了多大的周折，才把它解决啊！但是在汉代的时候，哪怕起诉人是一位小小的亦工亦农的士兵，也能起诉官位是县团级的“干部”、长官，其判决结果照样是谁有理谁胜诉。对这一类的法律文化传统，我们难道就不可能借鉴吗？在中国古代，建立了严格的回避制度，强调严格的地域回避和亲属回避。老实说，这样的制度，比我们今天的相关制度要优越、先进和健全得多，我们至今没有严格的回避制度。我们至今仍然奉行的是真正的、典型的“一人得道，鸡犬升天”、“有权能使鬼推磨”的做法，我们究竟有什么资格笑话我们的古人？笑话我们的传统？

我还想说一说登闻鼓制度，又叫直诉制度，在座的应当有四年级的同学和研究生，一定清楚这种制度的。它是指一个人有重大冤屈时，可以直接到京城里面，到皇城根下擂响登闻鼓，听到鼓声，有时候皇帝也要被惊动，出来要审理案件。这和今天我们的一些做法相比，简直可以说不可同日而语！看看我们今天怎么做的吧！各个省为了阻止地方的公民进京上访，往往是警察压境，在各个路口全力阻挡，专门对付这些上京告状、上访的人。各个县、市呢？上行下效，只要看到有人去省城上访的苗头，则必欲强力对待，甚至有些单位把上访率下降作为政绩考核的重要内容。我们中国古人还主张、鼓励你有冤屈到京城上告，以便民意上达呢！但是在今天，只许地方当局不断腐败、不断坑民害民，却居然为阻止公民去上访还要耗费警力，重重设卡，层层阻拦！这究竟是比古人做得好，还是做得不好？我想大家不难判断吧？在这种情形下，我们还有什么资格笑话我们的古人呢！你今天根本就不但做不到，而且还刻意不去做，你有什么资格笑话古人呢？

说起华夏民族对法制文明的贡献，不能不提及被我们批判甚久，但受世人关注的严格的科举制度。这一制度不仅仅影响了我们中国，而且影响了世界。我 1981 年上大学，大概在 1983 年前后，西北政法学院邀请了当时西德的一位学者，到西北政法学院讲西德的文官制度。他给我们讲课时首先这样讲：谈到文官制度，你们是我们的先生，我们是你们的学生，尤其来到西安，这是世界文官制度的发源地，我更是诚惶诚恐。接着他又说，尽管如此，但是今天学生超过了先生，所以，勉强为之，给“先生们”讲讲课。对此，我还记忆犹新，在我的一篇文章当中专门谈了这个故事。他为什么说我们是他们的“先生”呢？因为自从欧洲文艺复兴以来，他们就开始积极地向东方学习经验，其中很重要的一条经验就是对中国科举考试制度的借鉴。因为考试制度的优点是把古代的世袭制变成普选官员制，从而为政府选择优秀管理人才提供了条件。大量的优秀人才，源源不断地供应给行政管理者。所以这位学者的另一句话同样让我记忆弥深。他说：中国人经常讲自己的四大发明对西方世界、对人类文明的贡献，这是毫无疑问的。但是在我看来，你们的文官制度对西方、对人类文明的贡献绝不亚于你们的四大发明。他还紧接着讲，从借鉴了考试制度，建立了文官制度之后，西方社会就迅速从一个世袭制的组织状态，变成一种开放的组织形态，所以西方世界才在制度上，大踏步地向前发展了。

我个人觉得，他的观点是值得我们思考的。他作为一位西方学者这样说，就更值得我们认真玩味。连西方人都认为，在他们的制度现代化发展中，中国作出了这样的贡献，那我们中国人有何能耐不承认这些法律文化传统对我们今天可能的巨大影响和价值呢？大家可以考察一下我们今天的某些考试，我个人觉得，远远赶不上记载中我们中国古代科举考试那种严谨、严格。当然，我不说它的内容，内容可以改变，但是仅仅就程序上的严谨而言，今天我们在考试方面绝对赶不上文献记载中的古代。你既然赶不上文献记载中的古代，你有什么资格嘲笑古人、咒骂古人呢！

我觉得，孙中山先生就在这方面做得非常明智，他在他的“五权宪法”学说中，就强调除了立法、司法、行政三权之外，还应有两权——考试权和监察权。我想，他老人家绝对不是信口雌黄地在他的学说中加上考试权和监察权的，也绝对不是一意孤行地推行这样的制度，而是他充分地考虑到了我们的文化传统对今天可能具有的贡献。

这又引出了另一个话题，即今天作为主体中国的公民们，作为华夏民族的文化成员们，如何面对法律全球化，我想，自然大家都不会坦然接受毫无贡献拿来就用那一套，而期望把自己的创造汇入这一过程中。但究竟如何创造？因为时间关系我不再展开，我仅仅想结合我曾经写过的一篇文章，说明主体中国、华夏文化在法律全球化进程中，在全球治理结构中的可能贡献。我曾写过一篇文章，叫《论西方法治的中国因素及其成因》。在这篇文章中，我说西方法治，或现代法治，我认为其源头不是一个源头，而是多个源头的。现代西方法治至少有如下几个要素，而这几个要素分别来自不同的文化传统。

现代西方法治的第一个要素是哲学—自由要素。而它的哲学—自由要素究竟来自什么文化呢？来自西方文化，来自希腊文化。大家知道，希腊文化追求自由，自由这种追求，和希腊的地理位置、信仰模式等都是相关的。大家知道，希腊可以说是一个多神教的国家，所以雅典娜、宙斯、阿波罗、波塞冬等等这些不一而足的神灵到处遍布，近乎有点万物有灵的味道了。事实上，这种类似万物有灵的信仰，恰恰促成了人们的自由和开放精神。希腊人的自由哲学，是不是就来自这种环境？但无论如何，现代西方法治当中的哲学—自由精神，就来自于他们本土的文化，即来自于希腊文化。

现代西方法治的第二个要素是规范—秩序要素。这种规范—秩序要素主要来自于哪种文化？事实上，主要来自于西方文化的另一支，人们习惯地称为罗马文化或者拉丁文化。希腊哲学影响了罗马法律，罗马法律又反过来极大地影响了整个西方的文化，同时也影响了希腊。西方法治的规范—秩序要素，主要是受古代罗马法的影响。人们对文艺复兴前后希腊精神的复兴强调得比较多，但对罗马法的复兴强调得却很少。事实上，对法学者而言，至少应当把著名的“三 R 运动”等量齐观地看待。

现代西方法治的第三个要素是信仰—权威要素。信仰—权威要素，前提是需要形成人们对法律的普遍尊崇、尊重、尊敬乃至信仰。那么，现代西方法治中的这一要素究竟来自于哪种文化？它不是来自于西方，恰恰是来自东方，来自于什么文明呢？来自于东方的希伯来文化和旧约传统，也就是今天的犹太文化。以旧约为核心的希伯来文化对西方的影响是巨大的。西方人接触到了希伯来文化后，才以旧约为基础，发展了旧约，创造了新约，并形成了对西方世界具有全方位影响的宗教文明。这就使得神圣性因素在西方人的交往行为中扎下根来，并在近、现代西方的制度设计中被体现出来。但追究渊源，现代西方法治的这种信仰—权威要素，在源头上来自希伯来文明。

现代西方法治的最后一个要素，即第四个要素是管理—平等要素。这一要素，既来自上帝面前人人平等的宗教精神，也和从中国引入的科举考试这一世俗的举措息息相关，即考试面前人人平等。或许大家会质疑，中国自古以来就是一个特别强调上下、尊卑、贵贱严格界分的国家，怎么能给西方法治贡献一种管理—平等的精神呢？对此，我想说的是，一方面，和中世纪前后的西方相比较，中国行之久远的考试取士制，比西方的官员世袭制要开明、平等得多；另一方面，尽管中国古代的整个制度设置呈现出明显的特权特征，但在科举考试这一点上，其平等因素是显而易见、不容抹杀的。所以，西方人借鉴了考试制度后，就把它融入其公法建制中。就此而言，我说现代西方法治的管理—平等要素，在文化源头上和古代中国考试制度息息相关。

可见，西方世界当今的法治，其四大要素中的哲学—自由要素，来自希腊文化，其规范—秩序要素，来自罗马文化，其信仰—权威要素，来自希伯来文化，其管理—平等要素，至少和中国科举文化有关。在座的各位也许会说，谢老师，你这是不是有点王婆卖瓜自卖自夸呢？我这样说，当然是有我的论证逻辑和事实根据的，当然不是我在这里胡说八道，相关的作品，大家可以看我的《法的思辨与实证》那本书。前面提到的这篇文章开始是投给贺卫方教授主编的一份刊物的，他没有发表。后来提及，他说他一看这个题目就不喜欢，人们都说西方法律对中国的影响，你谢晖还要论证西方法治中的中国因素！呵呵，这篇文章投到其他刊物刊用后，反响还比较大。这说明我们的著名教授也会有自己的爱好和偏好的。

总之，现代西方法治，本身是西方人全面吸收人类优秀文化的产物，也可以在某种意义上说是文化对话的产物。在这一对话中，有我们中国人贡献的内容，这本身就说明主体中国和华夏民族在法律全球化中已经有了贡献。我相信，随着中国目前在经济上的不断崛起，在政治上的日益变革，在文化上的积极进取，我们这个民族，我们的主体中国，会成为法律全球化过程中，进行法律的全球对话的重要力量。也因此，会对法律全球化作出自己应有的贡献。当然，这更需要我们每位法科学子勤奋努力、学习创造，在法学理论、在制度理性、在治理模式上作出足以让世人侧目、重视的成果来！

好了，今天我的讲演，就到这儿，谢谢大家！

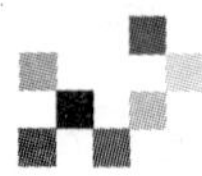

与听众的互动

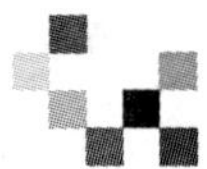

学生 A：谢老师，我想问一下，咱们中华文明 5000 年源远流长，这是妇孺皆知的。但是发展到 21 世纪的今天，我们的大学教授，我们的高级知识分子，为什么却把我们的传统文化批评得一无是处。我想问的是，为什么我们的大学教授，会有这样的想法？会有这样的理念？再一个就是，是不是我们大学教授在法学研究上面，出现了一些问题，是不是脱离了实践，脱离了对历史的研究和看法？谢谢！

谢晖教授：谢谢你，我个人觉得这位同学的问题是非常深入的。下面我尝试着回答这个问题，不知道能不能满足你的要求？对这样的问题，我们不妨再回顾一下历史。事实上，在历史上的不少学者，每每是非常清高的。前两天，我在焦作的竹林七贤曾经活动的中心地带看了一下，颇多感慨。竹林七贤的成员大概主要是今天的河南人、山东人和安徽人，他们在这个地方活动，如此的桀骜不驯，尽管和当局屡屡不合作，但他们仍然有良好的活动空间，这足以说明作为一位士人，当时的他们心态是多么高傲，我想，他们也会因这种高傲而非常自豪的吧。但是这样一种士人学子的高傲和自豪感，到近代以来，随着我们国事今不如昔，国力的一落千丈，人们在心态上发生了巨大的变化。我个人觉得，倒不是今天的学者真对我们中华文化挑剔了，或许是他们作为一种策略上的考量？这种策略上的考量究竟是什么呢？是不是进一步退两步，可能是如此吧。

但是，我认为这种策略上的考量，事实上又是一种缺乏底蕴的研究。大家可以思考，当年主张全面反传统的一些学者，为什么最终都走向了回归中国古典的路？鲁迅开始是全面反传统的，但是他到后来却研究中国的小说史，挖掘中国传统文化，当然也挖掘我们民族的劣根性，他在这两个方面都作出了巨大的贡献；胡适，他尽管是那样地强调西化的学者，以致人们把他和“全盘西化”相勾连，但是他在外面有自己心爱的恋人却不敢娶，他只能乖乖娶“父母之命”的女人，跟她结婚生子。这说明，他在行动上是拘执的，是遵循传统的。陈独秀，也那样强烈地反传统，但是他晚年的时候却主要研究我们中国的文字学和音韵学。还有著名的钱三强教授的叔叔钱玄同，他甚至曾经倡导要在中国废除汉字，今天见到这种激烈言论，我们都可能会觉得不可理喻，但是他当年确实公开打出了这样的口号，不过他终生都没有摆脱我们中国文化和汉字的固有影响。所以我们不能因为他们激进，就把他们打入另册。我相信他们有他们的苦衷。我理解他们为什么这样说，但是我不赞同他们这样说。

还有，我们的学者是不是关注中国的社会现实，这要看怎么看待社会现实。事实上，有两种现实：一种现实是人们生产实践的现实；另一种是人们精神实践的现实。而学者特别是人文—社科领域的学者的思考、思想，天经地义地更多倾向于精神实践。大家知道，近代的哲学，主要关注的是精神现象。比如黑格尔有精神现象学、胡塞尔的现象学哲学、海德格尔的存在主义哲学，以及伽达默尔的解释学哲学等，这些学说毫无疑问强调的都是精神性存在和精神性实践。我个人也认为学者更应当关注一个国家、一个民族之社会大众的精神实践。从这个角度讲，我认为我们的学者做得很不够，对我们中国国民的精神实践关注得很不够。其中原因，一个是和我们的体制有关系。比如有规定要求教授，平均每年至少要拿出三篇到五篇 CSSCI 的论文。如果拿不出来，你在年终就要扣奖金。郑大可能是如此规定的，我们那边也有这种现象。但是大家都知道，这样的规定，不利于学者潜心地进行学术研究，观察和思考国民的精神生活、精神实践。所以，学者们只能进行功利性的研究，不可能虔诚地、潜心地根据其兴趣、爱好进行研究。除了体制上的问题，还有我们研究经费的问题，比如，我如果要组织学生做民间法问题的调查，显然是一项耗时而费工的事情，是需要钱财作后盾的事情，但我们又没有这种基础。谈到这里，突然想起有一次我在广东碰到一位美国的学者，他专门研究珠三角的经验，他在广东一带待了八年搞研究。他告诉我说：对你们的珠三角，我今天绝对比你们中国绝大多数的学者有发言权，因为我在那儿待了八年！可是，我们中国的学者，要在珠三角一带待上八年搞研究，经费谁给你掏啊！没有人给你掏的！因此，我们的学者之所以不太关注现实，有些可能是自己主观上不愿意去关注，有些则是客观上，特别是我们在体制上没有创造相关的条件。所以，很多学者的所谓关注，也就只能是某个重大问题发生了，写若干评论文字的程度，发泄发泄心头不满、不平罢了。真正严谨地对现实问题的研究，很难展开。从这个意义上讲，对于学者们的"远离现实"，我本人是理解的，尽管不赞同。

学生 B：谢教授，您好，听了您的讲座，我收获很大。我想知道在全球化的过程中，全球化对国家主权到底是一种怎样的影响？谢谢！

谢晖教授：这个问题我确实思考得不是很多。但是事实上，只要你是一位法学学者，就不可能对这样的问题一点不思考。在我主持的"公法研究"丛书中，所出版的第二本书，就是山东一位教授写的关于欧盟一体化方面的书，有兴趣的同学可以看看。你问到的重点问题是主权和全球化的关系问题。事实上，主权观念，自从近代提出以来，本来就是要维护一个国家的边界问题。这里的边界，不仅仅包括一个国家的土地边界、空间边界，海洋边界等等，而且还包括主体的身份边界、一个国家的制度边界、政治组织的权力行使边界以及公民的权利和利益伸展边界等等，主权就是为了确定并维护这样一系列的边界界限问题的，即使在全球化进程当中，这样的边界，仍然必须强调。我刚才强调，只有存在多元性，才需要我们制定共同的规则，如果这个世界完全是一元的，那要求规则干什么呢？规则就没用了！对于欧洲的一体化，西方有些学者认为，这带来了欧洲国家间主权边界，主权观念的淡漠。而在我看来，恰恰不是如此。为什么呢？事实已经证明，在西班牙，它所进行的全民公决，通过了加入欧盟宪章的决定；但是在法国，全民公决却没通过它。这表明什么问题呢？显然，这仍然是主权的表现嘛！它既是选民的意向问题，也是公民的主权表达问题。

还有著名的马斯特里赫特条约，多个国家在开始投票的时候就没加入它，但是这并不影响这样一个条约本身在欧盟国家的作用——因为有些国家已经通过并加入了。经过不断的协调，最后那些先前投票否决的国家也渐渐地通过并加入了这一条约，还有一些协议或协定的表决也是一样的。这些协定，既然要通过不同国家的全民公决才能加入，就恰恰说明欧盟的一体化绝对不意味着主权边界的模糊，或许恰恰相反，它意味着主权观念更加深入人心了。欧盟的情况，是一面镜子，可以用来观察今天的法律全球化。法律全球化绝对不意味着国家主权的淡化，如果没有国家独立和主权，所谓的全球化是没有任何意义的，全球化的法律就是为了主权国家之间，以及不同主权国家的公民之间，方便他们的往来，才制定和形成的。

大家回忆一下，我刚才讲座的时候一再强调的一个观点是：全球化的法律是以什么为前提呢？对！是以主体的多元化为前提的。特别是我所倡导的法律全球化，是对话的法律全球化，是在法律的全球对话基础上达成的法律全球化，这就更需要强调主权问题，反对主权压制和法律压制。所以，我们既要法律的全球化，也要进行全球性的法律对话；既要通过法律全球化促进人类关系和利益的协调，又要强调国家的主体性和主权要求。我不知道我这样回答能让你满意吗？能解决你的问题吗？

学生 C：谢教授，您好。我就是您说的那个妙妙书生。我是郑大法学院法理学 06 级的研究生，石老师的学生，有两个问题：第一个，您对邓正来先生提出的“中国法学向何处去”是怎么评价的？他尽管提出了这个问题，但是他似乎并没有给出一个明确的答案，而且我觉得这个命题和您今天讲的主题是有关联性的。第二个问题，您在博客上发表很多诗，我看到有一个说法，说很多诗人是从法学院逃逸出来的，您可能是没有逃逸出法学院的诗人。您觉得您既写诗，也写论文，这种感性的东西和理性的法学研究之间有没有矛盾，或者有哪些联系？

谢晖教授：谢谢可爱的妙妙书生，你真在这里！你是一位非常有才华的学生，我在网页上看到过不少你的作品，你在网页中说在课堂上受到石茂生教授的启发，我就自然地想到是咱们郑大的学生，估计是石老师的学生。你提的第一个问题，尽管我有一些看法，但我非常抱歉，我根据一些经验，一般不公开评论邓正来教授的观点，这里面有一个我们私人之间的“关系背景”问题，评论了反倒不好。下来之后，我们两个人私下可以进行交流，好吗？你的第二个问题，我觉得，我确实没有从法学院逃逸出来，是因为我没有诗人的那种本事，我只是随机写一些诗歌，自认为没有什么社会价值，只有自我记录和表达在一时一地心情的价值。但是这和我的学术研究之间似乎没有什么矛盾，我最近就在写一本书，是湖南出版社和我约的，与此同时，我还坚持诗词创作。它和我的诗歌写作之间并不矛盾。另外，我还专门有一个写作计划，就是写一部和诗性思维相关的书：题目就叫《法律家、诗性思维和法治》，近期写了一个开头，写完还需要很长时间。我写诗，也是期望通过这样的写作实践，能够对我研究诗性思维有所帮助和理解。国内关注诗性智慧和诗性思维的法学者们的努力，对我这样的工作还是有所鼓舞的。如中国政法大学的舒国滢教授，在这方面做得就比较好，他行文的语言也很精粹，他对德国的诗性智慧有深入的研究，尤其对大名鼎鼎的萨维尼的学生格林，当然是格林兄弟俩啊，他都有一定的研究，这对我将来的努力自然是个鼓舞。

另一位是吕世伦教授，尽管他是一位令人尊敬的老先生，但我们之间也可谓是忘年之交。他也带领一些博士研究生在研究法美学，他在他的相关讲座中，对法律美学问题有过深入的、学理化的阐述，同时，他也带领学生出版了一部法律美学方面的作品。他的研究，对我自然是个鼓励。同时，我相信，我这样的努力方向，会得到他老人家的理解和支持的。如果我这本书若干年后能够顺利地写出来并出版，到时候请妙妙书生君再做评论。谢谢你！

第三讲

法律的病理与医理*

——在中国人民大学的讲演

主讲人 谢　晖：北京理工大学法学院院长，教授，博士生导师

主持人 江兴景：中国人民大学法学院博士研究生

孙国华：中国人民大学法学院教授，博士生导师

史彤彪：中国人民大学法学院教授，博士生导师

冯玉军：中国人民大学法学院教授

时　间 2009年4月20日19:00—21:30

地　点 中国人民大学明德法学楼601会议室

主　办 中国人民大学民商法前沿

中国人民大学法理论坛

主持人介绍

主持人：各位老师、各位同学，大家晚上好！欢迎大家参加本次讲座。本次讲座由法理论坛和民商法前沿共同举办。今晚我们非常荣幸地邀请到北京理工大学法学院的谢晖教授作为本期论坛的主讲人，他的演讲题目是“法学的病理与医理”。担任评议人的是我们人民大学法学院的孙国华教授、史彤彪教

* 本讲内容，分别在苏州大学法学院举办的江苏省法学师资培训班、广西师范大学法学院、上海市第一中级人民法院和中国人民大学法学院演讲过。收在本书的是我在中国人民大学法学院讲演的录音整理稿。感谢陈栋梁、付继文两位同学认真的整理。他们杰出的整理，让我的润色工作轻松了很多。

授和冯玉军教授。首先我谨代表法理论坛和民商法前沿对各位老师的到来表示热烈的欢迎和衷心的感谢。谢晖老师的一个主要研究领域是民间法、民间习惯或者惯例。虽然在座各位对谢老师的盛名如雷贯耳，对谢老师的学术著作也都非常熟悉甚至仰慕，但根据论坛的惯例和习惯，我还是对谢老师的简历进行一下简单的介绍。谢老师，现任北京理工大学法学院院长，博士生导师，中国法理学会研究会副会长，国际法哲学、社会哲学学会理事，中国儒家法文化研究会常务理事，山东省法理学会会长，已出版的学术著作甚至在我们学界已经成为经典著作的有很多，包括《法律信仰的理念与基础》、《价值重建与规范选择》等。谢老师是一位非常多产而博学的学者，他的著作太多我就不一一念了，这里只念两个数字，而且还是前两年不完全统计的数字，谢老师发表学术论文已经 130 余篇，学术随笔 70 余篇，专著 10 余本，从这里就可以看出谢老师的博学与多产了。除了自己的亲身研究外，谢老师还非常热心整个法学的发展，主编了大型的法学丛书《法理文库》，这个文库已经成为法理学界的经典论丛，里面推出了大量的杰出青年学者，包括谢晖老师自己。此外谢老师还主编了《民间法》、《法律方法》等学术刊物，担任《中国诠释学》的主要编辑人。"法学的病理与医理"——想必大部分同学看到这个讲座通知上的题目时一定觉得很有意思，心里也一定充满了好奇与疑问，都想知道谢晖老师这位法家名医如何诊断中国法学的病症，又将为中国法学的健康发展开出何种医治之道。现在法学界比较流行诊所式教育，从某种意义上说，今天的讲座更像一个名副其实的诊所，并且我们有幸请到谢晖老师这样的方家名医，这应该是法学的幸运，也是今天在座各位的幸运，下面我们就跟随妙手仁心的谢晖名医对法学进行望、闻、问、切，调理医治，谢谢！

谢晖：感谢主持人，尊敬的孙老师、史老师，还有我的老乡、大兄弟、尊敬的冯玉军教授。尊敬的各位同学们，大家晚上好！我要多少做个矫正，我想可能是电话中冯老师把我今天想讲的题目弄错了，我准备要讲的是"法律的病理与医理"，而方才我才知道这里布置的题目是"法学的病理与医理"，应当说它们的内容是明显有所不同的。今天我特别荣幸，因为我是第二次在法理论坛做讲座。下面我想突破预定的讲题内容，讲以下三个问题：

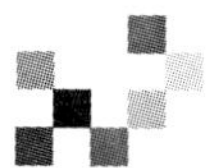

一、对中国法学发展的基本估计

第一个问题是:对中国法学发展的基本估计。既然通知大家我要谈法学问题,那就不妨谈谈法学吧。所以这是临时决定的主意和主题。事实上我个人觉得谈中国法学,特别是法理学的发展,孙老在这个地方,我作为他的学生辈,作为读他书长大的学者,似乎没资格谈。但是毕竟我谈出来的,视角可能和孙老师的有所不同,所以谈谈也无妨吧?我觉得近30年来,中国法学的发展,事实上是在整个中国学术的进化过程中,或者在整个中国社会的进化过程当中,我们向西洋学习的产物。在这个过程当中,西洋固有的学术对我国学术,当然包括法理学学术的发展起了很大的作用。这个作用我们完全可以用大家很熟悉的当今西方三大法学流派来分析。事实上,我个人觉得在中国已经形成了接近于,或者靠近于类似西洋某个法学流派的研究趋势和方向,所以在多年前,大概是20世纪90年代吧,我在《价值重建与规范选择》中对中国法学发展趋势做预估的时候,提出了中国法学发展中可能存在的流派化问题。后来在清华大学的一次座谈上,当我提到了我的一些看法并做了一些论证后,受到有些学者的强烈反驳,反驳最激烈的是现在在重庆大学工作的程燎原教授,他大概是这样说的:有些学者竟然还谈什么中国法学的流派问题啊,中国的法学根本还没下种子呢,你谈什么中国法学的流派问题,至于中国的法学流派问题更没下种!他的评论显然是非常苛刻、尖锐的!去年我去重庆大学做讲座,正好和程燎原教授坐在一起,他也给我的讲座做点评,没想到程燎原教授现在的思想、观点也发生了一些变化,他也认为中国法学的发展确实出现了一些多元化、流派化的苗头。法学的这种流派化发展的苗头,尽管没有形成我们期待中的中国特色,但如果按照西方三大流派的思路来梳理的话,我们大致上可以梳理出如下类型。比如说就价值法学这一派而言,在中国当今法学研究当中就有一定表现,这集中表现在对人权问题的关注上。早些年的表现是强烈的价值呼唤,比如李步云教授、郭道晖教授等的研究,就侧重于价值呼唤。现在这种价值呼唤进一步推进到对人权问题的系统研究上了。这是价值法学派在中国的表现。

再比如说在社会法学这样一个流派上,我在1994年于济南召开法理学年会的时候，和浙江大学孙笑侠教授坐在一起，曾嘀咕过一件事："如果好好琢磨一下，孙先生在很大程度上秉持了社会法学的理念，而郭道晖先生的思想很类似于价值法学的思想，沈宗灵先生的观点有规范法学的影子。"在某种意义上可以讲，孙先生及其所代表的人大法理学，是我们中国社会法学发展的一座重镇。刚才主持人介绍说我这几年着力的方向在民间法领域，尽管我倡导这个研究，但我自己没有更多的研究成果。到最近我才准备编辑出版一套叫"民间法文丛"的丛书。已经和中国政法大学出版社确定了出版意向，如果顺利出版，到时候大家可以看看。我在这里想讲的是，我个人觉得，社会法学在中国的这样一种发展局面，孙先生是功不可没的。正因为如此，到今天为止，孙先生的主要弟子事实上走的仍然更多的是法律社会学的路，包括我们尊敬的朱景文教授，他这几年所进行的研究越来越走向法律社会学的研究，还包括在我们面前的冯玉军教授，他所做的全球化的研究、法经济学研究，在很大程度上我个人认为是社会学视角的研究。当然法律社会学包含的内涵太广。我国的法律社会学和庞德的法律社会学是完全不同的，和布莱克也是不一样的。但是无论如何，我个人觉得，以孙先生为代表的，甚至可以说在国内所开创的这样一个法学研究的方向，更多地倾向于法社会学的研究。

另一个研究路向是规范学的研究，或者说是分析实证研究。在这方面，我国学者这些年来也越来越关注。但坦率地说，长期以来，我们在这方面没有系统地展开研究，这种情况大概持续到本世纪初。沈宗灵先生的研究虽然有规范法学的影子，但也不是专门研究。所以我在 1998 年前后写过一篇文章，题目就叫做《规范解释的创新何以艰难》。我在文章中大概检讨了三个方面，第一个方面的艰难在于：规范研究是一种理性研究，它的材料本身——法律，是理性加工的产物，在这样一个理性加工的材料基础上，你的研究究竟是重述还是研究，究竟是简单归类还是精深的研究？事实上过去不论部门法学界也罢，还是法理学界也罢，所谓研究，在很大程度上是对既有法律的简单陈述，没有上升到真正规范研究的层面。其原因就在于，一方面，规范分析这样非常微观的分析方法，在我们中国法学界很不熟悉；另一方面，更重要的是，规范研究的对象本身就是理性加工的产物。我们知道，同样是一块木头，我们从山上把大树锯下来，然后加工是很好加工的，加工成什么像什么。但是当我们已经把它加工成精细的某种工具后，再加工为其他工具的时候就很困难了。当然这个比喻未必妥帖。我想法律也是如此，法律本身是我们人类理性加工的产物，再对法律这样非常精致的理性成果进行学术加工当然是不容易的。所以在这种情形之下,我们关于规范研究没有好好展开。为什么规范研究在中国没有认真展开还有一个原因:这就是长期以来,我们把法律理解成一种附属的东西,就像当年马克思讲的那样,法律和宗教一样是没有自己独立的历史的,它是附属于其他东西的。过分强调法律对其他社会现象的依赖,导致我们没把法律当作一个独立的存在或者相对独立的存在去研究。最后一点,规范法学的研究之所以在我国长期以来进展不大,也在于我们以前的研究更多的是关注法律的外部的问题,而不是关注它的内部问题。这大概是以往规范法学的研究很不够的三点最重要的原因。

但这些年来,大家可以发现一个可喜的现象,规范研究在我们中国越来越受重视,其中咱们人民大学也是重镇之一。人民大学的规范研究更多地体现在以韩大元教授为代表的宪政领域当中。可以谈点题外话:我很自豪地认为韩大元教授及其团队的研究和我那边(山东大学)所倡导的研究正好相呼应。有一次我碰到韩老师(1997 年召开的法律体系研讨会上),他告诉我说:"事实上你们那边所做的一些工作,特别是对法律中一些很具体的问题的研究,对我这边启发很大。"我听了之后当然是很自豪了。我们做的什么东西能打动尊敬的韩老师呢?后来他讲了,他说你给学生所布置的博士论文的研究内容,是我这边给学生布置博士论文时的一份参照。原来如此!我给学生曾布置过几篇博士论文,一篇博士论文是:就法律当中的"应当"这个词写一篇 20 到 30 万字的博士论文。现在这个学生写出来了,书也出版了,他现在在厦门大学工作。还有一篇是就法律当中的"可以"这个词让另一位学生写一篇博士论文,这位学生也写出来了,这大概是国内第一篇研究这一问题的博士论文,他现在在四川大学工作,并且最近做了四川大学的博士生导师,叫喻中。他写的就是法律当中的"可以"一词的分析,大家想想,就两个字、一个词,让他写 20 万字,他还写得相当不错,该是不容易的吧?然后紧接着,我给博士生布置的另一个题目是:就法律当中的"不得"这个词写一篇博士论文,这篇博士论文也已经写出来了,作者现在在山东大学任教,叫魏治勋,在座的诸位大概有些看过他的文章,这本书现在也已经出版了。紧接着我布置的另一个命题是:就法律当中的"必须"这个词写一篇博士论文。我这位学生写得特别辛苦,为此他因特殊机缘,专门跑了美国一趟,呆了整整一年,最后查来查去说竟然在美国也找不到相关材料,最后他尽管写出来了,他说他写得特别辛苦,这位同学现在在西北政法大学工作。下学期准备和我合作的一位博士后，他正在做的一个题目是：就法律当中的“是”这个词写一篇有价值的论文出来。这些题目的布置正好和韩大元教授带的宪政方向的博士生的选题形成了一个呼应。他更多研究的是宪法当中的基本概念问题，他的学生包括张翔，在座的、现在跟着韩大元教授读书的秦强等，他们大概都在研究这些很具体的问题。

可见，人民大学至少在宪法学领域特别注重规范研究，这是特别令我欣慰的。在宪法学领域中除了人民大学关注这个问题，大家知道浙江大学的林来梵教授，他自己的博士论文就是研究规范宪法问题的，他现在指导的博士研究生更多地也是钟情于研究规范问题的。他甚至有这样一个想法：能不能创建一种规范宪法学？这和我们所倡导的规范法理学是非常接近的。在法理学界，相关研究在几个学术机构展开，其中最重要的一个学术机构就是中国政法大学。中国政法大学有几位著名的法理学学者，如舒国滢教授、郑永流教授，他们两位的研究路向更多地集中在规范内部问题的研究上。尤其是郑永流教授，他最近也专门出版了一本书，法律方法领域的一本书，这本书是值得我们关注的。另一座重镇是浙江大学。浙江大学的孙笑侠教授前几年就提出了一个著名命题，尽管这个命题在法学界有人反对，但他的意图是非常明确的，他强调法学研究应该返回形而下。当然我也曾质疑他：我们就没有过法的形而上的研究，你如何返回形而下？但他的意图是清楚的，他要求在他的整个学术团队里面，更加关注、更加注重规范内部问题的研究。他有个网站，我估计大家都关注过，是一个相当不错的网站，叫“法理与判例网”，其登载的内容，主要有两大领域：一个领域是规范研究本身，再一个是因规范而产生的判例。还有一个地方是华南理工大学。华南理工大学的葛洪义教授，他自己近些年来特别倾向于规范内部的研究，他这些年所引进的一些年轻人（前两天我还在华南理工大学调研）更多的是接近于他自己这个研究领域的学者。除此之外，其他一些学校，比如苏州大学，有些学者也关注规范内部的研究，但他们尚没有形成一个团队。当然还有另一个地方，我就得说说我们自己（山东大学）了。山东大学这几年在规范内部的研究方面我个人觉得还是有一定贡献的。一个是陈金钊教授，大家知道的，他更多研究的是法律方法论。我本人在关注、倡导民间法研究的同时，也强调把民间规范的研究和法律方法的研究结合起来，把民间规范的研究和整个规范研究结合起来。去年调到上海交大工作的范进学教授是我们人大的博士后，他在研究宪法解释的时候，事实上也是进行规范内部的研究。除此之外，我们还有一批年轻的学者，比如焦宝乾，我指导的一位博士，现在在威海分校工作，他专门研究法律论证问题，这样一个题目的研究，我可以肯定地说，在我们国内法律论证问题的研究方面，他是最深入的之一。另外，我们有两位搞刑法学的，一位是现在在日本东大留学的于改之教授，她就专门研究过刑法解释学。还有一位是在威海分校工作的王瑞君教授，他也专门研究刑法解释学。在民法学领域，张利春等学者也专门关注规范内部的理论问题。所以在那边可以说已经形成了一个规范内部研究比较完整的梯队。正因为这样，我们在前些年也和其他几所研究机构一起，专门倡导了一个重要的系列学术会议，这就是法律方法全国系列学术研讨会。第一届就放在中国政法大学召开，第二届放在华南理工大学召开，第三届放在山东大学威海分校召开，今年第四届将在浙江大学召开，明年第五届可能由上海师范大学和华东政法大学共同举办，后年可能放在苏州大学召开，大后年可能放在中南财经政法大学……这纯粹是一个民间的系列学术会议。2005 年在广州召开的法理学年会上，我们几家联合提出召开这样一个会议，这个倡议得到了大家比较好的支持。特别值得关注的是，最近山东大学威海分校在山东省成立了一个研究会——法律方法研究会，陈金钊任会长。我跟大家讲这些想说明什么问题呢？通过这些大量的研究事实和既有的研究成果说明：如果说 20 世纪我们对规范内部的研究没有重视的话，那么，近几年以来，我们对规范内部的研究已经有了长足的发展。

二、我国规范法学研究中存在的几个问题

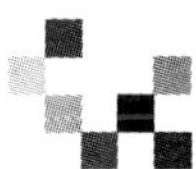

尽管如此，是不是可以说我们对规范内部的研究已经有了重大突破、有了重大建树？我觉得还不能这样说。所以今天我想和大家交流第二个问题：我们国家目前规范研究的问题。这也是我临时想到的一个题目。前面谈到了规范研究在我国的现状和展开，但如果进一步剖析的话，还存在很多问题。其中我个人觉得以下这几点是非常严重的问题或缺陷：

第一个缺陷是对规范本身的基础理论问题我们掌握得非常少，研究得很不够。目前我们的规范研究更多地集中在法律方法这个领域中，包括我们倡导的这个系列的学术会议，也更多地集中在法律方法这个领域中。但我们知道，法律方法作为规范法学内部的一个支脉，它本身必须建立在对规范本身的了解把握之上。但到目前为止，我们仍没有产生专门研究法律规范问题的令人耳目一新的系统的著作。这是一个非常大的遗憾。这一遗憾，我个人觉得其原因仍在于我前面所讲的对规范本身的研究，需要对作为理性的法律本身进行系统的分类、归纳、总结，然后在逻辑上进行系统的理论化处理，这是一个非常艰难的过程。我想大家都看过哈特的《法律的概念》，尽管从人类思想史上看，这部书未必是很伟大的作品，但在规范法学这个领域中，这部书的分类是非常细的、很有启发的。他的一些基础理念来自规范，当然，也有作者自己铸造的一些理念，这些理念构成了其规范分析的逻辑基础。但我们就没有创造出这样的基本概念，没有建立起关于规范研究的基本概念体系。所以在这样的情形之下，我们缺乏进一步对规范法学展开研究的理论基础。这是第一个缺陷。这一缺陷表明我们今后对规范法学的研究应更注重基础规范的研究。所以现在韩老师所推广的那种研究，特别值得关注。我在北京理工大学想做一项工作，做一个刊物，就叫《规范法学》，我估计能在今年晚些时候或明年把这个刊物推出来。我在山东大学的时候和陈金钊教授一起共同主持了《法律方法》这个刊物，但它在整个法律规范研究当中毕竟仅仅是一个支流，不能全面地反映规范研究的状况(我们当时在创办几个刊物的时候就有一个设想，大概 2000 年前后，在我担任山东省法理学学会会长之初，我提出山东省法理学会要办三个刊物，一个是《人权研究》，一个是《民间法》，还有一个是《法律方法》，大家注意到这三个刊物分别对应着我刚才讲的第一个问题里我们中国业已出现的三种法学路向:《人权研究》更多关注价值领域，《法律方法》更多关注规范领域，《民间法》更多关注事实领域。由价值、规范、事实这样三个不同方向的研究，唤起学生从不同视角思考问题的可能。就是基于这样的目的，我们创办了这三个刊物，现在它们都已经出版，并一直坚持到现在。这是个题外话，但和我们这里讲的问题相关)现在回想起这三个刊物，有一些不足，例如《法律方法》不能集中体现规范研究的全貌，使《法律方法》本身有可能陷入缺乏理论基础的境地，所以我觉得以后应该更关注规范研究的基础层面。

第二个缺陷是分析方法的模糊。在规范研究中我认为最重要的分析方法就是规范分析方法本身。很多人问我:你们学法学的似乎很牛气，但法学怎么整天跟在经济学后面搞成本效益分析呀？怎么整天跟在社会学后面搞社会调查实证分析呀？怎么整天跟在系统工程理论后面搞什么法制系统工程分析呀？怎么整天跟在哲学后面搞什么法的思辨分析呀？你法学的方法究竟是什么呀？邓正来当年就向我质问过这样的问题。我说法学当然有自己的方法，那就是规范分析方法。他问我，规范分析方法是什么？我说我已经在系统地写一本书，其中有一部分就是专门谈论规范分析方法的。这部书现在已经出版了，这就是孙老师手头拿的那本书——《法律哲学》。该书其中的一部分，最近正好要在《中国法学》第 2 期上发表，大家感兴趣可以看看。这是一个方面。还有一个方面：在我国目前的法律方法研究中，对其他一些方法我们掌握得也很不够，比如许多学者研究法律推理问题，但对逻辑学领域中当代关于推理的基本公理、基本的推理模式、方法，研究者并不深入了解。在这样的情况下，我们的研究方法势必是皮相的、肤浅的、标题化的。尽管研究者可以提出一些理念性的东西，但如何把这种理念性的东西转化为操作性的、技巧性的东西，我们似乎还做不到。像西方学者托尔敏那样，把法律方法做得那么精细，做得完全模型化的情形，我们目前就做不到。因为我们尚未深入到这一层面。所以，我认为这也是目前规范法学研究的一个重大缺陷。我国目前法学界学者的知识背景以及法学界用功的程度，都不足以使法律方法这样一个规范内部的问题更加深化和细化。所以我们所提出的很多都是理念性的、粗线条的、设想性的、标题性的，是一个设计图，而不是一个具体的施工图。这是规范研究的第二个缺陷。

第三个缺陷是在规范法学的研究中，特别是在具体法律方法的运用场域上，研究还很不够。我刚才讲，我国目前的规范研究，主要集中在对法律方法的研究上，特别是法理学层面的规范研究，更多地集中在法律方法这个领域中。但这么多的法律方法，究竟各自运用于什么样的法律实践场合？对此，我们还没有认真琢磨。这几年在法理学界，有些学者甚至提出了“法律方法体系”的概念，但这么多的法律方法，究竟各自是干什么的？它们之间的功能有什么区别？比方说法律解释、法律推理和法律论证这些法律方法，究竟在何种场合该适用法律解释？在何种场合该适用法律推理？在何种场合该适用法律论证？我们没有非常明晰的学理探讨和界定，这就不可避免地存在研究上的缺陷。甚至于因为没有这样的界定，有些人就把这些概念模糊起来了，似乎法律论证也就是法律推理，法律推理也就是法律论证，法律论证也就是一种解释，法律解释就是一种论证过程。大家看看，最后反倒是这些概念非常模糊了。因为它们的适用疆域不清楚，导致很多不是专门从事相关研究的人，看了这些摸不着头脑的概念之后，会想当然地认为这不是在玩概念吗？其实并不是如此。这个问题也是我待会儿要讲的重点。正是基于这样的思考，我有一个打算，写《法律哲学》三部曲，其中一部已经出版了，是受湖南人民出版社的约请写的，书名就叫《法律哲学》。其实我把这个计划分为三卷。第一卷的内容是"人的规范生存与法律的规范结构"，是一个比较抽象的题目。在这一部分的核心问题是：我要给人下个基本界定。尽管很多学者在基础论证当中对人都做了基本界定，比如说人是城邦的动物、人是性善的动物、人是好利恶害的动物、人是天生理性的动物、人是性恶的动物、人是符号的动物等等。但我在这里给人一个基本的界定：人是规范地生存的动物。没有规范的前提，人是无法按照人的本来面目生存的。在这样的基础上，我准备撰写《法律哲学》第一卷"人的规范生存与法律的规范结构"。第二卷论证"法律有效的事实根据和逻辑根据"，为什么我们要尊重法律？为什么我们要服从法律？服从法律的事实根据是什么？逻辑根据是什么？第二卷就要写这些问题。但非常遗憾，这两本书都还没写出来。第三本书就是大家看到的这本书，论述的是《法律哲学》第三部里面的"法律的病理和医理"。如果这三部书都顺利地写出并出版了，那么，我本人的规范法学研究，也就基本完成了。

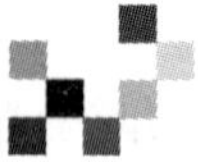

三、法律的病理和医理

好了，现在我就专门讲讲"法律的病理和医理"问题，这也是今天要和大家交流的第三个大问题。在讲之前，有一个最基本问题要交代一下：我把法律哲学和法哲学是分开的，不知道在座的各位同意不同意？特别是尊敬的孙老师。我注意到孙老师在前两年的作品当中，也具体区别过法和法律两个概念。我还清楚地记得，1994 年首次在大连见到孙老师的时候，我在那个会议上谈到法和法律的区别，孙老师当时不同意，说它们没有实质上的区别。后来我注意到孙老师的观点变了！不知道当时我对孙老师的理解对不对，有可能是我误解。从那个时候起孙老师就一直循循善诱，引导着我，一直对我很支持（请允许我讲两个题外的小故事：一个是在 2005 年，我在这里做讲座的时候，孙老师本来因车祸住院刚刚出院，但是老人家听说我在这儿讲座，就过来了，当时朱老师都没想到。后来我一讲完，老人家就精神矍铄地给我总结，并评议了大概二十四五分钟。这一次我感触特别深。还有一次是前两年我们在苏州开会，正好是孙老和其他中青年三代共 7 个人在台上讲，然后由我和另一位老师给他们做评议。会议结束后在太湖旅游的时候，人家都是年轻人搀着老人，而我们的孙老师却是搀着一位年轻人，这位年轻人就是我。我要把他胳膊放过去，他不肯放，他非要一路搀着我。我真的很感动。老人家对我一直特别关心，但在学术观点上，我和孙老师有所分歧，当然我这样说可能是不对的，因为在老一辈面前说自己和孙老师的观点有所分歧，是高攀了孙老师，对不起孙老师！但我们的观点确实是有分歧的，而这种分歧绝对不影响我和尊敬的孙老师非常好的忘年交般的情感。记得是 1994 年，在"市场经济与现代法的精神"研讨会上，这是张文显教授主办的会议。当时到会了 27 位，绝大多数是教授，也有几位副教授，比如贺卫方、夏勇、葛洪义等等，而我是外地来的唯一的讲师，所以能参加那次会议，我是感到很自豪的。在那次会议上，我也借机发了很多言，但同时也遇到了孙老师的批评，那是孙老师对我批评得很厉害的一次。这是题外话，做一下交代，更能说明我和孙老师观点分歧之真诚)。孙老师的谆谆教诲使我成长到今天，但我今天讲的可能又和孙老师的看法有所不同——我把法律哲学和法哲学是分开的。法律哲学研究的是法律内部的问题，大体上相当于我刚刚讲的规范研究领域，法哲学则更多的是研究法律的外部问题，当然也会涉及一些法律内部的研究，但更多的是对法律外部的问题研究。我在给山大博士研究生讲课的时候，讲了一个我的关于法哲学的体系，这个讲课体系打算分两卷出版，上卷已经在 2007 年由广西师范大学出版社出版了。下卷还没有整理出来，整理出版之后大家有兴趣可以看看。以上的交代和今天的话题有所关联，关联处就在于"法律的病理和医理"这个话题，我认为属于法律哲学的范畴。

大家知道，今天我讲的题目是"法律的病理与医理"。法律作为人造的制度事实，其自身必然会因人的缺陷而带来缺陷。正因为这样，在古典社会里，有些人谈到为什么必须服从法律的时候，强调法律是神意的体现，而不强调它是人的意志的体现。所以在伊斯兰世界中，最高的法律是真主直接降示的——它叫《古兰经》，次之的法律是先知穆罕默德所阐述的，即圣训，再次之的法律是教法学家根据真主的降示、先知的教诲而解释的规范。这样就共同构成了著名的"沙里阿"法典体系。同样的，在基督教世界里，也形成了一整套教法体系。运用这样的教法，是为了使神的降示能够在人间真正得到贯彻落实，所谓借助神的力量，不过是为了说明法律要被人们执行，并且必须被执行。但我们知道，《古兰经》肯定是人创造的，《圣经》也是人创造的，而不是神降示的。古人尽管运用这样的说法以证明守法的必要性，但在今天文化发达、知识水平普遍提高的背景下，我们都清楚法律只是人制定的。既然是人制定的，那么法律必不可免地会带有人固有的思维缺陷、认识缺陷。这样的法律缺陷，我个人归纳总结为三大方面（即法律的所有病症归根结底表现为三种）：第一种病症是法律的意义模糊现象；第二种病症是法律的意义冲突现象；第三种病症是法律的漏洞现象，或法律的意义欠缺现象。这三种现象构成了所有法律之总的三种病灶。不知道我用病灶这个词合不合适，大家可以批评。这三种病灶也就是法律缺陷的三大方面。

三种病灶形成的原因、病理是多方面的，我们首先看第一种病症——法律的意义模糊问题。法律，特别是现代法律，都是借助文字写成的，没有文字就没有法律。我在《法律的意义追问》这本书中，谈到可能在人类历史上存在三种模式的法律：第一种是行动的法律，就是以行为方式存在的法律。现在在一些乡民社会、边远的少数民族地区仍然存在。比如在贵州黔东南苗族、侗族聚居的地方，还流行着一种所有权的取得方式，那就是借助巴茅草所编制的草标取得所有权的制度。巴茅草是当地的一种草，当地村民如果要把一个无主物据为己有的时候，他只需要用巴茅草扎一个草标，放在无主物旁边，就意味着取得了这个物的所有权。比如河流发大水了，大水把山上无主的木头卷到一个河岸边，某一个当地村民发现了这块木头，并且想据为己有时，他会把它捞上来，放在地边上，不一定往家里搬，而只在木头上放一个草标，就意味着这木头的所有权已经归其所有了，任何人不能再动它。如果有人把木头搬到自己家，把草标扔到旁边，那么第一，他们坚信这个人会遭到报应；第二，迄今为止当地人没这么做过（我去年 11 月曾在那边调查过。今年第五届全国民间法、民族习惯法学术研讨会准备在贵州民族学院和凯里学院召开，开幕式在贵州民族学院，闭幕式在凯里学院。在座的各位如果有相关文章可以提供给我，大概 7 月 20 日左右召开，大家可以看看我的“农夫吟耕”网页上有专门的会议通知，已经收到了 50 多篇论文了。如果在座的能提交论文我可以邀请你过去）。刚才所讲的就是典型的行动的法律，它是通过一个行动示范表明某个财产的所有权的归属问题的。通过放置草标，表明放置者已经先占了，取得所有权了，别人不要和他争了。在当地还有一种习俗，叫“罚三个一百”。原来没有明文规定，现在有明文规定了。我去年到那里时，听到一位村民讲到一个例子，说现在已经变成“罚三个两百”了。一个村子里的一个小孩，才上小学五年级。他拔了当地将熟未熟的庄稼，自己煮了和小伙伴们分了吃。事情被揭露后，当地村上给他们家罚了三个两百，即由他家出(罚)两百斤菜(大家知道，贵州向有“地无三尺平，人无三分银，天无三日晴”之说，其中地无三尺平，大家去过最有体验，到处都是山，所以种两百斤菜是极不容易的!)。第二是罚两百斤粮食，第三是罚两百斤肉。罚这三个两百是为了把全体村民请来吃一顿。这有两个意思，第一个是通过这个事情把在当地习惯法中的“违法行为”揭露出来，让大家都知道谁家的人违法了;第二个是通过这种惩罚，让这个家庭永世永代记住这种事是不能干的。以上的情形，我都把它称为行动中的法律，这和埃利希所讲的那个行动中法有所联系，但不完全一致。它就是法律的一种表现形式，就是通过行为的方式表达出来，尽管没有语言、文字，但通过这样的行动就作出一种具有制度意义的示范了。大家都知道插上草标意味着什么，所以，这些行动本身构成了一种制度(所谓非正式制度)。

第二种法律我在《法律的意义追问》中叫做语言的法律。我在《民间法》第8卷里正好刊出了一种通过唱的形式所表现出来的法律。我调查的那个苗族地区有一位姓唐的老人，他是把法律唱出来的。我们听不懂，但他儿子是一位小学校长，既懂得苗语也懂汉语，他把他父亲生前所唱的内容录音了，然后整理出来，翻译成汉语。去年我去他学校调查的时候，看到这个东西，里面全是“如果这么做了怎么办，如果那样做了怎么办”一类的法律规定，全部是法律(当地习惯法)的内容。据这位小学教师讲，这些唱出来的内容，在当地都是法律，既然是唱出来的，那就表现为一种声音现象了，是通过声音所表现的法律——大家围着火炉前，主唱人一唱，大家就明白哪些可做，哪些不可做，不可做的做了怎么办，对这些都有非常严格的规定。大家如果有兴趣可以在《民间法》第8卷中看到，我已经把它作为该刊的“文献资料”刊出来了，名为“议榔词”。这些通过语言表达的东西，在人类秩序构造当中是不是可以作为法律?孙老师待会可以批判，但我认为可以作为法律的一种表现形式，是人类构造秩序的一种表现形式。我把这样一种方式形成的规则叫做语言形式的规则(或法律)。

第三种规则就是文字形式了。自从人类进入文明时代以来，在绝大多数文明地区，法律的表达主要通过文字的方式。大家知道，在古代中国，先秦之际，究竟要不要颁布成文法，曾经是政治领域争论非常激烈的事情。最典型的争论大概就是子产和叔向之间。当年子产制定成文法，在郑国上下遭到一片骂声，骂子产可能会祸害郑国。他有个好朋友，在晋国工作的著名政治家叔向，专门给他写信，说“先王议事以制，不为刑辟”，即先王遇到事情，是通过议事的形式确定下来，不通过统一的法典的方式规定。现在你子产制定公开统一的成文法，百姓将“刀锥之末，竞将争之”，就是说普通民众对小小的争议，也将会根据你公开的成文法律而争，最后导致社会不稳定，秩序大乱。最后子产回答说他虽然不才，也没有远大的志向，而仅仅想通过颁布成文法的方式解决当下的燃眉之急。可见，在那个久远的时代，我们中国已经就究竟要不要以文字方式公开制定成文法产生了很大争议。最后历史潮流终究是不可阻挡的，子产的法律不但在郑国取得了极大成功，而且在周边国家形成很大的影响。所以远在鲁国的孔子，在开始的时候也是对子产颇有微词，但等到子产去世，孔子则慨叹道：“子产，郑之遗爱也！”这就说明自文明时代以来，人类法律所采取的最主要方式就是文字形式。现在世界各个文明国家法律的最基本方式也是文字方式。但是文字的法律，必然和我在这里所讲的“模糊”具有联系。

法律的意义模糊首先就表现在文字的意义模糊上。我们知道，文字归根结底是对对象的一种命名。所有文字归根结底从语言学意义上讲都是命名对象的结果。而问题在于，一方面，人类所创造的文字在对对象命名的时候只能就我们所认识到的对象命名，不能对我们认识不到的对象命名，所以局限性非常明显。在这种情况下，文字的意义模糊就是绝对不能避免的。我们讲法律意义模糊的最根本原因就是：我们人类认识对象的能力是有限的，我们人类通过文字方式给对象命名的能力是有限的。在命名能力不及的情况下，以有限的文字来命名无限的对象可能吗？不可能。正因为这样，老子才曰：“道可道，非常道；名可名，非常名。”我上上周周五在广东调查的时候，一位学生顺便把我带到当地的一个著名旅游景点——白水寨旅游了一趟。上山的时候，我们一路打听走到山顶的道路（特别难走），路上很多人说不知道。这样，我就在那边写了一首律诗，其中最后两句我是这样写的：“沿途问道非常道，攀木寻名不可名。”在我的“农夫吟耕”上有，大家可以看看。为什么“道可道，非常道；名可名，非常名”？我们尊敬的史老师是大专家，对此他最有解释能力了，如果我说错了请批评。我想道理是一样的，因为我们人类对对象的命名能力总是有限的。这必然导致我们在立法过程中不可能完全准确地说明我们想要命名的对象。拿破仑认为他的《民法典》会流传千古的、是不朽的。但今天看来,由于时过境迁,拿破仑法典所规定的一些内容也已经远远不能适应现代社会的需要了。比如土地所有权,拿破仑法典中规定土地所有权的权能上及天空,下到地底。但我们知道,随着航空器、航天器在天空的飞行,土地所有权权能上及天空,如何保证这个权利?上到天空的什么程度?到外层空间?还是大气空间?如果是外层空间,那些航天器怎么办?航天航空器经过了你的土地上空你能打下来吗?你能说是侵犯了土地所有权吗?如果说是大气空间,那现在的飞行器飞到你的土地上空怎么办?一定要打下来吗?显然,这样一个关于土地权能的法律规定,没有考虑到随着科学发展将来在土地上面会有这样那样的飞行器通过。再说地底,下到地底的什么程度?虽然以前我们对地底的状况有一定了解,但非常有限。下到什么程度才算是到地底?所以在这样的情形下,该法律关于土地所有权权能"上到天空下到地底"的规定本身就是模糊的概念。以上是我们讲的法律意义模糊形成的原因,当然法律意义模糊形成的原因还可能有很多,我在这儿只能就最重要的介绍给大家。

大家会问,法律意义出现模糊之后怎么办?我认为,一般来说,在法律方法上有三种救济机制。一种就是法律解释,什么是法律解释?一言以蔽之,它是用语言或文字的方式把意义不明晰的法律阐述得清晰起来。所以法律解释的功能就是阐明法律的意义本身,使模糊的法律变得清晰起来,使有争议的法律规定变得没有争议。这样,法律解释的直接目的就是为了阐明法律字面意义的模糊。大家要注意,法律意义模糊有可能在几种情况下发生。一种情况是我们所看到的字、词,看到的法律上的有关规定本身就是模糊的,意义不是清晰的。这个时候,所能采用法律方法上的救济,最基本的就是法律解释本身。国内法律学术界对法律解释这个概念也是运用得非常宽泛的,似乎所有的法律方法都可以用法律解释这个词完全取代。这几年我和陈金钊教授在威海分校合作比较多,交流也比较多。他研究了这么多年的法律方法,但在法律解释的适用这个问题上,他还没作出有说服力的论证,或者论述还比较模糊。究竟在什么场合适用法律解释?在什么场合适用法律推理?法律解释这样一种方法在运用到法律推理中的时候,还叫不叫法律解释?法律解释这样的方法在运用到法律论证的场合去的时候还叫不叫法律解释?我个人觉得,应当把它们分开,法律解释就是法律解释,法律推理就是法律推理,法律论证就是法律论证,即便在法律推理中也要用到法律解释,在法律论证中也要涉及法律推理，但此法律解释和彼法律解释，此法律推理和彼法律推理，毕竟不是一样的。尽管法律解释、法律推理和法律论证，都是用来解决法律意义模糊的，但它们适用的场域不同。法律解释的适用场域仅仅针对的是法律的字面意义模糊或字面意义不清晰。这是我谈的第一种救济机制。

第二种救济机制是什么呢？应是法律推理。那么法律推理所适用的场域是什么？我个人觉得法律推理所适用的场域是：当法律规定和案件事实相遇的时候，出现模糊不明，就需要用法律推理。大家可能有这种经验：有的时候我们单看法律规定本身是清晰的，但当这一法律规定或条文遇到具体的案件事实时，法律条文反倒模糊了。这个时候该怎么办？这时仅仅用法律解释无济于事，为什么呢？因为不是法律规则的文字字面意义有问题，而是这样的法律规则遇到案件事实时才出现了问题。比如，在某地出现过这样的案件，该怎么处理？一位爷爷的妻子去世了，葬在老坟里面。后来爷爷娶了后房，紧接着不久爷爷也去世了，也葬在老坟里。后房过了十多年后也去世了，那她该葬在哪里？能不能葬老坟？在当地村民之间、在她的亲属之间对此产生了很大分歧。后房的娘家人强烈要求把他们的亲属安葬到老坟里，和她生前丈夫安葬在一起，安葬在一个坟园里。但爷爷的家族坚决不同意。两个家族在当地势力都很大，为此都拿着锄头、铁锹打群架，双方都有头破血流的。最后这个案子到了法院，法院也受理了。但这样的案子该怎么办？这个时候我们知道要在法律上找，可能找不到相关规则。人们只能借用一个法律原则来处理，那就是我们经常讲的公序良俗原则。但法官处理了多次处理不下去。本来说公序良俗作为一个基本的概念、原则在法律上也是清晰的，但当公序良俗一旦遇到这样的个案的时候，它就模糊了。究竟该怎么办？后来这个案子法院拖了很久很久，但最终也没有利用判决的方式结案，开始双方都不接受调解，最终法院还是说动了双方，采取了调解的方式解决。但该案中，如果从法律方法的角度看，非常清晰的公序良俗原则一旦和这个案件结合的时候，其本身也就变得不清晰了。究竟是葬在老坟园里面是符合公序良俗的？还是不葬在老坟园里面是符合公序良俗的？我们怎么判断？并不清晰。我想由这种情形所导致的法律意义模糊，其基本救济机制就是法律推理。

刚才说的是法律模糊的第二种情形。法律模糊的第三种情形和第二种情形非常接近，它也是当法律规定遇到案件事实的时候不清晰了，而且面对这样一个案件事实，面对这样一个相关的事实和法律之间的衔接关系，法官也罢，律师也罢，当事人也罢，有完全不同的解释，有完全不同的推理过程，也有完全不同的结论。这种情况下怎么办？在法庭辩论当中，当事人之间唇枪舌剑，针尖对麦芒，其主张、观点和根据各不相让；在合议当中，三位或多位法官的结论、观点完全冲突，根据也完全冲突，所适用的法律也完全冲突。这个时候该怎么处理？一个案子总不能久拖不决吧？因为久拖不决就会把正义变成非正义。我个人觉得这个时候需要借助另一种法律方法，这就是法律论证。我估计在座的各位对法律论证这个词并不陌生，自从阿列克西的《法律论证理论》那本书翻译到中国后，我们国内对法律论证理论并不陌生，并且在西方法哲学界，法律论证理论已经是一种深受法理学界关注的学说。上届世界法哲学大会、上上届世界法哲学大会以及再前一届的世界法哲学大会都把法律论证理论和法律语言理论作为非常重要的探讨方向和主题进行研讨。冯玉军老师是非常清楚的(我上次到波兰开会的时候，会议主办者给冯玉军教授安排了三个场次的发言，很可惜他没去。他没去我们就占了便宜了，因为他发言的时间腾出了。我替他发了一次言，孙笑侠替他发了一次言，葛洪义也替他发了一次言，当然我们所发的言，都是针对自己的研究领域发的)。在这些会议上你会发现，欧洲学界对法律论证理论很关注，其在美国也受关注，但在欧洲更受关注。我刚才讲到我的一个学生焦宝乾，他的硕士论文、博士论文以及博士后报告都做的是和这个题目相关的问题，所以这几年他的核心工作就是围绕法律论证展开。那法律论证究竟是干什么的？学者们在论述这样一个问题的时候往往和法律推理混淆起来，即往往把法律论证和法律推理混淆起来。我个人觉得，法律论证就是解决在司法中意见多元情形的一种交涉方法。大家知道法律论证理论来自于哈贝马斯的商谈理论。商谈理论从本质上是要解决在民主社会里意见出现分歧时怎么通过交涉、博弈、商谈获得基础性共识，从而处理意见纷争，或者即使没有获得基础性共识，也可以获得对分歧对方之意见的“同情的理解”，这就是商谈理论的最基本意图。它的前提是意见多元，在意见一元的社会里是没有商谈的，也不需要商谈的。像毛主席教导我们说的那样：“你办事我放心”，就不需要商谈的。有一次在山东电视台上，我看到一个关于庆祝建党 80 周年的节目，记者采访当地一位农民老党员，大体意思是“你怎么理解党?”那人回答说:“长期以来俺就跟着党走，党叫俺干啥俺就干啥。”在座有山东的朋友不要介意，这是山东电视台播放的，他就是这样讲的。诸位试想想:在“党叫俺干啥俺就干啥”的情况下，还要商谈吗？当然无须商谈！同样的，老师叫我干啥我就干啥，这个时候老师和学生是没有商谈、交涉的。你只需把老师的话当作大前提，把你面对的事实当作小前提，按照三段论推理就可以，不需要商谈。而哈贝马斯面对的社会是民主社会，民主社会的意见是多元的。你看我们的网络世界，面对去年南京的彭宇案件、上海的杨佳案件，各种各样的不同意见都堆到网络上了，最后因为缺乏一个商谈的基本前提，用哈贝马斯的话说就是没有“理想的言谈情境”，没有共同的商谈前提，导致大家自说自话，谁骂得最凶，谁就有理，只要觉得解恨了，就可以回家了、满足了。这显然构不成商谈。但它已经提供了商谈的基本前提：意见多元。面对一个复杂、疑难的案件也是如此，很多法官、律师、当事人对疑难案件，会有完全不同的理解、推理逻辑和结论。

那么这个时候怎么办？大家知道，一个案件的裁判只能形成一个结论，不能有多个结论。当然在座的会说，我们中国有的裁判就存在多个结论的情形，其中有个县法院对一个案件的裁判的结果是：给原告一份原告胜诉判决书，给被告一份被告胜诉判决书。这是发生在中国的真实案件，我估计这是有文字记载的世界司法史上绝无仅有的吧？既然一个案件必须形成一个最终结论，要形成能够执行的、让两造都接受的结论，自然，这个时候商谈就是必要的。大家要注意，法律论证过程中的商谈和哈贝马斯意义上的商谈是不同的，后者商谈的过程和法律论证是接近的，但不强求要一个结果，因为它强调我们在商谈过程中，尽管谈不拢，但我理解你为什么这么说，你也理解我为什么这样说，只要大家能达到“同情的理解”就足够了，就达到商谈的效果了。我想大家都听说过“同情的理解”这个词吧？讲到这里，我突然想到了塔利班。大家知道，塔利班是一个著名的学生武装，成员基本上是大学生——神学院的大学生啊，但他们曾做了一次非常野蛮的事情，那就是把世界第二大的石雕佛像——巴米扬大佛给炸掉了。当初我们看到这种情景的时候，觉得简直是野蛮透顶、不可理喻。但当我们了解了伊斯兰原教旨主义精神的时候，我们至少可以“同情地理解”了。为什么呢？因为伊斯兰教强调神是无形无相的，是无处不在、无时不在的，这不像基督教可以给耶稣画像，也不像佛教可以给佛陀作出非常精美的画像、塑像、雕像——尽管各地的画像、塑像、雕塑并不相同，但人们仍可以做。而伊斯兰教却有一个一以贯之的逻辑，那就是直接从形上到形下。形上是：真主是无形无相的。形下是：既然真主是无形无相的，那么人是不能给真主画像的，如果人可以给真主画像，那真主就不是真主了，真主就不是神圣的了。从这个意义上讲,伊斯兰世界哲学的彻底性远远甚于基督教、佛教,更甚于我们的道教。所以,我对伊斯兰教还是蛮尊重的。因为我在宁夏工作过8年时间,通过当地很多回民,了解了好多伊斯兰教民之间的交往方式,所以我对这个宗教和很多公民的看法不一样。从哲学角度也罢,从生活交往的角度也罢,它都有很独特的地方,这是另一个话题,在此不多讲了。我讲这些是想说明什么意思呢?我想说明:像巴米扬大佛被炸这样的事情,当我们站在人类文明成果保护的立场上,是完全不能理解的,对它的定性完全可以用野蛮二字。但当了解了伊斯兰原教旨主义立场的时候,虽然我们反对他们这样做,但至少我们可以理解他们为什么要这么做。我想,这种理解,就叫"同情的理解"吧?所以,哈贝马斯商谈意义上的理解,达到同情的理解就足够了。但法律论证意义上的理解却不一样,它要求最后商谈、交涉的结果必须形成使两造,甚至周围的民众可以接受的结果。正因为如此,我们说法律论证就是当案件事实和法律规定相遇时,出现模糊不明,而人们又对这种模糊不明有多种不同的解释、不同的推理时,在不同解释者、推理者之间通过交涉、商谈、对话形成一个共同的裁判结果的活动。当然大家会说,几乎所有案件往往都会遇到不同意见的问题,如果真是这样,那我们可以说在裁判过程中总是会遇到法律论证的。一般来说,在裁判过程中哪些地方是最典型的法律论证的场合呢?大家知道,一个是法庭辩论阶段,一个是法庭合议阶段。当然我们知道这两个阶段的结果最终要表现在法律裁判文书当中。所以,在裁判文书当中把不同观点摆出来,然后进行说理,这个过程事实上是把原来的论证活动在裁判文书中重述一遍。它尽管有论证,但仅仅是重述一遍。我为什么讲这一点呢?我注意到有学者在写文章的时候把裁判文书中的这个重述过程称为论证,而我不同意这种说法。我认为,它仅仅是对法庭辩论、法庭合议过程中大家不同意见交涉过程的一个重述,它本身并不构成论证。那么,法律论证适用的场域和条件究竟是什么?对此,我虽有自己的理解,但由于时间关系,我就在这里不更多地展开了。

以上是我对法律病灶的第一种——意义模糊及其救济的阐述。总结一下:法律的意义模糊有三种救济机制,第一种针对法律字面意义本身的模糊,其救济的机制就是法律解释;第二种针对法律运用于案件事实中遇到的模糊,其需要借助法律推理解决;第三种则针对法律和案件事实遭遇的时候不但出现模糊,而且人们对这种模糊及其救济方案有不同的理解,这个时候需要法律论证。这是我讲的法律病灶的第一个方面及其救济方法。

法律病症的第二个方面是法律意义的冲突。我们知道法律冲突在现实生活中、在立法中越来越多。那么,法律出现了意义冲突该怎么办?我个人觉得也应当有三种救济机制。第一种是效力识别。目前我们国内研究法律方法的学者还没有把效力识别作为一种明确的法律方法。有些学者把它叫做法律技巧,或者叫法律技术,如胡玉鸿教授。我个人觉得技术本身就是一种方法,所以我把它纳入法律方法中看待。效力识别大家都清楚:上位法优于下位法、新法优于旧法、国际法优于内国法等等。这些原则大家都清楚,我不多谈。当然有一些非常独特的效力识别问题,我在刚才介绍的这本书里有专门论述,大家有兴趣可以看看。下面我主要讲第二种救济机制。大家知道,在有效力级别差异的法律之间出现法律的意义冲突时,通过效力识别就可以解决问题了。但当没有效力级别,或者同级别的法律之间出现意义冲突(即"法律的水平效力冲突")时怎么办?我们通过什么方法进行救济?换言之,当同位阶的法律出现意义冲突之后,在法律方法上怎么进行救济?不知道大家认为怎么救济?

对此,我是这样理解的:当同位阶的法律出现意义冲突的时候,救济的基本机制就是利益衡量,或者说就是利益衡量方法。谈到这里的时候,我们有必要对我们国家和日本的一些利益衡量理论做些反思。在我们国内民法学界,这些年来有一位特别关注法律方法的著名学者,这就是山东大学前任法学院院长梁慧星教授。他长期以来关注日本法律当中的利益衡量理论,所以他把利益衡量理论也抬到了无以复加的地步。我不赞同这种过分抬高利益衡量方法的观点。正像我反对把法律解释当作法律方法的全部或大部分一样,我更反对把利益衡量作为法律方法的全部或大部分。梁慧星先生在山东大学带了一个博士研究生,原来也是威海分校的老师,非常杰出,思维非常敏捷。前两天西南政法大学徐昕教授请他到西南政法大学做一个报告。在那里形成了一个"疯克旋风",因为他的网名叫"疯克"。他确实是一位非常幽默、非常机智、很有学术潜力的小伙子。去年我卸掉威海分校的职务,他也决定到威海市法制局当副局长。但他对学术仍然是非常倾心的。他的博士论文写的是关于日本法学当中的利益衡量理论问题,大家猜猜他写了多少字?写了70多万字啊。为了修改论文,他整整推迟了一年才进行答辩。我在这里介绍他是想为了给大家加深有关对利益衡量问题的印象。他和他的导师有着共同的看法,共同把利益衡量理论作为现代法律方法的全部,或者即使不是作为全部,也是法律方法的最重要、最主要的内容。我个人不这么看。我觉得利益衡量理论有它的运用场域、运用区间。它的适用场域和区间,仅仅在同效力法律出现意义冲突的时候才需要。这个时候,大家也可以关注到这就和我们讲的第一个问题紧密关联起来了。当我仅仅讲效力识别的时候,更多的是在法律内部观察问题;但当人们进行利益衡量的时候,肯定是法律遭遇到案件事实了。在重庆发生过一个案件:一个车主,买了一辆汽车,20 多万元。后来这辆车被别人举报说是瑕疵车。这个人开始不相信,车从外表上看不出任何问题,但他很介意。后来他到车行去问,车行当然矢口否认是瑕疵车。车主想,如果真是瑕疵车,那么交通管理部门肯定有记录。于是到那边一查,果然是辆瑕疵车。他就拿着交管部门的证明到车行去,车行仍然矢口否认。没办法他起诉到法院。这个案件的事实是非常清晰的,但适用法律的时候出现法律上的意义冲突了。因为按照合同法的规定和按照消费者权益保护法的规定,对这一案件的处理结果是完全不一样的。如果按照消法的规定,欺诈是要双倍返还价金的。但如果按照合同法的规定,车行可能只需要承担违约责任就可以了。在这种情况下,重庆的法官进行了利益衡量,通过事实认定车行肯定知道这是瑕疵车。为了保障社会的公共利益和消费者的合法权益,重庆有关法院没有按照合同法的规定进行裁决,而选择了消费者权益保护法的规定进行判决。最后这位车主除了车之外,还获得了另外 28 万元的赔偿。这个案子在我看来就是比较典型的利益衡量。我是在看了中央电视台的节目报道后记住了这个案件的——重庆的法院在这样一个两种法律规定不同的情况下,选择了消法的规定而没有选择合同法的规定。而这两种法律之间又不存在效力级别的问题,我们不能通过效力级别的认定来解决它们之间的冲突,只能通过利益衡量的方式解决这一问题。由这样一个个例,大家可以清楚地看出利益衡量要解决的是什么样的问题,所以我们不要把利益衡量这个理论搞得像日本学者那样,或者国内一些学者那样,把它扩展得无边无延,似乎整个法律方法就是利益衡量问题,我完全不这样看。这是我谈的第二种救济机制。

那面对法律的意义冲突,第三种救济机制是什么呢?法律意义冲突可能还有一种情形,这种情形是什么呢?就是我们面对的法律,就法律规定本身而言,其意义是清晰的,即使同位阶不同的法律对某一调整对象的规定上,也并不存在什么冲突,但是当它运用到实践中去的时候,就和人们交往行为的事实完全冲突了。这种冲突显然不是规则和规则的冲突,那么是法律规则和什么的冲突呢？是规则和它所欲调整的社会事实之间的冲突。也就是说，法律规定根本不能调整它所欲调整的那种社会事实。这个时候究竟该怎么办呢，该怎么救济？大家都知道，中国有一个所有男士和女士都向往的地方，也是中国最浪漫的地方，我们的孙老师肯定更向往那个地方（我和孙老师一起去过某个地方。虽然没有到过我现在想讲的这个地方。那么，为什么我知道孙老师肯定向往那个地方呢？因为老人家啊，歌唱得很好，指挥也指挥得很好，跳舞则比我这个年轻人跳得好多了。我还清楚地记得，有次在云南的时候，老人家和当地青年男女一起跳舞，把我们大家都感染了。那么，我请问大家，大家知道这个浪漫的所在是什么地方吗？

学生：香港？

谢晖：香港？有什么浪漫的，一点也不浪漫啊。

学生：走婚的地方？

谢晖：对，是秦强吗？不愧是我们（山东大学）教出来的学生！这就是在云南和四川交界处，著名的摩梭人生活的地方，那个地方叫泸沽湖，我曾去过两次。那里至今还实行走婚制。走婚是什么意思呢？就是男女相爱了，没有任何的媒介，双方的一个眼神，或者是一个手势，就可以把双方牵在一起，即使对方已经有“婚姻”了，也不碍事。男女双方都把自己的对象叫阿注，妻子把丈夫叫阿注，丈夫把妻子也叫阿注。那里的婚姻是比较自由的。大家可以看看一本书，叫做《无父无夫的国度》，这是一个著名的社会学家写的。还可以看看中国社会科学院著名学者严汝娴和宋兆麟所写的《永宁纳西族的母系制》，这本书20世纪80年代初我就看到过，这大概是我后来喜欢民间规则研究的根本原因所在吧？据说严先生曾经在泸沽湖一带整整生活了20多年时间，所以她对那个地方的风俗民情非常了解。她写的这本书，就浓墨重彩地谈到了走婚问题。因为当地婚姻比较自由，前几年还出了一个案件：某大学的一位女教师和自己的丈夫关系很不好，她就想着怎么找个能够散心的地方。想来想去，就想到了咱们刚才提到的那个非常浪漫的地方，她去那里旅行了。结果有一天，她在泸沽湖畔的篝火晚会上，认识了一位摩梭小伙子，最后呢，两人果真还“阿注”上了，她喜欢上了那小伙子，那小伙子也喜欢上了她。最后，两个人就生活在一起了。但是我们知道，她在家里还有丈夫。后来，她领着这个小伙子回去，向她的丈夫示威。而她的丈夫不依不饶，以重婚罪起诉他的妻子。毫无疑问，按照法律规定，她构成重婚罪。但是，法院裁决的时候，面临一个问题，我们所讲的重婚罪的规定，完全不适用于泸沽湖这一带的社会事实。这时，究竟该怎么办？是以重婚罪的法律规定判决呢，还是以泸沽湖一带的事实替代重婚罪的规定？由此，我还想起了我在当地调查的时候，当地的一个人给我讲的故事。有一位老奶奶，现在还健在，老人家给我们讲，她女儿给我们翻译，因为老人家不会讲汉语。老人家讲着讲着，哽咽着讲不下去了。为什么讲不下去呢？因为这位老人家，她一生曾有过 40 多位阿注，大家说多吧？很自由吧？结果在“文革”期间，曾有过这 40 多个阿注的事实给她带来了一个罪名，什么“反革命流氓罪”！所以老人家在谈到这一段时，就哽咽着谈不下去了，睡去了。接着，她女儿继续给我们谈，说在以前，政府不尊重当地民风、民习、民俗，最后导致一个结果，即把刚性的国家命令或者强制措施，套用在这个民族的习惯上，最后呢，这个民族现在谈起来对当时的政策仍然很不满。今天，我们的法院在裁决这样的案件的时候，就能充分考虑当地的习俗是什么，考虑到目前的相关法律规定，和它欲调整的社会事实，或者某地的习俗完全冲突时该怎么办的问题。其实这个时候，有一个更大的选择，这个选择我把它称为“价值选择或衡量”。但是，我在这里不叫它“价值衡量”，因为前边有利益衡量了，为了避免过多地运用“衡量”这个词，在这里，我自己生造了一个词来概括这种法律方法，这个词就叫“事实替代”。即当国家法律的规定和它所欲调整的事实间出现明显的冲突时，或者人们所普遍接受的社会事实完全不认可这种规定的时候，那该怎么办呢？我认为，宁可用社会事实来替代法律，而不是用法律来强行地规范这种事实，这就是我要谈的事实替代的概念。

最近我的学生魏治勋在了解了我的“事实替代”的概念后，在《山东大学学报》今年第 3 期上刊登了他写的一篇长文章，就是专门探讨事实替代问题的（就在《山东大学学报》第 3 期我所主持的“民间法”专栏上，在座的诸位感兴趣可以看看。顺便说说，我已经在《山东大学学报》上主持了五年的“民间法”专栏；在《甘肃政法学院学报》上主持了四年的“民间法·民族习惯法”专栏。这两个加起来，一共整整 9 年的时间。如果大家对民间规则的研究感兴趣，可以去关注这两个专栏。谈到民间法这个词，我们人民大学有两位学者很不赞同运用它，一位是尊敬的曾宪义教授，另一位是我的老朋友、山东老乡马小红教授。尽管如此，但我已经使用它多年了，一时改口还改不过来，我尽量尊重我们尊敬的曾宪义先生，还有我的好朋友马小红女士，所以，我现在正在设法用民间规则这个词替代“民间法”，但自觉不自觉又会用民间法这个词，大家如果说有什么看法，我们也可以私下再交流）。如上就是我谈的法律意义冲突的第三种救济方法。

好了，我们也可以总结一下法律的第二种病症——法律的意义冲突之救济问题。意义冲突有三种救济机制：第一种救济机制是在不同位阶的法律之间发生冲突时，即能够分出不同法律的效力级别的时候，我们要进行效力识别；当不能分出法律的效力级别的时候，对法律的意义冲突，所采取的救济办法就只能是利益衡量了。而当整个法律规定和某个国家、某个地区通用的社会事实完全相反的时候，怎么办？那我们宁可用事实替代。我们在座的很多人可能不赞成我这种说法，尤其对“事实替代”可能更不赞成。有些同学、朋友甚至可能以子之矛，攻子之盾：谢老师，你当年不是倡导过法律信仰吗？你现在又谈用事实替代法律，那你这是不是自己打自己嘴巴？

如果有这样的问题，这个问题好！但我不是这样看的，我在写法律信仰的时候，那里边我还提到了一个理性对待法律信仰的问题。大家知道，我国是一个典型的单一制国家，是一个单一制大国。在一个文化多元化的国家，我们却实行单一制，这很有意思。单一制体现在立法上，就是地方基本上没有立法权，地方所谓的立法权，不过是一种地方贯彻中央法律的立法权，它没有独立的立法权。这个时候，地方的民风、民俗、民情等等，就不可能作为一种法律规定，被巧妙地贯彻在法律当中。但是大家看看美国就不同了。美国地方各城市的自治达到了一种令我们不能理解的程度。它一直延续希腊的那种城邦自治传统，地方有立法权，有立法机构。我曾经到过美国一个城市，一个很小的城市，它只有不到 6 万多人。在我们这里可能连个镇都不是，但它就是一个市。我当时犯了个错误，我问那个城市的负责人：“你们这个城市和芝加哥市是一种什么级别的关系?”这位负责人眼睛睁得很大，似乎没理解我的意思，顿了顿，说：“没有，没有，我们没有任何级别关系。如果有关系的话，我们是完全平等的关系，我们在整个芝加哥大区开会的时候，我们市长们坐的都是圆桌，我们没有上下级关系。”这回答让我感到有些无地自容——尽管我以前看过几本介绍古希腊的著作，包括顾准的书、亚里士多德的书等等，但是对它的内容，对古希腊传统的理解，还没有扎到心里面。

按照我们中国的传统，人家芝加哥市那么大，而这个市那么小，他们就应当是或者可能是隶属关系。但人家没有，不但没有，而且这么小的城市居然还有自治的立法权，它有一个很小很小的议会，这个议会有几个人呢？7 个人啊，由 7 个人构成一个议会。我讲这个问题说明什么呢？说明在这样的国家，地方议会可以充分地把地方的习俗、民风、民俗规则体现在地方法律当中。在涉及本市市民之间纠纷时，可以直接按照地方规则进行处理。但是我们中国却不同。我的家乡是一个非常僻远的地方，在甘肃东部的一个地方，今天它叫甘谷县，是当年秦始皇的老祖宗秦武公在中国设立的第一个县，那时叫冀县。或许当年它是很核心的地方，但现在却是非常偏远的地方。我想说的是，如今，即使在我家乡那样一个偏远的村庄，村民和村民之间发生纠纷了，一旦诉之于法院，他们的纠纷不是根据村庄的规则或者那个县的习俗处理，而是根据中华人民共和国法律处理。这说明，我们的法律太强求统一了，根本不能把地方性因素表现在法律上。所以在很大程度上，法律是销蚀我们多元文化的因素，而不是保障我们的多元文化、多元传统存续的一个因素。在这个意义上，我们这种单一制的法律存在着明显的问题。

有一年，我在名古屋大学演讲的时候，其中提到一个话题，叫“诸葛亮以夷制夷与中国古代的民间法传统”。在这个话题中，我谈到了两个人，一个是我的老乡秦始皇，当然也是你们冯老师的老乡；另一个是咱们史老师，也是在座的所有山东人的老乡——诸葛亮。我以他们两人为例，把整个人类的统治模式分为两种：一种是“秦始皇模式”，他所追求的是自上而下的中央集权统治模式，即大一统。这种大一统模式有价值没价值？当然有它的重大价值。但是，这种价值是不是很完美的？我认为不是的。其实这样的大一统，很容易销蚀地方性的因素，销蚀地方的主动性、能动性和积极性。另一种模式，则是“诸葛亮模式”。“诸葛亮模式”是什么意思呢？就是他对地方性的注重。众所周知，诸葛亮在治理今天的四川、云南一带的时候，采取的是充分尊重地方传统的模式，这就是以夷制夷的模式。今天我们说以夷制夷，可能在两个意义上讲，一个意思是贬义的，即有人利用地方民族间的矛盾，让它们相互斗争，而利用者却坐山观虎斗，坐收渔翁之利。还有一种以夷制夷，那就是充分利用地方规则来治理地方，诸葛亮的治理模式就是典型。诸葛亮在西南那些地方的影响是非常大的。今天你到云南、贵州这一带去，还有一些民族讲自己是诸葛亮的后代呢。不信大家可以到西双版纳去，我相信在座的有人去过。那个地方有一个我们国家划分为哈尼族的民族，哈尼族有一支住在爱尼山，但爱尼山上住的这一支坚决反对把他们划分为哈尼族。有次去的时候碰到了西双版纳州的一位负责人的女儿，我们在一起聊天时得知，她就是哈尼族人，是哈尼族的一支爱尼人。她就这样讲:“我们爱尼人是诸葛亮的后代。”我听到这里觉得很好奇。在这样一个边远的中国和缅甸交界的地方,她居然说自己民族是诸葛亮的后代!这就足以说明诸葛亮在当地人民中的影响。我曾去过全国很多地方,也去过秦始皇以及他的先祖做的几大工程,比如都江堰、灵渠。特别在灵渠,当地好多人说自己祖先是陕西人,但是从来没有人说他是秦始皇的后代。人们都不这样说,这种现象说明了什么?我前面讲过,“秦始皇模式”不是没有价值的,它自然是有价值的。但是如果说要真正发挥地方的能动性、主体性、地方文化多元性,我想“诸葛亮模式”或许更好,更能赢得民心。由此进一步推论,在一个大国里,那种联邦体制模式有可能比我们这种单一制模式或许要更好,因为联邦制更能体现文化的多元性、能动性和创造性。

正因为如上这样的背景,我个人觉得,在当代法律体制下,在我们这样一个中央政府自上而下地强控的法律体系下,我们提出一个概念,即“事实替代(法律)”,并把它作为一种法律方法,我觉得不但没什么害处,而且确实有利于纠正法律和社会事实间可能出现的明显冲突。既然在人家美国,只要涉及同一地方主体之间争议,直接可以借地方法律判决,那么在我们国家,当国家法律与地方性事实完全冲突时,在司法中运用地方事实替代一下法律,又有什么了不得的呢?我认为,没什么大不了的。不但如此,而且这是在一定程度上缓解社会矛盾的一种非常重要的机制,这也就是我所讲的理性法律信仰。所以我不认为,我在这本书里讲的理论和我十多年前在《法律信仰的理念与基础》那本书里所讲的理论是冲突的。我认为它们是一致的。以上算是我所讲的一个题外话。

法律的最后一种病症,我把它称为法律漏洞,或法律的意义欠缺。法律漏洞大家都非常清楚,它形成的原因,由于时间关系,我不过多地检讨。我在这里重点检讨一下救济法律漏洞的方法。我觉得法律一旦出现漏洞,也有三种方法可以救济。第一种方法我把它称为法律类推。法律类推是什么意思呢?它适用的场域是什么呢?它是指尽管法律出现了漏洞,但是我们在法律规定内部认真寻找,还可以发现和漏洞事实相接近的条文,利用这种最相类似的条文进行类比推理,就是类推。我认为,这是救济法律漏洞的一个非常重要的方法,甚至在漏洞补充方面是首要的法律方法,大家想想是不是?所以,类推方法作为法律方法,首先是用来救济法律漏洞的。在其他法律病症的场合,比如在解决法律冲突中,就不可能适用类比推理的方法。在救济法律意义之模糊中也不可能适用这一方法。那法律类推适用的场合是什么呢？一言以蔽之，它就是用来解决法律漏洞的。它是补充法律漏洞的第一种方法。

补充法律漏洞的第二种方法，是法律发现。它适用于如下情形：当法律出现漏洞，人们在法律中根本找不到最相类似的条文时，该怎么办呢？通过什么方法来救济？这样的案件，在法律中往往没有任何根据。例如在山东潍坊有两个家庭，他们共用一个巷道，他们的房子并不是门对门的那种，而是一家的房背对着另一家的大门，但是前边一家人在自己房子后边（房背）上安了一个窗户，并正对着邻居家的大门。这样，邻居家就不乐意了，并要求其必须把这个窗户给封起来：你不能明晃晃地让你的窗户对着我家的大门。但对方坚决不干，双方为此也是纷争不息，最后没办法起诉到法院，而法院偏偏把这样的案子给受理了。受理了难题也就来了。这样的案件有法律根据吗？大家知道，没有任何法律根据的，即使用公序良俗的原则也说不通。在这样的情况下，究竟该怎么办呢？我认为，在这里可以借用一个概念，即"法律发现"的概念，也就是说，要在案件事实中发现其中的规则，以便裁判案件。

我注意到，目前我们国内有的学者讲"法律发现"的时候，有两解，第一是指在法律内部发现法律，我个人觉得这不叫法律发现。法律发现所讲的就是当法律出现漏洞之后，法官面对一个没有法律根据的案件事实，在这个案件当中寻求最佳裁判方案的活动和方法。法官在案件事实中寻找裁判的根据，这样的案件在我国司法现实中就有一些。例如中央电视台就报道了一起发生在山东青岛的案件，人们称为"顶盆过继案"。在青岛即墨这个地方，有一户人家，他自己的妻子儿子以及他本人三人都相继得了白血病去世了。他在去世之前找到他的弟弟，希望他弟弟的儿了，也就是他的侄子，能够给他去世后顶盆。他弟弟当年为了给他儿子解决将来的婚姻问题，为了使女方信服他家有房产，让死者曾写过一个条了。尽管这个纸条上的意思不是死者的真实意思表示，但这个纸条本身表明这一房产已经由死者转赠给了他弟弟的儿子，即死者的侄子，以便这位侄子找女朋友。后来死者家里又面临这样的苦难，所以在去世之前，他将弟弟叫来。说在他走了之后，希望侄子能给他顶盆。顶盆这种当地的风俗，可能意味着使死者入土为安吧。顶盆的人砸了盆之后，亡者似乎才能真正安息。这样风俗，或许在座的山东学生一定更清楚。因为死者自己的儿子去世了，所以没有人给他顶盆。他就求他的侄子顶盆。条件是把这一院房产遗赠给弟弟的儿子。但他弟弟坚决不干，他弟弟的儿子更是不干。在没有办法的情况下，他就又找到他哥哥。条件仍然是把那院房产遗赠给他的另一个侄子。他哥哥答应了。他哥哥的儿子，就是他侄子，也答应了。然后他哥哥儿子替他顶盆。顶盆之后，这个房产就由他哥哥的这个儿子一直住着。一直住了大概七八年时间。这个时候正好即墨那个地方要大规模拆迁。可能这个房子拆迁之后，要补助两套楼房。这下弟弟眼红了，向他大哥的儿子，也是他的侄子要房权，并把那个没有表达死者真实意思的纸条给了侄子，说你叔叔当年把这院房子送给我家了。后来为此而诉诸法院。法院受理后，究竟该怎么办？如果按照严格的法律来办理，那人家拿着遗赠的条子，很有说服力啊。但是法官调查的情况根本不是这个情形。这就涉及另一个问题。这个房屋的产权究竟该由谁来继承？法官判决的根据是当地的民风、民俗、民情——谁顶盆、谁继承而判决，在调查中，当地的很多老人们都阐述了这样一个风俗传统。裁决结果，是他哥哥的儿子取得这院房屋的所有权。自然也意味着将来拆迁之后，拆迁补助房仍然由他哥哥的儿子获得。这个案子就是著名的"顶盆过继案"。我觉得法官面对这样一个疑难案件，采取的裁判方法，就是法律发现，即在案件事实中，发现当地民众面对这种事实时，曾经用何种规范来进行处理，法院径用这种规则于当下案件的裁判。这就是法律发现，也是补充法律漏洞的第二种法律方法。

法律漏洞的第三种补充方法，是法律续造。它适用于另一种情况，即一个案件事实，在法律上没有任何相适应的规范信息，从而出现漏洞。特别是面对这样的案件事实，人们既不能从这个事实当中发现法律——以前没有这样的事实，也没有相关的规则来处理这样的案件。所以，这个案件根本就是一个孤立的或者新生的事物，前无来者！那么，遇到这样的情况究竟该怎么办？这个时候，又有一种作为漏洞补充的法律方法。这种法律方法，纯粹是根据法官对案件事实的主观认定，由法官进行的"法律续造"。可以说，"法律续造"是在法官穷尽了法律和法律之外的社会规范之后，在找不到其他任何规则依据的时候，根据自己的内心确信所进行的裁判，这个裁判结果人们就把它称为"法律续造"，这种方法我也把它称作"法律续造"的方法。

我们再回想一下，第三种法律病灶，我把它称为什么呢？嗯，法律的"意义欠缺"，或者我们经常讲的"法律漏洞"。面对法律漏洞，也有三种救济机制。第一种救济机制，我们依然在规则内部寻找。在规则内部寻找的结果是什么呢？就是法律类比推理。第二种救济机制，是人们在法律外部去寻找，即寻找法律之外的其他社会规范，以及事实本身蕴涵的规定性，这就是法律发现。最后一种方法，如果我们就一个案件事实的规范处理方法，在法律外部或者其他社会规范中也发现不了，即当法官面对的是一个完全新的、以前未曾遇到过的案子时，法官最妥当的办法就是进行法律续造了。

好了，这样一来，我今天和大家的交流，特别是第三部分，其实也就是把这本书中的内容向大家做了一个梗概的交代。法律从来不是完美无缺的，它总是存有病症的，当法律出现病症以后怎么办呢？法律有哪些病症，我刚才总结了三种病症，当然也是最重要的三种病症，第一种是法律的意义模糊，第二种是法律的意义冲突，第三种是法律的意义欠缺。针对这三种病灶，可以有九种救济方法：针对法律的意义模糊，有法律解释、法律推理、法律论证这三种救济方法；针对法律的意义冲突，也有三种救济方法，一个是效力识别，一个是利益衡量，还有一个是事实替代；针对法律的意义欠缺，同样也有三种救济办法，一个是类比推理，或法律类推，第二种是法律发现，最后一种是法律续造。在这里，大家或许会问这样的问题：难道这些法律方法就真的如你讲的那样井水不犯河水？它适用的条件和界限真是那样的明晰吗？我要说，也未必，我在这本书里也论证了一些。有的时候一种方法在不同的案件当中可能会交叉使用。比如在法律推理中可能会运用到法律解释，法律发现中也可能会运用到法律类推……在这个时候，我们只能说主导的方法是法律发现，或者主导的方法是法律推理。因此，我们再也不能用法律解释或法律类推来叙述这样一个思维过程了，而只能用法律推理或者法律发现这样一个概念来叙述这样一个思维过程。所以，从这个意义上讲，尽管它们会有交叉的地方，但是，只要一种思维是以某个法律方法为主的时候，就只能强调为主的这一法律方法。例如，在法律发现过程中，虽然运用了法律解释，但事实上因为法官的整个思维过程是围绕法律发现而展开的，所以，宁可称为法律发现，而不称其为法律解释。法官在法律推理中运用法律解释，其思维过程是围绕着法律推理进行的，所以，宁可叫法律推理，而不再称法律解释。否则，几种法律方法之间界限便不明，大家越论述越模糊。

好了，我今天就拉拉杂杂跟大家进行如上简单的交流。就讲到这里，非常感谢大家，也再次感谢孙老师！

评议、回应与总结[①]

江兴景:感谢谢晖教授精彩的演讲,刚才谢老师提到他关于法哲学理论的一本书,没有提到名字,我替谢老师做一下宣传,书名叫做《法治讲演录》,广西师范大学出版社出版的。

谢晖:我今天没有提到,不是《法治讲演录》,而是《法哲学讲演录》。《法治讲演录》,我今天没有提到。

江兴景:嗯,好的,我在此提这本书是因为刚才听讲座的时候,我马上想起谢老师在那本书序言里有一个非常形象的表述,说"老师是游走于声音与象形之间的职业"。他非常热爱这种游走于声音和象形之间的生活。象形,也就是我们常说的文字、书籍、书刊;声音主要是指授课和讲演,相信在座的各位同学,已经通过象形——谢老师的精深著作领会到了谢老师严谨的思想,今天有机会现场聆听谢老师的声音,想必各位会被谢老师渊博的学识和风趣的讲演所折服。刚才,我在开场白还说到,今天是名医坐诊,望闻问切,但是听完了讲座,我认为应该修正一下,我觉得这个讲座与其说是传统式的中医问诊,倒不如说是一种充满精细解剖、条分缕析、直指病灶的西医。谢老师的论证非常严密严谨,这倒让我对三位评议老师如何评议充满了兴趣。下面我们进入评议环节,首先,我们有请孙老师,孙老师是德高望重,深受我们人大学生尊敬和喜爱的老师。刚才,谢老师也多少表达了这种心情,现在我们听听孙老师的评议。

……(略去各位老师的点评内容)

江兴景:三位评议老师还有评议意见吗?

孙国华:我可没一点意见啊。

江兴景:刚才孙老师的评议意见呢,孙老师是对谢老师有更高的要求和期待。

孙国华:希望他写出更好的著作,他已经做了不少了,是年青一代的佼佼者。

① 因为本书篇幅的原因,各位老师的点评被删。

谢晖:非常感谢尊敬的孙老师,也非常感谢史老师和玉军。时间已经过去了两个半小时了。考虑到时间的关系和孙老师的身体,我只能简单地回应一下,也跟在座的同学们交流一下。我在法律博客上有两个网页,一个叫"边缘学者",一个叫"农夫吟耕",喜欢文学的同学呢,我们可以在"农夫吟耕"里交流;喜欢法学学术的同学呢,我们可以在"边缘学者"里交流,大家打开法律博客就可以找到,首页上都有。其他呢,我建议主持人,让我简要回应一下吧?

再次感谢孙老师,这么晚了,还给我作出这么精彩的评论,孙老师向来是对我鼓励有加的,尽管在批评我的时候也是毫不客气的。记得 1994 年我在前面提到的"市场经济与现代法的精神"研讨会上,谈到我国学界对马克思关于法的概念的理解,我说不能把马克思批评资本主义法律之非理的东西作为马克思定义法律的东西。当时,我们尊敬的孙老师就立刻拍着桌子说:"年轻人,你怎么能这样曲解马克思呢?"啊,当时真把我吓着了!

孙国华:很有勇气。

谢晖:以后呢,尽管孙老师也批评我,但在更多的场合,还是让我能够认真反思。还有那次在苏州法理学会会议结束之后,他搀着我说:"谢晖啊,我真没有想到你会成长成这么有见地的一位年轻人。没想到,没想到。"他一路上搀着我,我也特别感动。我觉得孙老师尽管已经是 85 岁高龄的老人家了,但是绝对不失人间之童真,不失所有学者心中具有的那种童趣。他曾再三跟我讲……在学术研究中,我们必须兼顾,但是我们是搞学问的,这是非常让我感动的。你们没看到过他拉小提琴、指挥唱歌吧?你们没听过他和他的伙伴唱俄罗斯民歌,一个唱高音部,一个唱低音部吧?我尽管不懂,但听起来特别悦耳。大家听孙老师的讲话,高亢的时候声如洪钟,低沉的时候仍然具有低沉时的穿透力,呵呵,他的声音显然是最美妙的。

孙国华:这叫什么?你成我的歌迷了是吧,对,叫做"粉丝"。

谢晖:孙老师刚才对我的几点批评,尤其是最后这点批评我完全赞同,因为我的好多朋友看我的作品也有这种感觉。但我要说读者如果能比较全面地看完我的作品,或许对我的整个思想脉络能更清楚。坦率地说,在国内(大陆)法理学领域 50 岁以下的学者中,我的作品可能是最多的,数量上超过我的好像还没有。但是我在写每部书的时候,自觉在逻辑上的衔接还是比较严密的。例如,你要看我的这本书,你就应当看我的《法律的意义追问》,如果《法律的意义追问》你没看,这本书你就觉得好像没头,可能就会形成这样的感觉。刚才孙老师给我的这个批评啊，我非常接受，他确实是把诠释学的理念把握得非常好。但是我那本在商务印书馆出版的《法律的意义追问》，副标题是“诠释学视野中的法哲学”，恰好阐述的就是孙老师刚才谈的这种意义上的解释，因为这些问题在那本书中我已经写过了，所以在这本书里边，就只涉及微观意义上的司法过程的法律解释问题，所以也就严格地限定了我在不同场合谈问题的边界。这也是我对孙老师评议的回复。再次感谢孙老师！

史老师刚才谈了很多问题，事实上，我还真没想到史老师对民间规则这一领域特别感兴趣。我想特别邀请您今年七月份参加贵州的一个会议，即“第五届全国民间法·民族习惯法”学术研讨会，不知您肯去吗？您刚才提到的那两本书的作者我都认识，一个是云南大学的教授，即方慧教授；另一本《藏族法制史》的作者是徐晓光教授。我刚才提到的今年这个会议，徐晓光教授就是主办者之一，我不知道您有没有见过他们？他们我都很熟悉。

最后，我回应一下玉军。玉军是特别令我喜欢的学者，尽管他是你们的老师，又尽管他的很多作品对我而言很有帮助，但我还是一直叫他玉军弟，习惯了。因为他以前经常叫我大哥，所以我就叫他小弟，今天我仍然称玉军，直呼其名，显得亲切一点嘛。他的见解是非常老道的，尽管是年轻人，但可以发现其功底非常深厚。他提出了三个问题，即问题与方法、规范与秩序、统一与多元，这三个问题对我来说呢，是更进一步思考的一种促动，这大概也是我将来要考虑的问题。不过他对秩序问题的解释，可能跟我理解的有所不同。在我看来，即便最简易的秩序，也有规则在背后。埃利克森谈到的牛仔的秩序时，仍然有规则在背后的，没有规则的秩序几乎是不存在的。美国人的排队行为，去过美国的都看到过，非常简单，大家都排队，但是它是一种行动的规则，大家都这样的，谁去加塞，人家小瞧你。甚至有些人非常勇敢，他不怕得罪你，你加塞时叫你必须排队。排队秩序的规则是什么？就是“先来后到”嘛。再如小费制度，在我们这儿，谁服务得周到，我们给谁一点小费，人家还不好意思接受呢，全心全意为人民服务嘛。但在美国，人家就很明确，服务了，就要享受小费。我曾经想让我指导的博士生写篇有关美国的小费制度的论文，可惜至今没有行动。在我看来，美国也有民间法，小费就是最典型的民间法。我初步的了解是：在美国大概有10％的小费是有法律根据的，其他的90％的小费都是没有法律根据的。但是，在经济学家看来，那就是一种非正式制度。这种秩序的规则是什么，一言以蔽之，“有服务就有报酬”。可见，面对多样化的人类秩序，学者不仅仅要关注作为正式制度的法律，而且要关注作为非正式制度的、自发自生意义上的，或者哈耶克意义上的那样一种秩序体系和规则体系。所以我觉得把秩序和规范作为一对范畴来对待，在结果和前提的意义上是可以理解的。但是严格说起来，任何作为结果的秩序都是有前提的，这个前提就是规范。这是我的看法。所以你注重的是社会学意义上的结果，我注重的是规范学意义上的前提，咱们俩完全不矛盾，咱们俩应是相辅相成的。

最后我要再次感谢尊敬的孙先生，感谢史老师，感谢玉军教授。同时也要再次感谢在座的各位同学，特别是咱们的主持人。同学们如果今后有什么问题，咱们可以在网站上交流。谢谢大家！

江兴景：因为谢老师刚才提到今天时间已经很晚了，考虑到孙老师的身体状况，今天就没有提问环节了，所以有些小小的遗憾吧。今天的讲座就到此为止。谢谢各位。

第四讲

司法的社会认同及其困境*

——在重庆大学的讲演

主讲人 谢 晖教授

主持人 程燎原教授

评议人 陈忠林教授

时 间 2008年10月21日下午3:00

地 点 重庆大学法学院二楼学术报告厅

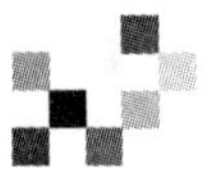

一、问题的提出

程燎原：今天我们邀请到法学家谢晖教授，他是山东法理学的掌门人，现在仍是山东省法学理论研究会的会长。所以，今天陈忠林院长让我来做这个简单介绍，我感到非常荣幸。下面有请两位教授，一位是谢晖教授，一位是陈忠林院长，他们来做重庆大学法学高端论坛第二次会议的主讲人。

---

* 本讲内容，是2008年10月21日，我应邀在重庆大学法学院"重庆大学法学高端论坛第二场"的讲座录音整理。由弟子贾焕银博士根据录音初步整理，后又委托弟子魏治勋博士进一步整理。特向两位弟子的劳作表示感谢！值得一提的是：这次讲演活动，分白天和晚间两场。晚间是陈忠林、程燎原和我三位进行对话，现场有些"火辣"，辩者各执一词，略显激动，可惜没见录音整理。白天的讲座由我主讲，陈忠林教授做了一些回应。之后，我俩共同就听众的提问作了互动。因为陈教授回应以及与学生互动的录音整理，没经过陈教授本人整理，本书没有收入。

谢晖：尊敬的陈老师、程老师，你们好。虽然程老师年龄不大，但我是读他的书成长的。程老师写的《法治论》，那是影响了一代人的，还会继续影响下一代人。我今天到重庆大学做这个交流，是感到非常自豪的。重庆大学是中国非常知名的大学之一，是西南地区真正的高端大学。能够到这里来和这么多优秀学子作交流，我感到非常激动。今天，我们来探讨这么一个问题——这个主题在一定程度上也算是陈忠林院长给我的一个命题作文，就是“司法的社会认同及其困境”的问题。最近一段时间，随着最高人民法院院长的职位更迭，在中国法学界和司法界又出现了一场关于司法问题的重要的大争论。在座的各位应该对这个争论感到非常自豪，因为这场争论的主角之一就是我们尊敬的陈忠林院长，他的“三常”理论即“常识、常理、常情”的理论命题现在进一步深入全国人民之心，至少已深入了我们全国学子之心。陈忠林院长认为应通过“常识、常理、常情”来解决我们的司法问题，但是偏偏他的同学贺卫方教授在这个问题上提出了异议，觉得这里面可能存在问题。我估计上次贺卫方教授和陈忠林院长交流的时候，他们已经谈过了这个问题。大概在半个月前，贺卫方教授在山东大学威海分校做交流时谈的也是这个主题，他对当今中国司法存在的一些问题进行了反思，我也跟他进行了互动，所以他的一些基本观点我还算清楚。那么今天我要讲一个什么问题呢？就是司法的社会认同问题。可以这样说，司法在整个国家生活中，无论是在法律体制当中还是政治体制当中，都占有很重要的地位。但是非常遗憾，这些年来我国的司法确实出现了一些问题。这些问题林林总总，我们可以归纳为以下几点：

二、社会认同困境：我国司法中的一个重要问题

第一点，司法的裁决结果时有不被“两造”所接受的情况发生，原告不接受，被告也不接受，判决的社会实效很差。为什么会这样？这是值得我们深思的一个问题。不要说你判得有理没理，仅仅从制度本身的要求上讲，裁决作出之后，至少到了程序终了之后是原告应当接受，被告也得接受。但是非常遗憾，在我们国家，即使是诉讼程序完成了，直到二审终审裁决了，仍不时发生原告仍然不接受、被告也不接受的情况，因此往往酿成一些非常让人匪夷所思的社会热点案例。比如说1994年河南省就发生过这么一个案件：起初，一审判

决原告胜诉，二审又判决被告胜诉，借助于一个具有中国特色的再审制度，该案一路提交到最高人民法院，又判决原告胜诉。结果这个时候案件应该完结了吧？已经再审了，并且是最高人民法院的再审，但还是没有产生应有的权威没有产生实效。法律实效不好，这怎么能讲得通呢？怎么能导向法治呢？恰恰就在此当口，更加严重的问题发生了，被诉当事人纠集了23个歹徒，其中还包括3位警察，跑到最高人民法院门口，用武力把某位最高人民法院法官的指头折断了，另一位法官还挨了打。这可是最高人民法院门口啊！把一个堂堂的中华人民共和国法官指头给折断了！大家看，我国的司法是不是存在着社会认同不佳的问题？梁治平教授在听说这件事情之后，忍无可忍写了一篇文章，在文中他说（大意）：试想，此等事情倘若发生在旧中国的刑部门口，该当何罪？此等情形倘若发生在美国最高法院的门口，该当何罪？但是偏偏这样的事情发生在中华人民共和国最高人民法院的门口，却什么事都没有。不但没有，而且有了一种让我们意想不到的结果，居然真是小闹小解决，大闹大解决，不闹不解决！由此大家就可以想象一下，我们的司法为什么得不到“两造”的认可？这就是我们在这里必须关注的问题。

第二点，我们的司法不仅得不到“两造”的认可，而且每每一些重大案件，还会在整个社会激起轩然大波，成为社会热点问题。这也是司法不受社会认同的一个重要的表征。大家知道，这几年中国发生了一些比较大的案件，也有一些是典型的疑难案件。比如说前两天刚刚审结的杨佳案。这样一起普通的刑事案件，尽管它涉及的背景有可能是非常重大的，但毕竟是一起普通的刑事案件，为什么该公开的资料就不能公开呢？为什么该公开的审判就不能公开呢？为什么北京一位叫刘晓原的律师，就能把这个案子的诉讼活动搅得天翻地覆？为什么我们的法院全变成了哑巴？——在网上大家到处可以看到刘晓原为这个案件鸣不平的文章。其他的诸如许霆案件，这是个疑难案件，为什么从一开始那么重的刑期，最后变成了五年？从而导致社会舆论压力之大，让法官们始料未及。再比如最后通过调解解决的彭宇案，也引起了整个社会的轩然大波。还有前年末发生的邱兴华案件，也是如此。为什么这些案件判决之后，普通公民没有对判决表现出认可或欣许的态度，而是每每引起轩然大波，多数普通公民都极不满意？为什么？当然，有些人会说，谢老师，有些案件的判决有些人还是非常满意的，比方说彭宇案件，案件裁决之后，有些人觉得，这个法院还不错嘛，法院已经能够拿常情来判案，把常情纳入到诉讼活动中作为司法推理和裁判的根据。这说明,至少法官在说理上已经采纳了新的方式,而不是像以前那样唯法是从。我的一个朋友是我们法学院的一位老师,就对这样的判决持辩护态度。他以前曾留学日本,他对于日本法官怎么样说理是非常熟悉的。他认为彭宇案的判决至少是说理的,至于说这个理能不能成立,那是一码事,但它在形式上是说理的。他从这个角度进行的辩护,却遭到了网络世界一片激烈的叫骂声。

还有第三个层面的表现,就是说我们的司法变得越来越没有权威,司法机构的威信下降。司法本来是社会纠纷和社会矛盾解决的最后渠道和最后救济机制,但今天我们的司法变得越来越没有权威,人们觉得它越来越不值得信赖和依靠。因为司法表现得太软,太缺乏权威,以至于我们的学者、公民经常拿司法来说事。在我们这个社会,凡经政府处理的事情,上访的越来越少,但是法院处理的事情,上访的却越来越多。去年我到长江中下游某个省调研时,一个法院的院长就对我倒了一肚子的苦水。他说,谢老师,现在整个法院最难对付的事情,不是案件的裁决,不是怎么强化我们的法律知识,不是解决什么法官素质的问题,我们最难对付的就是当事人的上访。省里一声令下,要求只要在北京出现涉诉上访的行为,不管你用什么样的办法,付出什么样的代价,都要把这个人给劝回来。他们就遇到了这么一例涉诉上访案例。法院为了阻止某个人到北京去上访,每个月都派一到两个人留守在北京,只要有上访的,必须劝回来。有个上访人就提出要求说,我到北京来了一趟很不容易的,你劝我回去不是没道理,但是我来了北京,我长城没上过,故宫没去过,你们得给我买票,我要逛逛长城,看看故宫。结果院长听截访人员汇报后,说:“要求不高嘛,可以满足他。”于是买了票陪他到长城,陪他逛故宫。结束之后,这人又改变了原先的决定。但他感觉到法院很好欺负,所以又来了新的一招,说:“你看,我长这么大,最向往的地方就是云南,我不去一趟云南的话,我就感觉我这辈子白活了。所以我要求你们给我买票,我到云南去一趟。”截访人员就请示院长,院长撂下的是一句狠话:“你告诉这小子,如果云南回来之后他还赖着不回去,那他就很麻烦了。”这是这个院长亲口跟我说的。然后办事人员就照着院长说的办了,结果这位上访的小伙子非常高兴,说没任何问题,云南逛完后一定回家去。在云南逛的什么地方这位院长没告诉我,但总之是把这个人带到云南去转了一圈。这位院长诉苦说:“政府要求我们必须把他劝回来,本来我们的二审裁决已经解决了,已经处理了,本来已经没有我们的事了,他还要上访。

但是省委、省政府有令在先，我们必须把他劝回来，不但要劝回来，而且相关的费用全是我们自己承担。"同学们想想，当我们的法院在我们的公民心目当中，被当成了这样一个可以随意要挟的机构的时候，司法的权威从何而来？如果我们在制度上没有确切的保障来维护司法裁决的权威，那么司法的权威因何而立？

三、我国的司法社会认同度不高的制度分析

所以，可以肯定地讲，我们当下的司法制度出现了很大的问题，司法权威的建构不尽如人意。问题在什么地方？很多人说我们的法学教育出现了问题。我前两天正好在网上看到徐显明教授在西南政法大学做的报告，他说我们的法学教育是失败的，整个司法腐败50%的责任应该由法学教育承担。贺卫方对这种说法进行评论，辛辣地讽刺了一通。贺卫方不赞同法学教育能够直接解决司法腐败的问题的说法。司法腐败与否当然不是我们大学法学教育可以解决的，更应该关注的是司法自身体制的问题。但体制问题又是什么？哪些东西困扰了中国的司法？当然，大家对此问题都会持有不同的见解。我在这儿有一些个人的归纳，我讲给大家听，大家看看有没有道理。我觉得目前我国司法之所以这样不济，从制度上来说，至少在这几个方面特别值得我们关注：

第一个方面，在中国的整个制度设计当中，严重分裂了政治国情和文化国情，所以在中国政治国情和文化国情是矛盾的。我们的政治国情仍然沿袭我老乡秦始皇创造东亚大帝国以来的政治模式。秦始皇是甘肃天水人，我本人也是甘肃天水人。所以我把秦始皇称作我的老乡。当然我对这位老乡还是相当尊重的，像李白所说的那样"秦王扫六合，虎视何雄哉！挥剑绝浮云，诸侯尽西来"。他是一位非常伟大的帝王，但是他所建立的大帝国有一个巨大的缺陷，这个缺陷就是把中国底层的多元文化给抹掉了，然后实行的是统一的中央集权模式，这样一种政治模式从共和国成立以来有过之而无不及地存在着。但是我们知道，中国是一个多元文化的大国。一位欧洲学者曾经这样描述过中国的文化：中国省与省之间的文化差异性，远远大于欧洲国与国之间的文化差异性。事实大概也确实是如此。比如有语言方面的差异：重庆人的土话，山

东人听不懂；山东的土话，我在胶东工作了六年多，至今仍然听不懂。浙江宁波我工作了三年，最后人家说价值两毛多，我总是听成五毛多，以至于我买菜经常上当受骗。直到有一次有个人跟我买了一样多的菜，结果他被收了两毛多，我被收了五毛多。我就问他一样的价格一样的斤数，为什么要多收我的钱？他这个时候用普通话对我说，"老师以前我都是给你说的两毛多，你每次都主动给我五毛多，我也没办法"。归根结底是因为我听不懂他的话啊。语言是我们沟通的最基本的前提。海德格尔说："语言是存在之家。"但是我们是这样一个庞大的国家，各个地方的语言是完全不一样的，从这个方面来讲，我们的文化有很大的差异性。所以说文化构成的多样化，这是中国国情一个非常重要的方面。当然不仅仅体现在语言方面，还包括风俗、习惯、人们的日常交往方式以及他们的信仰等等各个方面。这样一个具有文化差异的大国，但是在行政体制当中，包括在司法活动过程当中，我们实行的却是统一的中央集权的法律规定。这样就势必使得中央的立法，把各个地方的风俗、习惯，包括陈老师说的常理、常情给舍弃掉了。

那么我们回过头来再看看美国，美国这方面是怎么样的？它的人口比我们少了多少？差不多大的领土，只有 3.6 亿人口。但美国也是一个文化复杂的、文化多元性的大国。可在美国的法律当中，多元文化得到了淋漓尽致的体现。特别在司法活动当中，美国通过两种机制把多元文化充分地表达了出来。一种机制是地方的充分自治。（此处举例内容因为和后文重复，在此略去）只要是涉及本市或本地的居民的纠纷，就用这个市或者其他地方的法律来进行审判。大家想想，有了充分的地方自治，那么在司法活动过程中，就能够把地方规则和常识、常理、常情纳入司法活动过程中去。是不是？这就让我自然想起当初古希腊城市的自治究竟是怎么一个情形了。为什么我们把它叫城邦？它是怎么自治的？今天美国城市自治的情形，其实就源自于古希腊、古罗马当年的城市自治制度。但是我们这儿有吗？我们这儿讲的是森严的上下级等级关系，不要说是行政，就连司法，最高人民法院的领导来了，必须认真接待，马虎不得，因为他是我们地方各级法院的"头"！上下级关系达到了这样一种情形，上下级的控制达到这样一种程度，连司法都是如此。我有次在山东某地法院讲课，法院办公室主任接上我后，说："谢教授，今天我还有一个重要活动，咱们一块儿去吧。要不就实在来不及了。我们要到的是河北和山东交界处，要迎接最高人民法院某庭庭长，他到我们这儿来，有六辆车来接待他，六是一个吉祥数字嘛。"然后呢,回去的时候大概有一个多钟头的车程,一路上浩浩荡荡,一路上都是警笛的声音。我当时就说,这个庭长为什么不制止一下他的"下属"。大家知道,这个"下属"是要打引号的啊,司法上不存在这样一个"下属"的概念。为什么不制止一下,就一路任凭警笛鸣号,大讲排场?我都感觉这种场面很难受,但庭长大人也许感觉很受用,很被抬举。这就是我们今天的情形。那么,在这里面我们是否可以看到这样一点:在中国,文化的多元性不能得到政治制度的支持,也不能得到司法制度的支持。所以政治制度从中央到地方,自上而下是等级性贯通的。所以哪怕是一个小小的基层法庭,一个只有几万人的县法院,也必须要执行全国统一的法律。即使仅仅是涉及某县县民和县民的诉讼,也要执行全国统一的法律,适用全国统一的法律。(此处举例内容和后文有重复,故略去)在美国,地方自治还有更惊人的内容,譬如一个人他住在本市,却没向本市纳过一次税,也从来没为本市尽过一次义务,就不能算是本市市民。这个市就没有向他提供服务的义务。你看他们的城市自治,权利界限是非常严明的,义务界限也是非常严明的,这完全不像我们,重庆市来了几个甘肃的流浪儿,我们重庆为了全心全意为人民服务,必须拿我们重庆市的经费向他们提供生活救助,将他们送回到甘肃去。美国不是这样的,他们的地方、城市是自治的,在权利上是自治的,在义务上也是自治的,所以这样的自治就能够充分地把地方性因素、常识和常理因素、当地的文化因素、民间规则等,纳入它的司法活动过程中去。

我认为,美国比我们做得好的第二点,在于它有良好的判例制度。这种判例制度呢,尽管人们要遵循先例,但也特别重视法官根据当下情形的规范创造,即面对当下案件的法律创造,待会儿我还要更详细地讲到这个问题。所以你比较一下,美国通过它的司法、它的政治,能够把多元文化充分表现到它的政治制度和司法裁判当中去。在这个意义上,我们可以说它的多元文化和政治制度是相吻合的。而我们中国目前的文化国情和政治国情是相反的。对此,我一直思考的一个问题是,如何理解"国情"?我们经常讲国情如何,但很多学者讲国情的时候往往讲的是政治国情,而不讲我们的文化国情。这就不得不让我们探讨一个更深入的问题,究竟我们要采取文化救国论还是政治救国论?如果你要是真正站在文化救国论的立场,我们要认真地观摩一下,认真地考察一下我们中国的多元文化究竟是什么?在这个基础之上我们再说话。如果说我们要奉行当年的政治救国论,那就说,万岁,光荣,正确,伟大!好像那样就可以解决一切问题。所以这个问题也是我今天向在座的各位同学，也同时向我们尊敬的陈老师、程老师请教的问题。也就是说，我们在今天，尤其作为学者，当我们讲国情的时候，首先应当关注的是文化国情还是政治国情？说老实话，我们的文化国情和我们的政治国情，我个人认为存在着极大的分裂。在司法活动过程中的分裂更是显而易见的。这是我讲的第一个方面的原因，司法之所以存在问题的制度方面的原因，当然这个制度方面的原因其实也涉及了文化背景方面的原因。

第二个方面，我们的司法之所以出现这种情形，是因为还有一个方面的重大分裂，那就是法理秩序建构的理想和礼俗秩序的社会事实存在着冲突。这一冲突和前面谈到的政治国情与文化国情的冲突是有一定关联的。近代以来，中国人开始向西方学习一种全新的社会秩序理念，这种社会秩序理念叫法治。坦率地说，我个人对法治是非常投入的；我也总是信服法治是优于一人之治的。但问题在于，直到今天为止，当我们中国谈法律的时候，每每是把法理秩序的构想带入到情理模式当中，带入礼俗模式当中。比如说，我作为一个学者，作为一个专门从事法学研究的学者，我应该是唯法律至上，唯法律是从，这应当是理所当然的呀。但是在实际生活中我们并不如此。我的学生毕业找到了工作，要到某大学去工作，我总要给这个大学这些朋友打个电话吧？我要是不跟他们打个招呼，我就觉得对不起这些朋友。同样，在某大学这些朋友看来，谢晖你把学生打发到我这儿来，连和我们一个招呼都不打，未免太不够意思了吧。恰好今年我有一个学生就在咱们陈老师手下工作，他到这儿来我就没给陈老师打过招呼的。但是一般情况下呢，我还要打招呼，不打招呼自己心里边还是觉得过意不去，对方也许会觉得同样如此。这样一来，我们处理重大问题的时候，甚至处理日常问题的时候，每每是把一个法理问题带入到情理情境当中，带入到了礼俗秩序当中来解决。如果我们不能把问题带入到礼俗当中来解决，最后呢我们反而感觉欠缺了一点什么。大家知道，我们这儿就有一个非常著名的命题或结论，也是一个大家都非常认可的命题，这个命题是什么呢？“打官司就是打关系”。事实上，为了赢得结果，我们一定要把打官司这样一个法律活动带入到礼俗世界当中去，并且要想方设法找关系。当然我在这里态度是在作批判，可事实上我们也是这样做的。

我长这么大，打过一次官司。我装修房子，刚装修完被水泡了，水泡的原因何在呢？是因为房地产公司安装的水龙头有问题，不是我的原因，是软管有质量问题，结果就把我刚装修的房子全给泡了。这个时候我觉得这么多钱花出去，这么多精力花出去，不打个官司就白学法律了。但是打官司就面临一个问题，让自己去出庭，有时候确实没时间，再一个呢觉得跟这些人出庭又不体面，咋办呢，找学生！法院多的是我的学生。找到了学生，他就说，谢老师，这案子你就别管了，我们给你包办了。结果，判决的结果自然可知，谢老师是不是也很腐败啊？其实，在这个案子上我绝对是占理的！我应当是胜诉的！但是既然如此，既然你应当是占理的，你应当是胜诉的，你应当充分相信法官啊！但你不相信一般的法官，你只会相信你的学生。这个案子从审理到结束，我这个原告，没出过庭，由我的其他学生代理出庭。我讲我切身的体会，我切身的行动，不是要让在座的各位都向我学习，都这样干，但是我们在这儿要反思我们中国社会的运作机制，我们如果不这样干，会怎么样？因为每个人在涉及自己利害关系的时候，总会关注韩非子倡导的理念，“好利恶害”，因此，会两害相权取其轻，两利相权取其重嘛。在这样的情况下，你不找人不行啊！我见过很多著名的教授，他们经常打官司，而他们打官司过程当中所运用的关系比我们运用的有过之而无不及，我在这儿就不多举例子了。刚才所讲证成了我讲的一个问题，即我们尽管期待建立一种法理型的秩序模式，我们中国正在追求的也正是一种法理型的秩序模式，但非常遗憾，在我们的司法实践当中也罢，政治实践当中也罢，日常社会实践当中也罢，公民的日常交往行为当中也罢，我们每每是把法理模式带入到情理关系和礼俗关系当中。如果不这样，法律就不能发挥它的实际作用。但是一旦将法律带入到礼俗关系当中，法律即使发生作用，往往也只能发挥走样的作用！这是最让我们困惑的问题。

如果从前面一个层面分析，我们说它是一种政治上的问题的话，那么我们在这儿分析的是一个纯粹文化上的问题。因为在很大程度上我们中国到目前为止，还是一个礼俗社会。谈到这个地方，我就不自觉地想起著名的学者谢遐龄教授。我们知道，西南政法大学的林氏三兄弟是很厉害的学者，我们民法学界、诉讼法学界的肖氏三兄弟也很厉害，比如肖厚国。同样的，谢氏也有三兄弟，也很厉害，20 世纪 80 年代他们风头正劲，现在我们仍然很重视他们的观点。这谢氏三兄弟是谁呢？其中一个叫谢遐龄，复旦大学社会学院的院长，当年是哲学学院的负责人。另一位叫谢松龄，是一位哲学博士，非常知名的一位学者。最后一位是才华横溢的他们俩的弟弟，叫谢选骏（我记得很清楚，他写了一本书，叫《秦人与楚魂的对话》；他还写了《荒漠、甘泉》一书——尽管借鉴的是海外的一部书名，但的确是读起来非常有味儿的一本书。大家如果感兴趣可以看看）。谢遐龄先生曾经提出过这样一种观点，他说中国社会自古以来就是一个礼俗社会；而法理社会源自古希腊、古罗马，它们发展到今天为止成为西方文化的一个非常重要的特征。由于文化根基的不同，中国绝不可能走到西方那种法理社会的路上去，他给了我们追求法理社会论证了一种非常悲观的前景。我当年在一篇文章当中，坚决批驳了这种观点。因为谢遐龄在这篇文章当中还谈到一个看法，他说如果我们真正期待中国实现法理社会，那至少要通过一千纪，他在后面专门还解释，一千纪等于一千年。这一观点，一下子把我们这些对法治充满了梦幻的学者弄得好像是一瓢凉水从头上浇下来，所以我反驳了这种观点。我反驳的具体看法，大家可以看看我的《价值重建与规范选择》一书，其中有一章，我专门进行了反驳。那么尽管我们说谢遐龄这种观点是悲观的，从这个角度来讲我们应该反驳，但他提出的问题是现实的。就当下中国的具体情形而言，确实我们面临礼俗秩序的社会现实和法理秩序的理想之间的巨大冲突，并且在我们整个政治运作当中，这样的情形是依然存在的。中国古典社会中为了解决政治社会运作完全受制于礼俗秩序的情形，也曾经采取过很多很多的方式以降低其钳制。比方说官员的回避制，苏轼是我们四川人，但苏轼父子他们在四川没当过官，苏轼在我们山东当过官，他那首“老夫聊发少年狂”，是在哪里写的？不是在我们四川写成的，而是在山东有一个叫密州的地方，今天的诸城写成的，那里是江青的老家。他也在杭州当官，也在海南岛当官，他就是没有在四川当过官。为什么呢？因为当时实行了里籍回避制度。我们现代中国这样一个制度有没有？没有嘛！并且即使有，在我们这样一个信息非常发达的时代，你即使是搞里籍回避，大家依然能够搞权钱交换、官官交换。我给你的家乡办事，你给我的家乡办事。是吧？所以我们怎么样去除目前我们这种既有的礼俗模式，如何把礼俗纳入法理的框架当中去，而不是把法理的内容纳入礼俗的框架当中去，是我们当下每个法律人都应当作出判断的问题。这也是今天我向大家请教的另一个问题。既是向我们两位尊敬的老师，也是向在座各位聪明的同学请教的问题。我们要思考如何把礼俗社会的这样一个内容纳入法理框架当中去，以法理的框架制约或者规范礼俗的这样一种社会秩序、社会关系，而不是今天这样我们一定要把法理社会的内容纳入礼俗框架当中去。我期望与在座各位共同寻求并解决这样一个问题。

我想讲的第三点，就是今天之所以司法如此不尽如人意，可能还存在第三个重大的问题，那就是裁判自治和司法受制之间的张力。所谓"司法独立"一向是我们比较关注的问题。据说最近包括陈院长、高一飞先生以及何兵等尊敬的学者，都对司法独立这个口号提出了不同的见解。我本人呢，当看到有人说司法独立是一个反人民的口号这种说法的时候，就忍无可忍地写了一篇文章，叫做《司法独立遭软禁？》，大家可以在网上搜到我这篇文章。我在这篇文章中讲的问题是非常尖锐的，当时贺卫方教授曾就这个问题连续写了五六篇文章，从一定意义上讲，在这一波的争论当中我特别同情甚至赞同贺卫方的一些观点。大家知道，近代以来，司法独立或者裁判自治是一个非常重要的理念，但回头考察，即使在我们中国古代，裁判自治也向来是判官们特别关注的问题。我谈这个看法不知道尊敬的燎原教授同意不同意？他是法理学方面的大家，也是法史方面的大家，所以我在他面前讲这些是有点班门弄斧啊，但是我仍然要论证我的这个看法。在汉代的时候，有一个大臣叫张释之，他办过很多名案，其中有一个重要的案件叫中渭桥案。当时，皇帝的车马要出行，差人们命令所有的人避开，给皇帝让路。此时，有一个人实在来不及躲避，就藏在中渭桥下。他在桥下等了老半天也不见动静，就想大概皇帝车马应该早过去了吧。于是就从中渭桥下跑出来。结果此时皇帝的车马正好经过这个地方，此人的出现使皇帝的车马受惊。在汉代，这种行为叫犯跸。于是汉文帝就要求张释之对这个人进行审判，结果张释之只给了这个人一个很轻的刑罚，相当于现在的罚金刑。汉文帝就很生气地质问他（大意）：我本来把这个案子交给你，是让你重判的，你怎么判了他这么轻的一个刑罚？张释之回答说（大意）：廷尉执法以平。我作为一个廷尉，就是公平执法的。犯跸这种事情，法律就是这么规定的，让我违背法律重判，那就背离了廷尉的职责。他进一步说到（大意）：皇帝也有司法权，倘若陛下当时就把这个案子判了，那我也没什么话说，但今天既然您把这个案子交给我张释之了，那我就必须依法裁处。从这个对话中，我们可以看出这样一个问题：在古代中国，作为一个廷尉，一个判官，张释之仍然要追求裁判自治，而且这种裁判自治是依法裁判。当然，大家也许还会举出不同的例子，比如说同为判官的杜周，就曾说过这样的话："三尺安出哉？前主所是著为律，后主所是疏为令；当时为是，何古之法乎！"在他看来，没有什么固定的和明确的法律，只能按照人主的意志行事，我才能达到保全自身的目的，才能真正判好案。杜周就是这样的判官。但是我们知道，在中国历史上杜周向来是没有什么地位的，而张释之的历史地位却非常崇高。这就至少说明了，在制度追求上，不论是我们公民也罢、臣民也罢，理念上也罢，行为上也罢，我们总会作出一个历史性的价值判断的。我们之所以不赞扬杜周，不赞扬后来那些出入人罪或以“莫须有”这样的方式来判案的奸佞判官，而赞扬像张释之、狄仁杰、董宣、包拯、海瑞这样一些刚正的判官，原因就在于任何一个时代的人民都有经得起历史检验的价值判断标准，史官的价值判断也离不开这些标准，我们今天的法律制度也必须坚持以社会所公认的价值判断为标准。是不是啊？

在这个意义说，我们今天讲的司法独立就是司法自治或者裁判自治，当然我们更强调制度意义上的裁判自治，至少在古代这样的裁判自治已经存在了。我们可以这样讲，如果司法裁判不能自治，法官不能自治地裁判案件，这个案件就永远是无法担负责任的案件。一个案件判得正确或者错误，法官都不承担责任。既然我不能自治地裁判案件，我就不应该承担责任，是不是？一个案件处在裁判中的时候，审判委员会一声令下说，谢法官，你不能做这样的判决，我们审判委员会要改判。当然我没办法阻止你的改判，但出了问题，我不承担责任，我为什么要承担责任？我有理由不承担责任。所以司法自治是和司法责任紧密地联系在一起的。可怜我们有些领导人，却连这样一个起码的常识也不清楚。在这样一种情形之下，司法制度就出现了这样一个非常大的矛盾，一方面司法的本性不论古今，都要求法官裁判自治。我不用独立这个词，因为独立这个词太惹眼了。干脆转化为另外一个词，叫自治。但是当今中国的司法却根本不是自治的，不要说法官裁判案件不是自治的，法院也不是自治的。在这种情形之下，我们的判官几乎个个都是杜周，都只顾根据领导的意志去判案，都只知道按照领导的指示办事。在这里尽管我们批评杜周，但是人家杜周讲得还是有点道理的，为什么呢？中国古代历史上既有律这种法律形式，又有令这种法律形式。律和令都是正式的法律，杜周轻律重令，不过是因为令是皇帝意志的直接表现而已。我们现在呢，大家知道领导人讲话是不能成为法律的，但我们的法官仍然每每把领导人的讲话当成法律。直到今天为止，我们不少人（包括不少法官）仍然视领导讲话为制度，我们的政治仍然被领导的讲话所左右，根本不是什么法治，离法治还非常遥远。在这样的情形下可想而知，我们的判官不这样做行吗？我曾经和不少法官、检察官交流过，我讲课的有一个班全部都是检察官，我们曾探讨为什么检察官不依法办事，而要依关系办案，按照领导人的意愿办案时。其中有一个检察官是一个地方的检察分院的检察长，他讲得非常实在。他说，尊敬的谢老师，我是某某检察分院的检察长，从我内心来讲，我作为您的学生，我特别想依法办案，我特别不愿意照顾各种各样的关系，我对这种关系是深恶痛绝的。但是呢，我又非常惭愧地告诉您，我做不到这一点，因为我还想在职务上提升一下，我现在作为检察分院的检察长，只是一个副厅级干部，我还想当个正厅级。我如果因为某个案子把上级领导得罪了，那将来还有提升的空间吗？这是我首先要考虑的一个问题。不仅如此，我作为检察分院的检察长，不仅要管案件侦审，还要管整个检察院干警的吃喝拉撒睡，我们检察院连一个小小的财政局都得罪不起，如果没有他们拨款，我们就无法生存下去，更不用说开展工作了。所以不管是地方当局还是上级领导，我们都不敢得罪。我认为，这位检察长讲得非常实在，他的这番心意表白，其实也适用于法院。他的话表明：司法无处无时不受牵制和干预，政党的干预、政府的干预、人大的干预，还要受到社会关系的牵制。这使得我们的司法是典型的受制型司法，根本不是自治型司法。以上表明，在我们的司法制度中存在着一个巨大的内在矛盾，这就是司法自治与受制之间的矛盾，只要这个矛盾得不到根本的解决，司法界当前存在的混乱现象也就无法得到根本的治理。

这是我给大家讲的一点，那么最后一点，也是第四点，我想要谈的是，为什么我们的司法现在出现了这么一种不尽如人意的情形？在制度上，我们或许还可反思的一个重大问题是，司法权威和权威不能的矛盾。我们都知道，特别是法科学生都知道，在裁决社会纠纷问题上，司法是最后一道屏障，是最后的裁决。正因为如此，司法必须是要有权威的。在今天的中国，司法必须更要有权威。前任最高人民法院院长在任当年，推行了一系列的改革，我个人感觉他是想让法院建立起权威的。当然这一系列的改革，有些人极尽赞扬之能事，有些人极尽贬低之能事。我也在法院就他的改革成果、改革是非专门做过调查，有些法院院长对他是翘指称赞，有些法院院长并不赞成，甚至颇有微词。但可以看出，包括法院在内，包括我们的公民在内，都期待着司法建立起应有的权威。但是中国当下的制度事实，以及中国固有的国情，导致了司法的权威不能。我们当前的司法不可能是最后的裁断者，也不是最权威的裁判者。

其中最大的不可能在什么地方呢？正在于我们制度本身。这些制度因素，最重要的，就是申诉制度。坦白地说，谢老师对申诉制度是深恶痛绝的。

在牡丹江召开的一次法律职业问题会议上，我当场针对一些法官、检察官，还有一些律师，以及我们的学者们，做过这样一个建议：我强烈呼吁中国尽快废除申诉制度，而向台湾地区学习，实行“三审终审制”，甚至呢，我们还可以实行“四审终审制”。如果我们不相信我们的法官，不相信三审终审能达到正义，我们可以实行四审终审制，但是你必须废除申诉制度。为什么呢？申诉制度太没底线了，我们今天司法权威不保的一个非常重要的原因，就是有申诉制度的存在。我这样的建议一出来，一位中国人民大学的，在诉讼法界我非常尊敬的法学家，他就把我痛批了一顿。他说，你这个谢晖，你典型的不是站在人民的利益上说话，我们人民唯一能申冤的渠道，就是申诉了；在司法腐败大面积蔓延的时候，如果我们连申诉都去掉了，那我们人民的冤屈到什么地方申诉呢？我们这位诉讼法学家，他是特别支持申诉制度的，这让我感到特别意外。我以为我在这里一喊，他会竭尽全力赞成的，甚至呢不仅仅举双手，而且要举双脚赞成的。但没想到他把我批驳了一通，并且当时着实打击了我的积极性。但是，我今天仍然要说，申诉制度如果不在我们的司法制度中取消，如果继续奉行目前的申诉制度，而不再进行其他的改革，那么我们的申诉制度就在司法权威上开了一个不权威的口子。如此这般，司法就不可能权威！这是我反思的第四个方面。

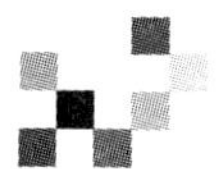

四、解决司法社会认同中的几个问题

好了，我们在制度上可以反思的问题很多，我就简单地反思了这么几个方面。但是，毫无疑问，归根结底，我们的司法还是应当取得民众的认可和接受。让民众接受，让“两造”接受，让普通的民众接受司法，这在任何一个国家都是法治所追求的。但是怎么样让我们的“两造”接受司法，怎么样让我们的民众接受司法，是采取宋鱼水这样的方式呢，还是采取其他的方式？宋鱼水本人我是非常尊重的，2004 年济南中级人民法院专门举办了一个宋鱼水审判经验的学术研讨会，当时也邀请了很多法官、法学者，本人也被邀请去了。当时呢，我既衷心赞扬了宋鱼水法官的“辩法析理、胜败皆服”的理念，以及她时刻不忘当事人利益的善心，但同时也给宋鱼水法官提了这么一个有些难堪的问题（媒体报道时，把我难堪的问题省略了）：我说宋法官，我首先是个中国人，或许站在中国“新传统”的立场上，你的许多做法很让人认同，但是我认为你所主张做的那些事情，或者你已经做了的那些事情，更多的像一位行政官员要做的事情。宋法官你作为一个行政官员，你所做的这些事情是值得我非常佩服的，但是你作为一位法官，我个人觉得并不佩服，也不需要大力弘扬，因为有些做法并不符合司法的理念。当时呢，我不知道宋鱼水高兴还是不高兴，但是她始终是笑眯眯地听完我的话，后来她说：谢老师，你这个问题我们下来之后再进行交谈。

但是我提出的问题依然存在：我们怎么样使我们的司法得到社会的认同，得到公民的接受，这里面确实有很多值得大家思考的问题。为了应对司法社会认同低下的问题，各级法院不断创立形形色色的经验，如把法庭设在大篷车上进村进乡，再如“能动司法”的兴起、因应习俗的风行、“马锡五审判方式”被重新重视等等。特别是“人民利益至上”的教化，对这些经验而言更是推波助澜。但是，在我看来，如果一个国家的司法始终处于经验状态，“白猫黑猫，抓住老鼠的是好猫”、“摸着石头过河”，那么司法就不能在根本上突出法律和法治的理性要素，司法就会从遵循“一般调整”退化为“个别调整”。所以，星火燎原的司法经验如果不能上升为一套可以预测的制度，经验也就只能是经验，就和制度理性没发生关联。下面我再讲几个具体的问题：

第一个问题，在成文法背景之下，司法的社会认同是以什么为标准的？究竟是以法律为标准的，还是以社会情感为标准的？判例法背景下好办，我们知道判例法背景下至少有这么三个环节，第一个环节是遵循先例，法官寻找最符合当下具体案件的先例来进行裁决。第二个环节是法官还可以进行先例识别，在很多类似的先例中可以进行先例识别，这是判例法背景下法官遵循先例的例外。除此之外呢，第三个环节是法官还有很大的一个权力和能力，那就是进行“现例创造”，这是我生造的一个词，不知道合适不合适，在座的各位对判例法有更深入研究的朋友可以对我提出批评。“现例创造”，就是说针对当下的案件法官进行新的创造性司法，这就是法官造法。但在我们的成文法体系当中，没有这样的一般性规定，没有这样的普遍授权，尽管有些国家在某个具体部门法当中也有这样的一些规定，如“有法律遵从法律，没有法律遵从习俗”。但是对于这样一些规定，怎么样把它纳入司法活动过程当中，规范在法律理性之下，至少在中国还是很成问题的。这样，值得我们思考的一个问题是，在我们强调司法的社会认同，和司法的可接受性的时候，在我们成文法背景之下，怎样才能做到这一点？这个问题我也是向大家请教的。

第二个问题，在我们强调司法的社会认同或者可接受性的时候，怎样避免“民粹主义”？大家知道，列宁当年对“民粹主义”和“左派幼稚病”进行过深入的猛烈的批判，但是我隐隐约约感觉到我们的领导人在谈到司法的时候，受一种强烈的“民粹主义”思潮、精神和观念的影响。当然我这个总结对不对是一码事，大家可以讨论。但是我个人觉得我们在强调司法的社会认同的时候一定要避免“民粹主义”。避免这边公民呼吁一下我就朝这边走，那边公民呼吁一下我就朝那边走。我刚才举过的1994年河南的那个案例，很典型地说明了这一点，是吧？这导致司法不成为司法，法律也不成为法律，甚至于秩序也不成为秩序，国家不成为国家。当然，希望事实没有我说得这么严重。

第三个问题，我觉得大家应当关注的是，在强调司法的社会认同和司法的可接受性的时候，我们怎样避免“法律虚无主义”？大家可以看看牛津法律大辞典，大家知道“法律虚无主义”这个观念是谁首先提出来的？对，庄子提出来的。庄子先生在《马蹄》这篇文章当中，大体讲了这个意思，就是说马这个蹄子，本来是使马奔跑的自然工具，但是我们人类为了控制马，为了使马驯服于自己的统治，好控制它，怎么办呢？非要把马这个蹄子削掉。他比喻什么呢，就是说我们人类本来是自由自在的，我们是不受任何约束的，我们可以安逸地生活于像老子所讲的小国寡民的状态。但是政府和国家为了控制人们，就专门给人制定一些规范，非要人民在那些规范之下活动，所以他就认为我们制定法律这样一个东西，就像是我们人类把马蹄子削掉一样，泯灭了马的天性，其实他是想说，法律泯灭了人的天性，这就是所谓“法律虚无主义”。大家如果感兴趣，可以看看《庄子·马蹄》这篇文章。

但是这样一种“法律虚无主义”，虽然我们经常批判，在我们“文化大革命”期间却普遍存在。当你司法裁决，特别是死刑判决，跟着感觉走的时候，那法律还算什么东西呢？总之，对民意的迁就不能以滑入“法律虚无主义”为代价。

还有一点，即第四个问题，我觉得我们在强调司法的社会认同的时候，在强调司法的可接受性的时候，我们是不是还要关注一下，使我们的司法不要变成“广场式诉讼”。“广场式诉讼”这个词大家都听说过，在我们国内运用得比较早的是中国政法大学的舒国滢教授，他是研究法美学的。他写的《从司法的广场化到司法的剧场化——一个符号学的视角》一文，写得非常好，他的文笔也是非常好的。在这篇文章当中——不仅仅在这篇文章当中，通过读史学著作我们也知道什么是司法的广场化——他指出，人类历史上有两种审判方式，

一种是广场式审判(诉讼),一种是剧场或审判(诉讼),其中对苏格拉底的审判就是广场式诉讼。如果我没记错的话,有 501 人参加那个审理活动。你想想,我们在座不过 200 多人,500 多人的审理那是一种什么样的审理?这样一种广场式的审理活动在我们中国"文化大革命"期间经常存在(此处举例和后文重复,故略去)。

这种广场式诉讼至今在一些伊斯兰国家还存在。大家记得不记得,前些年尼日利亚就发生了一个案件,这个案件是因为一位女士在自己丈夫去世后和别人通奸,根据伊斯兰教法判处她死刑。这个死刑是怎么判处的呢?尽管法院是通过剧场式方式判决的,但是执行方式是广场式的,最后掏了两个坑,把奸夫奸妇下身埋在坑里面,上身露在外面,然后乱石砸死,并且砸死还不是一下让你死,是慢慢砸死。因此当年的世界模特大赛本来在这个国家举行,结果世界各国的模特纷纷对这个事件表示抗议,最后这个模特大赛在这个国家没办成,移到英国召开,就是前几年的事情。由此我们可以看出,广场式诉讼似乎能够反映民意,似乎能够反映人民的呼声,似乎能够感觉到人民那种义愤填膺的感觉,但是它不可能客观,不可能公正,不可能理性。是不是如此?

正因如此,我们一定要强调一点,当我们强调司法要获得社会认同,司法要获得社会接受的时候,我们千万不要把司法混同于广场式诉讼。也许在座的各位会讲,谢老师,现在不可能有那种广场式诉讼了,我们毕竟已经有了一定的法律制度,有了一定的司法经验,还能进行那样的广场式诉讼吗?不过,即使没有这种广场式诉讼,但是另一种潜在的广场式诉讼还存在,比方说,一个法官,今天看到网上倾向于原告的意见可谓其言滔滔,明天又看到网上倾向于被告的言论也是其言滔滔,在这样一种情形之下,法官怎么办呢?法官应倾向于原告的粉丝呢还是倾向于被告的粉丝呢?应倾向于原告的支持者呢还是被告的支持者呢?在今天这个资讯开放的时代就势必把我们法官带入到今天这样一个网络开放的空间中去了。这样一来尽管没有实际的广场式诉讼,但是我们至少有这样一种对广场式诉讼的担心——或者类似于广场式诉讼的情形可能以虚拟的方式出现,从而对法官带来影响。面对此情此景,我要强调的是,法官应当依法判案。法官的权威,司法的权威,尽管在我国今天看来还很不济,但是如果说我们的司法不从现有的制度渐渐做起,如果因为我们的制度——政治制度也罢、经济制度也罢,文化制度也罢——和目前的文化多元模式相悖,从而有许多缺陷就使得我们在司法上抛弃法律制度而另起炉灶,那这个国家的前程就非常让人担忧了。

好了，我今天就拉拉杂杂地就给大家讲这么多，下面我们有请尊敬的陈院长对我进行猛烈的批判！

评议、互动与总结[①]

陈忠林教授评议(略)。

学生 A：谢老师，我有一个问题，就是那个文化的问题。文化的问题一直贯穿了您讲座的内容，自从"文革"以后加上改革开放以来，"文革"把我们的东方文化进行了毁灭性的打击，1978 年以后直到现在，我们一直是在西化，完全学习的是一些西方的内容。强势文化一直在打击我们的弱势文化。在这样的一个全球化的背景下，我们中国的文化如何才能在世界上以及在我们整个民族中重新建立起来。您作为这个方面的专家，您是怎么看待的？这是第一个问题。第二个问题，发展必定离不开自由，也包括学术的自由、言论的自由，乃至更广泛的自由。如果对自由进行这样的理解的话，那么，您认为就中国来说，言论自由、学术自由等等一系列自由的发展，在怎样的广度和深度下，才能达到我们法律的要求？

谢晖：非常感谢这位同学提的问题。你的一些问题未必是我能回答好的。在回答这个问题之前，首先要特别感谢我们的忠林院长，也是我的老兄。他说的《第二次握手》也许在座的各位不清楚，《第二次握手》是张杨先生写的，他是湖南省作家协会的主席。这部小说当年曾经大概迷倒了包括陈老师在内的我们这一代人。因为当年，当我们看到那个丁洁琼和苏冠兰之间美好的爱情时啊，可说是心潮澎湃，甚至到现在为止，回忆起书中描写的他们的故事，仍然是心潮澎湃。那是一部爱情小说、事业小说。我和陈老师去年是第一次握手。我和燎原老师呢，见面已经很多次了。但是和忠林老师，尽管他到山东大学讲过三次课还是四次课，后来他甚至说："看你谢晖，特别期待在山东大学你给我的讲座做主持，你给我做评论，可我去了几次了，你一次都不在。"对此，我非常抱歉！我第一次到重庆大学就是陈老师给我做主持，并且还做了这样重要的

① 因本书篇幅的原因，陈忠林教授的评议略去。

评论,非常感谢!

另外一个方面,通过陈老师刚才的批评和评议,我觉得,以前尽管读过陈老师的一些作品,但读得少,今天才发现我俩在这一问题上确实是一致大于分歧。所以在这方面,我这几年专门倡导一些学者做民间法或民间规则研究,就是讲在民间社会中寻求我所理解的,大家共识的常识、常理、常情。我认为,必须讲两种常理。一种常理是什么呢?是公理。比如说诚实信用,这在罗马法当中是个常理;在我们中国古代文化当中,大家知道,仁、义、礼、智、信,也是一个常理。我们必须要讲"信",在现代社会中,这也是一个常理。另外一个方面的常理是什么呢?那就是公序良俗,特别是对风俗的尊重。古人讲,入国问禁,入乡随俗。那么在今天呢,我们的现代民法仍然是强调这一点嘛!你要进入别人的国境进行贸易、交易,你要了解人家的交易规则、交易习惯,是吧?从这个角度来讲,我们就有了更多相同的地方。所以常理有两个方面,一种是"普遍性的放之四海而皆准的常理";另一种呢,我称为"地方性的放之四海而皆准的常理",或者"地方性的普遍性"。它的内容虽是地方性的,但在运用它的态度上、程序上却是普遍性的,是放之四海而皆准的。你到美国去要入国问禁,你到墨西哥去要入国问禁,你到巴西去也要入国问禁。因此,在态度和行为程序上应是统一的,但是墨西哥的禁、巴西的禁、美国的禁、中国的禁等则是不一样的。所以这是另一种常理常识常情。对此,我们晚上有可能还有机会交换意见,我就回应到这里。

至于这位同学提到这个问题,是如何在全球化背景下促进我们文化的发展,使我们的文化不至于萎缩,这是个大问题。谈到全球化,我对这个问题也是比较感兴趣的,我在国内几个大学,包括郑州大学、西南财经大学、临沂师范学院等,都做过一个讲题:"法律的全球化与法律的全球对话"。对于全球化,人们有一个普遍的误解,认为全球化就是同一化,就是一致化。特别是有些年轻的学者,在谈到全球化时,每每强调这个看法。有一次在苏州召开的全国法理学年会上,我对一个场次的会议发言进行了评论。那个场次共有7人发言,是一个典型的老中青三代人的发言,老的80岁左右,年轻的二十四五岁。我要针对这样一个跨度大的发言,针对7个人进行评议,确实很困难。这是题外话。最后评议的,是其中最年轻的一位,他是邓正来教授指导的一个博士生,一位非常有水平的博士生,叫王勇。但是我不同意他的看法,因为他把全球化就理解为一体化、同质化。我认为,有两种全球化:一种全球化就是某种中心主义的全球化，比如西方中心主义，或者说中国中心主义、东方中心主义等等。我把这种中心主义的全球化称为压制的全球化。另一种全球化我把它称为是对话的全球化。它是指主权国家以对话者和主体的身份参与全球化进程。事实上，哈贝马斯强调的对话理念，应当适应于这种对话的全球化。目前，在世界范围内推进的全球化，事实上就是对话的全球化。特别是在文化活动中，各国越来越重视对话的全球化。即使在经济领域中，人们也明显地感觉到发展中国家在国际合作与交往中的声音和主张。过去这些国家是唯唯诺诺，什么都不敢说，今天各个国家敢说了。敢说什么呢？敢说这个事情我们不同意，或者敢说“不”了。据说很早以前，一位日本人写过一篇文章，是说我们日本人可以说“不”，是吧？今天以我国为例，在国际交往活动当中，我们也可以说“不”了，甚至有人还为此写了本书。这种敢“不”，不仅仅是政治上说“不”，也不仅仅是经济上说“不”，甚至在文化上也开始说“不”了。我认为这是一大进步，这是民族国家主体化的标志。我们已经在保守我们的一些文化理念。这种敢说“不”，不是说我们不谦虚，而是说我们作为一个大国，要以主体的身份参与国际对话，而不是被动地、无可奈何地接受外来的压制。

这样的情形，导致东亚国家的一些学者，开始思考相关问题。我记得韩国一位法哲学教授，他曾经是韩国法哲学学会的会长，叫崔钟库，我曾请他到山东大学威海分校法学院任兼职教授。他提出了这样一个观点，说我们东亚国家在发展过程中，应设法建立并健全我们东亚的普通法体系。我觉得，这是个好主意！正好我在他给我们的学生做报告的前后，也做过一场讲座，这个讲座的题目叫做“东亚的忧思”。我是从目前东亚的分裂状况谈起，谈到东亚文化分裂的极端危险性和在地缘政治上、经济上的失策性。事实上我们俩的讲座，尽管事先没有交流、协商，但是观点上有一致之处。忧虑的问题也大体相同。怎么样在现代东亚的发展过程当中，较好地保存、发扬和光大东亚文化，包括东亚法文化？理应是我们关注的问题。当然这里边也有一个悖论，悖论是什么呢？事实上我在刚才已经提到过了。我们现在企图建立的是一种法理社会，而东亚传统文化更多的是一种礼俗文化，是一种情感型的文化。怎么样把这样一种情感性的礼俗文化带入到法理社会的框架当中，我刚才已经讲了，这是我需要向大家请教的问题，也是我向陈老师请教的问题。

陈老师他多年来致力于这个问题的探索，我也在致力于这个问题的探索，如果我们在立法活动当中，能够关注这一点，能够尽量地把我们的礼俗，把我们的地方习惯，把我们的地方规则，无论通过地方立法的方式也罢，还是通过国家统一立法的方式也罢，适当地带入法律当中，那么，尽管我们追求的是法理型模式，我们的社会建构也是从西方来的，但是我们的文化就会借法律保存在这样一种法理型社会建构的框架内。从这个角度来讲，清末以及北洋政府时期所进行的那样一种民事习惯调查，我个人认为，比今天梁慧星先生他们搞的那个物权法有可能要更深入一些。为什么呢？人家是在全国范围内做了各种民事习惯的调查，包括山东的、甘肃的、四川的、湖北的等等，它把一些作为地方习惯的交易习惯、物权习惯、家事习惯、婚姻习惯等都纳入调查范围，通过调查，做到先知已，后引进、吸收。而我们今天就基本没有做到这一点。我曾经就此直接向梁慧星先生请教并质疑过。我说现在我们在立法中没做相关工作，不太扎实，因此，立法就略嫌草率。他说：谢晖，这个时代不同了，今天是什么时代，那个时候是什么时代？那个时候我们中国被迫开放国门，现在我们都已经开放多少年了？但即使如此，物权法刚刚颁布不久，就有人发现它的缺陷了。

最近中国社会科学院孙宪忠就相关问题给我打过电话，薛宁兰也就相关问题给我打过电话。孙宪忠是我的师兄，薛宁兰是西南政法大学的硕士，我本科同学。他们分别从草原地区的物权习惯、婚姻法和家事法角度，给我打电话提出了一些问题。孙宪忠教授说：听说你主持《民间法》中有一篇文章，已经涉及内蒙古草原地区的物权习惯问题，而“物权法”恰恰忽视了这一问题，我特别想看到这篇文章。薛宁兰则跟我说：我前不久正好在你的老家甘肃天水做一个有关家事问题和婚姻问题的调查，啊呀，你们那儿有一些非常独特的家事习惯和婚姻习惯。她甚至认为有些家事习惯很好，但是我国的婚姻家庭法没有表达进去。她建议我们能不能在这方面做一些更深入的研究和切磋。各位可以听出来，在相关问题上，我们事先没有任何相互的交流，但是他们都打电话来说相关问题，他们知道我在关注相关问题。这说明，学者们已经开始注意到我国立法对自己传统关注的不够。肯定地说，我国现在的立法，和清朝时期、和民国时期的法律草案或法律相比较，对我们自身文化传统、生活方式的关注还很不够，还存在着很多的问题。我认为，这未必是推进全球化，而恰恰是一种自觉的依附化。我说这个是表明什么意思呢？我是想说：利用现代的法理框架，来关注我们固有的法文化传统，并不意味着要消灭我们的法文化传统；反而因为现代的法理框架，而无视我们的既有法文化传统，那才是非常可怕的是不可取的，甚至是不合乎法律全球化要求的。这是我要回应的一点。

你说的这个文化和自由的关系，你主要想谈的，我估计是不是当下我们怎么样才能实现言论自由的问题吧？如果是，那么，一个方面，必须得肯定这十多年来，我们在很多方面存在很多不令人满意的情形；另一方面，包括言论自由在内的许多自由，我们已经有了大大的进步了。我在这儿可以披露一个我的经历。我在西部某大学就因为所谓言论自由问题，被关到资料室接近一年，大半年的时间。那是1987年。我是1985年毕业的大学生，在学校，我和另一位年轻老师组织了一个学术论坛，面向全校学生开放讲座。这个论坛主要是请该校或者本地的一些青年学者，还有些是出差到该地来的学者，有些是当地其他院校的学者，讲一些前沿性、热点性的话题。每周举办一场，听众可以说很火的！结果有一次在我讲座的时候，正好当地人大的一位副主任（“人大”距该大学非常近），晚上没事干，到该大学来散步，他看了广告，就来听我的报告。结果听了之后，他给该大学的党委写了一封信说：你们的谢晖老师，他这样反动的讲课内容，要在我的母校××大学，早已把他轰下台了。哪能让这样的老师占领社会主义的教育阵地！这样，我的“黑材料”就被报上去了，再加上其他一些原因，我就被放在资料室整整半年多。哎呀，那时特别痛苦。为什么呢？你已经被别人打到另册去了。各位，当年我就仅仅给学生做了这样一个报告，加上其他很小的一些由头，就被打入到资料室中去了！而现在，因为这点事情我估计不会，估计不可能被这样折腾的。这说明我们国家在言论方面还是明显地进步了。

再举一个我的经历。后来，我调到南方某大学工作，有一年我就被弄得特别地垂头丧气，就因为我发表了一篇文章。在那篇文章中，我批判了斯大林，我在批判斯大林的时候，把斯大林跟希特勒写在一起了。结果我们大学党委常务副书记一声令下，让我们那个大学组织部副部长，也是学法律出身的，某著名政法大学的毕业生，写了篇一万七千字的长文批判我，然后在我们这个大学的学报上发表了（但是非常遗憾的是，据说这件事情对他在该省评职称造成了很大的影响）。他写了这篇文章之后，我就离开了该大学，我实在不能待了呀，人家党委都组织写文章批判我了，我还能待吗？惹不起，躲得起嘛！所以就调走了，到另一所大学工作去了。类似的事情，我想现在就不会发生了吧？除非“上头”点名批判。大家想想，我们忠林院长所写的文章，学者可以批驳，但官方一般不会组织批驳。这说明我们的言论自由已经大大地向前发展了一步。但是,这还很不够、很不够。不够在什么地方呢?因为没有系统的言论自由的制度保障,没有违反了言论自由的责任追加机制。我感触特别深的是,连网络上的一些文字,稍微觉得“出格”一点,“敏感”一点,就要把这些敏感词汇过滤掉,这么强大的一个政权,连这样的文字都经不起吗?让人匪夷所思!你问我究竟怎么才能实现它,我不是相关专家,但我想,第一步是要建立《新闻法》以及和新闻相关的其他言论自由的法律。现在这方面的法律,虽然有宪法的原则规定,但是,没有具体的可操作的法律。这很不够。我不知道这样回答,你满意不满意?是不是你一个人的问题我回答得时间太长了,其他人的问题就……嗯,其他同学看看还有什么问题?

学生 B……(给陈忠林教授的问题,故本书未收录)

学生 C:我看过谢老师您的博客,我知道谢老师您非常喜欢诗词和摄影,我非常敬佩谢老师您的精神风尚,那我的问题是:谢老师您在非常枯燥的法学研究中,如何协调诗情画意这样的爱好,并且提高自己?如何在学习中提高自己的能力,充实自己的学习生活?还有,您对于法硕的学生有什么样的看法呢?法硕的学生有什么样的发展前途?

谢晖:谢谢。我简要地回答一下这位同学的问题。确实我是一个爱好比较广泛但又一事无成的学者。因为我对学者这个词看得比较简单,就是学习者,因此,即使一事无成,我也称自己是学者。十四五年前,有一次我跟某位教授,现在是咱们国家某机构的负责人,谈到“学者”,那是在一次会议间隙散步时,我和他迎面相会,我给同行的一位朋友介绍时说:这是某某教授,一位真正的学者!他听我这样一介绍说:啊呀,谢晖啊,不能轻易用学者这个词哦!这是个很神圣的词。我则说,我把它看着是很世俗的词,学者,就是爱好学习、坚持学习的人嘛,不过有些学习很杰出,有些不杰出罢了。他说,你这样解释我就能够理解了。我也把我自己说成是学者,所以我在我自己的一本书的序言里所用的题目就是——《学习者,思想者》,我把自己称作是喜欢学习的人,喜欢思想的人。就这样简单。同时呢,我也确实像这位同学所说:是自小比较喜欢诗歌啊、小说啊、哲学啊这些东西。所以啊,我在考大学的时候,让我自己选择,本来是要学哲学的,或者学文学的。结果没想到,我们那一年一反常规,高考分数出来之前就报名填志愿,因而不是我自己报名,因为我们家是在一个深山沟里面,通信不便,信息不灵,所以,我高中的班主任就替我报了名了,报的是西北政法学院,结果我也被该院录取。在我上大学之前,一位老人家问我:

孩子，你学出来是干什么的？我就回答不上。对这个学法律是干什么的？我真不懂，不知道学法律将来是干什么的。那个时候就是爱好文学，爱好哲学。结果在场的大队（现在叫行政村了）党支部书记在炕上躺着，就非常蔑视地替我回答："还不是用绳绳绑人的！"什么意思呢？言下之意，就是说我将来毕业后的工作，就是用绳子绑人的！这下我对于学习法律啊，就非常的反感。结果上大学后，我第一件要做的事情就是要转专业。西北政法学院正好有哲学专业，我就想转到哲学专业去。后来我们的辅导员告诉我说，哎呀，对不起，谢晖，哲学专业只在陕西省招生，学校也不允许转专业。当时，我那个垂头丧气啊！后来，有一个人改变了我的观念，西北政法学院当时有一位副院长王陆原教授，他是位哲学教授，学校的常务副院长，他在我们开学典礼上这样讲："学习法律的同学们，你们是祖国未来的治国之才"，他这一说法，一下让我感觉到是欣欣然，那真是自豪得很呐！因此，我后来就改变了观念。当然有个痛苦的过程，我们大队的党支部书记说我是用绳绳绑人的，我们这个大学的副院长说我们是治国之才，他们都是我心目中的要人，但说法差异如此大！所以我在大学毕业多年后就写了一篇文章，收在我的一个随笔集——《象牙塔上放哨》里面，这篇文章叫《从"绳绳绑人"到"治国之才"》，大家感兴趣可以看看这篇文章。到今天为止，这种诗情仍然未解。网上有好多朋友问我，说谢老师，你怎么协调时间的？我个人觉得我的时间很充足。有的人说，谢老师，你的爱好这么广泛，天底下所有美的东西你都喜欢。我说是的，爱好美，至少可以让人远离一些蝇营狗苟、钩心斗角，可以减少一些争权夺利，所以我愿意把更多的精力放到这个地方，实现"我自逍遥我自在"的理想。你谈到我喜欢诗歌，最近正好我的第一部诗集出版了。可惜我今天带来的不够，我给咱们程老师和陈老师各送了一本。嗯，我答应，回去以后我给我们重大法学院至少寄三本过来，并且可能会在明年我还有一本长短句集出版，到时候，我再寄到我们重庆大学图书馆，好吧？这是一个问题。

你提到法硕的发展，我估计你有可能是法硕的学生，是吗？我指导过很多法硕的学生，昨天我还和法硕的学生在一起吃过饭，前天也是和法硕的学生一起吃的饭。因为对他们的论文指导啊，有时候我真还必须得加把劲。我手头这个诗集，它的装帧设计，就是我指导的一位法硕给我设计的，是一位小女孩，长得漂漂亮亮的。有一天学生选导师，她选了我作指导老师，我也接收了。我问她本科学习什么专业的，她说是学图书装帧设计的。我说，那过些天我带你到出版社去,你给我设计一本书可以吗?她愉快地答应了。去年她就给我设计了这本装帧精美的书,不知大家以为如何,至少我认为还是相当精美的。我讲这个要说明什么意思呢?法硕的学生往往是多才多艺的!法科学生本来是需要多方面的知识,才能实践法律的。仅仅靠法律知识,不可能作为一个优秀的法律家。在这方面,事实上西方一些国家已经做得相当成熟。特别是在美国,大家知道,美国的法科学生须有其他学科的训练,在其他学科训练的基础上,再来学习几年法律。我们现在的法硕教育,正好是借鉴了美国的法律教育模式。但问题是,非常遗憾,我认为很多大学对法硕的教育是不够认真的,包括我所在的法学院,在这方面做得也不是很够,没有想方设法把法硕人才的积极性发挥出来,把其潜能开发出来。我愿意听取重大法学院在这方面的一些好经验,然后在我们学院的发展中,把你们如何培养法硕的经验带回去。一言以蔽之,我认为法硕教育是特别值得我们关注的法科人才培养模式。我们需要再努力,不断努力。我不知道这样回答你满意不满意。

学生 D:谢老师,我想请教一下,您刚才谈到司法自治和司法受制的困惑的问题,那么在您看来,在我们目前的政治体制之下,您认为应通过怎样一种设计来解决这个司法制度问题?谢谢。

谢晖:谢谢你的问题。事实上,我之所以强调我和陈老师在许多方面是一致的,就是因为陈老师刚才强调在宪法基础上,我们做一些具体的解释工作,把宪法通过解释这样一个方式的转换,贯彻到我们的实践当中去。事实上,我们宪法中确实有一些和司法独立相关的规定,尽管它规定得不是很完善,还留有很多漏洞。大家知道,在宪法中,只规定了司法不受社会团体、国家机关、公民个人等的干预,但是没说不受执政党的干预,没说不受人代会的干预啊。似乎可以把政党解释为社团,但是在中国独特的政治背景下,它能被解释成社团吗?更何况还有一些人就说,中国共产党的领导权是中国最重要的权力,事实上也确实是如此,它是一种事实上的权力,学界理应重视,而不是回避。十多年前,郭道晖先生专门写文章论述党和人大的关系,但这个关系问题,到今天为止,仍然没有解决。记得 20 多年前,吴家麟教授在讲演时,在谈到“人民当家做主”时,说过这样的话(大意):既然要我当家做主,就不能你指示、我照办。否则,就是我当家,你做主了!这是一个十分形象的说法,在理解我们目前的政治体制时,确实很有帮助。至今又是几十年过去了,这个问题仍然没有解决。在这个意义上来讲,我个人觉得,要根本解决这个问题,要么承认其政治惯例，并将其认真地法治化，要么继续推进社会转型。这种转型，可以有一个基本的参照，比如韩国，它是怎么样从那样一种强人政治模式，转化到今天这样一种法治模式的？大家知道，今天，它的法院可以公开审理和总统相关的一些纠纷案件，法院可以直接裁决是不是要迁都的重大案件。我们也可以看看今天的泰国，它的法院对一些重大的社会纠纷，也能裁决，尽管最近泰国这个乱局似乎还没有提到司法程序上来。甚至我们也可以看看巴基斯坦，它是怎么通过司法裁决政治纠纷的。当然，我们更可以看看日本，它是怎么样由法院裁决政治纠纷的等等。我相信，随着中国经济的进一步发展，随着我们中国民众参与程度越来越高，特别是随着普通民众理性地参与政治活动的热情越来越高涨，中国社会的转型这一天，迟早会来的。我比较乐观的估计是在 15 年到 20 年间；比较悲观的估计是在 20 年到 30 年。我不知道大家对这个是赞同还是不赞同？至于其他具体的方案，那只能在转型过程中走一步、看一步。

学生 E：我有一个问题，至于哪个教授回答，都是对我的问题的肯定。我不知道我今天有没有理解清楚两位教授讲演的核心内涵，但我看题目是“司法的社会认同及其困境”。我现在有个简单的问题，就是比如说我们知道佛教的传播需要僧人的不断努力。但我们现在是不是存在这样一个问题，就是司法不仅社会认同上出现了问题，司法人员本身对它的认同恐怕也出现了一个问题。我们可以举两个简单的例子，第一个在重庆，要打官司，你必须跟法官沟通，我们习惯性地把它称为“勾兑”。而第二个问题就是，新的《律师法》出台以后，司法人员，尤其是检察院和公安对它的认同程度是怎么样的？可能是值得怀疑的。在这样一种司法人员本身都不认同司法的情况下，我们如何推进司法的继续前进？作为法学学者以及法律人，我们对此总是非常困惑的，我们能否起到应有的作用？法学教育在这里面应该发挥什么作用？由此联想到的一点是，法学人才的作用是什么呢？真的像谢晖老师所说的那样，是“治国之才”吗？

谢晖：谢谢这位同学尖锐的问题！你刚才讲的这个问题啊，就是我们的法官是不是认同我们现在的司法，我们的法官是不是坚持司法的社会认同这样一个理念。坦率地说，这真还不好讲，我觉得这个问题，最好还是用数字来说话，而不是根据感觉说话。那就是抽样调查数百位、上千位法官，他自己对自己裁决是怎么看的，可能才比较好说。所以呢，我还真不好回答说目前我们的法官就不认同或认同我们的司法了。只能说有些法官确实是不认同的。我就听到过有位法官说，我们判有些案件，连我们自己都感觉到不公正，我们自己也感觉没理给别人交代，但是我们也只能这样判。虽然个别法官这样说，但是我碰到的更多的法官还是说：我们是竭尽全力想让裁决尽量地符合法律，符合正义。我仅仅是通过个人私下聊天了解这些情况的，没有具体的数字，所以你这个问题尽管可能是个真命题，但是不是法官真的不关注司法的社会认同，或者法官、法律人自己也不认同司法？我真不能给你作出“真回答”。

至于说学法学的是不是治国之才，事实上，这已经在我们中国的社会进步过程中，开始显现了。特别是在我们中国城市化的发展中，更加明显。你看看上海，尽管上海最近腐败案件很多，这是另一码事，但是上海在社会治理的各个方面，对法学专家的需要和看中，越来越明显。因为都市化必然意味着精细化的法治管理。那种粗放的拍脑袋，在大都市根本行不通。既然需要法治管理，必然需要法律人才。这对一个国家而言，也是一样：既然需要实行法治，就必然得倚重法律人才，包括高层管理，要有法律人才参与。我国在有些领域有法学家出面治理，已经取得了很好的效果，例如在保密和信息公开的关系方面（举例和本书其他地方重复，故略去）。面对国家管理，一位法学家参与，和一位经济学家参与，一位工程学家参与，一位数学家参与，其视角是不一样的，但在一个法治社会，他们都必须懂得法律，懂得依法管理、依法执政。在这个意义上讲，法律是治国之道，法律或法学人才理应是治国之才。至于你说法学文凭是不是好拿？在我国，确实存在这个问题。但在我看来，这仍然是个体制缺陷的问题，不是法学学科自身的问题。我不知道你能不能从我这个回答中体会到法学人才作为治国之才，法学作为治国之学的价值？谢谢你！

第五讲

民本认同、民主认同与司法*

——在西南政法大学的讲演

时　间　2010年3月26日

地　点　西南政法大学沙平坝校区

报告人　谢晖教授

主持人　徐昕教授

评议人　蒋海松博士

　　　　　刘陶然博士

尊敬的徐老师，各位同学，各位老朋友，今天再次来到西南政法大学，感到非常自豪，非常荣幸。我在西南的讲坛上也作过多次讲座，据说在西南政法大学校友之外的学者中，我是来做讲座次数最多的之一，所以我感觉和西南政法大学特别有缘，今大我是第五次来了。

今天我跟大家讲的题目是“民本认同、民主认同与司法”。在这里，我主要讲三个问题：

---

* 本讲内容，是2010年3月26日，我应时任西南政法大学博士生导师徐昕教授的邀请，在该校所作同题学术讲演的录音整理。感谢谭承强、王秀珍、田璐三位同学做了仔细、认真的录音整理！

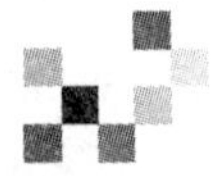

一、民本认同与司法

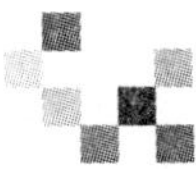

我讲的第一个问题是:关于民本认同与司法。关于民本认同,我想讲以下几点:

第一,民本认同的历史传统——民贵君轻论。大家都知道,在我国历史上,有一个著名的政治学说就是民贵君轻,它来自孟子的学说。孟子与其他人对话的时候谈到民与君的关系,他强调"民为本,社稷次之,君为轻"。这样一种政治传统在中国历史上一以贯之。古人说,当官不为民做主,不如回家卖红薯。似乎是在电影《七品芝麻官》里面那位"芝麻官"特别强调的理念吧。这种理念最典型,也最形象地回应了"为民做主"这样一个意思。共和国成立以来,我们仍然秉承着这样的一种理念,这种理念是什么呢?一言以蔽之,就是"全心全意为人民服务"。在现实政治中,似乎我们目前所大讲特讲的"全心全意为人民服务"与"民本"理念有所区别,这是自从共和国成立以来,才把它作为执政者的最高宗旨的。但是我要说,这一政治智慧,仍然来源于我国传统的民本意识,而不是民主意识——因为现代的民主政治强调的是一种契约政治。没有契约作为前提,政府即使想为人民服务,也不能服务——因为人民未必接受你的服务。"民本"这样的理念其实来自孔子的教导,这个教导大家都应该听说过:己所不欲,勿施于人。如果从相反视角看这又意味着什么呢?意味着"己所欲者,可施于人"。"全心全意为人民"的理念就是说我想做的一定让老百姓享受到,让普通公民享受到。这就是我们"全心全意为人民服务"理念的价值宗旨和历史基础。这是我和大家谈的第一个小问题,它是民本政治或民本认同的历史基础。

第二,民本认同的学术理念——生存权本位论,或者我也把它归纳为生存权本位的理念。在改革开放以来,人权理念、人权学说和人权思想逐渐为中国接受,学术界也不断在权利基础上研究人权。在人权研究上,起初学者们更多地强调的是自由权、平等权等人权,或者说是所谓"天赋人权"一类的权利。但是后来学术界渐渐出现了转型,转向另一个领域——生存权。大家都知道我国著名的法学家,曾经是中国政法大学校长、现在是山东大学校长的徐显明教授,他从日本留学回来后,和日本的一些学者相呼应,特别强调生存权,并且对生存权做了一个本体论上的论述。我个人认为，他的论述本身超越了生存权的界限，他把自由、平等等权利都纳入生存权的体系中去了，所以他特别强调生存权。他有一句名言：在整个法学大厦当中，如果权利问题是皇冠，那么人权就是皇冠上的明珠。那么在人权体系当中，更为耀眼的是什么呢？他认为就是生存权。他的这种生存权理论，后来对整个中国政府的决策影响非常大，在中国和国际社会在人权领域的国际斗争、国际博弈、国际对话当中，我们都非常强调生存权理论。生存权实际上回应了整个民本政治的核心。这个核心是什么呢？就是民生问题。所以在这个意义上讲，生存权在中国大行其道，很大程度上也是中国当下推行的民本政治的当然要件。除徐先生之外，还有一位研究人权问题的著名学者，西南政法大学的校友夏勇教授，他近年来所写的论著深入挖掘了中国传统的民本思想，并且他认为，在中国政治进程中，民本思想有着独特的价值和地位，所以他对民本问题进行了正面肯定。这说明了什么问题？说明了像徐显明、夏勇这样的一些学者，我们如果客观地关注他们的理论文本，都能发现他们对民本的认同。虽然我知道徐显明教授是赞同民主而不强调民本，但他的所作所为却表明其是赞同民本的。徐显明教授做过我多年的领导，作为领导，他的基本使命是什么呢？就是能够尽量使其下面的每一个人都能得到心理和利益的满足，他在实践中也是这么争取做的。我认为，他自己的所作所为和他自己坚持追求的民主理念多少是有点冲突的。所以，从他的行为实践出发看，他是主张和践行民本理论的。夏勇教授现在是国家保密局局长，他的论述不仅仅是一种学术理念，在一定程度上已经在政坛发挥着作用。大家都知道，自从夏勇教授做国家保密局长以来，中国媒体上关于社会热点事件的报道越来越多了。据说这是因为他上任以后就划清了哪些东西可以保密，哪些东西不用保密的基本界限。例如，凡是死亡人数达到一定数字以上的事件必须报道。在他上任以前，并非这些事件不存在，只是没有报道而已，但是自从有了夏勇任职以来的相关“规定”（我们权且称为“夏勇规定”）以后，这样的事情就越来越多地被报道出来。我觉得，这也反映的是一种具有民本意义的理念。这是我所说的作为一个贯彻民本理念的学者在法律上的回应，在人们社会生活当中的回应。这是我们谈的第二个问题，也就是“民本”在中国有了学术理念上的支撑，这样的支撑就是以生存权为本位的权利理念的支撑。

第三，民本认同的社会支撑——乡土社会。尽管我们中国在改革开放以来，城市化进程大踏步地向前发展了。中国统计部门的结论是我们中国大概有45%到46%左右的城市人口。尽管这是一个辉煌的数字，但全球城市化人口的数字是50%多，接近60%，这样看来，我们在城市化方面仍然相差很远，西方普遍的情况则是80%以上。在这样的背景下，我们可以说中国仍然是一个乡土社会，就和费孝通先生当年所观察到的一样。今天的中国尽管变化巨大，但乡村社会的那些情结、那些传统、那些生活方式照样存在。不仅仅如此，即使已经都市化的中国，人们在行为上、理念上、社会交往方式上仍然保持了中国乡土社会固有的传统，我们是不是可以把它称为“都市化乡村”呢？前两天我到成都，看到成都有一个著名的口号，说要把成都建设成“国际田园化城市”。我看了之后很有感触，如果从生态上来说，田园化城市的提出是一个美妙的概念和理想，但如果从文化角度来说，我个人觉得中国所有的城市基本都是田园化、乡土化城市。你看看北京，尽管都市化程度很高，我在那待了已经一年多，但是和东京、伦敦、纽约相比，就是一个非常田园化、乡土化的城市，都市乡土气息非常浓，那种哈贝马斯意义上的人与人的交往方式很罕见。我们仍然处在非常独特的熟人体系当中，我们的交往方式是固有的熟人交往方式。我们不像日本人那样在餐桌上实行AA制，我们实行的是谁请客谁掏钱。有一次我在北京的一个酒场上不知道深浅，自己带了几瓶好酒，外地的客人来了，我说：今天我请大家到一个好馆子吃饭，没想到这一顿饭就砸进去了6500元，后来我发现自己没有带这么多钱，这下把我搞得狼狈不堪，怎么办呢？我只能打电话给同事赶快把钱送过来。我们没有那种AA制的传统，我们不会说“朋友来了，你一份子我一份子地付饭钱”。可能你们这一代还好，我们这一代都拉不下面子这样做。这说明，即使我们有了都市化的一些发展，但是我们的都市结构，特别是在都市的文化形态和心理结构上，仍然是很田园、很传统、很乡土的，仍然是中国式的。这是我讲的我们选择民本认同，而不是民主认同的根本因由，这就是乡土社会。那为什么说我们的乡土社会追求的必然是民本认同呢？大家或许知道，在中国古典社会中，乡民有一个最基本的追求，这个追求是与中国古典的社会结构相关的。即使一个人没有一定的土地，但靠农业吃饭的人们一定要依附于土地主。农民自己的土地权利在法律上的保障不太健全，所以其财产方式也是不完全的。在这样的背景之下，农民对地主的依从理所当然。中国古人讲：国者，家之本也。国家不过是家庭的放大。这和这种土地依附关系具有紧密关联。农民对地主的土地依附方式，再加之家庭成员对家长的依附关系，成为我们建国的重要的伦理基础，它是我们立国的基础啊！直到今天，我们还在寻求一种道义，这种道义是什么呢？就是政府为人民全心全意服务，人民就必须对政府感恩戴德，所以我们在结果上寻求的是感恩政治，而不是契约政治。当然，按照我的学生桑本谦的分析框架，感恩或许也是一种契约。是什么样的契约呢？它是一种弱的契约，即我帮你服务，你得感恩一下，让我得到心理上的满足。尽管这不是一种社会契约论意义上的契约，但也是一种弱契约。如果人们对契约是这样理解的话，就另当别论。但是严格来说，我不把我们国家的这种政治模式叫做契约政治，它依然是一种身份政治。

第四，民本认同的政策表达——民以食为天。我认为，这种政策表达的核心就是以民生作为主导。自古以来，中国传统当中对民生问题看作是“重于天”的事情，所以“民以食为天”就理所当然。“民以食为天”意味着什么？意味着政府必须解决民生这个最基本的问题，就是政府要想方设法解决人们的吃、穿、住、行、用。在历史上，开明的皇帝首先解决的是老百姓的温饱问题。在理念上也有这样的传统，“民可使由之，不可使知之”。“由之”的前提是什么呢？是温饱。没有解决温饱，民不可由之，不可能由之。这样持之以恒，这种关注民生的传统就一直延续到今天。如今，人们依然是按照民生的标准来衡量政府好坏的，而不是用契约的标准来衡量。是看政府是否把民生安排妥当，而不是看政府如何消极地尊重公民的自由。我寒假回到老家，我们老家由于前年受汶川地震的影响，房屋裂缝很厉害，有些成了危房，个别房屋倒塌了。凡是成为危房的，政府号召并鼓励村民建新房，每家人只要建新房，都可以得到国家统一支持的 2 万元的补助。去年我二哥的家，政府补了一点，我补了一点，他自己也贴进了一点，建起了一排大砖房。现在这个村庄里很多人都建起了砖房。大家坐一块聊天的时候，有人就这样讲：想一想历朝历代有哪个政府，百姓自己建房子，政府还帮他们掏钱的？谁说的这话呢？是我的一位亲人。他原先是县里某部门的负责人，他说这话的时候很恳切、很真挚，饱含了感情。政府能够这样做，他心里觉得很满意。但是他的头脑也很清醒。他认为政府这样做有各方面的理由，这样做既使人民得到了满足，又通过这些做法刺激了投资与消费。他算了一笔账，政府掏 2 万元，家庭至少要从银行取出来 2 万元到 4 万元，如果农民自己不掏钱，房子是建不起来的，所以政府也是有自己的算计的。他虽然是一个乡村的干部，但是他分析问题也同样很深刻。我们的政府通过这些做法，以满足人民的温饱来赢得民心，反过来，国民对政府的评价也是如此。我们对周恩来总理的评价很高，原因是他心中装着百姓的疾苦，我们对现任总理温家宝先生评价甚高，也是因为他心中时刻记挂着群众的温饱问题。在这样的背景之下，人民的温饱需求，形成了人民对好人政府的追求。人们忘记了追求一个明智政府，而一味地追求好人政府，好人政府的追求就是追求政府能否直接给人们带来实惠。这种追求有没有道理呢？至少目前在我们的国情下，我觉得有一定道理。再比如农业税减免问题、最近的农民医保问题，这两个方面的改革实际上给农村地区带来很大的便利和影响。我前几年回家乡去，说老实话，农民谈论最多的问题就是看不起病的事情，如果生病了，说得不好听一点，就是等死，尤其是那些得了重病的人。现在我的家乡那么偏僻的一个地区，这个问题已经得到了大大的改善，大大地往前发展了，所以农民基本上能看得起病了。这两年回家，农民经常谈论医保问题，很少谈治不起病的问题。也就是说，通过医保，农民基本上能治得起病了。在一定程度上说，这就是使得"民以食为天"的民本安排赢得了民心。还有一个是关于农业税的问题，现在国家全面减免税收，减免我们所谓的地租。当然，官员们对这样的减免也有不同的看法，比如，某市的一位副市长就亲口跟我说：农业税全部减免导致了很大的问题，政府和农民的关系纽带没有了。因为在现代法治国家，政府与农民的联系纽带就是税收，政府与公民最基本的联系纽带就是税收，当没有税收的时候，农民就只能各行其是，陷入一盘散沙。只有当他们有事时才想起政府，而政府却不能，也没有根据主动找农民。这位副市长认为，这是个很大的问题。他说农业税可以少收一点，但是不能减免，哪怕是政府返还给农民的费用比农业税收入更多一点，也不能免掉农业税。我认为他说的有一定道理，所以前不久我专门把这段对话记录下来，发在某个博客上。我认为，诚如这位副市长所言，农民与政府最基本的联系纽带确实是农业税，在任何一个国家都是如此，在现代的法治国家更是如此。不仅仅和农民，和所有公民的联系纽带都是如此。但是在目前，就我们中国的政策取向和具体做法而言，我认为政府仍然是站在一个好人政府或者是民本政府的立场上做这些决定的，这是对共和国成立以来，国家长期对农民无偿征收或者说是长期不公正的掠夺农民的一种补偿性措施。我出生在农家，这个情况多少了解一些。这或许是一个题外话，但也说明了在我们目前的政策安排下，我们在政策取向上，贯彻的是典型的"民以食为天"的民本政策，而不是由公民自我做主的民主政策。

第五，我想讲的是民本认同的司法回应——和谐司法。大家可以看出，在这样一种民本的理念下，我们中国的司法回应也明显地在做一种民本的司法回应。这种民本的司法回应表现为什么呢？就是我们现在特别强调的民意司法或者司法民主，以及能动司法、和谐司法等等。前年新任的最高人民法院院长，在执政党总书记讲话精神的鼓舞之下，特别倡导“三个至上”的司法口号，强调“能动司法”的司法口号，强调“和谐司法”的司法口号。司法要贯彻“三个至上”，要坚持“能动司法”，要实现“和谐司法”，要为大局服务，为群众服务。尽管在不少法学者看来，“三个至上”等口号并不是一个逻辑自洽的口号，甚至是一个非常糟糕的口号，但是假如就这个主题在网上进行辩论，相信很多人还会很认同这样一些口号，认为国家必须强调以民意为主，必须强调民主司法，甚至认为在司法中民主应当高于法律，民主应当超越法律、超越规范。其实，这种思想在网上相当普遍，乃至一些政治学、社会学、法学知识分子同样持这样的观点。可见，持这种观点的人绝非少数人、个别人。在很多有争议的个案当中，比如著名的邓玉娇案、周正龙华南虎案、南京彭宇案、上海杨佳案、广东许霆案以及由许霆案延伸到的云南“许霆案”等等，司法在很大程度上都受到网络民意或大或小的影响。这次在我们重庆发生的一系列重要案件，也在一定程度上显示出网络民意或者民意司法理念的强大影响。那么这种司法理念来自什么地方？我认为，它的政治基础就是民本政治。除了这些理念以外，我国推行的其他一些司法举措也在这个问题上有所反映。如我们实行的“大调解”机制，强调纠纷解决的调解优先等等就是。大家知道，调解在西方国家也大量且广泛地存在，特别是美国的 ADR 在民事纠纷的处理中扮演着重要的角色。我到美国德州一个基层法院了解到，他们法院的民事案件的 61％到 64％都通过 ADR 机制解决。但尽管如此，他们的 ADR 解决机制与我们目前强调的司法调解有很大的不同，感兴趣的同学可以做一个比较研究。在我看来，从根本上说，大调解机制、强调优先调解的政策、和谐司法模式、能动司法等等，仍然来自于我讲的主题——民本政治，或者是司法对民本政治的一种回应。所以我们可以说，民本政治的理念，影响着中国国家行为的各个方面，不仅仅体现在执政党的政策方面、行政机关的行政层面，而且也体现在司法层面。尤其最近几年在司法中所贯彻的压根儿就是民本理念，而不是民主理念。这是我今天和大家交流的第一个大问题。

二、民主政治与司法

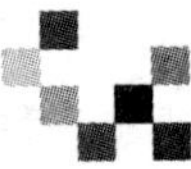

我们是不是仍然按照前面的思路，先看看民主认同的历史基础问题，这一基础是舶来文化。大家知道，在中国，民主认同不是我们中国固有的，而是一种舶来文化。在中国传统当中，民本精神相当悠久，而民主精神仅仅是近代的产物。历史上虽然曾经有过民主意识的萌芽，据说中国最早的农民起义领袖陈胜就提出过这样的口号："王侯将相，宁有种乎？"这样的理念，如果能不断发扬光大，可能会渐渐萌生出民主的萌芽来，就是人们会在理念上认为你能够做皇帝，我也可以做皇帝，皇帝未必是天生的，未必有什么真龙天子。今天反思起来，如果当时有更多的知识分子来研究和论证这个问题，紧抓着它不放，可能中国真会产生某种民主的理论，可惜到后来连农民起义的领袖都不强调这一点了，领袖强调的是怎样布施于民。天下多男女，无人不均平。于是，"均平"的恩赐思想、包办服务理念替代了陈胜当年提出的可能迈向民主的思想。民主的意思就是国家大事由所有参加其中的选民说了算，这样的理念，完全可以说在古典中国的历史上是没有的。只是近代以来，才由西方东渐至中国。这样一种舶来品对近代中国历史产生了重大影响，至今仍然是我们的美好追求。中国在民国时期，就强调中华民国，意思是由国民来执掌国家；共和国成立以来，我们称为中华人民共和国。有人说中华人民共和国与中华民国没有什么区别，只是中华人民共和国的称呼在名称上繁杂了一点点。确实，这两个国名在名称上并没有什么本质的区别，只是在共和这个意义上，后者似乎更强调一种理念：我们必须追求民主。民国时期孙中山采取训政、军政和宪政的理念，最后到他去世之前一直没有实现所谓的宪政，他一直处在军政阶段。蒋介石是一生搞军政和训政的，最后等到去台湾前不久搞了一个宪政，可惜在大陆已经是来不及搞了。在台湾地区，他也没有完全厉行宪政，直到其后通过第二代、第三代政治领袖和民众的努力，才真正实行了宪政。所以，尽管我们在理念上通过舶来文化接受了民主这个概念，但是仍然没有形成真正的民主认同。政府没认同它，我们的国民也未必全部认同它——这说明，民主认同在我国的历史基础还相当脆弱。

紧接着我想讲第二点，民主认同的主体基础——精英追求。迄今为止，中国的民主追求仍然是一种精英追求。记得前年，中共中央文献研究室一位著名的学者俞可平写了一篇好文章，叫《民主是个好东西》。当然，对于在座的各位精英们来讲，可能感觉很可笑，大家都知道民主是个好东西，至少民国以来到今天为止，稍有点知识的人都是这样认为的，即在当代知识分子的笔下谁都会强调民主是个好东西。既然如此，那么大家或许就会问，你俞可平干吗今天才写这个文章？在我看来，俞可平毕竟是工作在中共中央领导身边的人，他的文章可能不仅是一种个人观点，而且是一种政治导向，或者释放了一种政治信号。他的文章一经发表就引起了海内外舆论的广泛关注。最近他还写了一篇文章影响也颇大，讲依法治国的关键是什么呢？是依法治党。其实，对此我在12年前的《价值重建和规范选择》这本书当中就已提出这样的命题，但是没有什么影响。但现在人家提出这一点，影响就很大，这说明他独特的身份和地位以及所选择的时机，使其文章影响更大。我要讲的是，由此可以看出：到今天为止，作为一介知识分子，认为一个国家对民主的追求，乃是理所当然的。世界已经进化到这样一个地步了，国民的主体意识已达到这样一种程度，如果一个国家还不实行民主，还要搞民本，还要搞恩赐政治，国民可能不会痛快地接受。有些人可能会接受，但相当一部分国民就不会接受了。因此，对于精英们而言，民主似乎是当世一种当然的为政理念。但是，对于普通国民而言，民主就未必是一个普遍被接受的理念。我个人认为，今天中国的民主追求，仍然主要是一种精英理念，是知识者的理念，它还没有涵盖为所有国民的追求。当然，这也仅仅是我通过在房子里看书和有限的社会交往而得出的结论。即使这一结论大致不差，我还没有完整的、足够的数字来说明它。如果在座的各位对这一话题感兴趣，不妨做一些量化的比较研究。这是我要讲的第二个问题。

下面我要谈的第三个问题是民主认同在当下的理念分裂——程序抑或自由？民主认同的理念经常表现在两个方面：一方面有人把它看成是一种程序，因此秉持程序民主的理念；另一方面又有人把它看成是表达自由。只要能自由地表达，哪怕是混乱的、不讲程序的，也是民主的。这两个方面，如果处理好了，当然不是水火不容的。我个人认为：当下中国在民主认同的人士中就在这两个方面出现了非常大的分裂，表现在两点：第一点就是相当一部分人认为民主就是自由表达，只要我能自由表达了，不论我表达什么，如何表达，就是民主，只要人们有自由表达就意味着有民主，不管表达是否根据程序来。那这种自由理念够不够呢？我认为不但不够，而且过分使用，可能走向民主的反面。

"大民主"时代的教训应当被我们所记取。而另一部分学者,特别是法律学者和一些政治学者,更强调民主政治归根结底是一种程序政治,在民主政治当中一定要贯彻程序至上。不论立法、行政还是司法,乃至国民与政府的日常交往,都一定要坚持程序至上。比如,在国民与政府的关系当中,政府应当"非请勿入",国家法律特别规定的例外。不妨举一个例证:济南的洗浴业似乎和重庆的一样发达,有一次我应开按摩房的一位朋友的邀请,到他的按摩房按摩脚,其间有一个警察穿着警装到我按摩脚的地方来指指点点。朋友就问:"您是来做什么的呢?"他说:"就是看看,检查一下。"朋友又说:"有这样检查的吗?你能不能出示一下证件?"他说:"为什么要跟你出示证件?"这说明,在行政管理当中,我国一般不太讲究程序。当程序被人们普遍蔑视的时候,所谓的民主也就是不可能的。当大家只顾自由表达意见,而都把程序置之度外的时候,我们所谓的民主就荡然无存了。中国的学术会议在 20 世纪 90 年代以前,往往有这样的一类情形:假如我们尊敬的徐昕教授正在发言,又假如我是一位老先生,我就会倚老卖老地说:"小伙子你先等等,我要打断你的话一下。"结果我一打断徐老师的话,自己一讲就是半个小时甚至更长。这样,主发言人就在那不知所措,不知道该怎么办。再把老先生的话打断吧,总不好意思,不打断吧,又实在令人忍无可忍。我就曾经对一位老先生在学术会议上无视程序的发言毫不客气地打断过。当时会议规定每人发言十分钟,而重庆地区一位老先生一发言就是 48 分钟,湖北地区的一位老先生一发言就是 42 分钟,我实在忍无可忍就打断了。我直接向主席说:"主席先生,我们的发言时间有没有限制?能不能不要把教科书上我们给学生经常讲的东西在这里谈?因为我们花费了单位这么多的钱,我们想听一些更新颖的观点。至于平常我们都跟学生讲的内容就最好不要在这讲了,行吗?"会后那两位老先生可能都不太开心,据说他俩互相对对方说:"谢晖那小伙是针对你说的。"这是 1994 年发生的事情,从此我在法学界就留下了一个恶名,直到现在。你们付校长上次碰到北京理工大学法学院的工作人员时还拿此开玩笑说:"你们谢晖了不得啊。"他所讲的"了不得",就是指这个故事。在学术会议的这种无序中,我们明显可以看出一点:我们还缺少程序交往的基本训练和规范,所以我们的民主最后弄不好就成为吵架,这种吵架不是程序性地吵而是乱吵,结果是谁也不知道说了些啥。所以,如果没有真正的程序民主,就不可能有真正的自由表达。正因如此,我认为目前强调自由表达论与强调程序民主论的。这两种观点已经明显地出现了分裂，如果不能弥合这种分裂，民主政治也就殊难被技术化、可操作化。一言以蔽之，真正能表达民主政治的自然是程序民主，自由表达只有被置入程序中才是有效的、合法的，所以我反对抛开程序的乱骂和“自由”表达。这是我要讲的第三点。

我要讲的第四点，是民主认同的政策性缺失——执政党至上。大家知道，这是一个非常严肃的话题，以致谈起来别人会觉得这是个会招致危险的话题。但是，我们如果想真正地讲民主、真正地讲法治、真正地想推进程序化的民主，就必须谈及这样一个问题。可以说，至今为止，中华民族追求民主的历史起码有100多年了，但在民主制度的追求中，有一个问题是绕不过去的，那就是政党政治。政党政治是现代政治的一个重要方面，但如何推进政党政治，却是一个必须在法治范围内考量的问题。没有法治，就没有真正的政党政治。大家也知道，在我国，从民国以来到今天为止，都一直奉行一党政治或者变相的一党政治。民国时期有些人为了论证国民党一党统治的合法性，甚至提出司法应该党化的观点。民国时期著名的司法官居正就强调司法党化问题，他曾对司法党化问题进行过深入论证，当时为此还形成了一次学术争鸣。对此，我在《价值重建与规范选择》这本书中曾明确提出：必须制定政党活动法、政党登记法、政党组织法、政党行为法和政党程序法等相关法律。后来我在《法治讲演录》(下卷)中也专门讲了一章，主要提出：政党必须法治化，否则法治化本身是无望的。可惜，这本书至今还没有出版。这是我讲的第四点。

我讲的第五点，是民主认同与司法悖论——民主与精英。这个悖论就是司法的剧场效应与民主认同的悖论。大家都知道民主认同是选民说了算，但是现在越是民治国家的司法，越是强调司法精英主义和职业主义。只有精英者和职业者才能充当司法者，司法不强调更多选民的参与，尽管陪审团制度在一定意义上可以缓解这个问题，但是它没有从根本上解决精英司法与民主认同的悖论关系。也有人主张，如果在司法上要真正搞民主，我们就要搞人民审判，但是我们知道，“文化大革命”时期的人民公审、群众专政等给这个国家带来了多么大的灾难！希腊时期类似的人民审判也给希腊历史添上了具有悲情的一页。所以，从这个意义上讲，民主认同与剧场式司法之间正好存在着某种悖论。这或许也正是我国公民普遍对目前的司法不满的一个重要原因。精英化和职业化要求我们的司法机关要像美国、德国、法国的司法机关那样有权威、有地位，哪怕一例司法导致了全国性的暴乱，例如像美国20世纪90年代，因为白人警察涉嫌打黑人,但警察被判无罪从而导致黑人血洗洛杉矶,其后果不仅仅波及加州,而且波及全美,但是美国法院终审的结果仍然维持上诉审的判决。但我们知道,这在中国是不可能发生的事情,我们的国民、我们的执政者,都绝对不会接受这样的司法结果,但是美国人就接受了,那些参与暴动的黑人也接受了,司法的权威在这里也就表现无遗。但在我们这里,能不能做到这一点?我想放长时段不是不能,但在体制不变的前提下,它或许只能是一种遥远的理想。事实也证明了这一点。(此处举例和后文内容重复,故略去)1997年6月5日的《南方周末》报道了一例发生在河南的经济案件,大家感兴趣可以查阅看看。为什么发生在我国的这例案件,在最高人民法院已经裁决了的情形下,当事人还闹,还不执行,判决还是一张白纸?而发生在美国的前述案件,哪怕引起了全国性的黑人暴动,最终裁判一结束,就立马能案结事了?这或许突显了我国民众的民主意识和司法追求与美国公民的民主意识和司法追求之间的巨大差别。美国的民主就是程序化民主,就是强调程序。而我们的民主政治,却并不强调程序的民主,即便程序结束,只要有人"民主地闹",就会获得"小闹小解决,大闹大解决,不闹不解决,一闹就解决"的效果。可见,我国整个民主追求和民主认同之间产生了多么大的分裂!尤其当一起案件引发了激烈的社会矛盾和冲突的时候,谁都想把矛头指向法院。所以,在这个意义上讲,法院真可谓是左支右绌。我认为,为难不仅仅是因为我们的司法体制本身,更是因为我们今天的政治选择——一种民本政治,而不是民主政治的政治选择。所以我国司法今天的困境,或许恰恰就在于这两种认同——无论民本认同,还是民主认同,都不认同现在的司法。如此这般,我们的司法就不可能真正树立起权威,就只能在这种那种迎合之间来回摇摆,最后司法不堪重负,司法也不能称其为司法。所以,如何解决民主认同与精英司法、司法职业化之间的复杂、微妙的关系,仍然需要充分展示、发扬我们独特的政治智慧宪政技术。这是我今天和大家交流的第二个大问题。

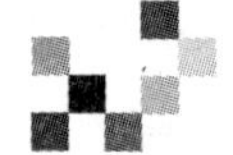

三、政治认同、司法政策分裂及其对策

最后,我今天要和大家交流的第三个大问题是:政治认同的分裂与中国司法政策的分裂及其对策,我想具体讲如下三点:

第一点是政治认同的分裂问题。通过以上论述可以看出，民本认同与民主认同这两种政治理念在我国的分裂十分明显，即便向来能秉持独立见解的知识分子，在现行体制下，在现行多元的意见氛围中，在当下分裂的政治认同选择中，都会受到很多不同表达意见的深刻影响，从而知识分子内部的政治认同分裂现象也严重地存在，这自然也包括法律知识分子在内。知识分子内部的政治认同分裂，更进一步地导致或加剧了社会主体政治认同的分裂，从而政治认同的分裂更趋于严重。如果把这种认同分裂限定在民主政治、程序民主的前提之下，则分裂就分裂了，也并没有什么。在民治国家，政治认同的分裂经常存在，但并没什么大不了的。可问题是我们没有真正的民主，因而还谈不上程序民主。在这样的情形下，政治认同的分裂，就可能会引起巨大的社会震荡和激烈的社会冲突。所以，我觉得目前我国的这两种政治认同的分裂，如果不寻求一种解决出路，可能会存在严重的问题。那么，这种出路又是什么呢？我认为应该建立在认真对话的基础上。而认真对话的前提应该是建立一套程序政治或者是契约政治，这个问题我待会再谈。

第二点是司法政策的分裂问题。大家知道，在肖扬担任最高人民法院院长时与王胜俊担任最高人民法院院长时，我国的司法政策呈现出大体不同的两种面貌，尽管在现行的司法当中，两任院长的具体做法不可避免地有继承和关联之处，但两任院长的司法理念明显地有所不同，却也是一个不争的事实。肖扬院长倾向于学习西方的司法理念，以司法独立作为司法改革的基本方向，包括在法槌、法袍、出庭方式、诉讼方式的改革方面等等都学习和借鉴了西方的司法经验。当时很多地方的司法经验，也突显了与西方司法理念的相似，比如山东青岛的经验等。但是，自从王胜俊院长上任以来，情形就发生了很大的转变，“三个依据”、“三个至上”、“服务大局”、“能动司法”等等，都突显了这种转变。还有，从他上任以来，各个地方也出现了相关的一系列经验，如山东东营经验、陕西“八四能动司法模式”、河南经验、江苏泰州经验等等。这些经验当中有没有有价值的、有道理的地方？我以为，毫无疑问是有的。我曾经观察了山东东营经验很久，非常熟悉，它确实有一定的道理。但这些经验是否符合我们司法的发展方向？或者说我们能不能、怎么样把这些经验规制在法律之下？这是我们需要进一步探讨和研究的问题。总的来说，这些经验与当年肖扬院长在任期间推广的经验，在内容上有明显的不同。我个人认为，这种不同，恰恰是因为两种政治认同的不同所导致的，政治认同的分裂导致了法律理念和司法观念的变迁。如何评价这种变迁？这样的变迁究竟是有害无益的，还是有益无害的，抑或利弊各半的？这需要我们再探讨。但无论如何，我认为法律变迁不应当是政治行为的应声虫，反而应当是政治行为的规范者。否则，期待司法的权威，只能是游谈无根。

第三点我谈一下契约政治与两种认同的分裂救济。大家知道，近代思想史上，法国产生了一位伟大的学者，他认真论证了著名的社会契约论。从思想史上看，社会契约论很早就有古希腊学者的深入阐述，大家可以看一看马克思的博士论文以及他写博士论文时所作的笔记，就知道伊壁鸠鲁对契约论的贡献，就可以知道社会契约论来自久远的希腊传统。当然，还有些学者认为契约理论不是来自古希腊，而是来自波斯的一位商人，这位波斯商人对社会契约理论进行了发生意义上的论述，但是我不知道这位波斯商人是在什么地方论证这一观点的。这个研究结论登载的相关报刊我一时也找不着了。其实，不仅在西方，中国古代也有类似契约的理念，比如说民为水，君为舟；再如"君之视臣如手足，则臣视君如腹心；君之视臣如犬马，则臣视君如国人；君之视臣如土芥，则臣视君如寇仇"等古人的论述里面就有接近契约的理念。从这种意义上讲，契约理念在中国也相当久远。不仅理念久远，而且实践也非常发达。北京大学的著名学者、山东日照人张传玺教授在研究我国古代契约的时候，就总结了周朝时候两种不同类型的契约：一种叫万民约，即由民众之间直接达成的契约；另一种叫邦国约，是由中央天子与各封国之间，以及各封国相互之间达成的契约。我看后觉得后者类似于欧盟宪章以及国与国之间的条约吧？他对这两种契约进行了非常深入的论证（说个题外话：我们学习法学的要好好向史学家学习，史学家研究的内容之丰富、资料之深刻、见解之到位，法学家往往远远不及）。可见，契约理念不仅在西方有，如果认真挖掘的话，也许我们中国也有。但是把政治问题，尤其最高执政者的政治活动纳入契约范畴，至少在今天，我们在制度上是没有的，我们还没有以宪法和法律为契约根据，建立选民与政府之间、选民和执政党之间的契约性关系。所以这就导致我们前述的两种认同可能只能处于一种相互封闭、无以对话和交流的状态。更不可能在契约的基础上达成一种协调，所以我们的政治呈现的不是东风压倒西风，就是西风压倒东风，而没有呈现出不同的政治主张间相互妥协、相互让步的那种状态。

我认为，这种契约制度和理念的缺位，或许恰恰是如今我国一代法律人、法学学者、政治家、政治学者能够充分展示，发挥其智慧的地方。那么，国民与政府建立契约的根据是什么？我认为就是宪法和法律；建立契约的连接点又是什么？我认为就是税，就是以税收为基础，以公民是否纳税作为这样一种契约的微观基础。如果你给政府纳税，那么，政府就给你服务，如果你不给政府纳税，哪怕政府是人民政府，也不应当为你服务。这种理念，就完全不像我们政府倡导的全心全意为人民服务的理念。因后一理念分不清政府或法院哪些应做和能做，哪些不应做和不能做，结果可能是应做的和能做的反倒没做，而不应做和不能做的反而做了——这里面就没有一种最基本的法律意识和契约意识。关于政府的相关做法我就不说了，我举一个法院的例子。某省海边小镇有一个法庭，这个法庭的负责人我也很熟悉，是某政法学院毕业的一位学生，脸被海风、阳光影响得很黑，但精力充沛、非常能干。不过其所在的法院当年与当地的不少渔业企业签订了一份合同，合同里面有一个口号性的内容：有困难，找法院。结果中央四套把这个经验当作宝贝向全球报道。我看到后就曾向这位法官说，“这里面可能有问题，你与当地的企业签订这样的协议，建立了这么好的协作关系，倘若我是广东的一个企业，要和你们当地的企业合作，当合作中发生了矛盾时，还敢到你那里打官司吗？你和你们那边的企业都是铁哥们，我还敢信任你吗，你能否保障你对我的服务与对你们当地企业的服务一个样吗……”老实说，像这个法院的做法，我认为就是典型的把不能做的事情也做了，也可能应做的、能做的事未必就做得好。这说明我们基本缺乏契约政治的理念，缺乏一种契约政治。这就直接影响了我们的司法，最后结果是虽然花样不断翻新的司法经验可以说是纷纷扬扬，全国各地到处开花，但真正能够长久地对中国司法起支撑作用的经验却非常罕见。原因仍然是我们缺乏整个国家制度意义上的契约理念。所以如果要真正解决两种政治认同的分裂及其对司法的影响，就应当建立以契约为基础，以程序为核心的制度体系，否则，我们的司法只能贫乏地因应政治，而不能创造性地作用于政治。

好，今天我就讲到这里，非常感谢大家来听我的讲座！

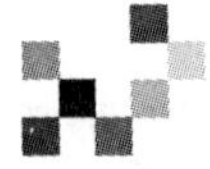

评议与互动①

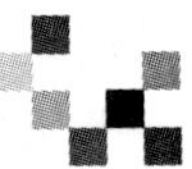

徐昕:刚刚谢晖教授给我们作了一个很好的讲座。谢老师讲了民本认同、民主认同和司法的基本原理和相互关系,指出了两者之间的一种分裂以及通过契约性的政治、程序性的改造来解决问题的一种方案。我个人深受启发,谢老师有批判精神、自由思想,所以我是一直很佩服他的。我们司法学术沙龙也一直是秉承批判的精神、自由之思想。当然,也总是有一些需要讨论的问题,我觉得可以讨论的问题很多,我就讲三个问题,并向谢老师请教。

一是我感觉谢老师表达了一种民本、民主甚至更广泛的中西二元的对立,那么在这样一种对立的解释过程当中,是不是可能存在一种内在的紧张?比如他讲到民本认同的时候,国家怎么关心老百姓、怎么爱抚老百姓。我们看到西方契约性社会,他们也是有非常多的国家在追求福利型社会,也非常关心民生。我们也可以思考,民本或者民生真的只是专属于乡土社会的一种特质吗?还是说它是一切文明的要求?或者我们可以想一想相对来说已经变形的一种理论,生产力与生产关系、经济基础与上层建筑,是不是经济基础发展得很快,一国的经济实力很强就能给百姓更大的爱抚、关心?

第二点我想请教的是,谢老师讲到民本认同的时候,其中讲到一个与司法关联的东西,就是民意司法,民主认同就容易产生一种民意司法,到后来谈到民主认同的时候,也涉及司法民主的问题。那么我们也可以追问,这样一种民意司法、民主司法的"民主"究竟来源于哪里?它是来源于一种民本的认同吗?我的一个理解,就是一切的司法形态或多或少有一些民主的因素,最典型的是陪审制,其实就如刚刚谢老师所说,这与民本认同有很大隔阂。

第三点我想请教的就是关于司法政策问题。的确,中国近几年的司法政策发生了比较大的转向,我是对这样一种转向批评得非常激烈的,甚至我在《中国司法改革年度报告》里面公开批评了陕西陇县的八四模式,这样一种转向到底是多大意义上的转向?是不是一种根本转向,是不是肖扬任院长时就是一种民主认同,而王胜俊任院长时就是一种民本认同的体现?我想这样一

① 因本书篇幅的原因,评议人的评议略去。

种转向是存在的，但是本质上差别也不是特别大，这是我想请教的第三个问题。

现在我们有请两位评论人，一位是蒋海松，他对谢老师仰慕已久，今天也是特意把他叫过来的。另一位是刘陶然。二位评论人评议完后，谢老师再回应一下，最后跟大家再交流。

……（评议人的评议略去）。

谢晖：非常感谢徐老师、陶然以及海松的点评。特别是陶然的点评秉持西政批判为主的学术风范，我感觉谈得很深入。徐老师提出了三个问题，第一个问题：怎样理解西方的福利政策，它是不是贯彻了一种民本思想？本来我做了准备，在这里讲一下民本与民主可能的沟通因素，但是鉴于时间关系没有展开。我认为，两者肯定是有可沟通的方面。第二个问题：民意司法是不是就反应了民本精神？我认为民意司法不过是从“胡教导”向“王教导”转化的表达。“胡教导”所言明的内容，本身就基于一种民本精神。第三个问题是：民本认同与司法的关系。我个人认为，在方才讲的过程中我已经表达清楚了，我坚持我的观点，当然，徐老师照例可以坚持他的观点。陶然讲的很多问题也很好，对我的帮助也很大。但是他讲的第一个问题，说民本问题在中国政治思想史上是一种正话反说，这的确有可能。但是我还是认为，学者们在其所处的那个时代，在给当权者进行点拨的时候，或许表达的就是自己的真诚主张，它也显示了其自身的主体精神，在一定程度上发挥了我们这个时代很匮乏，甚至往往不具有的主体精神和主体意识。这就是我对主持人和评论人要回应的。谢谢！

提问一：是不是政治改革的不同思路和举措，引起前最高人民法院院长肖扬和现任王胜俊院长在司法政策上和司法改革上的差异？

谢晖：你的观点我大致同意，今天我讲的民本认同和民主认同的分裂，实际上表明了我国政坛所发生的一些变化，特别是在理念上有明显变化。就政坛而言，我认为自共和国成立以来，哪怕好多人都很不满毛泽东的统治，但可以说他统治的理念也基本上属于民本的理念。虽然他确实想追求民主，想彻底砸碎旧有的中国传统文化。所谓“批林批孔”就秉持“五四全面反传统”的精神，要把儒家文化彻底打烂，建立中国新文化模式。但是很遗憾，这样一种模式最后并没有取得成功。记得一位国外学者认为：中国的“文化大革命”是人类历史上最民主的东西。但是在我看来，缺乏程序保障的民主，只能适得其反。从政坛来讲如此，我还想从国民意识角度来谈谈。目前，我国确实出现了民本认同与民主认同的分裂问题。这样一种分裂实际上也是与领袖理念的改变有关系的。从十一大到十五大前后，我们在政策上更多地强调民主化问题，但十六、十七大以来，尽管也坚持强调民主，但在实际行动中更多地强调民生、民本。所以我认为司法策略上的分裂和当下的转变，肯定是与我国政治理念的转变有关系的。

提问二：谢老师，刚才您讲到民本认同的时候，提出一个观点：中国的民本支撑是中国的乡土社会。这和您以前讲到的法制现代化中"建构"的思想、移植外域法律的观点有所不同。我认为这二者的主体存在逻辑上的矛盾，请解答下。

谢晖：你可能是在《价值重建与规范选择》这本书中看到我的这个观点的吧？在写那本书的时期，我曾谈到中国法治建设的资源有几种：一种是移植国外法律；另一种就寻求本土经验；还有一种，那就是我们时代人的独特创造。我个人特别强调我们这个时代人们的独特创造。当然移植外域法律，对法治后进国家而言也是不可避免的。在全球化进程下，我们不借鉴、移植法律发达国家的经验和法律，在对外交往上往往就寸步难行，但是我们的移植，必须以主体中国的资格来移植，也必须在照顾国情的前提下移植，这也是现在我转向倡导民间法研究的原因。如何把海外资源运用于中国土壤，这是我现在非常关心的问题。所以从这个意义上说，我自己的研究和关注点的确发生了一些转变。不知道你注意到没有，我现在特别关注法律移植的中国效应。我也将在我的博客上贴出法律的全球化与法律的全球对话这个主题讲演。我主张的全球化是对话性的全球化，而不是压制性的全球化。这就不可避免地会涉及法律移植的国情背景问题。

提问三：谢老师谈到民本认同与民主认同的时候，我觉得民本认同的前提是虚构的，是戴着民本主义的皇冠然后跳到官本位的燕窝。从传统中看，不管我们的孔孟之道中有没有民本主义，我们只看历史上民众有没有民本主义。我认为只需要考察两点：第一，我们的政府是不是为民做主的政府；第二，从统治者的政策行为看统治者有没有一种民本意识。另外，我们的政府有减免地租，免农业税、农村医疗等做法，但是也有强制拆迁、天价医疗，所以从个案中推断不出我们的政府有民本主义思想。最后，老师认为民本主义与民主主义是对立的，但我认为是不对立的。请老师回应一下。谢谢。

谢晖：这位同学的潜在问题就是：我们现在的所作所为根本够不上民本，

因为在实践中，我们更多地看到的是官本位。他的洞察力和反思力都很强，感谢！但我要说的是：民本本来就意味着官本主义的追求，民本理念和官本追求往往是一个问题的两个方面。为什么？因为只有官本位，官才有可能、有能力实施民本位。因为民本政治的前提是：我（政府）有能力为你（民）做主。政府有能力为你做主，否则政府就不可能对你施恩，也就不能民本。所以中国传统的民本政治的前提，已经蕴涵着官或者当权者要有能力，要有“本”。民本思想中本身具有强者为弱者服务的意识。强者是谁？它只能是倡导民本追求的政府。从此可见，这也是民本与民主的根本区别所在。当然，它们也可以沟通，但这个问题涉及面很大，所以，今天我就不展开谈了。有一点可以肯定，无论我们的政府在实践中所做的是否符合民意，但是从中央最高当局来讲，仍然是关注民本的。我不知道这样的解释你是否认同？

提问四：谢老师，中国把民本标签化，反倒引起人民恐慌。因为它成了一个框，觉得合适的都往里面装，你觉是不是这样呢？

谢晖：今天我主要围绕着中国法治和司法所出现的困境，和各位进行讨论。我个人认为，如果我们真的要按照民本的理念往前走，无论如何，都可能迈不到法治的路上去。因为在这里，我们只能期待一个救世主。民本就是需要救世主出现才能实现的。救世主强调人民利益至上，“全心全意为人民服务”。所以，民本认同要求有一个救世主，而民主认同从来不要什么救世主。《国际歌》这样唱：“从来就没有什么救世主，也没有神仙皇帝，要创造人类的奇迹，全靠我们自己……”这典型地表达了民主的追求。但很遗憾，我们经常这么唱，但并没有认真地这么做。因此，无论公民个人还是官方，都没有树立那种各人自扫门前雪的“自主”意识，没有树立自己解决自己的问题的个体意识。因此，民主追求就略微显得更遥远了一些。其实，你可能听出来了，我今天讲的主旨就是这个。

提问五：有些学者认为法律信仰是个伪命题，在中国这样一个没有信仰的国度，我们能否建立起法律信仰？而法律信仰与宗教信仰有什么区别？

谢晖：我知道你们学校的张永和老师、广西大学的魏敦友老师、人民大学的范愉老师等都反对这个命题，并且有些老师还专门组织过对我的友好的批判。这个问题很大，我觉得人类信仰主要分为两种：一种是对宗教的信仰，一种是对自己日常行为方式的信仰。这两种信仰都建立在“真”和“不可避免”的基础上。“真”既指主观认可的真，也指真理意义上的真。我强调法律信仰问题，是立足于法律是人们日常交往中不可或缺、不可避免的行动方式和规范立场的。它是人们作为经济人而理性选择的结果。我在《法律信仰的理念与基础》这本书里强调“理性法律信仰”这个概念，我也知道有些人批评说“理性法律信仰”与“法律信仰”是悖反的。但是我之所以强调理性法律信仰，就是说当人们依法所行，必是利之所得，逆法而行，必是利之所失的时候，人们就会基于经济人的好利害恶选择，而自觉地服从并信仰法律。目前我国没有法律信仰，建不起法律信仰的关键是：因为我们的法律本身是缺乏信用的，法律本身没有得到政府、政党、法院的严格执行和运用。如果我们能够真正做到依法所行，利必得之，逆法所行，利必失之的话，那么，作为理性人的我们自然会进行理性权衡，会选择遵守法律，并心悦诚服地遵循法律。或者即使内心不认可，但在行动上不得不如此。我个人认为，这样的境界，就是法律信仰的境界。我不知道我这样回答你是否满意？

第六讲

地方自治与法治*

——在厦门大学的讲演

报告人 谢晖教授

主持人 徐崇利教授

时　间 2010 年 9 月 21 日晚 19:00—21:00

地　点 厦门大学法学院 B137

主持人介绍

徐崇利：今天我们很高兴能够请到谢晖教授给我们做这个学术报告。谢晖教授我相信大家都非常熟悉。他原来是山东大学法理学科的学术带头人，现在，他是北京理工大学法学院的院长。谢老师是我们中国法学会法理研究会的副会长，他的著作，可以说著作等身。因为我看了一下他的简历，他出版的专著就有 20 来部。还有获过很多奖励——学术奖励。谢老师长期以来对我们法学院办学，尤其是法理学的学科建设都给予了大力的支持，这种支持不但是知识上的，而且是实际行动上的。像今天晚上一样他来给我们传道授业解惑，而且还给我们输送人才，我们法学院现在两位很优秀的法理学的青年学

---

* 本讲内容，我曾经在临沂师范学院政法学院、兰州商学院法学院和厦门大学法学院分别讲演过。收入本书的是 2010 年 9 月 21 日我在厦门大学法学院讲演时的录音整理稿。由厦门大学法学院研究生王志希、徐战成、林园合、张芳、姜铭、黎敏等整理。在此对他们表示特别感谢！

者，周赟老师和黄金兰老师，都是我们谢老师的门下。所以，今天也可以说是我们新学期的第一场学术报告，我相信谢老师今天给我们讲述的"地方自治与法治"这个论题，一定会给大家带来新的思想，给我们学习、研究法理以启迪。现在，让我们热烈欢迎谢晖教授给我们大家做这次学术报告。

谢晖：尊敬的徐老师徐院长、尊敬的各位同学，大家晚上好！明天是中秋节，同时也是咱们国家的法定假日。今天大家牺牲了本应当回家，或者是共同聚会的日子来到这听我的报告，来和大家交流，我很感动，也很高兴！应当说，这是我第二次到咱们厦门大学的讲台上来做讲座。第一次大概是十多年之前，确切哪一年我忘掉了，这是第二次。能再次来到咱们厦门大学的讲坛上做讲座，我更是倍感荣幸。

今天我和大家交流一个话题，这个话题叫"地方自治与法治"。我准备跟大家交流这样几个方面的内容：第一个内容，或者说第一个命题，没有自治就没有法治；第二个内容，或者是第二个命题，我把它称作契约型团结与法治；第三个话题，我把它称为道德型团结与法治；最后一个话题，地方自治、法治与中国的国家前景。

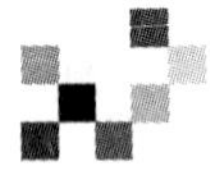

一、没有自治，就没有法治

我们首先来谈第一个命题：没有自治，就没有法治。在"地方自治与法治"这样一个总话题之下，首先涉及一个问题，自治和法治之间是什么关系。我们知道，谈到法治，我们中国学者把法治和我们经常讲的"制度意义上的法制"划分得非常清楚，两者并不是一码事。不仅仅如此，而且自近代以来，毫无疑问，这两个词早已被学术界和政界推到意识形态分野的地步。尽管现代意义上的法治和古典的制度意义上的法制具有紧密的关联，但是现代意义上的法治，它针对的一个基本前提是古代一般意义上的法制所没有的。这个基本前提是什么呢？就是自治。那我们知道，在古典时代，我们把人都归于神的名下，归于君王的名下。以我们中国为例："普天之下，莫非王土；率土之滨，莫非王臣。"所以我们每个人都是国王或者皇帝之国家机器上的一个螺丝钉、一个组成部分、一份子，都从属于国家机器的需要。在这个意义上讲，人的主体性是不存在的，或者连主体性这个概念在古典社会都是不存在的。如果说存在，也只是整体意义上的主体性，不是我们现代社会中的每个个体意义上的主体性。但是，自从近代以来，这种情形发生了根本的改变，这个改变是：把上帝的事情交给上帝，把恺撒的事情交给恺撒，把国民的事情交给国民。这样一来，在人和人的交往关系当中，出现了一种以“我”个人的自愿，以“我”个人的自主作为前提的交往方式。这种交往方式既不是父母之命，也不是国王之命，甚至也不是上帝之命，而是由我们每个人自己决定自己的事务。所以在国际歌当中有一句著名的歌词，在座的诸位，只要会唱国际歌的大概都应当清楚：“从来就没有什么救世主，也没有神仙皇帝，要创造人类的奇迹，全靠我们自己！”我们自己就是主体，我们自己主宰着我们自己，这就是所谓主体性时代，自从近代以来，它到来了。这样一种主体性的时代，它的产生是有背景的。

它的最大的一个背景是经济背景，这样一个经济背景，决定了主体性究竟奠定在什么基础之上，一言以蔽之，这一基础就是我们现在所讲的市场经济，曾经所讲的商品经济。大家知道，马克思在他的著作中有一句名言，他说：“商品是天生的平等派。”说商品是天生的平等派，那平等的前提又是什么呢？平等的前提就是自治。只有自治，平等才有可能，也才有意义。如果说不存在自治，那强调平等不平等有什么意思？反正我自己不是自己的主宰者，我总是由别人主宰着，平等不平等对我来讲就没什么价值，没什么意义。正因为有了自治，每个人都是自主的、自治的、自由的主体，所以才会有平等这样一说，平等也才会有意义。市场经济，或者是商品经济，恰恰给我们提供了这样一个条件。所有的商品经济都有一个共同的特点，它的生产前提是分工，是以分工生产为前提的。如果说没有分工，就没有商品经济，也没有市场经济。同时，商品或者市场经济还有一个特点，生产的直接目的不是为己的，而是为他的，比方说，我生产的法学人才，我和徐老师，我们生产的都是法学人才，但这法学人才不是直接为己的，而是为他的。要为己，我自己所拥有的就是法学知识，我自己的知识足够满足自己在这方面的需要了。所以我所生产的产品——即法学人才，只有让他人接受，或者“卖出去了”，才能实现我的劳动价值和人才的使用价值，比方说，你们在座的周赟老师，承蒙咱们厦门大学，特别是徐院长的关照，接收了他，他在厦门大学发挥一些作用，我也感觉很有面子，感到很自豪，感到自己的产品不但卖出去了，而且卖给好人家了。现在我经常谈起来，很为我的一些学生自豪，比如四川大学的喻中教授，山东大学的桑本谦教授、焦宝乾教授等等，我因为他们而感到很自豪。因为我生产的产品是直接为他人的，现在他人接受了、认可了，并且还能很好地发挥作用，我生产的价值也就凸显了。

市场经济的第二个特点——人们生产的直接目的是为他的（尽管间接目的仍然是为己）就决定了你生产的产品如果推销不出去，那你就别生产了，你的生产就是没有什么社会价值。与此同时，更重要的是，如前所述，所有的市场经济都是以分工生产作为前提的，没有分工，就没有市场经济。正因为有了分工，所以我们每一个人生产的产品是单面的，但是我们的需求又是全方位的，或者是全面的。这样，一个人生产的单面性和需求的全方位性、全面性就产生一个巨大的冲突，这个冲突要求你必须把你的产品推销出去，并通过交换获得一个等价物（这个等价物我们现在称为货币），然后才能借助等价物继续和别的生产者交换，才能获得自己全面的需求。那么，在这个过程当中，自然就意味着一个问题，大家想想是什么问题？不错，市场经济生产的分工性、分工主体生产的单面性、生产结果的直接为他性等，都必然蕴涵着一些问题，什么问题？第一个问题是，每个商品生产者必须是自治的，自我决定生产什么，生产多少，产品怎么销售。但是比这个问题更重要的是第二个问题：尽管你是自治地、自主地、自由地生产的，但是你又会不可避免地要和别人进行交往，如果不交往，你的产品销售不出去。产品销售的过程就是一个自治主体和他人进行交往的过程，所以，在这里面就产生一个具有悖论性的事实。这个事实表明一个方面：商品（市场）经济以及商品（市场）经济的附带产品——民主政治、法治文明等，都需要主体必须要自治；另一个方面，主体和主体之间的连带关系比以往任何时代都要更加多样、更加紧密。如果说在一个古典社会里，我们一个人可能在一个山里清修，觉得也过得很好，绝不比别人差的话，那么，在现代社会，在市场经济背景下，一个人要说和古典社会那样的，住在深山里面，永远不和其他人结交，这样的情形越来越少。其原因在于：一个是我们的定力越来越差；另一个方面，或许可能更为重要，我们的生产方式和我们的公共交往方式已经打破了古典社会的独来独往，“鸡犬之声相闻，老死不相往来”的那种境界早已经打破，成为“去年的皇历”了。

这给我们说明了一个什么问题呢？说明越强调自治，越意味着不是“老死不相往来”，而是相互连带和相互合作。在一个自治时代，自治和合作之间是一种什么关系呢？它是一种正比例关系，而不是反比例关系。在我们一般人的印象当中，如果说一个人强调自治，那么可能这个人的集体意识就比较差，这个人的公共意识就比较差，此言差矣！我们经常会听到类似的议论：说某个人经常是独往独来啦，跟大家交流不多啦等等，并对这样的人评价为什么呢？嗯，对，这个人自私自利！我个人认为，这种看法是有问题的。事实上，只要强调自治，或者越是强调自治的时代，就越需要合作。自治与合作间是一个正比例关系，不是反比例关系，不像人们日常理解的那样：越自治，似乎这个社会越自私。绝不是如此！

既然如此，既然在强调自治的时候，必须强调合作，那么，就必须在合作主体间有规则前提。合作的规则依据是什么？就是规范或者规则。当然，有很多规则可供人们作为合作依据，比如习惯，就可能是人们合作的前提，只要是在一定的时空范围之内，被某些公共交往的主体所认可的习惯，就可能成为其合作的规则。再比如说传统的道德、宗教等等，都可能成为这样的规则。以宗教为例，在我们中国，有十大民族信奉伊斯兰教，那么穆斯林就有一个集体合作的规则，这个合作规则基本上是根据《古兰经》，以及根据《古兰经》阐释出来的《圣训》，还有教法学家们的规范解释等等。如果没有这样一些规则，那么合作也就无凭，没有根据。

我在很多年前，在宁夏大学工作的时候（可能到现在为止，已经接近20年了），我曾在某个县调查，该县发生了这样一件事情：当时，当地的县委、县政府强制性地推行计划生育，而回族民众对计划生育当然是不接受。既然不接受，他们就把当地县委、县政府的大门用大字报全给粘贴起来了。这样，当地党政工作人员进也进不去，出也出不来。当时该县有一位县委书记，他非常有智慧地解决了这个问题。他没有去找警察去触怒穆斯林，而是在县政府大院偏僻的地方，把院墙打开了个小洞，穆斯林群众没发现这一举措，然后他偷偷地跑出去了。跑出去后他不是找警察，也不是找军队，他找谁去呢？他居然到清真寺里找阿訇去了！为什么？因为他非常清楚，这样的问题只有阿訇出面进行调解、进行理论，最能够说清楚，也最有效。于是他就问阿訇，他问马阿訇（这个阿訇我也认识）：“马阿訇，您看看我们的《古兰经》里面有没有和国家的计划生育政策比较吻合的规定？”马阿訇当然对《古兰经》的内容了如指掌（我不知道在座的同学中有没有穆斯林，可能会有一些穆斯林吧？因为我知道，我们泉州曾经是回族聚居的一个地方，如果有，相信你们对《古兰经》可能也很了解）。这位马阿訇当时讲：书记，有的。书记听后当时就很高兴，急忙问什么内容？能不能跟我讲讲？马阿訇说：在《古兰经》里有相关的规定：生下来的孩子必须是健壮的，健康是真主对人的精神恩典（因为穆斯林不仅崇文，而且尚武，所以，经典强调健康这一精神恩典，强调人要珍惜身体，呵护健康）。这一要求，就和计划生育政策里面的优生优育是相吻合的。可见，马阿訇对计划生育政策也很了解。然后书记就请马阿訇，说您能不能给穆斯林去讲讲，让他们能够理解计划生育政策？马阿訇愉快地答应了。就这样，这个很可能酿致很大事件的事情，在当时非常妥当地解决了。试想想，如果说我们的书记不是按照穆斯林的宗教规程来解决这样一个问题，而是硬性地强调：你既然违反了计划生育政策，那么，我就要拿武力来和你说事，最后必然会酿成祸端不可。

从这个事情，我们可以看出，人们的公共交往和公共合作，既有通过习惯的，也有通过道义的，还有通过宗教教规的。当然更重要的，在现代社会是通过法律的。大家可能都读过庞德的一些著作。庞德先生在对人类的控制方式进行论述的时候，说人类最重要的控制方式有三种：第一种是道德，第二种是宗教，第三种就是法律。但他同时指出，自从 16 世纪以来，我们人类最重要的控制方式已经由当年的宗教和道德为主，改变为以法律控制为主，宗教和道德要服从法律的控制方式。他的这样一个看法，完全符合自从商业经济主导这个世界以来的整个世界人们合作与控制的模式。这样三种控制方式，到了现代市场经济时代，基本上由法律控制所替代。所以，在现代社会，人们的公共交往的方式，不论它是个体之间的交往也罢，还是群体之间的交往也罢，哪怕是中央和地方之间的交往也罢，都要有一个基本的规则为前提，这个规则前提是什么呢？它就是法律！

和这个问题紧密相关的就是地方自治。大家也许会问："谢老师，你在前面所讲的，都是个体自治问题，而今天你要讲的主题是地方自治和法治。那么，地方自治和个体自治之间有没有可比性？"要让我来讲，当然有一定可比性。如果说，个体自治是现代法治所产生的基本逻辑前提的话，那么地方自治及其制度，特别在国情复杂的大国里面，就是一个国家处理地方与中央关系，从而通过制度、法律来解决政治问题，而不是通过领导人的个人意志，或者通过一个政党及其意志的强制，或者通过一种其他什么力量来解决政治问题的重要制度措施，这也是实现法治治理模式的关键所在。从这个意义上讲，我觉得，如果我们考察一下世界各国关于法治发展的历程，地方自治肯定是法治发展过程当中必须强调的一环。没有真正的地方自治，我们基本可得出一个结论，就不会有真正的法治。特别在一个大国，不强调地方自治，就不可能有法治。那么大家的问题也可能出来了:过分地强调地方自治,在我们中国这样一个国家,特别容易产生《三国演义》当中曾经描述的那种情形,“话说天下大势,合久必分,分久必合”,那又该怎么办?一旦分的时候,就会导致一个巨大的问题——这个问题是人民流离失所、国家破败不堪,“白骨露于野,千里无鸡鸣”;“国破山河在,城春草木深”。这时候又怎么处理这样的问题?这个问题,我待会儿还会谈到。这是我今天想和大家交流的第一个问题的核心观点:在现代社会,如果说没有自治,就不可能有法治;同样的,在处理国家政治关系的时候,特别在处理中央和地方关系的时候,没有真正的地方自治,就不可能从法治的框架下来解决相关的问题。

讲到这个地方,我就不自觉地想起来一个故事。这个故事发生在接近10年前。2001年,中国法理学研究会在新疆召开了一个年会,当时国家正好提出“西部大开发”的战略。在新疆开会期间,有很多学者对当时会议的主题提出质疑。这个主题是什么呢?是“西部大开发与法治建设”。学者们如何对这个主题提出了异议?他们认为,每次法理学会的会议,总是围绕着政治意识形态这样一个圈子走,什么初级阶段的法治问题、什么社会主义精神文明建设与法治问题、什么社会主义市场经济的法律问题等等。我也曾经反思过这个问题,在1998年我出版的《价值重建与规范选择》这本书中,我就专门对中国法理学年会的历次年会命题进行了反思,从此可以看出,确实我们的法理学会很容易跟着意识形态的风向走。但是对这样一次会议——2001年年会的主题——西部大开发的法律问题,我却投了赞同票。当有些学者质疑:西部大开发还有什么法理学需要研究的问题,法理学研究这个问题有必要吗等等问题时,我当时是跟他们这样回答的:事实上,我们中国已经面临一个非常巨大的问题,这个巨大的问题是什么呢?就是东西部发展的严重不均衡以及它这一不均衡背后的发展基础、发展背景的不均衡,这是另一种不均衡,也是更重要的不均衡。这样,客观上就有两个不均衡:一个是,从经济收入和国民生产总值角度看,东西部发展严重不均衡;另一个是,经济不均衡背后的背景不均衡。这个背景的不均衡是什么呢?我们经常讲中国有两个特点:一是地大物博,二是人口众多。但是谈到地大物博,我是甘肃人,我们西部人有体验,但也有意见。为什么?因为所谓地大物博,是我们西部的事情,不是你们东部的事情。你们东部,地也不大,物也不博。例如你们上海没有天然气,只能用新疆的天然气,并且这个天然气是国家统一定价,从而把西部的资源低价运走了,上海是发达了，但是新疆却落伍了。中国是有色金属大国，而甘肃是中国有色金属储量和出产最重要的省份之一，但是甘肃省的人均国民生产总值却排全国倒数第二位！本来只要我们的资源能充分利用好，地方有一定的资源自治权，我甘肃的省民不至于这样穷啊！但是，事实却不是如此。再比如山西，众所周知，这是目前中国第一能源产出大省，但是其人均国民生产总值也是排在全国倒数的位置。我想，这在世界上绝大多数国家都是不能想象的，但是在我们中国就出现了，地方自治权的缺乏和资源的国家垄断，只能让他们以丧失生存环境为代价，换来贫穷！由这些事例我们可以明显看出什么问题呢？在我们的经济不均衡背后，还存在着严重的另一种不均衡，即东部经济发展的资源、能源动力来自于人家西部，但是这样的发展成果，却主要是由东部享有。这个问题我待会儿还要继续分析。

这样一来，就涉及一些很重要的法理学问题，什么问题呢？第一个问题：西部大开发的法理学问题，就是如何处理区域之间的均衡发展以及区域之间的公平问题，这是一个非常重要的问题。区域之间的均衡问题还涉及中央和地方的关系问题：如何处理中央和地方之间资源开发的权利与义务问题？能否通过法律明确这些权利与义务的分配问题？如果能，怎么分配？现在的基本做法是：中央财政统统拿走之后，再给地方返还一些。但标准没有一个确切的法律根据，没有一种确切的正当程序，没有明确给地方留成的法定内容。

第二个很重要的问题是什么呢？在西部开发的过程当中，如何解决西部的开发和西部的环境保护问题。它不仅仅是环境法的一个问题，更重要的，它也是一个法理学必须观照的问题，因为人和对象的关系永远是法理学所应当关注的重大问题之一，甚至也是整个法学所应当关注的重大问题之一。特别是当我们面临资源越来越稀缺的时候，当我们人类面临人和对象的关系越来越紧张的时候，这个问题就更是法理学所考虑的对象。

由此，结合我们谈论的话题，就可以提出这样的问题：当我们谈地大物博的时候，主要指的是西部，西部占了我们整个国土面积的 65%左右，我们中、东部才只占国土面积的 35%左右；当我们谈人口众多的时候，主要谈的是中、东部，中、东部的人口已经形成我们中国很大的一个压力和危机，那就是人口危机。20 世纪 80 年代有一位著名的学者认为：我们中国有四大危机，即教育危机、环境危机、资源危机，还有一个危机就是人口危机。那么，现在中国所面临的人口危机仍然主要在中、东部地区，不是西部地区。西部，仅新疆就占了国土面积 1/6，它才有 2000 万人口；甘肃那么大的省份，现在人口大概只有 2600 万左右；青海是 72 万平方公里左右，总人口大概才有几百万，500 万到 600 万？西藏就更少，它只有 300 万左右的人口。所以它不存在人口众多的问题，它也不存在人口压力和危机的问题。

在这个意义上讲，如果要妥善处理地方自治问题，推进法治问题，就需要妥善处理中国的国家结构性问题，当然中国的国家结构性问题很多，其中中央和地方的关系问题尤为重要。当年毛泽东在《论十大关系》里面，就提出这一重大关系，即中央和地方的关系。我个人认为这一关系极其重要，这个关系处理不好，我们中国可能就是第二个苏联。大家知道，西方世界对我们中国向来有一个未来走向的战略预估和安排，这个战略安排就是让我们中国未来一分为七。大家知道一分为七是个什么概念吗？就是让我们中国分为七个国家：台湾——我们的对岸，香港，澳门，新疆，内蒙，西藏，然后呢，剩下的才是“中国”。据说这是一些西方人长期以来推进中国未来走向的行动规划图，大家知道，这是一个非常险恶的规划图。试想想，如果真按这种设计，像新疆，像内蒙，像西藏，这样物产丰富、这样地大物博的地方，真的从中国领土上分割出去，我们中国的东部地区，在一国框架下和范围内还有什么发展潜力？大家可以去想象，可以去假设一下！显然，从这个意义上讲，这将是中国发展过程当中最重大的结构性问题之一。在这一结构性问题中，至少地方和中央的关系是一对极其重要、必须认真对待的关系。正因为如此，我个人觉得，把地方和中央的关系如何纳入法治的范畴来处理，这是我们必须认真解决的一个问题。这是我今天想和大家交流的第一个问题。

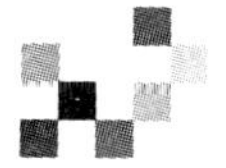

二、契约型团结与法治

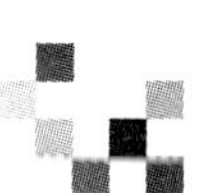

我今天想和大家交流的第二个问题，叫契约型团结与法治。在理解契约的时候，中国人长期以来更多地喜欢在什么意义上来理解契约呢？嗯，在民事交往意义上理解契约。但是我们知道，在西方文化传统当中，契约向来分成两种:第一种契约是政治契约，第二种契约是民事契约。即使如此，但是我们如果要真正地考察中国的古典传统的话，可以发现在中国古典传统当中，这样一种政治意义上的契约，并不是绝对没有的。北京大学有一位历史学家，叫张传玺，山东日照人。长期以来，他致力于研究中国古代契约问题和契约关系。他把中国古代的契约分成两种：一种叫邦国约，另一种叫万民约。邦国约是个什么概念？就是周天子（他以周朝为例）和各个分封国之间所签订的契约。我们现在都对周朝，特别是对晚周，尤其是对春秋战国时期，一谈起来，就说那是个天下大乱的时代。因为春秋战国的混乱，我们忘记了西周的大治。大家要想一想，周朝前后统治了800年之久。为什么它能统治这样长时间？至少我们可以说在战国以前，周朝基本上还是维持了一种良好的、基本稳定的中央和地方的统治格局和统治关系（尽管春秋末期，动乱就开始了）。为什么会如此？我透过张先生这样一个分析，可以推论：事实上它的约，也就是邦国约，起了积极、重大的作用。我们知道，在中国历代王朝当中，统治800年的，还没有，只有周朝。汉朝统治时间那么长，也没有达到800年；唐朝是那样鼎盛，也没有达到这样一个数字；清朝也不错，也远远没达到这样一个数字。为什么周朝能够维系那样长时间？我个人当然没有更精深的研究，但是可以做一个大胆的推测，那就是“邦国约”这样一种中央和地方关系的处理模式，应当说起到了非常重大的作用。

在座的诸位，我不知道志希来了没有？在不在？喔，你就是王志希？我是经常看到你写的一些文章的，也写得非常好，我听你们周老师说，你对法史非常感兴趣。如果你感兴趣的是中国法制史，我建议你不妨对我们中国周代的法制史特别予以研究，我也认为特别值得我们今天研究和借鉴。为什么那样大的一个国家，在那个遥远的年代，在古典社会简单的统治手段下，它能够维持、统治800年之久？除了战国有一段时期，因为时事的巨大变迁，维系的不太好之外，其他时间都还维持得挺好。不仅仅如此，而且文化昌明发达，我们中国文明的好多典籍就是从周朝才开始有的。在经济上，也是非常富庶。在社会治理上，又是井然有序。这种奇迹性的发展和统治，它究竟是怎么导致的？是不是和我今天这个推测——我是透过张先生的研究进行推测——有一定的关联？我希望志希同学如果感兴趣，将来不妨研究一下这个问题。这是一个题外话。

张先生把另一种约称为万民约，万民约所讲的就是民事契约。这对契约的重视，大家知道，不仅在我们中国的传统当中有，在西方传统中更为重视。在西方传统当中，约也是分为两种的，一种是社会政治意义上的契约，这种社会政治意义上的契约，从我们现在所掌握的资料当中，至少从伊壁鸠鲁那里开始，就已经特别关注政治契约或者社会契约问题。大家在看马克思一些作品的时候会看到，因为马克思当年对伊壁鸠鲁作过特别的研究，他的博士论文就关涉伊壁鸠鲁。所以，他在研究伊壁鸠鲁的时候，摘抄了伊壁鸠鲁很多论述，其中有一个问题我印象特别深，那就是在伊壁鸠鲁看来，国家是什么，国家就是一种约，就是政府和国民之间达成的一种约。可见，在伊壁鸠鲁的观念当中，在古希腊人的观念当中，国家它已经是一种约。没有约作为前提，也就不成其为国。在中世纪，因为宗教的影响，这种约的概念又升华到神和人之间。近代以来，我们知道，不论霍布斯，还是格劳秀斯，还是卢梭，以及洛克等这样一些学者，都对政治契约或是社会契约作出了非常精深的论述。

我讲约或者契约，是为了说明契约型团结。如何理解这一概念？我认为，在政治契约或者社会契约意义上讲，一种通过政治契约或者社会契约的方式，把所有交往行为中不同的自治体勾连起来的一种团结机制，我们可以把它称为什么呢？嗯，可以把它称为契约型团结。

我不知道大家是否知道"团结"是哪位著名的社会学家所使用的一个概念？这位社会学家在研究社会问题的时候特别喜欢用"团结"这样一个词。如他提出了有机性团结、机械性团结等等。谁啊？嗯，对，涂尔干！有些同学讲到狄骥，也没说错。因为狄骥严格说起来也是涂尔干的学生之一。狄骥后来提出的社会连带主义法学，就来自涂尔干的学说。涂尔干我们又翻译为杜尔克姆。他提出了团结、社会团结这种模式，我用团结这个概念毫无疑问是受他的影响。但是我说人类的团结方式，或者说人和人之间的组织交往方式，最重要的就是通过契约的方式进行交往，达成一种组织性的勾连，最后形成一种组织性的架构。这样的团结方式就是契约型团结。近代以来，几乎在现代法治国家，在解决中央和地方关系的时候，大体上都是采用契约型团结模式。在这儿呢，又能分成两种情形。这两种情形，在座的学法学的学生都知道的，一种情形是所谓的联邦制，另一种情形是所谓的单一制。不论在联邦制国家，还是单一制国家，在真正实行法治的国家都通行一种模式，这种模式就是通过契约达成一个国家的组织架构，形成一个国家国民和国民之间的交往方式、形成一个国家国民和政府的交往方式、形成一个国家地方和中央之间的交往方式。这种团结模式，都有一个前提，即地方自治传统、自治精神和自治能力。

谈到这个地方，我想举几个能够充分说明这种自治传统的个例。联邦制国家，我们知道，他们通过政治契约的方式，或者说通过法律的勾连，形成一种联邦关系。在这方面，美国做得最成功。而美国呢，毫无疑问，他们在文化上秉持了希腊的自治传统。大家知道，在希腊，各个城市通过自治建立了城市共和国，什么雅典啦、斯巴达啦等等，都是如此。这样的一些城市自治共和国，构成了我们现在所讲的所谓希腊，构成了希腊文明的整体。这样一种传统，经过文艺复兴，进一步传遍欧美世界。至今在美国、在欧洲一些国家，仍然奉行着这样一种模式，甚至在其他一些非欧美国家，也受到了这样一种情形的深刻影响。

在美国，我有一次做过一件傻事。有一年，到了美国一个很小的城市。这个城市叫丹尼森市，整个丹尼森市人口非常少，只有不到 6 万人口，在我们这儿说起来，就是一个小镇。我曾经向他们的高级职员，也是邀请我旁听他们议会例会的先生询问了一个问题。因为丹尼森市距芝加哥城市很近，我就想当然地问，丹尼森市和芝加哥市之间是一种什么隶属关系？结果，主人一听这个问题，开始有点愣神，他没有反应过来我的问题。没反应过来的可能性，我猜是他大概以前从来没听到过别人问这样的问题。后来我进一步问：在中国，在大城市和附近的小城市之间，常常有一种管理上的隶属关系，我想问的问题是，芝加哥是大城市，在美国是人口第三大城市，而丹尼森市是一个很小的城市，它们之间有没有一种行政管理上的隶属关系。然后，主人使劲地摇摇头说：我们不但没有隶属的关系，而且完全是平等的关系。譬如，在芝加哥大区地区开会的时候，大家都是围着圆桌开会，我们的市长都坐在圆桌会议边，大家都是平起平坐的，是平等的。每个城市都是自治的。由此我们可以看出，这样小的一座城市，它不像我们厦门和厦门所属的哪个县或市一样，是一种隶属关系。所有大小城市一般是自治的，每个城市有它自治的规则，有它自治的机构。这样小的一个市，有它的议会，尽管它的议会很小，组成人员只有 7 位，但是这 7 位议员工作非常敬业，每个礼拜二必须召开例会。这是我第一个方面的感受和收获。

在这一过程当中，我还有另一种感受与收获。正好，在该市举行一次例会的时候，我旁听了他们的议会例会。那次例会上，有一位从欧洲（东欧）来定居的先生，他起来发言时，情绪非常激动地说：当年我们为了躲避某某主义的暴政，来到自由的美国，没想到，来到美国之后才发现，我们前门逃出狼窝，后门进入虎口，他讲完这种很动情的结论，在谈到具体问题时说：我到你们这个市已经定居多年了，但是多年来，我所反映的问题，你们始终没有给我解决，这哪能是一个自由的国度？这哪能是一个民主的政府？他演讲结束之后，议长——也是这个城市的市长非常关注、非常重视，跟相关的工作人员说，尽快调查，看看究竟是怎么回事。第二天晚上，也就是礼拜三晚上报告相关调查结论。礼拜三晚上的讨论我没有机会和资格参加，这之后我就问他们的高级管理人员昨天那人提出的问题究竟是怎么回事。他告诉我：原来那人根本就不是我们市的市民，尽管他在我们城市住着，但根本没有获得我们市的市民资格——因为他从来没给这个城市交过税！按照美国城市的相关规则，既然他不是该市的市民，则这个市政府就对他没有相关的服务义务。同学们看看，法律上把市民和城市管理者的这种权利义务关系划分得多么清楚！他还说：你不是这个城市的市民，你在我们这个城市待着，严格来说，我们这个城市对你已经很开恩了。为什么他不是我们城市的市民，就因为他没有给我们这个城市纳税。你看，一个市民和一个地方政府、一个城市之间的基本连接点就是税。当你不给我们纳税的时候，你就不是我们的市民，我们这个城市的政府就没有给你服务的义务。由此我们可以进一步看出，它的城市自治是什么样的自治？既是权力的自治，也是责任的自治。从这里面我们完全可以发现，所谓自治，绝对不是说任其恣意妄为、任其为所欲为，而是必须有法律上的相关的权利和义务进行配置。通过权利和义务的配置，才能说明究竟是自治的还是不自治的，并进一步说明城市和市民之间，达成一种契约型团结。所以，这是我的一个重要的感受与收获。

后来呢，这位美国先生还告诉我，说他还见过更小的城市。说起来小得令人难以置信，但是它也叫市，而不叫村，也不叫镇，它就叫市。大家猜猜这个市究竟有多少人口？……能猜到有多少人口吗？……这纯粹就是不好猜的问题是吗？……哈哈，肯定比我刚才讲的丹尼森市人口还要少，但少到多少，大家可能猜不上来。这个城市究竟有多少人口呢，只有120位市民！你敢想象吗？但这120位市民的城市，却是自治的！它的自治究竟是个什么样的自治呢？据说凡是涉及这120人之间的纠纷，第一审就在它这个城市审理。上诉审就另当别论了。这位先生还告诉我，就这个市，它也有一个议会，它的议会只有3个人组成。由此我们就足以看出，自治传统在西方世界根深蒂固。我们反思这种地方制度的时候，完全可以感觉得到：他们的自治传统如此之浓，已经深深地渗透到他们国民的骨髓里面，已经深入到他们整个政治体制的骨髓里面，同时也已经深刻、充分地反映到他们的法律当中。自治的传统，必须意味着对契约型团结的需求。这是我第三个深刻的感受与收获。

在这个意义上讲，以美国为代表的联邦制国家，究竟是怎么样实现国家的团结的呢？我认为，它就是通过契约型团结的方式实现的。这个契约是什么呢？就是他们的宪法，就是他们的法律。即通过宪法和法律的方式，他们成功地划分了中央和地方的权利和义务关系，划分了中央和地方各自的权限。从而他们的中央和地方之间，不会出现领导人一开恩，就给你来一个什么全国都来支援阿拉斯加的计划。他们不会通过这样的道德型团结的方式组织中央和地方、地方和地方之间的关系，而是在各地方、各城市自治的前提下，通过契约型方式组织这种关系。显然，这种契约型团结比道德型团结要好。

那么，契约型团结比道德型团结好在什么地方呢？我认为：第一，契约型团结中，各主体之间的关系是明确的、肯定的，不论是什么样的权利主体，究竟有什么样的权利和义务是明确的、肯定的，是不容更改的。这是第一点。第二点，对于未来中央政府能做什么事、不能做什么事，地方政府能做什么事、不能做什么事，是可预期的，不像在道德型团结关系中那样，中央政府呼啦啦要下一个什么政策、下一个法令，地方政府即使任何准备都没有，都必须执行和落实。这样要么忽然一个什么法令、要么忽然一个领导人的讲话、指示，而这些法令和指示，还需要雷厉风行地执行、似乎比法律还要有效力似的。这种朝令夕改、法令指示多如牛毛的情形，只能导致下面手足无措、疲于应付，地方无法适应这种来自中央或上级政府的雷厉风行、变幻不定的政策、法令和指示。而在契约型团结模式下，这些都是可预期的，哪些是中央政府能做的、哪些是中央政府不能做的，地方是清清楚楚的。这是第二点。第三点好处在什么地方呢？我认为通过这样一种契约型的团结，它可能导致只要是中央政府能做和该做的，就必须大张旗鼓地、必须义正词严地对地方政府发号施令——比如地方政府搞割据、地方政府搞违抗全国统一法令的那些行动，那对不起，中央政府是旗帜鲜明、理直气壮地反对，甚至镇压，为什么？因为我们有约在先。对于一个普通公民而言，我们还要讲“信”——在民法上有“帝王条款”，那就是诚实信用——对于一个国家、对于一个地方政府而言，你更要讲“信”。在你没有退出我们这样一个团结的契约之前，你必须遵循大家公认的契约。不遵守契约的，对不起，中央政府该动用警察的就动用警察、该动用军队的就动用军队。这就叫于法(约)有据、理直气壮。

……(这里的举例，和前后文的举例有重复，故略去)。

这和我国目前法律的遭遇和尴尬大相径庭。其实，在我们这里，从中央到地方，应讲究诚信的规则机制——法律都不太遵从。大家知道，法律，至少近代以来的法律，它是政府和公民之间达成的一种约。当这样的一种约，我们的政府可以不尊重的时候，特别是我们的法院可以不尊重的时候，我们的国还是什么国、民还是什么民？我们只能说“国将不国、民也不民”。为什么说“国将不国”？当一个国家秩序荡然的时候，怎么能称为一个“国”呢？为什么“民将不民”？当我们的民变成了只有经过吵闹之后才能解决问题的时候，这叫什么意义上的“民”呢？在“大闹大解决、小闹小解决、不闹不解决”的情形下，“民”是个什么状态呢？大家可以观察一下，我们的国民为什么经常在马路上显得那么暴躁，每个人上路后似乎都气呼呼的？很少有像人家欧美国家的国民那样，出来之后是那样的友善、那样的和蔼。在那里，当我们问一条路怎么走时，他们会不厌其烦地给你带路，教你怎么走、怎么走。这完全不像我们的情形。我相信，导致一些国民性格如此暴戾、偏执、狭隘的原因有很多，但是我们的制度、我们的法律自上而下得不到正当遵守，我们的“约”得不到正当履行，可能是最重要的原因之一。

契约型团结必然要求法治，在契约型团结的模式当中，如果说没有法治，那么就不可能维持这样一种团结的展开和运行。或者说契约型团结，它本身即意味着一种法律性的团结。我方才已经通过美国的联邦制例证来说明了这个问题。实际上在那些实行法治的单一制国家里，情况也是如此，地方政府的自治权非常大。日本的寺田浩明先生，是京都大学的一个法制史教授，专门研究中国法制史和东洋法制史，还有铃木贤教授，他是北海道大学的教授，我曾经向他们讨教过日本的地方政府问题。他们在谈到日本的地方自治时说：这种自治已经达到一个相当高的水准，达到一旦中央的规定和地方的自治内容不相吻合，地方政府可以拒绝的程度。地方政府只要遵从既往的中央和地方的关系机制，那么，如果中央新的立法和地方自治规定相违背时，地方政府可以拒绝。这足以说明他们的地方自治已经到了什么程度。这是我们谈到的在单一制国家的情况，这是我想和大家交流的第二个问题。

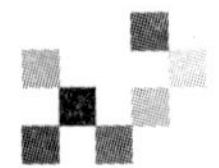

三、道德型团结和法治

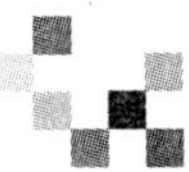

我想跟大家交流的第三个问题，是道德型团结和法治。我们经常讲我们国家是一个道义之邦、礼仪之邦、仁义之邦。但是我们对道义的理解存在很多误区。其中最基本的误区在什么地方呢？我们的道德是示范型道德，而不是契约型道德。这里，我又谈到了契约这个词，直到今天为止，在我国治国理政的过程中，还有一种非常重要的特点，即进行道德示范。中共中央宣传部每年所搞的重大活动之一就是英模事迹报告会，报告的结果是报告的时候大家两眼泪汪汪，都很激动都很感动。报告完了之后放眼我们当下的现实，人们又会反思：哎呀那样傻干什么呢，傻得连命都不要了究竟干什么呢？当然，我这样给同学们讲，作为一位老师似乎是不对的，不应当这么讲，应该讲点高尚道德。但是我们知道当一种道德不被纳入制度框架而仅仅是示范型道德的话，事实上它是一种道德的强加，它是一种道德的自负，它是一种道德的专制，而不是道德的民主，不是通过道德来实现什么公平，完全不是如此！

我在这儿可以通过一些事例给大家讲几个问题。最近在中央政府的推动下，国家对新疆搞了一个道义性的“全国援疆计划”。假期我就在新疆，新疆不同民族的朋友我都多少接触了一些。维族的、哈萨克族的，政界的（其中有某一个州的常务副州长）、学界的等等，我都多少有接触。在谈及这一问题时，他们大都提出了一个让我非常感兴趣的问题——即新疆越开发，相对贫困越严重的问题。类似问题其实我在1991年进行全国民族区域自治问题调查的时候，早已经在其他地方听说过。在当地官、民（不论他们是汉族还是维族）看来，中央现在这个做法很成问题：一方面支援我们，我们也很高兴；另一方面，新疆在多年来，大量的资源非常廉价地从新疆运到上海去啦、江苏去啦……特别是那里的天然气。今天上海、江苏、安徽这些东部发达地区用的天然气相当一部分是从新疆运来的。那么天然气开发中给新疆留成了多少呢？没多少！我接触的一个州的常务副州长，是位正厅级干部，现在工资是多少呢，他说他每年满打满算的工资能够达到8.9万元左右，他是高级领导干部，但他告诉我说：“谢教授，我一点不降低我的收入，我的正常收入就这么多，如果靠这点钱，我在我们这个地方买房子是不可能的，买一套合适的住房更是不可能的。”他讲的是非常实在的，他是一个汉族人。他继续给我讲：新疆长期以来维持非常低的工资水平。为什么会维持低工资？我是我们政府的官员、负责人，难道不想改善工作人员的工作条件和生活条件吗？不是，是没钱呀！一句话就是没钱。虽然我们的经济建设也搞得轰轰烈烈。

各位，像新疆这样一个物产如此富饶、人口又很少的地方，它的物产如果能够通过法律，明确地划分中央和地方的权属关系，它绝对不是一个穷地方或者欠发达地区，它至少应该是全国最富的地方之一。我们可以设想一下，如果国家在开发西部资源时，能够给新疆留成30%甚至20%，新疆也会在人均收入上进入全国最富庶的地区。但是目前，我们还没有在法律上这样做。没这样做，那么，尽管你进行了所谓道义性的援助，但是人家还是不会感恩。当然，从另一个角度讲，也说不过去，因为东部地区首先廉价地使用了那里的资源，才提供了蓬勃发展的可能。当然，东部地区的蓬勃发展不仅仅涉及能源和资源的问题，东部人民的吃苦耐劳、地缘优势、便捷交通以及人口竞争压力等当然也是非常重要的方面，但是西部地区至少提供了一些条件保障，那就是从西部地区廉价运来的能源和资源。所以，在这个意义上讲，东部已经是借用西部的资源发展起来了，然后再强调说我发展起来了，我回过头来再给你帮助一点，一些额外的恩赐，一种道义性援助，虽然这比不援助要好，但和借助法律划分中央和地方的权属关系，通过自由契约推动东西部的共进相比较，明显是一种次级策略。各位说对不对？如果站在西部人的立场上，你给我的所谓援助不能叫援助，那是你理所当然给我的返还。但现在，我们就把这种本来应属于法律关系的问题，变成一种道义关系了，并试图通过这种道义关系，促进中国的道义性团结。

和这个问题紧密相关，我在这里还想说明另一个问题。大家知道，长期以来，我国不要说其他地方的自治问题，即使民族区域自治问题作为我们中国最重要的国策之一，作为处理中央和地方关系时最重要的关系之一，但长期以来，一直得不到妥善解决。我在宁夏工作的时候，有人称“自治”就是“治自”，虽然这种说法有些极端，但不是一点道理都没有。大家知道，我国宪法规定，民族自治地方可以制定自治条例和单行条例，但是在座的诸位同学，大家知道现在我国五大自治区有哪个自治区制定了自治条例的？或者有没有制定自治条例的？嗯，没有！到目前为止，我国五大自治区尚没有一个制定自治条例的。是这些地方不愿制定吗？当然不是。其中原因或许很复杂、很棘手，但五大自治区，根据我国“八二宪法”(1982年《宪法》)和《民族区域自治法》，早已应当制定自治条例，可至今一个都没制定，这至少说明我们对它的重视程度，我们通过法律解决中央和地方关系的努力还做得很不够。当然，我国30个自治州大都制定了自治条例，这是好事。

这进一步说明：长期以来，我国政治传统在我那位老乡——秦始皇及其秦帝国——的影响之下，不擅长分权。一谈到分权，中央政府、上级政府就深感头疼。或许周朝末年战国时期的战乱给我们中国人留下了非常深刻的教训，其后汉代的地方割据又导致人们对地方自治有了深深的忌惮和戒心，再加上魏晋南北朝时期的一些分裂和动乱，导致我们对地方割据极其反感和厌恶。这种古代的历史传统，加之晚近以来，清末战乱、中华民国时期的地方自治和军阀割据及其战局等等，导致国人对分权和自治不但厌倦，而且明显恐惧。正因如此，我们的民族心理传统和政治治理传统，向来对从秦始皇开始就搞的“大一统”青睐有加，结果导致“两千年来之政，秦政也”。

不知道大家有没有看过《大秦帝国》这部小说或者改编的电视剧？这部小说是我上大学期间的经济法老师孙皓晖先生积十余年功夫撰写的。他曾是我国经济法学界“意志经济论”的提出者、主张者，相关文章最早发表在《中国社会科学》上。他的学说被经济法学界当时称为“意志经济关系论”，是当时我国经济法领域的四大观点之一。他后来离开了西北政法学院，甚至离开了法学界，转入文学和史学领域，搞历史小说创作去了，他曾写过《吴三桂》，后来，更是花了16年功夫，写就了这部六部十一卷五百多万字的《大秦帝国》。我认为他写得非常棒，不愧是学者写出来的小说，既有小说的可读性，也有学术的耐读性。那种夹叙夹议的叙述风格，让读者从中更深刻地看到大秦帝国的统治史、演变史以及这种历史对中国国民心理结构和国家运作方式的深刻影响。所以，尽管是一部小说，但他的分析是非常精到的，对人物的描写、刻画和制度构建过程中的心理斗争，确实令人拍案叫绝、掩卷长思。这绝不是因为他是我的老师才让我如此钦佩，而是因为在我看来，他确实写得很好才让我很钦佩。好了，这是个题外话，以帮助大家对相关问题的理解。

从秦始皇那个时候开始，我们就真正走上了一条人所向往的大一统之路，所以，大一统不仅是人们的一种行为追求，更是一种国民的心理结构：凡是大一统的国民都拥护；凡是出现地方割据、引致天下大乱的国民都反对。毫无疑问，作为一位公民，我也是这样的心理，国家统一，国民安居乐业，我感觉欣欣然；国家分裂、民不聊生，我自己也感觉怒不可遏，并且我相信，绝大多数知识分子，不会为此而庆幸，是吧？所以从这个角度来讲，大一统的观念深入我们国民的骨子里面，是我们国民心理结构的重要特点。正像我刚才讲的，其实“大一统”是一种团结模式，是一种社会组织的独特模式。问题在于，中国传统的大一统组织模式，至少自从秦朝以来，不是契约型团结模式，而是道德型团结模式。于是，中国历史成也于斯，败也于斯！“天下大势，合久必分、分久必合”的历史周期率，给我们提供了多少悲怆激越、波谲云诡的历史画面啊！但问题是，除了这种道德型团结可能让我们获得一个大型社会组织体，一个大一统的“天下”之外，还有没有其他方式获得同样的，甚至更好的大一统效果？我们知道，有的！

其实，一个社会及其组织模式通过契约型的团结，人家也可以实现大一统。大家知道，美国建国已经200多年了，除了建国初期近百年左右的领土扩张运动之外，其后百余年间，都能维持现有的领土面积大体上没有什么太大的变化，可见，人家也维持得非常稳定，不但非常稳定，而且非常和谐。也就是说通过契约型的团结，它也实现了这样一种大一统，实现了我们所称的美国帝国，或简称“美帝国”。如今的欧洲，却通过一种邦联（也是契约型团结）方式，实现了在经济、政治、人民日常交往问题上的另一种大一统。这说明，大一统情结不仅在我们中国有，不过我们中国的这样一种大一统的追求，格外强烈而已。只有这种大一统，才堪称“中国”，国外一些学者称“中华帝国”（我们现在有些学者在中性意义上用“帝国”这个词），有人强调说我们要重新恢复中华帝国的传统。我觉得恢复这一传统，未必；但是创新中华一统的方式和理念，则亟须。即用什么方式来实现中华一统？究竟是通过契约型团结模式，还是道德型团结模式，这是很值得考虑的。这是在这一单元，我想和大家交流的主要问题。

道德型团结模式是以示范道德作为前提，以别人的示范行为为基础的。但是这种示范的逻辑前提是大家都信从它。我们知道，最重要的道义型示范那就是宗教道德的示范了。在穆斯林世界有一个至上的道德示范，这个至上的道德示范是谁的示范啊？那就是真主安拉。但是真主安拉是个什么“形象”呢？大家知道，伊斯兰传统中的真主是无形无相的，它是世界上奉行最彻底的非偶像崇拜的宗教。伊斯兰教，是真正彻底的无偶像崇拜宗教。你到清真寺去，从来看不到花鸟鱼虫这样的绘画，也看不到类似于基督教教堂中圣母玛丽亚抱着孩子的图像，更没有类似耶稣受难的图像，任何图像都是没有的。为什么呢？因为它实行彻底的非偶像崇拜。当然也有一个是非常例外的，即在青海某地的一个清真寺，是建在原来坍塌了的佛教寺院的基础上的，所以佛教寺院的绘画在其清真寺的底座里面还有，这是我在中国见过的唯一的一个。这个清真寺我估计在全国是绝无仅有的，海外有没有我不知道。海外的穆斯林更纯，我估计有的可能性很小。这个清真寺具体在青海什么县我想不出来了，我得查一查。大家将来感兴趣的可以去看看，我觉得这是一个非常独特的景观，因为穆斯林世界是根本不相信任何偶像崇拜的。大家知道为什么塔利班要炸掉巴米扬大佛吗？为什么他要这么野蛮？很多人都觉得他的行为非常野蛮，但是如果当我们了解到穆斯林信奉的是无偶像崇拜的话，我们就会对塔利班的行为尽管不赞同，但是能够同情地理解他，能够理解他们为什么这么做？因为我们知道，他们信奉的是无偶像崇拜，而巴米扬大佛却是偶像崇拜的典型产物，所以他们要炸掉它（巴米扬大佛可是世界著名的文化遗产啊，它被炸掉之后，联合国有关方面都提出抗议了）。总之，神灵的示范，是一种至高无上的示范。不论是偶像崇拜的神灵，还是非偶像崇拜的神灵，都具有这种至高无上的道德示范价值。

另一种示范是先知的示范，例如在穆斯林世界，穆罕默德就是先知，这给人们一种示范，大家都很崇拜他、敬仰他；在基督教世界，耶稣就是先知，就是以其受难，给教民以垂范的道德示范者；在佛教世界，乔答摩·悉达多也起着这种作用；在我们中国，孔子、孙中山、毛泽东等都曾被人们称为先知，当然，他们不是对神的先知，而是真理的先知先觉者。但是所有的示范型道德都有一个巨大的隐忧，一旦这个道德示范自身是虚幻的，或者自身有不道德行为的时候，那么，这个道德示范就会完全坍塌。以毛泽东为例，“文革”期间人们认为毛泽东的诗词是至上的，毛泽东的文章是至上的，是无法超越的。记得徐迟先生（湖北一个著名的报告文学作家，据说前几年他因为上网看到的信息太多，一下子实在适应，或者忍受不了这个信息社会，居然跳楼自杀了。他写过陈景润，写过《哥德巴赫猜想》，写过李四光，写过《地质之光》。他那个报告文学啊，确实写得很漂亮，大家有兴趣可以上网查一查，估计能搜索到）生前就讲了这样一句话：文拜马克思，诗崇毛泽东。但后来有些人考证说，毛泽东的有些诗词确实是一气呵成、确实是出自他自己手笔，而有些诗词是经过别人替他修改、润色过的。当人们了解到毛泽东这样伟大的人物，他的诗词原来也要经过郭沫若等润改的时候,他那种至高无上的地位一下子就会在人们心目中坍塌,各位说是吧?记得小时候,我们村子里恢复高考以来第一位考上大学的学中文的朋友,有一次跟我讲(当时我还在上高中,没考上大学,我的小名叫谢中海):“中海啊,我们原来那样崇拜毛主席的文章,认为他不会有任何错误,但是我学了语法之后,再看毛主席的有些文章啊,它不是很符合语法,不符合语法规范,这让我对毛主席文章的严谨性产生了一些怀疑。”所以我说,道德示范它就存在这样的问题,一旦在某个方面出现纰漏,这个示范者本身出现纰漏,那么道德示范的效应就完全丧失。不但完全丧失,而且它的恶劣后果比没有道德示范更糟糕。这是道德示范的不可靠处。

道德型团结的第二点强调什么呢?它必然会强调上智下愚。强调道德高位者和道德低位者的存在,强调有些人是道德的高位者,有些人是道德的低位者,从而在道德上把人身份化。一个能帮助他人的人,是崇高者、伟大者,在此之外的受施舍的人,是道德上的低位或下位者,必须对施舍者千恩万谢。这本身并没有什么不好,但一旦身份化、定型化了,就自然地会形成人和人在道德上的依附关系,最后不可能真正产生法治意义上的公平。反倒产生的是什么呢?嗯,道德意义上的依附。这样的依附关系,必然会进一步反过来加重这样一个情形,即借助道德的专制!

我国曾提出过一个口号,说要把依法治国和以德治国结合起来。这个时候,山东某一个地区,现在叫市,来电话邀请我讲课。对方说:谢老师,原来你给我们讲法治,讲得非常好,你能不能给我们讲讲德治?我说过两天我再回复。过了若干天之后,他又打电话过来,问我定下来了没有。我说我可以去讲,但是我只怕我去了,只能是批判,只怕你们接受不了。这位办事者听后说:你来,我们就喜欢你批判,没问题。哈哈,他们还很开放吧?结果我去了之后,他们不但是让我讲,而且还给我做了录像。当时在那个场合,因为以前我给他们讲过一次法治的讲座,所以我也不好意思拒绝他们给我录像,但我也很担心。讲的过程很顺利,效果确实还不错。我讲的题目是“德性的法治”。我认为,事实上,法治本身充分地贯彻了道德原则,待会儿有时间我还会谈到。在法治之外再提出德治,一个是多此一举,另一个呢,可能只会导致一个借助道德的专权。为什么呢?因为高尚道德及其治理是不可靠的。说它不可靠,是说它必然把一些道德的发布者作为道德高尚者,把其他受道德规范的一群人作为道德低下者,在上者发号施令,在下者诺诺受之,从而导致的一个必然结果，反倒是“德治”本身的不道德。

有一年贺卫方教授邀请我在北京大学他的课堂上和学生交流。我在交流中，其中一个话题就是“希望工程与国家责任”问题。当我讲了这个主题的时候说：义务教育本来是我们国家的法律义务，当然也是国家的道德义务。当国家不能满足法律所规定的法律和道德义务的时候，在法律上应受罚，在道德上应受谴责和进行忏悔。但如今，你把义务教育的希望寄托在别人给你捐款上，我说从政府的角度来讲，政府是“缺德”的，是不道德的。为什么呢？因为你没尽到法定的责任。我当时还提出了一点：更令人反感的是，我们的一些政府机构，因为有些人捐款建了一座希望小学，然后居然堂而皇之地以自己的名义给捐款人颁奖！我说啊：你有什么资格给人家颁奖？你自己有什么脸面给人家颁奖？你自己都没尽到这个责任，人家给你尽了这个责任，那么你只能悄悄地、偷偷地、私下表示一下感谢就行了，是吧？你还大张旗鼓地不但要给人家颁奖，而且还要在电视上报道、在媒体上报道，简直是岂有此理！是不是？一个怠责、推卸责任，或者说没有尽到责任的政府，你有什么资格给我们那些高尚的公民、高尚的海外商人进行颁奖呢？当然，好在我们这些海外商人们捐了之后政府颁奖，他也很高兴，他倒不觉得是什么。但是从法律的角度讲，我说它根本没资格。道理就这么简单，因为你没有尽到法律责任，你在法律上不道德。还有，我们有些政府机构或者单位，没征得我们公民个人的同意，为了要让我们每个公民发挥崇高的、大公无私的道德精神，在我们的口袋里面，在我们的工资里面每个月给扣除若干。大家说，这道德不道德？不道德嘛！合法不合法？不合法嘛！因为捐不捐款完全是公民个人自治的事情，政府不能代表我们，单位也不能代表我们。

听到这里，在座的诸位同学可能会说：谢老师，你真是有点杨朱的风格，不拔一毛而利天下嘛；或者你这真有点王戎的性格，女儿向她借了钱结婚，他自己那样富有，但过了若干年，还问女儿要钱去、讨债去。哈哈，好像谢老师就是这样一个人，谢老师究竟是否这样，这是我自己的权利选择领域，我们且按下不表。我只是说，即使我并不赞同如此，但是在政府和国民的关系上，在涉及法律的契约关系上，我们必须做到这一点：当政府没有尽到责任的时候，当政府自身并不是一个道义化身的时候，它根本没资格要求公民道德。是不是如此？现在所谓的《公民道德建设纲要》，是以政府和政党的名义给公民下发的。但是这个道德纲要必须有一个前提，这个前提是：在我们中国，亟须强化的道德领域,是公权领域。公权行使的道德是我们特别需要重点建设和完善的,因为对公民而言,上有所好,下必效焉。而公权行使的道德就是服从法律,就是坚决依法办事——依法立法、依法执政、依法行政、依法司法……

有学者把道德分为四个层次。第一个层次的道德,叫公共道德,比如诚实信用,这就是公共道德。第二个层次的道德,就是职业道德。比如在《法官法》当中,在《警察法》当中,在《律师法》当中,在《执业医师法》当中等等,都规定了相关职业者职业道德的内容。第三个层次的道德是政治道德,政治道德就是说任何一个政治家必须谨守的道德。那么这种道德记载在哪里呢?就记载在《宪法》中。第四个层次的道德,叫私人道德。对于私人道德,我们应把它归入什么地方呢?我认为,应归入私人的权利领域。譬如,这杯水因为我很渴,我想喝,我们尊敬的徐老师也想喝,但是现在这杯水的所有权是我的。这时我可以选择说:徐老师你比我更需要,你先喝了吧。显然,这时我很道德,很高尚,我的权利处分便利了徐老师,但并没有便利我自己。但是呢,我也可以选择说:徐老师,我知道你很渴,我也很渴,咱们各喝一半,你先喝,我后喝,我不嫌弃你喝的。这样,我也选择了一种比较高尚的道德,我能照顾到我们是朋友,他的感受。当然,我还可以选择一种做法说:徐老师,尽管你很渴,我喝这杯水的时候,你肯定很馋、很想喝,但对不起,我也很渴,我就要一口把它灌进我肚子里去,就让你馋一馋。哈哈,这时,在道德上我尽管不怎么高尚,但是也符合私人道德的范畴啊。任何人不能因为我没把这杯水给徐老师,自己喝了,而用绳子来绑我。任何人不能说,你这个谢晖,你自私自利,我要把你在肉体上消灭掉!是不是?所以,我要给大家说,像这样一个领域,私人道德领域,它就是法律的权利领域。

所以我刚才讲,事实上现代法治,它就是一个德性体系,如果现代法治不强调这样的德性,它不反映公共道德,它不反映职业道德,它不反映政治家的政治道德,它不规范我们公民自行处分自己行为的道德,那么它怎么能称得上是一个治国安邦的规范体系呢,怎么能让它作为治国的方略呢?那是不可能的事情。所以从这个意义上来讲,我个人觉得我们的政治领袖强调把依法治国和以德治国结合起来,这是很成问题的。人们根本不知道现代法治就是一个德性体系,或者即使有人知道了,也觉得法治搞了多年,对我们国家的某些统治领域而言,会多多少少有一点威胁。当然,这只是推测,无真凭实据。

比如说法学界探讨的一些问题,可能会对目前的道德统治体系构成一种威胁。在今年于某地举行的全国性学术研讨会上，开幕式的主席台上就坐着七位部级干部，一位厅级干部。部级干部中有两位是正部级干部，其中一位正部级干部，用了整整两个多小时，面对近两百位法学界人士，把法学界大批了一通，批完了，自己拍屁股走人了。后来在讨论的时候，几个环节我没有参加，最后闭幕式环节我参加了。我看到我们有些学者非常沮丧，针对此，我讲了三点：一喜、一忧、一憧憬。一喜，为什么要喜？因为我认为法学界探讨的问题，居然成了国家所关注的核心问题，而政治学界、哲学界、经济学界探讨的问题反倒退居其次了，这样一个学术会议、纯粹学界的会议，都要国家派大员来做教导，足以说明国家对法学界的重视。当然这种重视是警惕性的重视还是信任性的重视，另当别论。总之，我说听后很高兴。如果长此以往，法学界继续发展，可能对中国的影响还会更大。一忧，为什么要忧？我认为，在这样一个重大的场合，我们的青年学者们都闭口不言，这让我感到非常忧虑。我说我们青年学者，包括你们在座的周老师这一代学者，应当说是比我们更有才华，更有知识积淀，更有广阔知识视野的一代，他们更应起来抗辩、反驳。但是当时除了广东某大学一位博士，在那里慷慨激昂地发了一番言之外，其他人都闭口不言。这让我感觉很忧。一憧憬，为什么能憧憬。我认为：如果我们的下一代学者都能够秉持我们老一辈，包括我们这一代人的一些优良传统，继续把有些问题锲而不舍地钻研下去，我相信我们中国已经改革开放了 30 多年，如果我们国内外的重大环境不变，再过 30 年，在你们这一代人手上，我们的法治肯定会有明媚曙光。

我讲这个想说明什么问题呢？尽管我们倡导法治这么多年，但是回头想想，因为法治毕竟和我们中国传统的治理方式，包括新中国成立以来的执政治理方式，确实是有天壤之别的，所以，在这一过程当中，有些当权者或许感觉到：搞法治似乎对我们并不是一件天然有利的事情。这也说明学者的努力产生了一些政治影响，所以学者要通过自己坚韧的精神，要想方设法去影响社会甚至改造社会。改造社会不但是可以理解的，而且是法学者的使命。

道德型团结的第三个问题是：它并不是法治的结构性因素，反之，它往往是法治的解构性因素。除非道德型团结已经被纳入现代法治体系当中，直接成为契约型团结的另一种表达形式，那么它才是和法治相吻合的，否则它只能是法治的解构因素。同样，在中央和地方关系当中，如果我们更多地强调地方对中央的这样一种感恩戴德，更多地强调中央对地方是一种什么支援关系，更多地强调的是东部对西部是什么支援关系，而不真正地给地方以自治权和自主权，不设法在契约基础之上来解决我们中央和地方的关系、地方和地方的关系，那么，最后导致的一个必然的逻辑结果是什么呢？是中央团结型的政治。我这里借用的是国外一位比较制度经济学家讲的概念，他在谈到我们中国的经济制度模式时说，是中央团结型的。这样一种中央团结型的模式，和契约型团结不相关，反倒是一种道德型的团结模式。它不可能是现代法治的。我甚至认为，只要不是契约团结型的，就不可能是法治的。所以要真正地实现法治，那么，在政治领域当中，在中央与地方关系领域当中，我是主张契约型团结的，即把道德的问题纳入法律范畴说事，而不要以道德说事，特别对政府而言。

我在山东工作的时候，碰到过这样的事。某市司法局搞了一个经验，叫"依法治家"的经验。有一次，该司法局工作人员跟我讲：谢老师，您看看我们这个"依法治家"经验展开之后，效果非常好。您能不能来给我们论证论证，"依法治家"经验能不能成为全国的一个示范呢，我们想把这个经验向全国推广。这也是当时山东司法厅所推广的"五大经验"、"五朵金花"之一。我听后跟他们讲，从政府的角度来讲，家庭领域："风能进，雨能进，政府不能进。"我说，家庭从法律上来讲，不是不能进行法律治理，但即使如此，它是个自治的范畴，而不是他治的范畴。那你现在要人家"依法治家"，是谁要求啊？是政府要求的。它怎么依法治家的呢？教村民怎么叠被子、怎么放杯子、怎么建厕所……这些都是政府统一规划的。不是说这种规划不好，而是通过政府这样的强制不好。我们知道这样的规划在河南周口也出现过。河南周口曾有过在所有的农民家庭都安装抽水马桶的规划，但这个马桶呢，因为家里根本没水可抽，最后，农民只能把马桶挖出来扔掉。据报道，当时周口乡村的街头到处扔的都是白瓷马桶。显然，说政府过分、政府专横、政府专断，也不过分吧？看上去你在干好事，但事实上是一种道德的专断。再比如说，我们以政府的名义搞所谓"十星级文明户"、"九星级文明户"。这类举措，本来在古典社会也有，但它是在保甲制度下一些地方自治组织搞的，而不是以政府的名义搞的。现在我们是以政府的名义搞的，所以这就很成问题。还以山东那个市为例：后来因为我国提出了要把依法治国和以德治国结合起来，该市立马把"依法治家"的口号改了，改成什么了呢？同学们能猜上来吗？哈哈，似乎还改得很好呢。嗯，新口号是："法德结合，文明理家。"道德和法律双治理，文明理家庭，后来这个所谓事迹、所谓经验真还被推向了有关新闻媒体，《光明日报》专文作了经验介绍,并受到当时一位司法部的副部长的高度赞扬。我不是说地方政府的这些探索没有作用,只是说这种道德治理,或者道德型团结模式,如果没有政府自身的道德作为前提,就只能针对愚昧说话,而不能针对文明说话。这就是说道德型团结,或者道德治理的不可靠性。也说明以道德型团结来处理中央和地方,地方和地方关系的不可靠性。

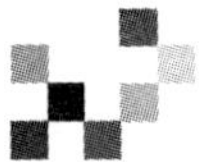

四、地方自治、法治和中国的国家前景

好,最后,我再和大家简要地交流一个问题:地方自治、法治和国家安全或者中国的国家前景。当我讲到这里的时候,在座的诸位同学自然会向我提出一个问题,那就是我刚才讲到的《三国演义》一开场就提出的那个问题:"话说天下大势,合久必分,分久必合"。确实,在我们中国的历史上,一旦强调地方自治,往往容易导致天下大乱;一旦强调中央集权,往往又会统得太死。这种情形不仅仅在中国古典的历史上存在,而且即使在共和国的历史上也存在过。自共和国成立以来,我国的经济和社会有个重大的特点是:"一放就乱,一管就死。"这样的问题,其实就是中国"历史周期率"的另一种写照和反映。在延安时期,民国时期一位著名的民主人士黄炎培率团来到延安,和毛泽东进行了对话。在对话当中,他问毛泽东如何克服"其兴也勃焉,其亡也忽焉"的"周期率"?毛泽东告诉他,共产党人找到了克服的法宝,这个法宝是什么呢?嗯,对,这就是"民主"。结果他回去后发表了一篇文章叫《延安归来》。在这篇文章当中,他也对未来充满了信心。

但是现在共和国已经成立60多年了,我们完全可以说在很多方面国家都做得非常好,经济方面、社会方面、民生改善方面做得都非常好,举世瞩目。但至少也可以说问题还不少。例如在经济领域,到今天为止,我们的经济仍然主要是政府经济,而不是所谓的市场经济,是市长经济而不是所谓的商品经济。在这种情况下,我们仍然面临很多隐忧。在法律领域,有法不依、执法不严,甚至公开抛开法律搞"执法"司空见惯。最近,江平先生大声疾呼:我们中国的法治在发生着重大的倒退,我想,老人家不是杞人忧天。这种情形下,如何解决合久必分,分久必合的问题?大家或许要问:谢老师,搞了这样一种你所说的地方自治,就一定能解决"周期率"问题吗?难道强调地方自治,哪怕是契约型的地方自治，就一定能保障我们中国不会天下大乱？说老实话，我在讲这个问题的时候也在慎重地思考相关问题。既然关注这样一个问题，你就不可能不思考它。

我个人觉得，我们中国之所以长期以来存在着合久必分，分久必合的“周期率”，关键的原因恰恰不在于我们按照契约型法治而为，而是我们要么没有法律，要么不尊重法律的结果。我们没有常经，法律贵在恒常，法律就是一种我们进行社会治理的常经。当这样一种常经失去了的时候，我们就只能头痛医头，脚痛医脚。最后导致的结果是什么呢？不是所谓法治，而是拍脑袋治，而是运动治，而是最高指示治。

例如这次重庆打黑，大家知道，本来是一件很好的事情，我个人认为从初衷来讲，绝对是不坏的，社会上那些黑恶现象确实达到了令人发指的程度。运动针对的对象也是事实，但是为什么法学者绝大多数对这样一个打黑运动如此反感呢？原因就在于它不尊重程序，是运动式打黑。我在很多年前写了一篇文章，叫做《运动式执法，可以休矣》，这篇文章写出来之后，发表在某个刊物上。某机关一位读者看到这篇文章之后就专门写文章批判我。这个批判文章寄到了该刊的编辑手上，编辑又给我打电话说，“谢老师，这个文章我给你发过去，你看看怎么处理，人家要求发表”。我看了后说也没什么，有几句话说得确实比较难听，但也是我可以接受的难听。我说你就发表吧。然后，该编辑说：是这样的谢老师，我向他们再征求下意见，最好能把那些过分的词删掉，然后发表。后来他把过分的词真还删掉了，人家也表达得很客气，把这个相关的词删掉了，也发表了。对这样一种“运动式执法”，在有些人看来，批判它似乎还是个问题，而我觉得，这种执法方式，恰恰违背了法律作为治国“常经”，贵在恒常的特征和属性。

这一次在重庆打黑事件之后，我又连续写了两篇文章，批判了重庆这样的运动式扫黑。我觉得不是说打黑从道义上站不住脚，而是说从程序上站不住脚。不是你的初衷是非法的，而是说你的一些程序是非法的；不是说所有的程序都是非法的，至少有些程序是非法的。但是对于政府而言，对于司法而言，哪怕在程序上有一点是公然非法的，是有瑕疵的，而你不进行修改，不进行修正，那么，对法治而言，就会“千里之堤，溃于蚁穴”，就是这样简单的道理。

我通过这个例证要说明什么问题？我想说明我国长期以来之所以社会不断地出现动乱，关键的原因不是因为我们搞以地方自治为前提，以主体个人自治为前提的法治而搞糟的，而是因为什么而搞糟的呢？对，我们普遍地缺乏遵守法度的意识，普遍缺乏对法律的信任和信用导致的。我国目前所发生的重大问题，都是因为缺乏对法律的信用，从而我们的法律本身是不守信的。刚才我们谈到了“大闹大解决、小闹小解决、不闹不解决、一闹就解决”的问题，以“闹”作为解决问题的前提，那这个国家还有什么法度可言呢？有些政要居然在那么多的著名学者面前讲，我们讲法治，并不是说机械地时时处处要严格按照规则办事。亏他还是法学博士呢！还是著名教授培养的法学博士呢！我认为，这简直是胡说八道！搞法治，按照富勒先生的说法，就是使每个人的行为服从什么呢？嗯，对，“服从规则治理的事业”。法治就是要使每个人的行为服从规则治理。即使在司法活动过程中，有所谓“法官造法”，有所谓法律续造，有所谓法律发现，有所谓事实替代等等这些法律方法，但法官还必须把它纳入符合规范的范畴。以表明我法官这样做，不是我恣意妄为，不是我司法专横，而是我根据法律，所采取的一种完善法律、合理解决纠纷的阐释方法，是不是这样？可一位高级政要、一位法学博士，居然讲这样的话，那你简直就是在明明白白地解构法治嘛。

多年前，我出版了一本书，叫做《法律信仰的理念与基础》，对这本书，法学界是褒贬不一。褒者认为，法律信仰问题直指我国法治的要害。对法律信仰问题的关注已经成为很多学者的共识，不少学者用“法律信仰”的概念，都来自我这本书。贬者认为对法律还有什么信仰可言？法律不能成为信仰的对象。比如西南政法大学的张永和教授，再比如人民大学的范愉教授，还有广西大学的魏敦友教授等，他们对“法律信仰”这个命题作了认真的批判。对于这种学术批评，我是很高兴的。但是今天我仍然要讲，当我们这样一个国家，法律不被人们信仰，或者我们不用“信仰”这样一个词，当法律没有“信用”的时候、当领导人个人发号施令成为我们这个国家治理国政的最基本策略的时候，那么我们面临的结果只能是：遇上一个好领导，我们可能天下大治；遇上一个山东人说的孬领导，只能天下大乱。当领导人德性能发挥团结功能的时候，天下或能大治，当领导人自身德性缺陷显露时，天下必然遭殃，只能如此！所以在我看来，我们中国分久必合、合久必分的逻辑前提，是没有形成对法律如契约般遵循这样一种制度机制，没有把法律当作一种信约看待，没有把法律当作言必行、行必果的这样一种信用机制来看待，而恰恰不是我们根据契约型团结模式搞了法治、搞了地方自治，才导致我国“周期率”的出现。我开讲时，给志希特别建议，可以研究一下周朝长治久安的契约因素。在这里再次建议你，是不是可以比较着研究一下：为什么在美国这样一个典型的契约型法治国家，它也能够稳定地维持这么多年？它那个宪法经过不断修正，也能够维持良好的社会秩序达数百年之久？还有，为什么周朝实行分封制，但是只有西周和春秋早期施行得比较好？你不妨将来可以向张传玺先生请教一下。这样，通过古今中外的对比，看看为什么通过以地方自治为前提的契约型法治反倒能够导致一个国家的长治久安，看看它究竟是如何导致国家长治久安的。

好了，最后我要得出一个结论，中国真正要更好地解决未来的一些重大的问题，特别是国家结构问题，中央和地方的关系问题以及地方和地方的关系问题，则地方自治是迟早会面对的一个问题。不解决这样一个问题，就不可能真正面对法治，不可能和法治相关联。那样，即使我们空谈很多法治问题，法治仍然不可能呈现。从这个意义上讲，地方自治以及和地方自治相关的主体自治，它是法治的逻辑前提。在这样一种逻辑前提之下，要真正实现地方自治需要靠什么呢？我认为不是靠道义型的团结机制，而是要靠契约型的团结机制。只有奉行契约型的团结机制，我个人认为，才能够真正达致我们国家的长治久安，才能够达致我们民族的真正团结——契约型团结，才能够迈向我们法律人追求的治理境界——法律之治。

好，我今天的主报告就到这，感谢大家！感谢徐老师！

主持人总结

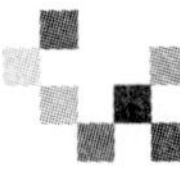

徐崇利：各位同学，今天晚上我们谢晖教授给我们做了一场非常精彩的法理学讲座。我不是搞法理学的，我也发表不了很精辟的评论。我讲的话只有一句，今天谢晖教授的这个论题是“地方自治与法治”，但是我们刚才听了两个多小时的谢老师的学术报告，我发现他讲的远远超出了这个论题，它其实包含的是我们国家法理的一些基本的命题，这些命题有很多方面，其中一个方面，就是谢教授讲的权力强制、道德强制与自治的关系。或者是说用自治对抗权力强制跟道德强制的这样一种关系。但是，对这种关系，我们还可以放在中国更广的文化、政治、社会等等一些背景当中去理解，那么，我相信同学们还会提出很多的问题，也有很多的想法，也可能这些想法与我们谢老师的思想并不一致，但我想，这也是学术争鸣的很重要的一个方面。希望以后同学们有更多的时间跟谢老师交流，向谢老师请教。以后我们会再次欢迎谢晖老师有机会来我们厦门大学给大家带来这种学术的盛宴。最后我们再次以热烈的掌声，感谢谢老师今天晚上精彩的学术演讲。

第七讲

西北法学研究与中国法学流派*

——在甘肃政法学院的讲演

报告人　谢晖教授

主持人　史玉成教授

时　间　2009年12月23日

地　点　甘肃政法学院

尊敬的各位老师、尊敬的各位同学，大家晚上好！今天非常有幸再次来到甘肃政法学院，和我们的同学进行交流，和我们的老师共同探讨一个话题："西北的法学研究与中国法学流派"问题，这个话题在很大程度上是受在座的西北师范大学王勇副教授的一个研究思路的影响。下面我就谈这样几个问题。

一、法学研究的人类学路线和哲学路线

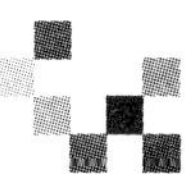

大家知道，法学研究分为不同的学术流派，不同的学术流派又采取不同的研究方式、研究路线和研究方法。从研究路线来讲，两个最具有典型性的路线是人类学路线和哲学路线。人类学的路线更多的是期望从初民社会组织秩序的个案出发，或从个例出发，来探讨人类秩序的建构问题。大家知道美国有一位著名的法学家叫霍贝尔，他写了一本书，这本书在我们国内有两个译本。一

---

* 本讲内容，是我应甘肃政法学院的邀请，在该校所作的同题讲演的录音整理稿。由甘肃政法学院高成军老师根据录音整理，西北师范大学王勇教授做了润色。感谢高成军、王勇等对本文的贡献！本文发表于《甘肃政法学院学报》2010年第1期。

个译本叫《初民的法律》，是由中国社会科学院周勇先生翻译的；另一个译本叫《原始人的法》，是由原来我在西北政法大学读书期间的老师严存生教授组织几个人翻译的。这两个译本在我们国内影响都比较大。那么，这本书它究竟研究的是一个什么样的问题呢？其实，它更多地研究的是在一个初民社会，人们的交往关系和社会组织的构建问题。在座的同学都知道，我们在学习法理学的时候，关于法律发展有一个基本的概念，认为在初民社会或者原始社会当中是不存在法律的。但是，霍贝尔先生却通过对特罗布里恩人和爱斯基摩人等七个原始部落的考察和研究，得出了一个结论：在初民社会当中不仅有法律，而且它还有非常独特、坚固的法律意识和法律秩序，并且这些部落的纠纷解决机制也是非常独特的。他通过对纠纷解决机制的研讨，说明初民社会的法律状况，然后说明法律的精神和实践源头问题，这一点应当说为萨维尼的历史法学派做了一个佐证，这是人类学的路线。

这些年来，我们中国有诸多的学者也在研究不同地方、不同区域和不同民族的独特秩序构造问题。那么这种秩序构造与法律有什么关系？事实上经济学家将人类秩序分为两种，一种叫正式制度的秩序，另一种叫非正式制度的秩序。正式制度包含了我们经常说的国家法律这样一种秩序构造体系，但是，非正式制度更多地讲的就是以民间规则为基础所形成的人类秩序构造。从这个意义上讲，无论是正式秩序还是非正式秩序，或者正式制度还是非正式制度，它都在有效地管理、构造人类秩序，因此，它们的功能具有互补性。虽然这些年来，我们中国有很多的学者在专门研究这样一个问题，即不同民族、不同地方、不同团体、不同阶层的内部规则问题，但对这一研究的学科属性人们看法并不统一。这样的一种规则研究，究竟是一个社会学问题还是一个法学问题？人们的看法并不相同。固然，有些人可以从社会学的角度去研究，而有些人特别是法学者更应当从法律角度去研究。比如我在咱们《甘肃政法学院学报》主持的“民间法、民族习惯法”这样一个栏目，它本身就是更多地从法学角度来研究相关非正式制度的秩序建构问题的。可能大家会问：你所说的这样一些规则，显然不是我们所学的国家法意义上的规则，你怎么说这是从法学视角研究的呢？因为在我们研究法学的时候，至少有一个基本的概念，这个概念是法学研究的对象就是法律制度，以及法律制度的运行，或者和法律制度相关的其他社会现象。但是，你现在研究的民间规则或者民间习惯它不是一种法律制度，为什么我们能把它纳入法学角度进行研究？

这样的问题很好，我也愿意尝试回答。我们知道，国外有一个著名的法学流派，这个法学流派，有些人把它叫做分析实证主义法学，也有些人把它叫做规范分析法学。不论哪种叫法，他们这种法学流派有一个基本的观点，这就是应当在法学研究当中抛弃或者去除一切其他非法律的因素，法学研究仅仅研究作为国家命令的法律，这种法学在凯尔森那里又被称为纯粹法学。但是，我们今天从人类学或社会学视角研究非正式制度（规则）时，它也有一个法律或法学问题。为什么我要特别提及这样一个问题，因为它对我国更有意义。要理解它，必须首先要温习一下不同国家的结构问题。大家知道，从国家结构来讲，我们中国实行的是单一制，并且是一个单一制的大国，不论从人口角度而言，还是从国土面积角度而言，我们都是一个单一制结构的大国。这样一个单一制结构的大国，各个地方、各个民族、各个阶层的文化多样性是明显的，并且是极其复杂的，所以欧洲一位学者在谈及我们中国文化多样性的时候，他说中国地方与地方之间的文化多样性，远远超过了欧洲国与国之间的文化多样性。但就是这样一个国家，我们从共和国成立以来，实行的却是单一制的国家结构。大家也知道，自从我们的老乡秦始皇以来，我们中国在历史上就早已实行的是这种单一制结构。单一制结构的特点是：在制度建设上强调的是自上而下，一以贯之，即使各个地方的风俗民情再不同，国家也要执行统一的规则。这样一来就存在一个问题：一方面我们国家是一个文化多样性的国家，另一方面我们又要实行单一制的制度和法律。在这样一种情形之下，我们的口号是：既要保护灿烂的、多元的文化，又要使我们的行动模式、行动规则完全统一。这究竟可以不可以？能成不能成？在这种情形下，如何从法学视角看待各地不同的习惯传统和固有的纠纷解决方式？这就是问题所在。

大家都知道，美国也是一个大国，无论从人口还是从国土面积看，它都是一个大国。它所实行的是联邦制，并且它的联邦制特别强调地方自治的价值。它的地方自治究竟达到什么程度呢？（此处举例因为和前面丹尼森市的介绍重复，故略去）在它们那里，不论城市大小，完全是平等，假如要开这一地区各个市长的会议的话，都围绕圆桌开会。假如在圆桌会议上表决的话，每个市长只有一张表决票，即每个城市有一张表决票。即使是一个很小的一个城市，也有议会，也有议员。一般城市的市长也是这个城市的议长。这是典型的城市不分大小，各个城市一律平等嘛。这就与联合国的那个原则类似：国家不分大小，在国际社会当中一律平等。

那么它是如何实现平等的呢？我以为，这个平等就体现在真正的地方自治上。(此处举例因为和前面丹尼森市的介绍重复，故略去)美国尽管也是一个大国，也是一个幅员辽阔、人口众多的国家，但是他们就能够充分地把地方规则或民间规范反映在它的各个地方的自治模式的法律体系当中，但是我们就不行。我家乡所在的甘谷县，有近 60 万人口，但甘谷县没有地方立法权，甘谷县居民之间即使有再独特的民间规则，但只要公民和公民之间有纠纷起诉到法院去，法院执行、适用的只能是中华人民共和国统一的法律。这样就难免会产生像《秋菊打官司》中秋菊那样的困惑。为什么会出现这种情形？这显然和单一制结构的国家中法律的特征有关。在以秋菊为典型代表的村民们的心目当中，所希望的就是你给我一个“说法”、一个理由，或者给我赔个礼道个歉就行了。他们从来没想过把乡里乡亲的人送到监狱里面去。但是按照我们单一制共和国统一的法律，却只能把他送到监狱里面去，让人家秋菊站在黄土坡上，感慨喟叹了很久……

这种现象说明什么呢？说明在我们这样的单一制国家里，文化的多元性并不能真正地在法律当中得到表达。但是在现实生活中，我们既生活在统一的国家法律体系下，更生活在一个多元文化的结构当中。每年春节回到我们那个 160 多人口的村子里面去，我必须遵循那个村子里面的规则，我遵循的不是国家规则。我们日常秩序的构建，包括红事、白事，以及小孩过满月等等这样一些事情，这样一些人际往来及其秩序构造，这样一些村民相互之间的协作关系，根本不是国家法律给村民赋予的，而是人们根据地方规则来进行的。尤其是乡村地区的那些红事、白事，在座的各位关注乡村地区的人都清楚，这些年乡村地区的青壮年劳力都外出打工，家里一旦遇上个红事、白事的，往往是老人出面。那么，在这种情形下怎样进行合作？国家有没有相关的现成方案？大家知道没有的嘛。那怎么办？现实是只有村民之间根据固有的风俗习惯进行合作。这表明，固有的风俗习惯是秩序构造的一个非常重要的方式。对这样一个秩序构造的方式，如果你不闻不问，等于说你没有关注这个国家的文化。正是从这个意义上讲，现在我们国内诸多的法学学者才会专门研究地方性规则和民间规则。

那么地方性规则或民间规则它能提供一种什么样的知识？地方性规则能否建立一种知识体系？有很多我尊敬的学者，他们一谈到地方性这个问题的时候，就非常反感。比如说大家在看法律博客网的时候，会发现法律博客网上有一位著名的博友，这位先生也是我们国内一位著名的教授，他在谈到民间规则或地方性知识的时候，就坚决反对法学研究搞什么民间规则或地方性知识的研究，认为法学研究就是要研究普适性的问题、一般性的问题、放之四海而皆准的问题，法学者不能研究地方性的问题。但是这种情形与从人类学视角做研究的一些学者完全不一样。刚才我讲，我们在座的王勇副教授就是专门从人类学或社会学视角做研究的。我知道他今年暑假在咱们甘肃、青海以及宁夏等很多地方做了非常深入的调查，他已经写了一些调查的手记，我在他的博客上看到了，看到之后也很感动。这样一种研究能否给我们提供一个知识基础？事实上人类学自从马林诺夫斯基创立以来，已经给我们提供了一个非常重大的知识基础。可以说，一切知识它既体现在日常所谓普适性上，也体现在所谓地方性的普适性上。在这里，我想提供给大家两个普适性的概念：一个普适性是放之四海而皆准的普适性，另一个普适性是地方性的普适性。地方性的普适性是什么意思呢？我们中国古人讲，入国问禁、入乡随俗。入国问禁，说明不同国家和不同国家的法律制度是不同的，所以你要了解人家这个国家的风俗习惯、法律制度，这样就能更好地融入这个国家，所以你必须要入国问禁。当年英国人到中国来的时候，他们就特别关注中国固有的规则，英国人曾统治过我们中国两个地方：一个是香港，再一个就是威海。国内有一位非常著名的学者苏亦工先生，他就曾非常深入地研究过英国人统治香港期间，香港法当中的中国习惯因素。我当年在威海分校工作的时候，我们学院几位老师就专门研究威海卫法律制度。所谓威海卫法律制度，就是指在英国统治威海32年期间，它的审判模式、审判制度以及审判中运用的规则。威海档案馆的工作人员在访英时发现：在英国的一个档案馆里，竟有30多万页涉及威海的档案。后来他们把其中3万多页复印过来了。我们老师就借助这3万多页资料进行研究。在这3万多页资料里，有大量的威海当地当年的风俗、民习，还有当年司法裁判当中运用的民俗和中国法律。这就说明英国人在进入中国的时候，他并没有完全把自己的法律强硬性地推行到这个地方，也没有强硬性地移植在香港、九龙，英国人首先是渐渐地了解这个地方的规则是什么，并按照这个地方的规则一步步安排其制度的。大家知道，香港当年的有些制度中，一直存在着清朝法律制度的因素，有些内容，直到1971年才在立法上废除。比如说，香港男子娶妾的制度就直到1971年才废除；再比如说，香港的妇女没有自己单独的姓氏，她必须挂名丈夫的姓氏，然后把自己的姓放在后面，如果我没记错，这个制度也是在1971年才去掉的。到今天为止，香港法律制度仍有中国民俗的因素，比如说它的婚姻制度。在香港的婚姻制度中，仪式是婚姻成立的必要要件，但它规定既可以采取宗教仪式，也可以采取民事仪式。其中民事仪式就来自于我们中国的传统。从这个角度讲，即使英国这样一个其法律制度在世界上发生过巨大影响的国家，它在统治别国或别的地区的时候，仍然要考虑这个国家或这个地区自身的民族传统和它的秩序构造方式。

但是我们共和国成立以来，却把这一切都打破了，把一切旧传统都革除了！这种激烈的反传统有时候甚至到了不可思议的程度，甚至到了引起民族问题的地步！比如在宁夏曾发生过为了落实当时中央关于养猪的政策，地方政府强迫回民养猪的事件，最后引起了很大的民族问题。再比如，在我们非常熟悉的泸沽湖，大家知道，泸沽湖这个地方的摩梭人实行走婚制，有些人把其称为母权制，这样的走婚制度现在都还存在。但是在“文化大革命”期间，我们为了坚持一夫一妻制，曾经把一些有多夫或者多妻行为的走婚按照犯罪行为来处理，有些甚至被处以反革命流氓罪。这种种悲剧，就是因为我们过度强调了中央政府法律或政令的统一性，最后把地方性因素完全给消灭掉了，导致了我们的多元文化不复当年，多元传统胜景难再。从这个意义上讲，我认为法人类学研究路线它能够提供一种知识基础，这种知识基础就是要说明我们人类生存的多样性，它本身具有普遍性，或者说多元性它本身就包含着一种知识基础，这种知识基础我把它叫做地方性的普适性。你到任何一个国家、任何一个地方去，必须尊重人家的地方性。所谓放之四海而皆准的规则我们要尊重，但是地方性规则，我们也要尊重。或者说尊重地方性规则，本身是放之四海而皆准的。所以和这个问题相关联，我曾经在一个国际会议上提出了一个主张，我说我们不仅仅要强调全球化，而且我们一定要问清楚是哪种意义上的全球化。我把全球化分为两种，一种是普世性的所谓压制性的全球化，另一种是对话性的全球化。而对话的全球化它恰恰是建立在多元性的普适性基础之上，它建立在我们通过多元对话，最后形成一种人类秩序的构造体系这种理念基础上。

事实上，20世纪以来一些哲学流派所讲的都是这样一个问题，比如说伽达默尔的诠释学，他讲的是我们在交往中要形成一种沟通，即要通过对话、协商、交流形成人们交往当中的一种“视域融合”。他反对科学的一元性，认为近代以来的科学主义思潮尽管在科学上是有道理的，但是科学所强调一是一、二是二，它没任何其他可选择性，科学不能说既是一又是二的问题，它只能一是

一、二是二。但诠释学所强调的是在人类秩序的构造当中，在人与人的思想和行动关系当中，不仅仅有一是一、二是二的关系，而且还有可能一不是一、二不是二这种情形，所以我们需要进行对话，需要进行协商来解决问题、构造秩序。还有我们大家都非常熟悉的哈贝马斯，法兰克福学派的第二代学术领袖，他也强调一个主张，这个主张就叫商谈伦理学。这其中的法学思想也非常丰富，特别是他的《在事实与规范之间》这本书，专门表达了他的法学思想。他强调对话理论，我们在人文一社会领域当中，只能通过对话来理解、沟通我们的观点和分歧，所以他提出，人们的对话就是要达成一种同情的理解，而不是说最后的、终极的理解。没有终极的理解，只有同情的理解。同情的理解是什么意思呢？在这里我想起了塔利班。大家知道，塔利班是一支有知识素养的部队，其部队成员大多数都是大学生，都是伊斯兰神学院毕业的大学生，但塔利班有一年做了一件让世人很震惊的事——把世界第二大佛巴米扬大佛给炸掉了，炸掉之后世人非常震惊！这样一支素有训练、有知识基础的军队怎么能把这样一个重大的人类文化遗产给炸掉了？有些人说其野蛮，我们权且认可这一说法，也有些人说其反文明，我们也可权且认可这一说法，但是，这样的评价都没有深入到塔利班行动的堂奥中，或者没有对塔利班的行为进行同情的理解。同情的理解不是我们赞成他们，但是我们要理解他们为什么一定要炸掉它。我对此的同情的理解是：我们知道伊斯兰教它坚持非偶像崇拜，伊斯兰的真主就是无形无相的，大家想一下在清真寺里面有没有看到过真主的化身呢？没有啊，没有什么真主的化身，这就不像我们进入天主教堂一样，有耶稣的化身，有圣母的化身，在佛教寺院里面有佛陀的化身，有各个罗汉的化身那样。整个穆斯林实行的是非偶像崇拜，它有一个非常坚固的哲学基础，这个哲学基础就是说如果人能够给神塑像，那么神还是神吗？它的这个哲学基础是非常彻底的，人是不能给神塑像的，神是绝对支配人的，人在任何意义上、哪怕在形象上也是不能支配神的，不能以物乱神。人能够给神塑像，那是神受人的支配，而不是人受神的支配。所以从这个意义上来讲，穆斯林它是非常彻底的非偶像崇拜者，所以他们才要炸掉了巴米扬大佛。我们一旦知道了这样一个背景，对塔利班的这样一个行为就能够产生一种所谓同情的理解——这就很能说明我们刚才讲的哈贝马斯的理论——什么是同情的理解？人类在交往中不可能达成一种完全一致的理解：要在一位穆斯林教徒和一位基督教教徒之间在信仰问题上达成完全一致的理解，这几乎是不可能的，我们只能通过对话，实现同情的理解，从而我尊重你，你也尊重我，这就是文化的多元性，这就是我所讲的在人类学意义上，我们需要建立一种多元性的普适性。在这个意义上讲，法人类学的研究，恰恰是要在多元规范或法律就是地方性知识这样一个基础上，寻求一种"地方性的普适性"知识。

而法学研究的哲学路线就是寻求人类生活的共同基础，这个共同基础非常重要。确实，我们人类的生活有共同基础，我在我的《法治讲演录》当中，专门提到了在中国文化传统当中和西方文化传统当中，所曾经表达过的普适性内容。比如说，在中国文化传统当中特别强调诚信，"君子不信而不立"，仁、义、礼、智、信的落脚点要放在"信"字上。这样一种文化传统不仅仅在中国古代社会当中有，而且在西方社会当中也有，所以在罗马法当中，它把诚信视为像坚硬的石头那样，它是人类不可改变的品质，这就是普适性的东西。所以现代民法当中有一个原则，即诚实信用原则，大家知道，这是民法的帝王条款。而要我说，它不仅仅是民法的帝王条款，更是我们整个人类交往行为共同的帝王条款，"人无信而不立"。再一个是尊老爱幼，不仅仅在我们中国传统当中有尊老爱幼，有"亲亲得相首匿"。根据我们国内著名学者范忠信教授的考证，在当今世界 35 个国家的刑事法当中，绝大多数规定了亲属之间没有作证的义务。我们中国现在却是反其道而行之！我们中国古典社会当中亲属之间除了十恶不赦的罪之外，就没有作证的义务，不但没有作证的义务，而且"亲亲得相首匿"。在范忠信教授考证的 35 个国家中，只有四个国家规定亲属有作证的义务，一个是中华人民共和国、一个是越南、一个是朝鲜、一个是古巴。其他国家都没规定亲属之间有作证的义务。当然，亲属有作证的权利。你可以把它作为一个权利来对待，但你不能以国家的名义强制亲属作证。为什么呢？理由有二：一是亲人之间作证，父亲指责儿子，儿子指责父亲，情何以堪？违背人类一般性的常情常理嘛；第二方面，亲属之间作证，它的证明效力不可靠，就这么简单。所以，这样一种亲属之间的尊老爱幼，它就是一种人类普适性的东西。再说自由，我们今天人讲自由，似乎古人不讲自由似的。我个人觉得不是如此，古人也很讲自由。这一点我们可以通过中国古代大量的契约来说明。

在我们敦煌有著名的敦煌契书，在那么古远的时代，我们中国人就通过契约方式来解决人和人之间的关系问题，来解决国和国之间的关系问题。原来在我们兰州商学院有一个王斐弘老师，他现在调到中国计量学院，他就曾经专门研究过敦煌契书，研究得还有声有色。再一个是徽州契约，你说我们中国古人不讲自由,不讲权利,那徽州契约这厚厚的十多本是怎么形成的,契约之中的权利与义务关系是怎么达成的,没有自由,人与人之间怎么能形成契约。再一个是清水江契约,大家听过的可能不多,我在清水江流域专门调查过,它在贵州和湖南交界处的一个非常偏僻的苗族地区。当年这些地方盛产木材,那里有一种速生林生长非常快,然后林主人和栽树的人就达成了很多很多的契约,其中一个村子里面,现存的契约就有 3 万余份!一些日本人、英国人现在对清水江契约非常重视,最近广西师范大学出版社出版了一套清水江契约,这是由中山大学人类学系的教授搜集的,有厚厚的一大摞。那么,为什么会产生这么多的契约呢?因为,那时的人们也追求自由、追求权利。所以我们法理上讲古人没有自由观念、没有权利观念等等,我说这实在是一种人云亦云!没有权利观念就不可能有契约,没有权利观念就不可能有这样一种通过契约来处理人与人之间的关系的行动。从这个角度来讲,自由不仅仅是今天社会才有的,在古代社会也有,它是放之四海而皆准的理念和行动,问题在于是什么样的自由?是多大意义上的自由。再比如说像我们讲的和谐,这是人类共同的要求,它是普适性的东西。近代以来特有的观念如民主、法治、博爱、人权等等,这些理念到现在已经演变成普适性的观念。对于这些普适性的问题,我们在法学研究和学习中当然也要予以关注和研究,但问题在于这些观念再重要,但比之更重要的还是这些观念如何实现的问题。一旦涉及如何实现,普适性的东西往往就显得捉襟见肘,它必须通过法人类学的路线来解决。所以,法学研究的哲学路线不能、也不可能替代人类学路线。这是我今天讲的第一个问题。

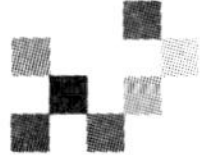

二、从人类学路线看西北法学研究

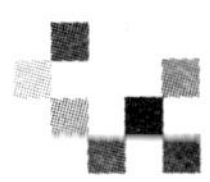

我一开始就讲,对这个问题,我一是受到王勇副教授的影响在思考。他曾经在我主持的民间法研讨会上专门发表过一篇文章,在这篇文章中,关于西北法学,特别是甘肃的法学研究情况,他进行了一个量化的剖析,那是非常有价值的一篇文章。我受到的另一个影响大概是在 2001 年,中国法理学研究会在新疆召开年会,会议的主题大概是“西部大开发中的法理学问题”,那次会议虽然我没参加,但会后听到很多法理学界同仁对这个题目非常反感,为什么反感呢？第一是跟风，因为国家提出了西部大开发战略，你法理学界就马上探讨西部大开发的法理学问题；第二是在这些法理学者看来，西部大开发还存在一个什么法理学问题啊？那次研讨会我没去，但是凡是在我面前提出这样看法的人，我都一一进行了反驳。我说西部大开发里面涉及重大的法理学问题，这个法理学问题从法律上来讲，其核心体现在国家资源的权利分配问题上。

我们知道，中国是一个人口众多，地大物博的国家。人口众多主要指在山东、河南、上海、浙江、江苏、广东、福建以及京津、河北等地区，在东中部地区，人口众多是东中部人的事，并不是西部人的事，地大物博才是西部人的事。西部占整个国土面积的65%左右，但是从今天我们整个生活情况来看，西部人的生活在整体上远远赶不上东部人的生活。那么人们自然要问：西部地区既然是地大物博，那为什么西部人守着资源，反倒是一个贫困地区？东部地区人口众多，物质匮乏，怎么东部地区却是发达地区？事实上，这里涉及我们国家在资源分配上的严重不公问题，涉及东西部地区在发展过程当中，西部资源通过国家法律和政策的因素，低价供应给东部地区这样一个重大的体制问题。从整个国家而言，东部地区没资源反倒很富，而我们西部地区物质丰富，但是我们守着金山没饭吃，这就涉及一个问题，这个问题在法律上一言以蔽之，就是地方自治权太少。去年我到国内几个地方做讲座的时候，一个主题就是“地方自治与法治”。后来在一次讲座当中，有人说这个话题很敏感，让我以后别讲了，我也听从了别人的忠告，这个主题我就讲过两次，以后再没继续讲。今天我也是简要地提及：这就是因为地方的自治权太少，中央对地方的强控太大，导致地方自治权，包括地方对当地的资源支配权几乎没有。这就要求法学家在法律上出方案，法理学者主要应从权利和义务的合理性分配这个角度出方案。如果新疆的这次会议我们能够讨论出一个关于西部开发的法律制度方案，这样的法律制度方案能充分体现中央和地方对西部财富的分权，再如果中央能依据这种方案制定一部法律，规定与地方的分成关系（我觉得，在资源开发中给地方留成能达到40%，那我们西部地区至少其地方财政都会富得流油，就会财源滚滚），那毫无疑问是法理学者的重大贡献。但很遗憾，目前我们整个国家制度在涉及地方资源分配的时候，都没有这种明确的分配机制，法理学界也没有贡献出这样的权利义务分配方案。

正因如此，我说从法律上关注西部问题，就要关注西部地方公民的权利问题、关注西部自治权的实现问题、关注国家和地方的关系问题、关注怎样通过契约关系来达成国家和地方的关系，而不是今天的这种强控关系问题。大家知道，在美国，其实就是通过契约关系来达成州和中央的关系的，联邦和地方之间就是一种契约关系，你只要符合契约、符合法律，那么中央就不能干预；若不符合中央和地方达成的契约，中央政府则理直气壮、旗帜鲜明地坚决予以干预。据有人研究，我们中国古人就有这样处理中央和地方关系的契约。在西周时期，中央政府和分封的地方政权之间就存在着一种契约式关系。对此，北京大学的张传玺教授在研究中国古代契约的时候，就从西周开始研究中国古代的契约。他认为，中国古代的契约有万民约，也有邦国约。其中邦国约就是各邦和中央政府之间达成的契约，这种约实际上构成了中央和地方关系的基础，也构成了邦和邦关系的基础。邦和中央政府签订一种约，只要不符合这个约，中央政府理所当然干预你，如果中央政府做的不符合这个约，地方政府可以不服从。但是自从秦始皇以来，我们整个国家出现了一个重大的变局，从此以后，这样的契约关系我们便越来越不讲究了，甚至彻底遗忘了！在涉及国和国、中央和地方之间的关系时，我们不注重二者的契约关系，反而注重王权对地方的绝对强控。我个人觉得西部大开发中最重要的问题，不是经济开发本身的问题，尽管经济学研究可以把它放在首位。如果从法学研究的角度来讲，最重要的是要关注西部地方的自治权问题，关注西部地方的公民权利保障问题，关注西部发展的法律基础问题，关注西部开发中中央和地方的权利分配问题。如果没有这样的一种关怀，西部的法学研究也就没有特殊的基础。当然除这些之外，西部法学研究还有其他更多、更广泛的问题，例如西部不同的民风、民情、民俗等和纠纷处理的关系。由于时间问题，我就不再对此展开论述。

也许大家会说，你刚才谈的法学的人类学取向与西部法学研究问题，你仅仅以西部大开发作为例证去研究，似乎谈的还是法学的哲学取向问题，而不是人类学取向问题。确实，我刚才讲的主要是权利问题，它更多的是一个哲学取向的问题，但是，我要强调：这样一种哲学取向，如果在实施的路径上不关注人类学的路线，那么它就是空洞的，就仅仅是一种价值呼唤，是一个现在很多人都反感或者不太欣赏的大词："价值"问题——尽管我个人还是非常喜欢这些大词的——但好多人都非常反感这些大词，他们喜欢从小处着手，从大处着眼（当然，这样的研究需要更深的、更扎实的学术功底，特别是需要第一手的调查资料）。我在此要说的是：如果说这些大词的研究最终不能落脚到从具体方案上解决问题，最后就不可能真正地把大词落到实处。在这个意义上来讲，我说中央和西北地方的权利分配问题，确实关系着一个大词，但是要将这个大词真正落实为制度上的权利分配问题，这就需要研究各个地方不同的特点和需求，就需要我们真正关注法学在西北地区研究的人类学路径和取向。这是我跟大家交流的第二个问题，即法学的人类学取向与西部法学研究问题。

三、中国法学研究的流派化问题

大概在20世纪末，清华大学召开过一个关于法学问题的学术研讨会。在那次研讨会上，正好当时我的《价值重建与规范选择》这本书出版了。我在这本书当中，基于法学发展的现状，已经谈到了中国法学多元化发展的问题，然后在这个基础之上，我也谈到了中国法学可能会出现一个流派化走向的问题。当时有一位学者对我这个观点进行了比较激烈的批判……(此处举例和前文重复，故略去)我在会上依然坚持己见，强调："我不赞同。"为啥我不赞同？因为流派化既是一个学术成长的标志问题，也是学术成长的过程问题，中国法学无论从研究方法上，还是从研究的对象上，学者们已经形成了完全不同的风格和研究路数。我举了几个例子："事实上从老一辈学者那儿开始，就已经有了不同的研究风格和研究方法，你看看沈宗灵先生，他的研究更多的是取法规范研究的路线，或者分析实证的路线；而郭道晖先生，你只要仔细看他的文章，你会发现他的研究更多是取法价值呼唤的路线；而孙国华教授，他尽管不是典型意义上的法社会学路线，但是他当年坚守的那一套阶级分析学说，事实上适合于宏观意义上的法社会学路线。"我当时说，这三位著名的老一辈法理学家的研究就是不同的，我们也不能说他们三个人就是抄袭西方的。谁能说沈宗灵先生在规范视角的法学研究、郭道晖先生在价值视角的法学研究、孙国华先生在社会学视角的法学研究就完全是抄袭西方，而没有关注中国当下的问题？事实上不是那么个情形，他们都有自己的学术见解和实践立场，也有自己的思维路线和方法基础，更有自己的解决问题的具体思路，问题是我们能否在此基础上继续传扬、深化和发展。这是我以老一辈为例，我们从这一点就可以看到，只要继续深入下去，就可能会形成不同的流派。我今年在人民大学做演讲的时候，就以人民大学的法理学为例，专门谈到过这个问题。我说：大家可以琢磨一下：人民大学法理学在孙国华先生的影响下，他的弟子或团队成员，基本上在法理学研究中走的是社会学的路线。如朱景文先生就走的是典型的社会学路线，而范愉教授专门研究替代性纠纷解决机制，也走的是社会学路线。冯玉军教授主要做法律全球化和法经济学研究，也是一个法社会学路线。张志铭教授从外面调入，可算是例外，尽管他有过规范研究的举措，但他的法律解释研究，也在一定程度上强调了从社会角度研究司法问题。所以，从这个意义上来讲，在孙先生影响下，他们几代人走的都是法社会学的路线。在这个例证中，我们难道不能发现其坚持不懈、继续深入，就意味着一个法学流派的形成吗？从这个意义上讲，我个人对中国法学向流派化方向的发展，抱着一个非常乐观的态度，这是第一点。

另一方面，中国的法学流派可能既会从研究的方法或者研究的对象这个角度来划分流派，也可能会通过一定地域内学者们的研究，或者某个学府内学者们的研究特点来形成流派。我们知道，国外很多学术流派，有些是以学术研究的对象或者研究方法来命名的，有些就是以某一学术团体工作的地域或学府来命名的。比如大家都熟悉的法学的芝加哥学派（或者经济分析学派），它就既借助经济分析方法来命名，也借助芝加哥这样一个地名来命名。再如法社会学的伯克利学派，它就以伯克利分校这样一个学校所在的地方的名字来命名。由此我想，在中国，我们能不能建立一个法学的西北流派，或者法学的西北学派，这是王勇老师也特别关注的问题。我个人认为，只要我们能持之以恒、坚持不懈，就完全有可能创造这样的法学流派。那么，这种可能性在哪里呢？

第一，在于我们西北地区所面临的独特的文化或秩序构造方式，这是一个非常关键的问题。尽管我们说在全球化思潮的影响下，在大一统国家观念的影响下，西北地区的民风、民俗、民情，它受到的影响很大，但这并不是说这些民风、民俗、民情完全消失了。在我们的日常生活当中，甚至在我们相互问候的方式这种很微观的交往当中，还能够充分地体现我们独特的民风、民俗、民情。我们的语言表达、我们的饮食传统、我们的衣着打扮、我们的住房结构、我们的交往行为、我们的秩序构造方式等等，还有我们西北自身独有的特色。而这样一些特色，它是日常生活当中构造秩序的最为重要的基础。可以说，法律的目的有两个方面：第一个目的是日常目的，就是通过法律来构造人们的交往秩序；第二个目的是一旦一个社会的法定秩序遭到破坏，通过法律来修复或救济秩序。所以，法律是构造秩序和修复秩序的标准。但问题在于：由于我们西北地区文化的独特性和交往方式的独特性，在很多日常生活领域（我们先不说在我们的公共交往领域），我们恰恰是通过地方性来构造生活秩序的，而不是通过国家法律来构造生活秩序的。在这样一种情形之下，对我们通过地方文化，通过地方风俗习惯来构造秩序的方式进行挖掘、研究，可能是形成法学的西北流派的非常重要的原因。这是我谈的第一个方面，即我们的文化传统，我们构造秩序的独特方式可能会成为我们构建法学的西北流派的重要条件。

第二，在于我们独特的文化或独特的权利义务需要。谈到这个问题，需要再提及刚才提到的《秋菊打官司》。大家知道，以秋菊打官司作为一个重要的标本，很多学者都做过研究，特别是北京大学的朱苏力教授，就做过非常独特的研究。但是我更多地关注的是我们通过秋菊打官司这样一部电影，可以发现西部人独特的权利结构和权利需要。我们的权利需要不仅仅体现在一种物质权利的需要上，而体现在对尊严权利的需要上。到今天为止，在很多国家的法律上，尊严没有被当作一种权利来对待。正好我曾供职的山东大学的一位学生，他是专门研究尊严权的。我们对人格权有研究，但很少有人对尊严权研究。而通过对《秋菊打官司》的分析，我们可以看到，在很大程度上我们西部人更关注精神性的尊严权利。当然，物质权利人们也照样追求，但是，我们更关注的是精神性的权利。这样一种独特的权利需要，我们在法律上怎么应对，在法律上怎么保障？怎么通过对精神权利的保障，最终也保障物质权利的实现？显然，对这些问题的研究，也可能是形成西北的或者陇派法学的重要条件。

第三，在于我们已经有这样的学者群和学术基础。这次甘肃政法学院组织的甘肃籍中青年法学家学术论坛，事实上，就是这样一个学者群体的学术聚会。在今年 8 月份于南京开一个会议的时候，我们几位甘肃籍学者就共同讨论过陇籍法学者聚会的事情。这样一种很有意义的联谊会，可能在一定意义上会把家乡的法学学者、法学事业与我们在外地作为游子的法学事业联系起来，不仅成为一座交流的桥梁，也有可能形成以甘肃学者为主体、以甘肃法学研究的问题为特点、以解决西北或者甘肃独特的法律问题为进路的法学流派。这可能也是一个标准，这个标准就是独特的研究主体。我经常在反思这样一个问题：我们西北地区这样落后，我们甘肃更是这样落后，但甘肃籍法学者中为什么有那么多人不是搞马上能解决我们日常生计问题的研究，而是搞一些基础理论问题的研究？这是不是有它的文化背景，或者有它的主体历练背景？记得一位著名教授就曾针对此说：这可能是由于西北地区幅员辽阔，西北地区的人一心眼望蓝天白云，善于想象，也因为西北地区的天总是明朗亮丽的，容易让人浮想联翩，最后形成这样一种宏大的思维风格。不论如何，我以为这其中还是有一定的原因的，大家可以继续考虑一下。总之，从法学的研究主体视角考虑，也有可能形成陇派法学。特别是通过这种交流方式，使在我们西北地区的研究者和出生在西北地区的研究者，借助这样的桥梁不断地沟通总结，这或许是将来甘派法学或陇派法学形成的重要举措。

更重要的是，任何一个法学研究者他都既要面对国家的问题，也要面对地方发展的问题，特别是在我们西北地区工作的法学工作者，他们所面对的问题更多的就是我们本地的问题，尽管可以说我们中国面临的问题无限之多，但是我们所面临的主要就是地方性的问题。正因如此，既然我们研究的就是地方性问题，那么我们研究的对象就是独特的，不论从地方视角研究也罢，还是从司法视角研究也罢，一般性的问题我们固然要关注，但是地方性、独特性的问题我们绝不能绕开。今天史玉成老师告诉我，他过两天要参加我们省里面的一个立法论证会，史老师说现在在地方立法中有一个严重的问题是：立法中相互抄袭的现象非常多。相互抄的现象多，可能意味着我们地方立法的同一性的问题非常多，但是这绝不意味着地方性的东西就没有。相互抄袭本身足以证明我们对地方性的重视和研究不够。我觉得，地方立法首先应当关注的就是地方性的问题。全国统一性的问题、一般性的问题由国家法律来处理，地方立法要解决的，就是我们地方独特的问题。从这个角度来讲，我们的法学者，特别是生活、工作在我们西北地区的法学者，不可能绕开我们西北发展中的问题，特别是西北发展中独特的法治建设问题。就此而言，我们的研究对象是独特的，我们关注的问题域是独特的，所以，完全有可能以地域为范围、以地方性问题为内容、以独特的权利义务需要为基础、以热衷于西北地区或甘肃地区的学者为主体，建立我们西北法学流派或者陇派法学。所以，虽然有人批判我是一位法学和法律的浪漫主义者，同时我本人也多少同意对我的这个评价，但我仍然在这里坚持己见。只是我要再次强调：中国不同法学流派的形成，它既是一个过程，又是一个我们追求的目标。从过程来讲，它又是一个非常漫长的过程，即使现在有法学流派的萌芽，但是这个萌芽的发展壮大以及它成为真正的法学流派还需待时日。这样的过程还有待于在座的各位年轻学子接力完成。甘肃政法学院不仅仅产出了一批优秀的司法实务人才，而且还产出了一些有声望的法学者。我期望在座的诸位年轻学子能够接过你们老师的接力棒，真正地推进中国法学流派的发展，为打造有声有色的陇派法学前赴后继、不断努力！

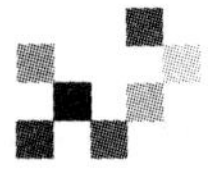

附录：陇籍法学者与中国法学热点问题*

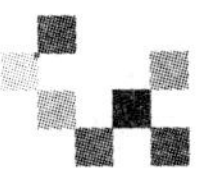

感谢李校长，也感谢甘肃政法学院的热情邀请和盛情接待！

举办陇籍法学者的聚会，或许是所有陇籍法学者的共同心愿。记得在今年8月于南京召开的一次研讨会上，在座的刘作翔教授、冯玉军教授，现在正在贵校做报告的王健教授、此次没到会的於兴中教授和我，在一起拍照时，我提出能否搞一次陇籍法学者的聚会，协商给家乡做些贡献？大家对这一动议深表赞同。特别是坐在我旁边的冯玉军教授，自告奋勇地说：好，这事我给咱联系，我在甘肃认识的人很多。所谓英雄所见略同，没想到数月后，王翰教授就来电话说，甘肃政法学院借公安学院成立20周年之际，要举办这么一次陇籍中青年法学家的聚会。感谢李校长和王翰校长，你们圆了我们共同的心愿！下面我讲三个问题：

第一个问题是籍贯、法学家与陇籍法学者的特点。这些年来，人们对法学家的籍贯格外关注，最近在"中国法学创新网"上，就专门刊有不同省份法学家的情况。大家知道，像河南、浙江、山东、湖南等地，都是盛产法学家的地方。当然，过于依赖籍贯对法学家的划分，显然与法学家的成长并没有必然关联。譬如在座的王翰校长，就被那个网站列为河南籍法学家，但大家知道，他是在甘肃酒泉土生土长的。这种根据籍贯对法学家的划分，尽管有农耕文明的影响之嫌，但如果从地域文化的视角观察，还是很有意义的一件事。譬如为什么河南南阳一个地方，会出产那么多优秀的法学家？这是偶然的，还是有一定必然性？这大概是把法学家和他的籍贯联系起来的第一个意义。第二个意义，也许是不同地域人的一种文化缅怀。这种情感，不仅仅在我们这里存在，即使在美国那样一个高度文化融合的国度也存在。我就见到加州人在谈到那里出了三位美国总统时他们的自豪，也见到过德州人说布什父子是从德州起家时

---

* 这部分内容，是2009年10月24日，笔者在甘肃政法学院举办的"甘肃籍中青年法学家论坛"上一个会议专题上的发言。因为与本讲内容密切相关，故附录于此。

的喜形于色。第三个意义，或许通过这样一种划分，让法学家自觉地树立为家乡力所能及地服务的意识。我注意到，一些在外地的湖南籍法学家在家乡的法学教育上，就发挥了无可替代的重要作用。好，下面我再讲讲陇籍法学家的特点。

我们的家乡甘肃，虽地处祖国西北，但也出过不少优秀的法学家。这次到场的主要是中青年法学家。在老一辈法学家中，中国法理学研究会前任会长刘翰先生，著名诉讼法学家柴发邦先生，著名经济法学家王鼎勋先生、徐德敏先生、甘培忠先生，著名法律史家胡留元先生、冯卓慧先生等，都是甘肃人。在中青年法学者中，除了今天到会的之外，澳门科技大学法学院院长、比较法学家米健教授（最近在德国访问），香港中文大学法律学院副院长、法理学家於兴中教授，中山大学法学院任强教授等，都是甘肃人。如上只是就我知道的给大家介绍一二，可以肯定，在国内还有很多陇籍法学者，这需要我们继续搜集他们的资料。我觉得，我们陇籍法学者有如下共同的特点：

一是普遍个头高，不论走在哪里，陇籍法学者的个头都是很出众的。即使个头略低的汪世荣教授，和某些省份的法学者相比较，仍然很高，哈哈。个头高和法学学术研究之间有没有关系？是不是因为个头高就能够“穷千里目”？这或许需要大家进一步去探索。二是出身普遍贫寒。在座的各位陇籍法学者，除了我们家乡本身因自然条件导致的贫困之外，其出身也大多贫寒。我本人在小的时候就曾讨过饭。“我是甘肃甘谷的要馍的”，我用甘谷话给大家这样讲，天水籍的同学肯定听起来很熟悉吧？哈哈。这种贫困的出身背景，是否也造就了陇籍法学者的坚韧精神？我待会儿还要分析。三是从事理论法学的学者居多，特别是陇籍中青年法学者。这次来的，除了王翰教授，其他五位都是从事法理学和法律史学研究的。即使王翰教授，所关注的也是上到浩瀚的太空、下到一望无际的海洋这样的大问题。在昨晚的报告中，我曾分析过这种现象，这究竟是为什么？有位学者曾分析说：是不是因为你们西北人的个头高，尽看一些大问题？或者是不是因为西北地域广袤、空气清新，你们夜里躺在大地上仰望星空，白天行走在高山上俯视大地，容易产生对宏大问题的联想？呵呵，或许这些都是原因吧。但这种现象特别需要进一步探索。四是陇籍法学者普遍有种韧劲。用吃苦耐劳、坚忍不拔、持之以恒这样的词语来形容陇籍法学者，毫不为过。所以，大家可以看到他们的著作、论文不断产出。五是陇籍法学者普遍具有强烈的家国情怀。热爱家乡、热爱国家，古道热肠、乐于助人是他们的共同本色。这种家国情怀，体现在每一位陇籍法学者的言谈举止中。例如我们的刘作翔教授，谈到酿皮，那肯定是平凉的比西安的更好吃；谈到锅盔，那一定是家乡的比关中的更好吃，哈哈。我想，这就是一种家国情怀吧？

我讲的第二个问题是：陇籍法学者与中国法学的热点问题。我国的法治建设经过近30年的发展，尽管取得了很大的成绩，但还存在很多不尽如人意的情形。有些问题，特别值得陇籍法学者认真探讨。我认为，突出的问题有：第一，民族关系的法律调整问题。大家知道，我国是一个多民族的国家，民族问题，始终是我国国家统一、社会发展中最重大的问题之一。长期以来，我们在宣传中过分强调我国各民族亲如一家人的一面，但忽视了民族关系中可能存在的矛盾，忽视了民族关系中其实涉及很多的利益问题。但去年以来连续发生的"藏独事件"和"疆独事件"，让国人更进一步认识到民族问题的复杂性、敏感性和妥善处理民族问题的重要性。但目前，我们主要采取思想政治工作的方式处理它，而没有很好地借助法律来处理之。这恰好为地处民族地区、横跨中国地理之腹地、连接西南和西北民族地区带，同时也连接民族地区与中原汉族地区带的陇籍法学者，带来了很好的研究机会。如果我们能精诚团结、携手合作，在这一问题的研究中搞出名堂，必将是对中国法学发展的一个重要贡献，也将会对中国法治建设作出必要的贡献。

第二，中西部发展的平衡问题。因为梯度开发战略的影响，我国东西部发展出现了严重的不平衡。我们日常很喜欢说我国地大物博、人口众多。但大家知道，地大物博的主要是西部，而人口众多的主要是东部。可守着丰富资源、能源的西部地区，在经济上远逊于资源严重短缺的东部地区，这究竟是为什么？尽管中央提出了西部开发大战略，但究竟如何开发西部？是资源的掠夺性开发、补偿性开发，抑或是契约性开发？这中间大有文章可做。目前的情况是，西部地区不少地方守着金山没饭吃。前些年，山西作为中国第一能源大省，国民人均收入却在全国倒数。如今在不少西部地区，资源的开发权，被一些企业集团所把持和垄断，当地公民"靠山吃山、靠水吃水"的习惯权利反倒被忽视。这里面都存在着大量需要探讨的法律问题。2001年，在乌鲁木齐召开的全国法学理论研讨会，探讨的主题是"西部大开发中的法理学问题"。但据说不少学者对这一主题颇有微词，我本人也听到一些学者的微词。对此，我都进行了反驳。我以为，这其中有重大的法理学问题，涉及一个国家重大的利益权衡和分配问题，甚至涉及国家能否把契约性开发作为处理东西部关系的战略问题。所以，对这些问题的漠视，只能说法学者自身过于钟情于象牙塔了。作为陇籍法学者，更理应积极投身到这样的既具有前沿性，也具有现实性的法学问题和研究中去。

第三，中央和地方的关系，特别是和西部地区的关系问题。中央和地方的关系，是古今中外一切大国都必须特别予以重视的大问题。毛泽东当年在《论十大关系》中就把它作为一对重要的关系提了出来。在古代中国，中央和地方的关系基本有两种模式，一种是“邦国约”的契约化模式，这特别在西周分封制时代更加明显。另一种是君主集权专制，自从我们的老乡秦始皇以来，我国基本上实行的是中央对地方的集权专制。谭嗣同讲“两千年来之政，秦政也”，所讲的就是这个意思吧？近代国家处理中央和地方的关系，要么采取联邦制，要么采取单一制。前者更类似于某种“邦国约”的治理模式，而后者是集权制模式的现代转型。在我国这么大的一个国家，究竟如何处理中央和地方的关系？尽管我国宪法对此作出了一般的规定，但更加具体的规定还需要继续深入、继续研究。特别是中央和西部民族地区的关系，更需要一系列完善、具体的法律措施加以规定，使得中央和地方的关系有法可依、有法必依。不论利益分配，还是国家统一问题，都需依赖明确的、具有契约意义的法律来进行。在这一过程中，西部地区包括陇籍法学者，可以大有作为。当然，研究应当是细化的，不应当是粗线条的；应当是具有可操作性的，而不应当是太过于原则化的。

第四，西部地区，特别是甘肃各地公民构造秩序、决疑解纷的独特方式，或者西部，特别是甘肃独特的法律文化问题。尽管我国是一个奉行全国统一立法的大国，但同时也是一个文化多元化的大国。我国各地域文化的多元性，按照欧洲一些学者的意见，甚至超过了欧洲国与国之间文化的多样性。这种情形，也连带到法律文化领域，即尽管有国家统一的法律，但不同地方组织秩序、决疑解纷的方式大相径庭。对这些问题，总不能要求人们全盘按照国家法律的要求强制解决。只有在了解了各地不同的风俗、习惯、组织秩序、决疑解纷的方式之后，才有可能更好地搭桥铺路，寻求国家法得以贯彻的方式。否则，只能不断扩大国家法文化和民间法文化之间的冲突，影响地方秩序的建构和国家法律的贯彻。在这方面，在座的西北师范大学的王勇教授，已经作出了很多很仔细的调查和研究，我特别感兴趣。我也期望陇籍法学者能够在这些领域里作出独特的贡献，有更多的类似王勇教授的研究者。

或许陇籍法学者值得研究的法学问题还很多，但站在我今天发言主题的视角，我以为如上四个方面，是需要特别予以关注的。

我讲的第三个问题是：经过持续不断的努力，能不能形成陇派法学？大家听到这个命题，或许会质疑甚至笑话我。但我对经过我们的不断努力，形成陇派法学抱有信心。大家知道，甘肃是人文始祖伏羲和女娲的故乡，大地湾文化遗址的发掘，在不断提供着那个曾经是传说时代的故事。而伏羲画卦，成为辉煌的中国文化的发轫和起点。去年，海峡两岸周易学术研讨会就在天水召开，原因也是伏羲在这里画卦。在易的发展史上，伏羲画卦、文王演易、韦编三绝都是划时代的事件，我的导师、易学家刘大钧先生就收藏有著名画家范曾先生赠给他的文王演易图和韦编三绝图。除此之外，黄帝部落的兴起、周朝的发源、秦文化的起步，都和甘肃具有紧密的关系。而辉煌的唐代文明，其开拓者就是关陇集团的李氏家族。甚至到了清代，陇上铁项安维俊是那个时代唯一敢于提出诛杀当朝权臣李鸿章的人。这足以看出陇籍士子的铮铮铁骨。甚至在学术史上，古代也产生了诸如王符《潜夫论》、皇甫谧《帝王世纪》这样伟大的著作。

而今天，在这个开放的时代，陇籍法学者凭借着自己的身高可能带来的视野开阔的优势、凭借着自己出身贫寒可能带来的坚韧不拔的品质、凭借着自己家国情怀可能导致的古道热肠、铁肩道义等等，完全可以产生出不愧于这片土地养育的学术成果来，完全可能形成我们期待中的陇派法学来。这不仅仅是一种愿景，也应当是我们的实践。特别是在座的各位同学，通过你们的接力，这一实践之上的愿景完全有可能成为现实。甘肃政法学院培养的人才中，已经有很多值得我们关注的学术俊才，如汪公文、任尔昕、王存河、魏清沂等。相信在座的各位在未来中国的法学界，也会涌现出一批俊才来。期待我们共同为发展陇派法学而努力！

谢谢大家！

第八讲

司法能力与法律方法*

——在山东法官学院的讲演

主讲人　谢晖教授

主持人　武金彪处长

时　间　2005 年 9 月 4 日

地　点　山东法官学院学术报告厅

尊敬的吴处长、各位法官：

刚才听了吴处长一番介绍，感慨颇深，我应当和他是老朋友了，但没有想到他如此有诗性！我比较喜欢写诗，还专门为此建立了个诗歌的网页，以期其他读者经常在那留言，由于受我的一些影响，我指导的一些学生都比较喜欢诗歌，特别是古体诗歌。我之所以讲到吴处长也是非常有诗性思维的，还有一个特殊原因，是什么呢？因为在我的印象里，法官们一般是喜欢理性思维的，而对诗性思维竭尽加以排斥。为此，我曾经甚至一直准备写一本书：《符号、法律家与诗性思维》，准备了很多年，但一直没有动笔。刚才吴处长的一番妙论，究

* 本讲内容，曾分别在山东省高级人民法院、苏州大学法学院和山东法官学院讲演过。收入本书的，是 2005 年 9 月 4 日我应山东省法官学院的邀请，在该院举办的山东省优秀法官“司法能力培训班”上同题讲演的录音整理，并参考了在网上搜索到的我在苏州大学作同题讲演的部分录音整理。其中在山东法官学院讲演的内容由我的弟子尚海涛根据录音整理。感谢尚海涛君为本讲内容所作的贡献！还需说明，本讲内容中的法律方法，我在后续的研究中已经有了更细的划分和分类，新的研究对本讲所讲的一些法律方法也作了修正。但因本讲内容的重要，为保持本讲原貌，还是按原观点收入本书。我在这方面的新发展和新探讨，参见本书《法律的病理和医理》一讲，更详细的论述，可参见谢晖著：《法律哲学》，湖南人民出版社 2009 年版。

竟是其突发诗性，还是“蓄谋已久”？我都不得而知，但是无论如何，我要感谢他带来的诗性般激情的介绍。事实上，我尽管生理年龄不大，但心理年龄却是很大的。在座的各位，如果要和我交流都可能有点面对一位“老者”，而不敢接近的想法。我的好多学生，包括一些年龄长于我七八岁的学生，在我面前说话还有打战的，甚至到目前为止还是这样，这是经常令我不安的事情。金彪处长既指出我所谓的优点，又指出了我的明显缺陷，但我期望大家不要受这样一个“假象”的影响：我比较喜欢写些诗歌，所以内心还燃烧着一团不愿熄灭的火焰，从而尽管心理年龄很大，但愿和大家在一起时，别太老气横秋的。

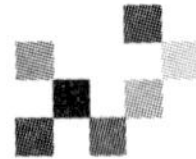

一、今天为什么需要特别强调司法能力

今天我讲的主题是“司法能力与法律方法”，为什么讲这么个题目？大约十天前，金彪处长打电话告知我，法官学院有一个司法能力培训班，邀请全省各地一些非常优秀的法官集中起来学习。我觉得，我们国家的法治建设发展到今天，明确提出司法能力建设问题，似乎既是社会发展的必然，又是法治发展的必然。说它是社会发展的必然，因为在一个多元化社会中，在一个市场化社会中，在一个政治民主化社会中，它同时也是一个社会冲突急剧增加的社会。我们知道，一元化社会冲突少，为什么呢？我们只需要尊敬一个神圣的权威，社会秩序就可以达成，所以相对而言，社会冲突要少，不需要或很少需要专门的冲突救济机制来解决社会冲突问题。同样的，纯粹自然经济社会中，社会纠纷也比较少，因为大家只需要一位比较公正、公平的家长就行了，或者即使有些冲突，人们完全能在家庭、家族范围之内通过协商解决，而不需要或很少需要公共裁决机构来解决问题。还有在一个非民治的专制社会中，也不特别需要倚赖专门的裁判机构，或者即使其存在，所发挥的具体作用也不是很大。原因何在？因为在专制社会中，我们自上而下听到的是一种声音、一种命令。或许大家会提出反驳，在专制社会中也有裁判机构呀？中国古代不是也有判官吗？诚如我们所知，恰恰在古典社会中，我们的判官和行政官乃至立法官往往是三者合一、诸权一体、权力不分的。特别是在地方，权力不分的状况更为明显。这种情形，甚至在我们知道的许多文明古国，如印度文明、古巴比伦文明中，都是类似的。除了在罗马、希腊个别时期有一定意义上的权力分工外，

古代其他文明，基本上都没有明确的权力分工。当然话说回来，即使在中国古典社会中，中央国家机关还是有一定权力分工的，但它们都是在皇权之下的分工。那么，为什么在古代社会诸权不分？原因是国家没有必要设立单独解决公共纠纷的这样一个裁判机构，因为绝大多数纠纷，都消化在比较和谐的家庭内部，消化在对神圣长官意志的服从过程中。在这种独特的结构中，秩序容易得到建立，交往行为也容易按照既定的、简单的传统进行。

但是一个多元社会却不同。在多元社会中，个性化、个体化和个别化的主体——每个人有完全不同的价值取向、完全不同的个人爱好和个人利益追求的情形，于是这样一种不同的价值、不同的爱好和不同的个人利益追求，产生矛盾摩擦的可能性更大，也是顺理成章的。市场经济作为复杂的经济交往方式，也是如此。市场社会本身就意味着是多元社会，所以在市场社会中，需求者们萝卜白菜，各有所爱的追求会体现得非常明显。在市场经济下，每个生产者所生产的产品不同、销售渠道不同，不同行业生产者产品的质量标准和流程等都不同(即使在同一行业，尽管国家，甚至国际组织有统一的法律质量标准，但各企业又有自己的质量标准)，在这样一种情况下，市场经济导致多元社会的形成是自然的，各种差异的冲突也就不可避免。所以说，一个国家要发展市场经济，就意味着很大程度要突出加强解决社会纠纷这样一个专业机构的工作，国家职能在很大程度上也体现为对重大社会纠纷的处理上。其处理水平和能力的程度如何，决定着人们对国家认可的程度如何。我们拿最近我国的一些事情为例，可以发现新一代国家领导人在解决重大纠纷方面的能力，还是令我们佩服的。大家知道，刚刚颁布的《中华人民共和国反分裂国家法》，在台湾岛内引起了激烈的反映，但就在此时，大陆地区邀请岛内有影响力的两位政治人物来访问大陆。在我看来，这种处理方法，就是在社会纠纷复杂的背景下，领导人们处理纠纷的一种能力，一种策略。但话说回来，目前这种能力还仅仅体现在执政党的智慧上，而不是一种制度智慧。如何使这种执政党的智慧转化为制度智慧，更是我们法律人所需要特别关注的。大家也可以关注一下韩国，以往韩国纠纷不断，文化纠纷、政治纠纷等各种纠纷都存在。一旦发生冲突，往往就通过街头暴力的形式解决。但这些年发生了一些让我们为之震撼的事情，韩国人不再采取街头暴力和学生抗议的形式来解决社会纠纷。如韩国议会弹劾卢武铉，卢武铉以停止工作作为应对，最后不是通过暴力而是通过最高法院的一纸判决认定卢武铉继续担任总统一职，议会的弹劾也就归于无效。韩国民众接受了，议会和政府都接受了。我个人认为，这是我们整个亚洲历史上，特别是东亚历史上，尤其是宪政史上的重大事件。所以最近我要求我的一个硕士生就此写一篇硕士论文。不仅如此，同样是在韩国，最近发生了迁都动议这么一件事，首尔(原名汉城)是一个较为拥挤的城市，住着全国近1/2的人口。这一提议经议会提出后，由于韩国民众不同意而一纸诉状将其诉至法院，法院最后裁定迁都议案无效，至少在该裁定生效10年内，该议案只能搁置。可见，在韩国的现代化过程中，到今天为止，市场化已经达到了这样的程度：其极大地依赖于国际市场，它对外经济依存度极高。所以，面对源源不断的社会纠纷，究竟要通过什么方式解决社会纠纷？通过执政党派的命令？通过行政机构强制还是通过议会的决议？哦，都不是！现在韩国已经学会并成功地运用了一种方式，那就是通过专门的裁判机构来解决重大社会纠纷，这就是对法院功能和司法能力的突出强调。所以，当一个社会发展到文化多元化、社会价值多元化、经济市场化、政治民主化这样一个阶段时，那么站在整个社会前沿，用以解决社会重大纠纷的是裁判机构，它应当突出裁判工作。正因为如此，中国整个政权机构中，最需要加强的就是裁判机构。因为能够象征或说明一个国家、一个政党执政能力和水平的，恰恰是对社会重大纠纷问题的解决水平，把这个问题解决好说明执政能力较强；否则，就只能相反。这是我今天讲的第一个问题。

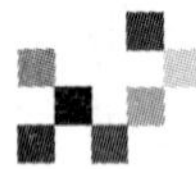

二、司法能力的归类

我想讲的第二个问题，是加强裁判工作、提高司法能力应当从外部和内部两个方面入手。外部视角是一个国家整体对司法工作的重视问题，如基本建设重视、财政投资重视、人才建设重视，乃至对整个审判活动的重视等等，当然还有国民对司法的重视。内部视角内容很多，其中最重要的，即最高人民法院提出的司法能力建设问题。所以，加强司法裁判工作，强化国家和公民对司法工作的重视，从内部视角看，最重要的就是要提高司法能力，强化办案水平，也就是过去人们经常提到的“练好内功”。这个内功是什么呢？也就是我今天所讲的第二个问题，即司法能力的内容。我个人理解，可以对司法能力作如下的归类：

第一种能力是政治与道义能力：法官应该有坚定的政治理念与信念，应该有比其他人更高尚的道义水准。在近代以来，西方司法活动过程中是不讲法官热衷于政治问题的，所以法官与党派运营脱离关系。但这并不意味着法官与政治毫无瓜葛，不仅如此，法官还要有高度敏锐的政治判断能力。如在美国总统选举案（布什和戈尔竞选事件）中所出现的纠纷，其不仅仅是涉及两个候选人的纠纷，而且也是涉及整个美国政治前途的重大纠纷。作出这个纠纷裁决的9位法官，也使这个裁决成为美国永久的宪法判例——以后凡是遇上选民不能通过投票解决的重大问题时，就由司法来解决。因此，面对此情此景，法官必须有政治能力和判断水准。可见，即使法官无党派，也需要关注政治，而不是两耳不闻天下事。在中国，则更是如此，因为中国法官绝大多数是有党派的。

不仅仅如此，法官所持的政治立场还应当是全人类的立场，为什么呢？在我们这个开放性社会，法官所面对的纠纷，有时是跨国界的纠纷，不仅仅有本国国民间的，而且还有本国国民与他国国民之间的纠纷。尽管这些冲突和纠纷不是经常的，但它意味着冲突是跨国界的。在这个意义上，可以把我们这个时代面临的冲突和纠纷情形，称之为超越国界的冲突和纠纷时代。因此，个案的处理正当与否，往往意味着法官是否站在人类正义的立场上。现代法律的立场，在很大程度上就是全人类的立场，因为其在价值上有一种全人类关怀，它从主体资格上一般会赋予所有人在国内活动的平等资格。法官既然站在法律立场上说话，因此也就必须具有全人类立场。也许大家会认为，这和过去法理学所谈有很大差别，过去我们都说法律是统治阶级意志的体现，并未讲全人类立场。事实上，当代的法律观即使在中国，也已经发生了重大变化。法律越来越成为人们在相互交往中为了预防和解决纠纷而形成的一种妥协机制。法律本身是妥协的产物，没有妥协就没有法律。这里的妥协，不是毫无原则的妥协，而是人与人交往过程中根据利害关系、各得其所的权衡所进行的妥协。比如在中国加入WTO协定问题上，刚开始时，西方国家要求中国必须大幅度下调关税，但由于中国方面不愿意，并没有达成相关协议。后来其他国家也不愿意了，协议干脆搁置了多年。但这并没有使各方放弃努力，相反，各方经过多方面积极的磋商、谈判，最终达成了多边或双边的妥协，提出了令各方都能接受的中国加入该协定的妥协方案。显然这个协议就是在全球化过程中各方妥协的结果，没有妥协也就不会有中国的加入。以后只要出现贸易领域中的重大纠纷，人们对相关案件的判断就要根据这个国际性的规则，就需要判断者有国际意识和眼光。大家或许会说，这是一个国际经济法的问题，国内法也是如此吗？事实上国内法也是这样的。譬如，过去我们在人权问题上，总是较强硬的，强调和西方对着干，因此，国际上一些人权公约概不接受。最近几年，我们已经积极和国际社会进行人权合作，几个重要的人权公约为中国接受并经人大批准，并且已经影响到国内法的修订工作，在我国宪法中已经有相关规定，开始初步承认人权的普遍性。再如在专利法领域，过去中国规定的专利标准与国际统一标准差距太远，后来在国际合作中，我国经过与其他国家的共同努力，通过多方谈判和让步，在中国修改相关法律规定的情况下加入了有关国际组织。这说明，国际法律的参与、承认，必然会影响国内法的精神和视界。由此大家可以想想，我们这个法律不仅是我们这个国家、党派、阶级的一纸规定，而且已经在很大程度上反映了当今人类交往的公共意志。正因为这样，既然法律如此，所以，法院、法官的政治素质的第一点就是要有全人类立场，要有国际视野。其实，这个标准也确实过高，但只要有相关纠纷，就会在我们的司法判决中经常体现出来。一个外国人与本国人的纠纷，不是通过个人相貌、肤色、人种、国别等因素来判决的，而是根据法律规定来判决。所以，司法上形形色色的国家保护主义、地方保护主义（在我国，特别是司法地方保护主义）与我们在人类立场上思考的司法能力是格格不入的。同理，一个法院如果与企业之间形成紧密的联系，只能导致违背我们在人类公平的立场上思考正义问题，影响司法能力的提高，这是司法之政治道义能力的第一点。

第二点，司法者要有国家尊严，这集中体现在它的裁判的公正上。因此，司法对国家尊严的维护，不是仅仅维护国家的利益，而是维护法律所代表的公正、正义。或者换句话说，只有在纠纷的解决中，维护了双方当事人的利益，公正地解决了纠纷，才表明司法者维护了国家的利益。这让我不禁想到我国汉代的一个典故。在西汉文帝时期有一位叫张释之的廷尉。……（此处举例和前文重复，故略去）一个法官如何站在国家立场上，维护其尊严？我认为，根据法律判决案件，恰恰是一位法官尊重自己的国家、维护国家尊严的基本方式。

第三点，在政治道义能力中还要强调社会安全。在中国特定文化背景下，一个案件的判决可能会导致社会安全，也可能会引起整个社会的冲突。对法官而言，既要严格尊重法律，也要在此前提下保障一方秩序的稳定和平安。特别是当两者可能出现冲突时，如何实现技术性平衡，尤为重要。如何使这种技术性平衡导向制度转化？比如说，现在各地法院正在做的如判决附议、判后告诫、判前评断、判后答疑等等，如果能变成一种制度理性而不仅仅是个别法院的试点经验，必然会更有价值。这对裁决后的社会稳定而言，功莫大焉。如一个案件的裁判尽管出现了原告胜诉、被告败诉，或者相反的情形，但由于法官做好了后续的安慰工作，让败诉方也感觉心里舒坦。这就是所谓"胜败皆服"吧？这当然是需要法官关注的问题，特别是在中国这个具有独特诉讼文化传统的国家，更应如此。在那些国民对司法权威充分尊重，法律也已经深入人心，以及因为市场化带来的理性足以让国民有判断能力的国家，可以不考虑这么多因素，只要法官依法办案就足矣。但至少在目前我们国家，实践证明，仅此还很不够。这和我国司法权威不高、法律意识不浓以及市场理性还没有完全建立起来，有很大的关系。事实上，我们现在的所谓市场化，在很大程度上还是围绕人情化运作的。正因为如此，中国法官在司法活动中，如何关注司法所可能带来的社会效果，如何通过司法判决实现社会的安定，也是同样需要法官在政治道义中特别关注的问题。

第四点，司法者的政治道义能力，还要求司法者要尽量关注风俗民情。司法者面临的法律是单一的，但其所面临的案件却是形形色色的、极其复杂的。这一背景下，是否让法官在纠纷处理中把善良风俗引用到司法中就是一个非常值得思考的问题。我个人觉得应当允许。事实上我国虽然奉行严格的法定主义，但法院在没有法律规定的情形下，受理了一些案件时，究竟如何处理？法官也只能是按照善良风俗处理。某地曾有一个案例，当事人的爷爷有前后两房妻子，前妻和爷爷去世之后都葬在了祖坟。后妻去世之后，家人按照当地风俗，强烈反对将其葬在祖坟，因此与后妻娘家发生激烈争执，甚至两个家族为此发生械斗。后诉至法院，法院也找不到法律依据，只能根据善良风俗来裁判。类似的案件我搜集了很多。这几年来我特别关注把民间的风俗习惯规则引用到司法活动中的具体方法依据。我也委托一些学生、法官搜集了约七八十个案例。其实，这方面案例很多，特别在乡村地区和少数民族地区更多，即使在城市，也不少见。这就给我们的法官提出一个要求，即如何在不违背国家总体法律框架和精神的基础上，关注风俗民情，把风俗习惯规则引入到案件裁决中来。我认为，这是一种政治能力，因为它直接关涉着法官裁判的社会接受问题。对这一问题，我后面还会提到，这里不再多讲。

第五点，司法者的政治道义能力还有一点要求，法官要具有一些政治家的情怀。法官虽不是政治家，甚至法律职业和政治职业本身是完全有别的两种职业。但即使如此，法官也应有一些政治家的情怀和激情，这就要求法官在司法判决中能够赢得民心。所以，赢得民心也应是司法政治道义能力的重要组成部分。但赢得民心不是要法官讨好民意、刻意迎合民意，像四川夹江打假案（一审判决被告“制假者”胜诉，后因权力、舆论等各方面的不当干预而改判）、内蒙古的张进中案等那样讨好民意，必然会让国家法律蒙难。对法官而言，赢得民心的关键是严格依法办事，通过严肃的说理和清晰的裁判说服当事人，说服其他社会主体。所以，我个人认为，归根结底，司法能力中的政治道义能力在于通过法律来实现公平，并最终赢得民心。

法官的第二个能力是法律业务能力。法律业务能力突出地表现在以下几个方面：

第一，法律意识。应该说这是一个老生常谈的问题。坦率地说，我国绝大多数法官是有较为正确法律意识的，但也有相当多的法官在重大问题上常常没有法律意识，乃至很多法院刻意规避法律意识。比如有报道称，某地有个法院明确规定，对受理的案件，以有无“背景”等因素分门别类地进行受理和审判。这样一种规定本身就是缺乏或者规避法律意识的表现。当然大家会说，在基层法院不得不这样做，因为法院为了生存必须依靠诸种社会关系，这也有道理。但我这里要说的是制度理性问题。法律意识的提升直接涉及制度建构问题，目前我们的制度建设不足以支持我们法官树立更高的法律意识。但尽管如此，在现有制度的前提下，我个人以为，法律意识越高越好，一个法院只想着对关系负责，否则就吃亏的想法本身是错误的。所以法律业务能力的第一个要求是要有法律意识。我常常要求我的学生，在看新闻时要捕捉新闻中的法律含义，尽管我们看的是新闻，但要随时与法律联系在一起看并思考。

谈到法律意识，我还想稍多讲讲：在共和国成立以来，我们对法律的看法，长期以来囿于刑法观念。这里特别界定为共和国成立以来，还想解释一下。我认为，在中国古代的法观念当中，并不仅仅是以刑法为主的。尽管在法律史学术界，认为在中国古代是以刑法为主、诸法合体的，但是事实上在中国古代社会，它的治理向来是礼、刑兼用的，“治之经，礼与刑”嘛！这已经是不争的事实。学法学的，只要看看中国古代的判决就能明白。但共和国成立以来，我们对法律的理解非常狭隘，仅仅认为它是刑法，或者是制裁之法。这样的理念和意识直接影响到我们今天的司法活动，严重妨碍了我们司法素质的提高。为什么呢？因这种意识影响，一些重大的社会、政治事务不能交由司法来裁决。比如政治性案件、抽象行政行为等都不能交由司法来裁决，这恰恰是受我刚才所讲的法律意识的影响。面对国家重大的政治纠纷，我们绝对不会考虑到把相关问题交由法院来解决。我认为，这是需要特别反思的一种法律新传统。我赞同李泽厚先生的一个主张，他认为尽管我们是一个历史文化影响非常久远厚重的国家，但就我们今天来讲，影响更大的是新传统。在法律领域和司法领域也是如此，把法律主要甚至仅仅看作刑法就是其中一例。否则的话，就不会出现所谓把经济手段、行政手段、法律手段共用，并重的倡导。因为从法律、国家和政府的角度来讲，毫无疑问，行政手段就是行政法律手段，没有法律之外的行政手段；经济手段就是经济法律手段，没有法律之外的经济手段。可见，关注法律意识，特别是关注司法者的法律意识之重要性！

第二，职业道德。法官除了秉持政治道义能力外，还要坚持职业道德，法官的职业道德到底是什么呢？在座的各位可能都学过司法伦理学，了解的更为清楚，司法被动性要求法官不得主动调查案件、不得在案件审理之前主动与当事人接触、不得事先为特定的主体服务、不得和特定的主体建立密切关系、一般来说不得在案件审理之前接受记者来访、不得接受当事人请客送礼等等，这些都是职业道德。当然，作为职业伦理，还有更高、更多的专业内容，我就不在这里列举了。总之，作为一名法官，不具备基本的职业道德要求，他们的业务能力就很难提高，因为职业伦理就是法官业务能力的一个方面，所以，它与司法能力的提高之间，具有千丝万缕的联系。

第三，法律知识。要提高法律业务能力必须具有知识。大家或许会说，在乡村中，一些年长者、无法律知识的人，有时却在处理纠纷时还优于法院，更易于让人接受。这可能是事实，但我们知道，这些年长者的“判决”，更多的是通过情感解决问题的，而非通过法律理性解决。而我们今天在座的法官，都需要根据法律理性解决问题。在这种情况下，法律知识的拥有就更为重要了。法律知识、法律规定那么多，大家或许会问，究竟怎么掌握法律知识？是让我把这些法条全背下来吗？这可能吗？以法条相对较少的刑事法律为例，仅仅把刑事领域的法条全背下来有没有可能啊？大概有些法官能够做到，但绝大多数法官我估计做不到吧？我认为，法律知识的拥有，和法律意识、法学理论的提高以及掌握是密切相关的。我在这里所讲的法律知识既包括法条知识，也包括法学理论。

不但如此，在一个国情复杂的大国，法官还应了解民间规则和习惯做法。在很多国家，比如瑞士就明确规定，法官在判决民事案件中，有法律的根据法律，无法律的根据习惯，法律和习惯都没有时，根据法理。所以，法官不但要掌握法律知识，还要掌握一些民间规范知识。这样，我们就可以把法官对法律的拥有、地方习惯的拥有、法律理论知识的拥有都归纳到法官法律知识的范畴。法学理论和法律规定大家都理解，但对地方习惯的拥有也属于法律知识，在座的各位可能一时还不能理解，不妨再多讲讲。

我们知道，大量的民事纠纷以及民事裁判，虽然有国家法律的规定，但国家法律规定是针对全国的一般性事务，当纠纷涉及地方特殊性时，有可能国家法律是无用武之地的。根据国家法律判决不能真正解决问题时，就需要根据地方习惯来裁判并解决问题。因为这时，根据国家法律判决的案件，未必会使当事人接受，但一旦把地方习惯、地方文化传统和地方民族习惯结合起来裁判，就很容易使当事人接受。这时候，一位法官不仅仅要拥有国家法律知识和法律理论知识，还要掌握当地的民风、民俗。我的一位现任青海高级人民法院常务副院长的同学就曾和我讲，在藏族地区，如果不参考民族习惯，几乎就无法判决案件。他说，他所做的很多裁判，尽管在判决书未曾写明这些习惯，但很多是根据藏族习惯判决的。今年的7月6日至8日，我和青海民族学院联合在西宁召开了一次"民间法/民族习惯法学术研讨会"，其中就涉及"民间规范与当代司法审判"这样的议题。召开这样一个会议，事实上也是因为这几年我对民间法的兴趣，试图通过对民间规范的研究，寻找除了国家法之外的解决案件的方式和根据，即如何在有些案件的解决当中，能够借助民间规范使当事人更容易理解和接受案件的裁决。类似的纠纷事实其实很多，我看到有些法院的判决，特别是调解解决的案件，就紧紧围绕着习惯进行。比如在潍坊曾发生一起案件，涉及当地一种习俗：在相邻关系中，前家人的后墙不能正对着后家人的院门开窗户。恰好有一家人在自己家的后墙上开了窗户，并且隔巷正对着后家人的大门。当地人认为，这种情形对后家人很不吉利，于是，两家就发生了纠纷。对此，法律上的相邻权原理似乎不能解决，但是纠纷业已发生，并且可能面临更大的纠纷，法官只得受理。在案件受理后，法官运用他们独特的智慧，通过参酌民间规范，成功地协商调解了这一纠纷。

这些例子说明，除了法律知识、法学理论知识以外，各位法官对当地民风、民俗的理解和掌握，在我看来是非常重要和必要的。在司法活动特别是涉及司法调解时，具有很大的价值。这至少让人们理解，法官在司法中调解解决案件，是有理有据的，而不是胡乱调解的，是有乡规民约或传统习俗根据的，而不是想怎么来就怎么来的。

第四，法庭控制能力。法官在法律业务上，还需要一种能力，即法庭控制能力。司法面对的都是社会纠纷，而法庭是司法活动中冲突最激烈的地方。此时法官的重要使命，一是要倾听当事人的辩论、陈述和意见，二是要很好地理顺法庭的纪律和秩序。各位，这也是需要能力的。有两次庭审中发生的事实，可以说明问题：一次在某法庭，一位庭长做得不太好，当他看到法庭的旁听者嘀嘀咕咕时，也没有用法槌，而是指着旁听者的鼻子骂了几句。其中一位当事人脾气暴躁，当场上去一把揪住法官，厮打起来，最终引起整个法庭的混乱。还有一次在某地基层法院，那个法院由于条件较差，当时一个刑事案件中有 12 个嫌疑人被分别铐在院中的树干上，但树与树之间很近，导致当事人串供并翻供。审判长抬头往院外一看，见到嫌疑人正在院中交头接耳，就很生气地出去对嫌疑人每人一脚，然后把他们分别关进法官住的宿舍里。我个人觉得，这个审判长的法庭主持和管理能力很差。一位有着良好的法庭组织能力的法官，既能够提供一个原、被告双方公平辩论的场所，也能够使法官自身理性得以提高。前面举的两个例子非常典型，但绝非个案。一旦法官主持不好法庭，结果就难以想象，法官也难以理性地倾听当事人的声音，理性地裁判案件。我们在看戏剧表演时，有时会发现有些报幕员的表演是非常别扭的，而有些则是十分得体的。法官不仅是报幕员、主持人，更是判断者，只有冷静、理性地观察和倾听，维持良好的法庭秩序，才可能理性地思考，这是一种法律业务能力。当然，法律业务能力中还可以进一步分出三大点，即事实认定、判定的技巧和能力。

第三种司法能力，是事实认定能力。“以事实为根据，以法律为准绳”，这是我国的司法者人人熟悉的司法原则。在司法活动中，最复杂的恐怕是事实的认定，证据的采信或不采信。特别对法官而言，这一过程只是在法庭进行，法庭外按照规定不能采集证据。在有限的时间、空间范围内，如何判定有些证据为真，有证明力，另一些证据为假，无证明力，确实需要很高的事实认定、判定的技巧与能力。我认为，这一能力的掌握，除了要掌握归纳推理之外，更重要的，还需要做好以下三个环节：

第一个环节是观察与思考，对于法官而言，面对事实认定首先要学会观察和思考。我们现在相当多的法官恰恰缺乏独立的观察和思考能力，这是非常要命的。因为时间的关系，这方面我就不多谈了。

第二个环节是倾听和判断，即在法庭审判过程中，倾听两造的主张和提出的证据，判断证据与证据、证据与主张间是否存在冲突？根据证据又能否合理地推出主张？反过来主张又能不能取得证据的支持？如果证据不能合理地推出主张，应该如何判决？如果必然能推出主张，又该如何判决？等等。作为法官，在法庭上不在于夸夸其谈地讲很多看法，或者颐指气使地发号施令，而是在于判决时要一锤定音。当法官搅进当事人各执一词的漩涡中不能自主的时候，他就不可能一锤定音。所以，只有冷静倾听两造的诉求、证据、主张才能冷静判断。倾听和判断必然要求法官不能在法庭上多说话，从而少掉进漩涡中去。这就是在审判程序上推行当事人主义的原因。法官的角色在这时主要是一个冷静的倾听者和判断者。

第三个环节是推论与辩驳。如果说观察和思考是初层次，倾听和判断是中层次，那推论和辩驳就是对法官的高层次的要求。推论和辩驳主要是在合议庭中，在判决形成的过程中法官进行推论和辩驳。我认为，这是在认定事实方面的一个重要技巧。在这方面，胡玉鸿教授的《法律原理与技术》一书，可能在我国开创了法官法庭技巧研究的先例。法庭辩论后的合议过程需要合议庭每个法官对案件提出自己的看法，对其不赞成的意见提出辩驳。辩驳过程就是指出为什么不同意其他法官的主张，这些显然都是事实认定问题。在案件审理过程中，大家知道，多数时间是花在证据认定过程中的，正因为如此，事实认定技巧才是司法中最重要的过程，它能充分体现法官的事实认定能力状况。但很遗憾的是，过去很多人在谈法律解释时，不大讲事实解释，而只关注规则解释。规则解释固然重要，但在司法活动过程中，规则解释应当建立在事实解释的基础之上，因此规则解释有它的规律，事实解释更有其规律。事实解释能充分反映法官对案件事实认定的能力问题。对此，如果大家有兴趣，高等教育出版社 7 月份出版了我和陈金钊教授的一部《法理学》，里面几乎绝大多数章节都有该方面问题与司法的关系问题，其中包括事实解释，可以供大家参考。

司法的第四种能力，是法律识别能力。相信大家会越来越深地感觉到：我们的法律确实是越来越多了，其中有些能调整现实的社会关系，有些则不能；有些在调整同一社会关系时，法律之间是冲突的。这时，就要求法官有相应的法律识别能力。这种识别，既需要在事实当中发现法律，发现事实当中的规定性，还需要在法律丛林中去发现法律。只有如此，才能用最恰当的规则去判决如此复杂的案件事实。任何司法活动，其判决归根结底需要根据法律作出，但诸多的法律又是冲突的，或者不完善的，这涉及法官的法律识别能力问题。我们知道，英美法国家中有一个非常重要的司法技巧问题，这个司法技巧就是法官必须学会先例识别，即法官能够在诸多先例中发现与该案例最相适合的先例进行判决。在成文法国家，也有类似的情形。针对一个案件，存在多个法律条款，法官就必然涉及法律识别问题。所以在诸多的法律中选择最适合于当下案件裁判的法律根据，是一个非常重大且复杂的活动。在这里，实际上涉及这么几个识别和发现问题：一个是在事实中发现法律，即当法律无规定时，或者即使法律有规定但社会生活已经发生了重大的变化，或者既有的法律根本就不能调整其所想调整的社会关系时，面对社会纠纷，法官就需要从事实当中发现规则。前面讲到的那个案例，爷爷后房的亲属要求将后房去世后与其夫葬在同一坟园的案例，就涉及法律无规定的情形，此时，法官要在这个事实本身中发现规则，要有规则、有根据地判断，而不能无规则地、盲目地乱判断。

当然，作为一位法官，首先应该根据法律规则判断，在没有国家法律规定的情况下，能不能通过案件发现法律，或者在民间规则中汲取灵感？我认为这是理所当然的。大家非常熟悉发生在四川的第三者继承案。对这类问题，法律并没有专门的禁止性规定——尽管法律也规定了遗嘱继承的效力。在主审法官看来，遗嘱继承是建立在一定法理基础上的。但这里的遗嘱却有明显违背公序良俗的情形，于是判决第三者败诉、遗嘱人遗嘱无效。我认为，这从法理上是说不过去的，但这是新出现的社会问题，更需要法律人认真地探索。在这种情况下，面对新出现的社会问题，我们能不能发现新的规则？尽管在我国当前体制下，发现规则是由立法机构解决的问题。法官在判断个案时，在遇到这些疑难案件时能不能通过对事实的检验，发现事实中的规则以解决问题？很值得认真研究。再比如死刑犯有没有生育权的案件，这在法律上也是没有规定的，以前也没有遇到这样的问题，可现在，案件在浙江发生了，当事人妻子以情感缘由提出，能不能在当事人被执行死刑之前，把他的精子予以保留或者和她生活一段时间，以便给当事人留个一男半女？这个要求，从情感视角看，真是情真意切，但相关法院对此请求未予支持。我认为，法官更应从这样的案件中发现新的规则，而不是一味拒绝！倘若我是法官，这种请求我会设法支持的。但问题是，我们支持的理据何在？这就是法律识别和发现的问题，这更为重要！再比如祭奠权问题，因为有些地方政府禁止公民在清明节祭祖、上坟等行为，有些当事人感觉这侵犯了他的相关权利，于是有些当事人通过司法请求，判决撤销这样的禁止性规定，恢复他们的祭奠权。这一权利，在法律上也没有规定，但当事人直接提出了祭奠权这个概念，这时法官应当怎么办？显然这是很棘手的问题，但对法官而言也是饶有兴味，富有挑战的问题。由此可见，形形色色的新的社会关系，所导致的新的社会纠纷也层出不穷，这要求法官必须有在事实中发现规则的能力，或者在事实中发现法律的能力，要有在事实基础上作出符合规则的解释能力。

发现或者识别法律，还有一个是在法律当中识别法律。因为现在法律越来越多，法律规定冲突不断，即便是一个国家的内国法，它们间的冲突也越来越多：普通法与特别法的冲突、宪法与一般法律的冲突、全国性法律与地方性法规的冲突、法律与行政法规的冲突等等。对此，尽管法律理论上有原则性规定，国家法效力要高于地方性法规，特别法要优于普通法等等，但法官在面对具体案件时，有可能不是完全按照这些理论原则进行裁判的，甚至法官往往首先考虑的是如何协调地适用地方性法律，甚至适用最高人民法院的司法解释。所以，怎么在冲突的法律丛林中找到本案的裁判理据，怎么寻找一种恰当的法条裁判当下案件，也是一个能力问题，并且这种寻找的恰当与否，是很重要的一种能力。

以上就是我对司法能力的几个概括和总结。当然，或许有些人认为，司法能力中还包括其他方面，比如案件执行等。我个人认为，执行不应该属于此类，我一直主张执行应从法院中分离出去。当然，这一主张也一直得不到法院的回应，这其中可能有其利益的存在，这里就不多讲了。在座的各位如果有执行庭的同志，或许对此有自己的看法，但这里是我个人的主张，我认为这是司法的累赘。在《象牙塔上的放哨》一书中，我专文论证了执行为何是司法的累赘这一问题，因为它实际上极大地增加了司法成本，而且危及司法信誉，所以既危及司法的精神利益，也危及司法的物质利益。为什么呢？因为在各个法院，执行活动占用了大量的人力、财力和物力，相对而言这方面的人员素质也较弱，执行力极差，所以不可避免地危及司法的声誉。与其如此，还不如把执行交给公安机关或者司法行政机关。总而言之，在我看来，司法能力问题，只能是围绕着裁判展开并评价的，而不是针对执行。

三、非理性社会和理性社会司法裁判的基本区别

在专门讲司法能力和法律方法之前，我就法律方法的一般问题，它对司法能力建设的作用以及非理性社会和理性社会的法律方法作些阐述。可以说司法能力的关键问题，在于掌握法律方法。我们都非常熟悉“工欲善其事，必先利其器”这样一个成语，我们也熟悉“巧妇难为无米之炊”的谚语。即使一位法官具有很高尚的人类情结、悲天悯人的情怀，但你不掌握救世济民、依法裁判的技巧也无济于事。所以，在强调很高尚的人类情结和悲天悯人情怀的同时，也需要法官掌握“器”。司法活动的“器”，就是法律方法。在十多天前，宋鱼水法官来到济南参加一个和她相关的会议，主办方选的主题非常好——“宋鱼水审案方法与现代司法”，我认为这样把宋鱼水的审案方法与其先进事迹结合起来讨论是值得我们称道的。坦率地说，这类的会议一般我是不参加的，因为很多时候，这类会议主要是着眼于某种道义上的宣传，对司法活动而言最重要的是司法技巧问题。虽然道义宣传也非常重要，但这应有它的适用的区域。对司法而言，当下更需要解决的，就是司法方法问题。但是这一次，我愉快地接受了邀请，并从外地赶回来参加了这次会议。在会议中，法官和学者之间的互动非常好。宋鱼水也在报告中提出，她的一切的裁判活动都是围绕法律为中心展开的，包括她如何帮助老太太，怎么做和解工作等等，我觉得她讲的这点很好。尽管我对她讲的其他一些问题也提出了严肃的质疑。司法活动中的“器”就是司法方法，或者就是法律方法，所以在司法中，法官更需要了解和掌握的就是法律方法。

或许大家会说，我们现在更需要的是在司法中达到人情练达，因为做不到这一点，则只要有一个案件处理不好，可能就会使自己在当地乡里乡亲中抬不起头来。是啊，人情练达确实在人生中非常重要，但是至少对法官而言，这也要建立在合法性基础之上啊。这样的困惑，不要说在座的各位有，即使我作为一位普通老师，也常常面临这样的问题。比如说，在硕士或博士招生的时候，就经常会遇到很头疼的问题。当然，在座的各位或许会说：谢老师，你所面临的问题与我们面临的还是很不同的啊，你再怎么着，也不会因此而影响学问，影响职称，但我们不行啊。确实，在当下的体制下，一个人如果处理不好方方

面面之间的关系，也必定会损及自身的切身利益。不过，这是一个制度性的问题。制度性的问题，我们要通过外部方式进行解决。现在，我们在这里谈的是司法能力问题，这必须借助于提高我们自身的内力来解决。所以，我们应把两个问题分开来：尽管处理好人际关系，这也是一种能力，但这个能力并不是司法的能力问题，它是一个"外部能力"问题。只要我们的制度变革能够解决好，这些问题都可迎刃而解。但制度变革到位之后，我们"内部能力"问题的提高，就是另一个大问题，是我们整个司法中一个关键的问题。

紧接着我想重点谈谈，司法活动过程中的"器"，就是法律方法。在这一问题上，还需要划分非理性社会和理性社会，因为事实上，非理性社会的法律方法和理性社会的法律方法是有所不同的。

首先，看看非理性社会（人们直接根据其情感，而不是依据法律和理性判断事物的社会）的法律方法。谈到这里，让我想起了演绎唐朝著名判官狄仁杰的一部电视剧。最近中央四套每晚都在播出《神探狄仁杰》，该片是从侦查的角度反映他如何搜集证据、如何裁判案件的。他判决案件时常常采取的是一种非理性的判决方法。如证据的搜集、采信等等，每每采取的是装神弄鬼的方式、非逻辑陷阱的方式和人情化的方式。这样的处理方式，在简单的、非理性的社会中是比较适用的。所以，上述狄仁杰之所采取这一系列非理性的法律方法，未尝不可。在非理性社会，人们处理案件，往往有以下几个特点：

1. 情感优先于理性。在明朝时，一个判官处理两兄弟的纠纷。他是这样布局的：把俩人绑起来，置于特定的环境中，并且让两兄弟相互呼唤对方的名字：哥哥喊着弟弟的名字，弟弟答应；弟弟喊着哥哥的名字，哥哥答应。没及五十声，双方潸然泪下，泣不成声。判官感觉到气氛差不多了，在这种情况下，觉得该把兄弟俩的绳子解开了。结果兄弟俩抱头痛哭、各自悔悟，然后，欢欢喜喜地回家了。在这样的案例中，该判官采取的是兄弟之间应同气相求、同声相应这样一种情感牵连，不应当为了一点财产纠纷而诉诸公堂，影响兄弟情谊。可见，判官在此采取的完全是以情感的方式，来化解兄弟纠纷。大家都很熟悉的"葫芦僧判断葫芦案"，还有"乔太守乱点鸳鸯谱"等等，据说历史上真还有类似的判决呢——本来是为了解决纠纷和输赢的，但结果却获得了所谓"两全其美"的判决效果。

清朝判官南鼎元在解决兄弟分田的案件中，也不是根据法律判决，而是说（大意）：兄弟有手足之情，你们兄弟要分田，就相当于剁自己的手脚，那么，请你们伸出自己的一只手脚来，看你们想剁哪一只。结果，俩人都不敢伸出自己的手脚让判官剁。接着，判官就说理了：你看，你们连自己的手脚都不敢剁，怎么敢因为分田而起诉呢？要是你们的父亲还活着，既不希望牺牲大儿子，也不希望牺牲小儿子，你们考虑过你们的父亲了吗？经过判官这样的劝导，俩人心中对诉讼都有悔意。紧接着，判官又把俩人的儿子各押了一个回来并且带上公堂，然后说：老大，我把你的小儿子押了来，老二，我把你的大儿子押了来，现在你们这样争来争去，将来你们离去以后，你们的后代也会效仿你们，争来争去！与其这样，你们还不如就一个孩子算了，另外一个儿子交给乞丐，反正乞丐以后也没什么财产，将来也不会为争财产而起诉。经过这种今天人看来匪夷所思的情感教化，兄弟俩居然潸然泪下，立即明白了其中道理。这案子也就"撤诉"了，也就这样处理了。这一案件，还被人们推为经典的裁判！以上所举的这些案例，最后的判决结果都是以情感人。可见，在非理性社会中，司法首先采取的是情感优先原则。这种情感不是法律上所说的普遍的人类情感，而是人们的骨肉亲情、家族情感。

2. 神灵裁判的方式。在非理性社会，法律方法也每每采取神灵裁判的方式。在西方社会，神判在历史上曾经是一种重要的制度，特别在西方的中世纪就存在，法律都是上帝的意旨，裁判只能是上帝意愿的进一步落实。西方曾风行的决斗制度，就是一种变相的神灵裁判方式。就中国而言，这种方法在先秦就存在，一直延续到清朝，乃至在我们中国当下乡村地区仍然存在神判。我国著名学者、人类学家、神话学家、民俗学家夏之乾先生，他写过一本书，书名是《神判》。夏先生认为，在当代中国西南少数民族地区，神判是一种解决社会纠纷的重要方式。广西社会科学院的邓敏文教授也出版了一本书，叫《神判论》，这本书主要是对少数民族至今犹存的神判方式进行的调查。其实，这种神判不只是存在少数民族地区，即使在汉族地区依然存在。记得我小时候，那时我们解决纠纷的重要方式是共同到神像旁以起誓的方式进行的。以是否敢于发毒誓来裁判当事人面对主张的事实，心虚还是心实来决定胜负。这种以起誓，即神灵裁判方式解决纠纷的事，至今仍然在一些地方解决着乡民纠纷。大家感兴趣可以看看强世功教授写的一篇文章，专门写的是陕北黑龙潭的故事。在一个叫黑龙潭的地方，人们解决纠纷不是到"法院"去，而是去黑龙潭那个非常灵验的神那里去发誓、赌咒。这篇文章是他在 20 世纪 90 年代末才写成的。据说那里直到现在，香火还很盛，要求神灵解决纠纷、化解矛盾的人还很多。

这篇文章刊登在王铭铭与王思福主编的由中国政法大学出版的《乡土社会的公正与权威》一书中，大家可以看看。如今的这种“小传统”，来自曾经的“大传统”。大家看过很多包公戏吧？戏中包公的办案手法，不仅仅是演绎。虽然，这种办案手法和我们现代社会的司法判决方法似乎相去十万八千里，甚至没有什么价值，但是这样的一种解决方式对于我们至少具有两个方向的借鉴作用。一是反方向的：我们现在有些法官，特别在证据搜集阶段，对当事人常采取连蒙带吓的方式，“我已经通过其他证人了解了啊，你要老实交代啊”等等，就是通过心理恐吓的方式进行诱供的。事实上就有神灵裁判的某种影子。二是正方向的：如现代国家的证人宣誓制度，也具有相关制度的影响。

3. 实质公平优先于形式公平。这也是非理性社会法律方法的重要特点。在非理性社会，每一个案件所追求的都是实质公平。但是判官作为人，其智慧是否具有实现实质公平的能力？判官也会有头脑发热、犯错误的时候，判官也有七情六欲，也有情感好恶。在这样的情形之下，尽管你说你的判决是实质公正的，也很难让人尽信。但是即使如此，在非理性社会，判官还是要通过种种方式，实现、推进个案的实质合理。包括上述裁判方法，都是为了实现这一目的而采取的。大家知道，在今天理性社会中，为了避免法官个人情感因素在司法活动中发挥更大的作用，现代国家采取的是以形式理性的规则来解决纠纷的模式，因此，也更多地讲究形式理性优先(待会再作分析)。但在非理性社会，恰恰相反，所强调的是实质公平优先和实质理性优先。

其次，再简单分析一下理性社会的法律方法。其也有三个特点，分别是：

1. 法律优先于情感，法律是理性的化身，因此，理性也优先于情感。任何情感都应被置于法律之下，而不能超脱法律之上。这是理性社会的法官必须遵循的理念。从这个角度说，经过历史演绎的很多包公故事，其中不徇私情的故事是颇值得我们特别关注的。只要能够转化得好，其也可以被使用到理性社会的司法裁判中。当然，这不是说法官就不讲情感，法官只能板着面孔，而是说，法官要以理节情，以法约情。

2. 强调逻辑裁判。理性社会，也是强调逻辑的社会。司法更是如此。法官的一切裁判过程，不论是对案情的归纳总结，还是对法律的运用，唯有通过逻辑的方法来说明，才是合理的。裁判过程的公正与否，主要应通过逻辑推理过程来判断和检验，只有通过严密的逻辑论证和说理，才能达致公正裁判的效果。

3.形式理性优先于实质理性。现代社会的法律，强调形式理性优先于实质理性，形式公平优先于实质公平。形式理性所追求的是对话的理性、辩论的理性、交谈的理性，所以通过形式理性，我们才能追求到普遍的实质理性。而前述所说的非理性社会中的实质理性，只是个别的实质理性。所以，法律作为一个形式正义的规则，所追求的是普遍的实质理性。正因为这样，德国有一个学法学出生的、非常著名的社会学家马克斯·韦伯，他把人类历史上的法律分为四种：①实质非理性的法律；②形式非理性的法律；③实质合理性的法律；④形式合理性的法律。他认为，法律发展的最高阶段即是形式合理性的法律，因为形式合理性能实现保障我们人类普遍的实质理性。比如，审案活动一律公开，除了涉及国家机密的、个人隐私的和其他法律不宜公开的，其他一律公开，这是一个形式规则。在这种形式公开中，保障着旁听者、社会舆论对法官可能形成的制约与监督，从而恰恰保证了这个案件可能判决的实质公正。再比如合议制，这本身是一个形式性的规则，但通过合议制、通过集思广益、少数服从多数的原则，最后实现一种普遍的实质公正。所以，我们的案件如果不实行合议制审判，而实行独任制审判，或许在某些案件审判上是公正的，但在另一些案件中就不可能保障制度带来的公正；如果实行的是秘密审判而不是公开审判，我们也可以说或许对有些案件的审理是公正的，但你不可能保证每个案件大体上是符合法律规定的。尽管公开还是秘密都是一种形式，合议或是独任也仅是一种形式，但合议制在司法中要比独任制更能实现公正，公开审理更能体现司法审判过程的普遍实质公正。所以，大家不要以为形式是低位的，实质是高位的。没有形式这样的过程就没有实质这样的结果。形式合理性不是说我们追求低位次的价值，实质上它追求的是通过形式合理实现更加广泛的实质公正。

当然，形式合理性和实质合理性问题，还有更多值得我们反思的问题。有一次扬州大学的蔡宝刚教授谈到了韦伯的形式合理性和法的现代性问题。在对他的发言进行点评时，我就提到了一个问题，我说韦伯的形式合理性，仅仅是针对大陆理性的法，特别是日耳曼传统的法，尤其是德国法，才是真正的形式合理性的法律，至于像英美法系的法，韦伯不认为是形式合理性的法律。于是，我要请教的是：既然你认为在韦伯的这种形式合理性的法律当中，含有法律的现代性问题，那么，如何理解英美这种把形式理性和实质理性相结合的，并非形式理性的判例法，同样具有法律的现代性这一问题？当时，由于时间的关系他并未作答。但毫无疑问，这一问题是值得我们反思的。我国的法律改革，主要吸取了大陆法系的传统，但是大陆法系现在已经向英美法系吸取了很多内容，特别是在公法领域当中，它的司法裁决基本上采取的是判例式的，尤其行政法领域更是如此。那么这究竟给我们提供了什么样的启示？它给我国的司法改革提供了什么样的启示？对我们进一步理解形式理性和实质理性的关系提供了什么样的启示？我想这是很值得我们继续关注的。

四、司法能力与法律方法

今天需要和大家交流的第四个大方面是法律方法和司法能力建设的关系。我认为，在法律方法体系中，大体上有以下几种方法：法律解释、漏洞补充、法律发现、法律论证、法律推理和冲突消解。

第一，法律解释与司法能力的关系。法律解释是在法律方法体系中最基本的法律方法。刚才和吴处长讨论时，吴处长提出：法律解释方法不仅在司法过程中运用，而且在行政活动当中以及立法活动当中都涉及。这样的观点，当然是有一定根据的，主要根据是我们中国目前的法律解释体制。学者的研究，不仅仅要根据中国的制度理性，而且要有放眼看世界的理性状况。事实上，在西方国家，把行政机关、立法机关涉及的对法律的理解和阐释，并不称为法律解释。不论在大陆法系还是英美法系，只有法官在司法中针对个案作出的解释，才称为法律解释。即使这样的法律解释，其体制也不像我国，由最高人民法院进行成文化解释，而是每位法官在司法中，针对个案作出的解释才称为法律解释。威海分校成立的法律方法研究所，就主要研究法官司法的方法，包括法官解释方法。我在去年写的博士论文，专门阐释我国古代的法律解释问题，主要是中国古代的法官如何理解和解释法律问题。如今，我国最高人民法院的解释在很大程度上与立法差不多。这种解释是一种立法活动，而不是一种司法技巧，不是我们说的法律方法。所以，我在这儿所说的法律解释方法，就是针对个案，特别是针对疑难案件，即针对事实虽然清楚，但适用的法律模糊的案件，法官通过语言和文字的修饰，把法律规定，以及法律规定和案件事实间的关联明晰化的过程，这才是法律解释。

从这个意义上来说，每一个法官都在经常从事法律解释工作。所以大家不要按照目前法学理论上所说的那种法律解释概念理解法律解释，即只是最高人民法院对全国人大或其常委会颁布的法律作出的解释才是法律解释，如果那样理解，那法律解释就不是司法方法了。最高人民法院所做的这种解释，不是法律方法意义上的法律解释。

自然，要熟练地掌握这样的一个法律解释活动，需要法官的技能与能力。我所看到的相当多的司法判决，在判决过程中，哪怕针对的是疑难案件，文书成文也显得过分生搬硬套。最近，因为我指导的一位学生所写论文时，涉及“民间法在司法中的作用”这个话题，他在法院进行案卷阅读时就发现，一个针对疑难案件的判决书，整个事实叙述过程显得很矛盾，即使在合议中，人们用的很多规则是民间规范，都提到相关案件，按照民间规范是怎么处理的，但是其结论部分却生硬地根据中华人民共和国某部法律的某条、某款作出判决，而这部法律以及其某条、某款恰恰和他论述过程中的事实、论据完全是冲突的，也就是说，通过此事实和论据，不可能得出是根据这个法律进行判决的。后来他们搜集了一些个案，我看了一下，确实如此。这反映了什么？反映了我们的法官还不擅长法律解释，或者目前我们的司法体制还不能足以保障法官对个案的司法解释。

我刚才提到的青海省高级人民法院，我的同学刘晓阳曾经提到他们所做的一些判决，也是如此。很多案件，在合议过程中，大家的论述过程都非常尊重当地民风、民俗、民情，但是一到了判决部分，却忽然提出“根据中华人民共和国某某法律第多少条第多少款”的字样，使得司法判决中运用的法律条文和自己在合议时提及的民间规范相背离。面对这样的情况，究竟怎样来妥善地解决相关问题，建议大家冉思考。如果法官掌握了法律解释的技巧，并且司法体制提供了法官解释的余地，那么，我们可以对法律进行一些扩张性的解释，促使司法裁判文书史趋理性。每位法官也对自己的解释负责。可现在这种依样画葫芦的裁判方式，谁也不会承担解释的责任。所以，这需要我们改变司法体制，提高司法能力，使案件的裁判，特别是疑难案件的裁判及其解释，既符合实情，又与法律规定的精神不睽违，使判决书显得更加顺理成章。总之，事实上，每位法官只要参与司法，就都在从事法律解释工作，但是怎样能够更好地掌握法律解释技巧，比如字面解释、限缩解释、扩张解释、历史解释、整体解释等等，把它灵活地运用于司法实践是非常重要的。显然这是一种司法能力，这样的司法能力对于外行来说可能会想到但是做不到，但作为一位法官，不仅要能想到，而且要能做到，能想到做不到就不是一种能力。只有能想到，并且自如地运用具体的解释方法，才是一种能力，才能解释得让当事人心服口服，让两造接受判决。

第二，漏洞补充与司法能力。漏洞补充，作为一种法律方法，大家都非常熟悉。法律总是有漏洞的，再完备的法律都不能做到事无巨细，完备无遗。更何况法律规则是死的，但是社会关系是活的，社会关系是不断变迁的。50多年前，典当已经被我们废除，因为当时认为这是一种剥削制度。但是我们大约十五六年前又恢复了典当，现在典当是中国一个很重要的资产调节方式，是在中国传统文化中土生土长的一种法律制度。这种制度，我们曾经一度在法律上禁止，后来政策上允许了，现在，逐渐在法律上也有规定了。这说明社会关系总是发展的。试想，对相关问题，在法律上没有规定时我们该怎么办？再比如尽管《宪法》原则地规定了公民平等权，《婚姻法》原则地规定了男女平等权，家事法也原则地规定了家庭成员的平等权，但是在中国长期存在一个问题，出嫁的姑娘能不能继承父母的遗产？能不能继承承包土地的使用权？在基层法院里，这样的案子越来越多。在济南市中院，韩德强最近就专门写了篇文章，也在《山东大学学报》上刊载了，是关于姑娘户土地继承纠纷的思考。他主要是从民间规范这个角度思考问题的。他主张，处理这类问题，法官不能依照《遗产法》，也不能运用《婚姻法》以及宪法中的平等权，而应当强调我们中国固有的民俗。他认为只有这样，才更有利于社会秩序的维护和司法判决的可接受。作为一家之言，我把它推荐到了《山东大学学报》上。

我想这类问题在我国是大量存在的。对这样的问题究竟怎样处理？在法律上来讲，显然我们不能说它是一个法律漏洞，但在现实当中，它已经事实上形成了一个法律漏洞。因为平等权是个原则性的问题，它没有从原则转变成规则，所以一旦遇到姑娘户的纠纷，裁判起来法律根据至少不充足。这就需要漏洞补充。事实上韩德强法官提出的就是漏洞补充的运用机制问题。如果不按照他的观点裁判，那么，村和村之间的土地关系就有可能产生极大的不稳定，从而有可能对社会秩序造成更大的危害，反而不利于问题的解决，我个人认为，这个主张是在理的。试想，一个从李村嫁到张村的姑娘，她仍然在李村承包土地，这样长此以往，李村和张村的关系就复杂得没有办法理清。我们自古以来流传下来的老规矩，是由长子继承土地或者由男性继承土地。这并不是对女性的不平等对待，事实上，在乡村地区，它确实有维持我们中国独特秩序的重大价值。把秩序和权利相比较，我觉得是秩序更应优先于权利。为什么呢？因为秩序涉及更大的权利，更多人的权利。如果一个出嫁的姑娘因为土地继承权产生，必然会导致两个村之间人们更大的纠纷，从而更多人的权利处于一种不安定状态，这对对社会秩序的维护、对人们权利的保障而言难度就太大了！所以，我赞同韩德强法官的方案。然而，他这个方案又和法律规定的原则不吻合。

其他继承我不说了，其他继承还可以通过平等权来说明，完全可以借用平等权的方法来解决。但是土地承包问题又很复杂，所以，我再以承包土地的继承为例讲讲。既然按照韩德强法官设计的判决合理不合法（韩德强法官在文章中收集了多个关于“姑娘户”的诉讼，他以这多个案例及其解决来说明，我觉得他说的还是可以说服人的），违反法律原则，这事实上就表明，韩法官的设计，就是对法律漏洞的补充，对法律规则不能衔接、展开法律原则的补充。

因此，法官如果在实践中能熟练掌握这样一种补充技术，面对形形色色的、不断出现的新类型纠纷，我们就有可能借助司法的力量，补充法律的不足。长此以往，在解决纠纷问题上，乃至在整个法治建设问题上，法官将会起到更大的作用。大家知道，英美法系国家法律的形成，特别是宪法判例法和民事判例法的形成，恰恰是法官导演的。先例是重要的，但是后例未必完全符合先例。所以它有一个非常重要的技术，既要有遵循先例原则，又要有先例识别技术，还要有现例创造规则。当法官发现了后例和先例之间有不吻合的地方时，或者时过境迁，即使吻合，但当下案件不能完全套用先例的时候，他可以进行现例创造。通过现例的创造，最后达到使案子更公正地审理的结果，也促使判例法体系更加完善。我认为，我国的司法体制以及法官应该向英美的法官借鉴这种通过司法补充法律不足的做法。

第三，法律发现与司法能力。法律发现讲的是什么意思？其实，在前面讲授中，我已经谈到了法律发现问题。我在法律识别能力那部分就谈到过这一问题。法律发现实际上就是一个法律识别能力的问题，就是在冲突的法律当中，在社会事实当中，识别规则、识别法律的问题。所以我把法律发现分成两种：一种是在事实中发现法律，这种发现法律有时候和漏洞补充界别起来相当困难，所以我就不更多地讲了；另一个就是在法律当中发现法律，这个刚才我已经谈到了，因为我们现在法律就像丛林一样，我们钻到法律条文当中去，就像钻到丛林当中去，不辨东西，不辨南北。在这种情况下，我们一定要在丛林当中有定力，不能慌乱。最近，重庆发生的一起案子就能说明法律发现的问题。一位消费者买了一台20多万的汽车，买了之后有人给他打匿名电话说，这台汽车是瑕疵车，卖者未把这个瑕疵详情告诉他。结果他到这个公司去讨说法，公司拒不认账。后来他到交通警察管理部门打听，得知这个车确实是出过事故的。这时，他就拿着证据再找这个公司，该公司还是拒不认账。忍无可忍的情况下，他起诉到法院，要求销售公司给他双倍赔偿。在法院审理过程中，原告和被告辩论很激烈，对该案究竟是根据《合同法》来处理，还是根据《消费者权益保护法》来解决，形成了很大的争议，法官之间也看法不一。被告主张根据《合同法》处理，给原告换一辆新的车就得了，但原告提出要根据《消费者权益保护法》，进行双倍赔偿。法官在判决的时候最后采纳了原告的意见，这个车最后还由原告开着，然后被告再向原告连精神赔偿再加上车款双倍返还28万元。其实，在这个案件中，法官也面临着两难选择，因为我国两部法律都有相关的规定，但是两部法律规定的责任承担内容却不一样。《消费者权益保护法》有关双倍返还的条款，《合同法》当中没有这样的规定，只有违约责任的规定。那么哪个规定更加适合这个案件？最后，法官为了保护消费者权益，为了对欺诈行为惩戒，以《消费者权益保护法》的规定进行判决。应当说，法官采用《合同法》判决，也完全可以说得过去，但是为了解决这个案件，为了使这个案件对社会更有警示价值，更能够促进保护消费者权益，惩治一些欺诈行为，选择《消费者权益保护法》更恰当。这就是一个法律识别问题，也是一个法律发现问题。当然，这也是一个价值或利益衡量问题。所以在丛林般的法律当中，发现哪个条文最符合某一案件，并通过处理之后更能被当事人所接受，被社会所接受，既能够维护当事人权益，也能够惩治社会不正之风，还能够维护社会的长治久安。这就需要法官进行权衡并从中发现法律的过程。这当然也是一种能力、一种技巧。

第四，法律论证与司法能力。法律论证这个词，这几年学术界研究得比较多，但法律论证究竟讲的是什么？我指导的一位博士研究生，今年所写的厚厚的博士论文就是对法律论证的研究，政法大学舒国滢教授也翻译了阿列克西关于法律论证的一本书。看了这些作品之后，从它和司法的关系看，我认为讲的还不是太清晰，有时候给人的感觉是，法律论证和法律推理之间没有什么特别大的区别。我在这里要专门强调一下：司法中的法律论证，事实上是一种法官寻求合理解决案件方案的活动。在司法过程中，法庭辩论阶段两造之间的相互辩驳，合议庭里面的不同法官就如何解决案件的讨论等，都是法律论证的过程。法律论证适用的场合，我自己概括为大致以下几点：

一是法律论证必须是有辩驳存在的场合，例如法庭上原告的主张和被告的主张不同，原、被告的举证也不同，这个时候就形成了争点，就要进行辩驳，各自通过证据证明自己的主张，这个时候才叫论证。在合议庭合议时，也是如此，每个法官都可以提出一份自己的裁判意见。这些裁判意见都是自主地、平等地表达的，也要公平地反映在判决书或附在判决书上。例如，就法庭辩论而言，法官的判决书会强调："公诉人认为……被告的律师某某认为……另一律师某某认为……"，他们的辩论意见都要平等地写在判决书上。还有，因为合议过程也是一个论证过程，判决书要反映或附上合议庭中三位、五位或者七位法官的裁判意见。如甲法官认为……乙法官认为……，都应将裁判意见附在判决书上。最后通过认真讨论，选择一种方案，为什么要选择该方案？为什么不选择另外的方案等等，都需一一说明。显然，在这里，没有辩驳，就没有法律论证。

二是只有在多人参与对话的场合才有或者才需要法律论证。因此，一个人的独白不能构成论证，一个人对案件的一种逻辑推论也构不成论证。根据这一点，则独任制审判员所作出的判决一般不是一个论证或者不需要论证，判决本身一般只是一种推理，即独任制审判员作出的判决一般是一个推理过程，而不是一个论证过程。因为没有合议庭，没有其他不同的意见，一般也就形不成辩驳、驳论，所以这个过程叫推理过程，而不叫论证过程。当然，这可能也有一个例外，即如果独任制审判员自己设证了几种不同的裁判结果并提出了不同的裁判理由，并且他把这些裁判理由都展示在判决书上时，也可以叫做法律论证。但这种情形，是不是很少见啊？

三是法律论证更多地适用于复杂和疑难案件中。这并不是说简单案件就不适用法律论证，简单案件也适用法律论证，但是它更多地适用于复杂和疑难案件中。因为复杂案件要么是指纠纷事实复杂，要么是指法律关系复杂，要么涉及的内容复杂，归根结底，是它的争点复杂。在这样的争点当中，怎么更加合理地判断，就给人们提出了复杂的问题，所以更需要我们说明理由。在这样的案件处理过程中，当事人的充分陈述和辩驳、合议庭的意见充分表达和论证就格外重要。所以在疑难复杂案件当中，法律论证要比在简单案件中更多、更有价值，这是法律论证的第三个场合。

四是法律论证必须适用于可以公平表达意见的场合。假设尽管我表达了意见，但有人上来给我煽了两个耳光子，并让我滚出去，禁止我说话，这样我就不能参与论证活动了。所以只有当所有参与者在地位上都是平等的、能在平等的场合、公平地表达意见时，才能展开法律论证。这里面涉及一个很重要的问题，即诠释和对话问题。如果大家感兴趣，我有一本书，叫《法律的意义追问》，就涉及这一问题。这本书大家读起来稍微生疏一些，因为涉及对诠释学哲学和对话理论的理解。“对话理论”是德国一位著名学者哈贝马斯提出来的。有人把他的理论称为对话理论、商谈学或者交往行为理论。我们日常促成交往的最好方式，就是通过相互辩驳、意见的公平表达，理由和事实的充分罗列。其实，这就是一个摆事实、讲道理的过程。只有这样，人们才可能形成正确的意见。我认为，这一点和我们倡导的民主集中制是有一定的吻合之处的。民主集中制就是说在意见多元时，要尊重多数人的意见，但也不能否定少数人的意见，反而要保留少数人的意见。对话理论其实也就是要解决多元社会中这样的问题。我在那本书里头专门对这些问题作了一些探讨，当然那是站在法哲学角度讲的，而不是站在法律方法角度讲的，不过它对于理解法律方法还是有一定帮助的，特别是对理解法律论证会有一些帮助。

对话、论证是平等的，法律论证也是如此。庭审中，在法官的主持之下，原告和被告在庭上的诉权是完全平等的（当然也许有人会说有时候不平等，例如，在刑事审判中，检察院和刑事案件的被告人，他的代理律师之间经常就感觉到不平等。我们山东就出现过这样的事件，地方就不说了。按照新的刑事诉讼法规定，法官在中间，审判席的位置要高一些，公诉人、被告人代理律师分别在两边，他们坐席本来是一样高的。某法庭就按照这一规定布置。可当地检察院认为，代理人的坐席怎么能和我一样高，怎么能和我平起平坐？然后就拿了几块砖头，把桌脚垫起来，结果和法官的审判席一样高才了事。这反映了一种法律理念。按照现代法律理念，在司法中，法官作为主持人，他代表法律说话，检察官仅仅是代表官方说话，而不是代表法律说话，他是为了代表官方的利益才对法律负责的，大家可以看看我将出版的《法理学》这本书，对法律职业的相关论述。法律职业中律师是为了对当事人负责才向法律负责，换言之，律师因为对钱袋负责才向法律负责，为钱袋负责是一种合同责任，因此，由合同责任进而上升为法律责任。在有些国家，检察官是政府的法律雇员，在一定程度上他和政府之间也是一种合同关系，他是为了完成对政府的使命进而向法律负责的。但是法官却不同，法官必须直接向法律负责。所以，这是一个理念问题，在此我就不多说了）。要公平地表达每位参与者的意见和立场，就需要打破法庭上任何特权者、领导者的存在，比如在法庭上，你是老师，我是学生，你的说法我必须服从，这时候就不能称为真正的法律论证，相反，你就对我形成一种强制、一种“霸权”。或者你是长官，我是下属，我必须服从你，那你也对我而言，是一种强制或霸权，我就不可能和你公平探讨、对话，法律论证也就无以为继。因此，法律论证要求必须在法庭陈述、法庭辩论、合议过程中，当事人之间、公诉人与被告人之间、审判长和其他陪审员、审判员之间等，在表达意见上的机会是均等的，他们表达意见的地位是平等的。决不能因为你是审判长，你的地位高，你的意见就重要，你的意见所占的成分就大一点，不能如此。只有每个人表达意见的机会是平等的，这才能进入法律论证。至于最后怎么判决那是另一回事。只有保障在法官主持下的辩论完全是平等的，合议过程完全是平等的，则这样的辩论过程、合议过程，才能为我们寻求案件解决的最佳方案提供条件，才能称为法律论证。

五是法律论证需要在可以达成妥协的场合，这是法律论证的最后一个条件或者场所。在法律论证中，尽管参与辩论的人们的主张是不同的、诉求是相反的、证据是各异的；尽管在合议庭上，陪审员、审判员、庭长的裁判意见和理由也不一样，但是只要能够形成妥协意见，最后作出一个判决结论，就表明法律论证取得了成功。反之，如果不能形成这么一个妥协意见，参与者说完了都各顾各的，不去管怎么解决案件，形不成妥协意见，就不能称为完整的法律论证。所以，法律论证它有一个最终的目标，就是要解决问题、裁判案件。它要能适应于不仅公平地表达意见，而且在公平表达了意见以后还能够妥协的场合，妥协的结果就是判决结论。这个判决结论并不完全是对论辩、合议内容的复写或流水账，而是少数服从多数，并保留少数意见的裁判。在论证过程中，为什么采纳了多数人的意见而不采纳少数法官的意见，是要说明理由的。裁判不采纳少数法官的意见并不是因为他们的意见不重要，判决书中叙述少数主张本身是司法对少数意见的尊重。但问题是，即便那少数法官的主张再重要，司法总要形成最后的裁判，要形成一个最后的判决结果，因此，必须妥协，否则，对纠纷解决而言，就毫无价值。由此可见，妥协在法律论证中的重要性。法律论证过程事实上就是给判决的形成提供一个前提性解决方案，使人们充分地通过辩驳、妥协，最后达成真理或判决结论愈辩愈明的效果。昨天，宋楚瑜在岳麓书院的题词中说,“人间真理愈辩愈明”。是的,当年朱熹和张轼等在岳麓书院讲学的时候,就经常有辩论。结果不是谁把谁驳倒,而是各有收获,这是最能达到天下至理愈辩愈明的方法,所以中国古人又讲:“知出乎争”。司法活动也同样如此,当事人、法官争论的目的,就是要使案情、法律适用愈辩愈明。

法律论证的重要性,要求我国对判决书要进行必要的改革。目前我们的判决书普遍太简单,并且都是一个套路:原告主张如何如何、被告主张如何如何、合议过程中如何如何……接着,本院认为……最后,依法判决如下。不但是一个套路,而且理由陈述得太粗略。起草判决书的人,任意剪切论证过程的现象也非常严重,因而不足以使人信服。所以,司法判决书改革的基本点,我认为就是要把司法论证的过程和理由说清楚,即把寻求案件解决方案的过程说清楚,在这个基础上再说明理由。法官的能力和水平,最后只能体现在白纸黑字的判决书上。他的创造性也要体现在判决书中。可现在,我们的判决书不能实现这一点,从中看不出法官有什么创造。诚然,对案件的论证过程要细致且符合逻辑地表达出来是很不容易的。一个案件特别是复杂案件、疑难案件审理那么长时间,要梳理几十页、成百页甚至上千页材料,要从中梳理出判决,这当然是个困难的、创造的过程。所以在有些国家,一位法官下面总会有很多助手,有专门管理材料、管理法规、协助起草文书的人,而法官仅仅是把关者、文书签字者。在中国,法官不仅是裁判者,而且往往是直接起草者,所以法官非常忙,就像有人所说的那样,法官经常生活、工作在焦虑状态下,因此,判决书就谈不上什么创造。谈到判决书的创造,我建议大家可以看德沃金的《法律帝国》一书。在该书中,他引用被西方很多法学家论述过的一个名案,即里格斯诉帕尔默案件,案情是爷爷晚年留下一份遗书,遗书这样写道:死后财产绝大部分由孙子帕尔默继承。但爷爷后来填了后室,并有迹象表明爷爷可能会改变遗嘱,这时孙子帕尔默有些焦急,想万一爷爷改变了遗嘱怎么办,于是干脆把爷爷杀了。她的姑姑们起诉剥夺帕尔默的继承权。按照当时纽约州的法律,尽管帕尔默把爷爷杀了,在刑法上他得承担刑法责任,但在民法上他的遗嘱继承有效。为此,法官之间争来辩去,观点不一,但最后还是形成了帕尔默不能以杀害自己爷爷的方式,阻止他改变遗嘱的权利,并最终形成了一个重要的判决意见和法律格言:“任何人不能因为自己的过错而获益。”法院就根据这样一条近乎公理性的格言,最后判决剥夺帕尔默的继承权。这个案件的判决书可在网上搜索到,它典型地反映了法律论证问题,我认为,也对我们改革和提高判决书的质量很有帮助。我建议大家看看，并且建议大家就这个案件的裁判和四川泸州“第三者遗产继承案”的判决比较比较，虽然都是剥夺继承权，宣布遗嘱无效，但哪个判决的论证更充分，我相信大家有比较，必然会有鉴别。

第五，法律推理与司法能力。法律推理是另外一种重要的法律方法。我们知道，法律推理是用形式逻辑的原则，更多的是运用演绎推理或者三段论的原则，作出案件判决的过程。当然，在司法活动中，归纳推理也很重要，但它主要适用于事实认定过程中，而演绎推理则主要体现在法律适用过程中。所以，司法中的推理，尤其是法官的推理，更多的是运用演绎推理。当然，事实认定过程一定要注重归纳推理。演绎推理我们知道，它有一个最基本的规则，即我们经常讲的三段论规则：大前提、小前提和结论。在法律推理中，大前提就是法律；小前提就是刚才所说的法律论证的一种结果，就是法官通过归纳推理所得出的案件事实真相，或者法官已经采信的证据就是小前提；结论就是前面所讲的法律判决。看上去三段论非常简单，但要自如地运用到司法判决中，肯定要有一定功夫的。记得我的老师、著名宪法学家吴家麟教授（我曾在他手下工作、学习 8 年），他的逻辑学功底非常扎实。虽然吴家麟教授现在已慢慢从法律界淡出了，但他对中国宪法学、宪政政治学和法律逻辑学的贡献是世所公认的。明年老人家正好 80 岁。老人家不到 30 岁被打成右派，发配到宁夏，后来担任宁夏大学两任、共计 8 年的校长。改革开放之后，我国所编辑出版的全国统编法学教材当中，有两部是他主编的，一是《宪法学》，一是《法律逻辑学》，这在当时是绝无仅有的。他在研究法律逻辑的时候认为：在任何时候，对法律活动而言，尤其是对司法活动而言，三段论是最重要的。大家感兴趣可以看看他的《法律逻辑学》。三段论作为一种重要的逻辑方法，我建议大家在今后，应当好好地琢磨琢磨，并且能够自如地运用到司法裁判过程中去，并真正地彰显你的司法能力。总之，大家不要小看三段论，尽管它的规则并不复杂，但在司法判决自如运用，绝不是简单的事情。因为它和法律规则的运用一样，必须是一个在前提和推理规则间目光不断流盼的过程。除此之外，类比推理和辩证推理在司法活动中也经常会运用到，特别是在建立了判例制度的国家，类比推理的适用更普遍。限于时间关系，我在这里不展开。这方面的论述也很多，大家下来可以搜集参考。

第六，冲突消解与司法能力。最后一种法律方法，我把它叫做“冲突消解方法”。法律之间经常有冲突，前面我提到“合同法”和“消法”的冲突，这两者之间的冲突相对而言还好解决，因为相对合同法，“消法”多少有些特别法的性质(我不知道大家赞同这个看法吗？如果不赞同，那就先存疑吧)，而合同法它是普通法。法理和法律上有一个原则，即特别法优于普通法，所以，它们之间的冲突相对好解决。但如果是同位阶的法律之间出现了冲突，即所谓水平冲突，那怎么办？这需要我们有消解的技术，消解技术事实上也是一个说理技术。在很大程度上，这也是一种利益或价值衡量技术。

对法律冲突及其消解问题，我们还可以在更宽阔的视野中观察。大家知道，在国际私法中，核心问题是解决法律冲突问题。事实上，在内国法律中，也涉及一个冲突法的问题。比如大陆和香港之间的法律，大陆和澳门之间的法律，在涉及相关纠纷的时候，究竟适用何种法律就涉及一个区际冲突法的安排问题，如果没有妥当安排，就会涉及冲突消解的法律方法运用问题。大家知道，估计到2020年前后，我国和东亚、东南亚国家之间有可能实现贸易共同体，在那个时候，各个国家的法律之间冲突，就是司法经常会遇到的问题。一旦冲突法安排不到位，那么，法律冲突的消解技术，就是非常关键和重要的。那么法律冲突的消解技术究竟是什么？我一直在琢磨这个问题，坦率地说，我目前对这个问题的研究还不够，初步的思考有效力识别、利益(价值)衡量等，但觉得还很不够，还有什么，一时没总结出来，如果将来我有更深入的探讨，再和大家进行交流。今天先行提出这个问题，也是供大家在司法实践中进行思考。如果大家有思考所得，请告诉我。

本来呢，今天我还准备了一些别的内容，比如说法律外的方法对司法的帮助，通过法律方法如何提高司法能力等等。但一方面，有些内容在前面讲演时已经提到；另一方面，由于时间的关系，我就不再展开了。我对法律方法的系统研究，也是在这几年才展开的，前些年我也不太注重。我期望通过这样一个讲演，能形成我和在座的各位之间的一种互动。我刚才说过，对法律方法而言，在座的各位才是真正的行家里手。尽管大家没有形成系统的理论总结，但大家是真正在实践中运用法律方法的行家里手，而我仍然还是个外行。我希望将来我调查到在座的各位所在的法院时，大家能够给我提供一些帮助，特别是你处理的案件，究竟是运用什么法律方法解决的？你在司法中还感觉到有什么方法特别值得总结？我希望大家能够给我提供这样的一些帮助。我今天的讲演就到这里，谢谢大家！

第九讲

邓玉娇案中的民意与法意*

——在“南都公众论坛”的讲演

报告人　谢晖教授

主持人　张鹏

时　间　2009 年 8 月 2 日

地　点　深圳科学馆三楼会议室

主　办　“南都公众论坛”(第 50 期)

尊敬的各位听众:大家好!

非常高兴能够到“南都公众论坛”和大家交流,做演讲。我今天演讲的题目是:“邓玉娇案中的民意与法意”。我试图从邓玉娇案告诉大家,一个国家,特别是司法机关如何解决民意和法意的关系问题。大家知道,今年 5 月,在湖北三峡附近一个比较偏僻的小镇叫野三坡的地方,发生了一起震惊全国的著名案件,这个案件被人们命名为邓玉娇案,或者叫刺官案。这个案件一发生,就引起了广大网民、学者、政府官员以及其他社会各界人士的广泛关注,乃至后来在一定程度上演变成为一个政治性案件。在这个案件的处理过程中,大家比较关心的问题之一是民意与法意的关系。最近我国发生的一些重大案件,总是涉及民意与法意的关系。特别是经过网络的热炒,很多案件出来之后都涉及一个重要问题,即民意与法意在司法中纠缠、处理和权衡的问题。确

* 本讲内容,是 2009 年 8 月 2 日,我应“南都公众论坛”的邀请,在该论坛第 50 期上所做的同题讲演录音的整理。这是一个面向深圳普通市民和其他人的开放式讲演。感谢《南方都市报》的工作人员对本讲内容的初步整理!

实，作为法院，究竟如何处理民意与法意的关系？这是个重大问题！今天我这个报告，将分五个方面和大家进行交流。

一、邓玉娇案发后各方不同的观点及其争论

我讲的第一个方面，是我们简单地回顾一下邓玉娇案件发生之后各个方面的争论吧。邓玉娇案件发生在今年的 5 月 10 日，在湖北的巴东县。在座的诸位应当对这个地方非常熟悉，因为它是三峡所在地的一个县，古代一些文人骚客经常路过那个地方，总要作些比较悲凉的诗词，所以，在中国文化传统中，这是一个很出名的地方。而今天随着邓玉娇案件的发生，这个地方再度成为全国国民关注的地方。为什么呢？"行凶者"邓玉娇是一位柔弱的小女子，普通的公民，而被害者邓贵大是当地的政府官员。在第一阶段的讨论中，网民几乎一股脑儿把所有的怨言、所有的义愤都指向了邓贵大以及和邓贵大同行的另外两位地方官员。缘由何在？我想大家心知肚明。坦率地说，最近这些年，官民关系的紧张已经达到了非常激烈的程度了。最近，某地有一位和我相交甚笃的公安局长被别人举报了，我也查看了网上的相关举报资料。前天我在兰州的时候，这位公安局长给我打电话，让我特意观察这件事，随之我又看了一下网络民意——网民留言，可以说对这位公安局长是千夫所指。甚至有一位网民贴出这样的帖子：同意公安局长没事的点右，同意公安局长有事的点左。我看了大概有接近 2000 名的网民是点左的，而只有 50 名左右的网民是点右的。从中我们可以发现，当今中国官民关系之紧张！哪怕是这个官员没什么事，但是一旦遇上普通民众和官员之间的纠纷，民众肯定每每把义愤指向官员，把同情留给民众。这里面涉及很多问题，有心理问题、有政治体制问题、有经济问题，还有社会问题等等。因为并不涉及我们今天的主题，所以我在这里就不跟大家作相关的交流。这是案发后第一阶段的讨论。

案发后第二阶段，巴东县公安局出来说话了，巴东县有关部门，包括党的机构——纪律检查委员会也出来说话了。在这一过程中，针对当地公布的案情，民意主要集中在什么问题上？嗯，对，集中在邓贵大等人是否对邓玉娇实施了强奸行为。如果是，邓贵大死有余辜，如果不是，另当别论。但目前人们自觉地倾向于"是"。大家知道，在刺官案中，如果当时邓贵大等人正对邓玉娇

实施强奸，那么邓玉娇的行为根据我国刑法的规定，完全属于正当防卫；倘若不是如此，即便是带有正当防卫的性质，那么在刑法上就叫防卫过当。按照当地纪检委的调查，最后得出结论，尽管邓贵大等人的行为不当，违纪违法，但是并没有实施强奸，因此当地在侦查阶段的定性是属于防卫过当。这一结论，又引发了各界激烈的争论，这次争论不仅仅是网络上一般公民的争论，而且在不少学者之间也产生了很大的意见分歧。网络公民的争论几乎仍然是众口一词，都在质疑当地对这个案件的侦查结论，质疑当地纪检委作出的结论，我们先不去说它。在这一过程中，甚至有一些著名学者也参与了争论，其中有两位具有代表性的人物，第一位是大家可能熟知的北京大学法学院著名教授贺卫方先生，第二位是他的校友，西南政法大学的高一飞先生。前者严词怀疑侦查结论和纪检委的结论。而后者认为这个案件的侦查结论是正确的，正确的原因何在？他说当时案发地洗浴场所是一个公共场所，在这样的公共场所不可能发生强奸行为。即使发生强奸行为，受害人也可以呼喊，除非她出于面子意识不呼喊，则另当别论。

接续这一争论，紧接着又引发了第三轮争论。这时候有两个律师希望主动给邓玉娇提供法律上的帮助，但是当他们到了当地之后，受到当地官方的百般阻挠。他们感到非常痛心、非常遗憾，并且因为这种痛心和遗憾而抱头痛哭。被媒体报道之后，网络上又掀起了一场大讨论，人们基于对当事人邓玉娇的同情，基于两位律师提供的邓玉娇的内裤已经被邓玉娇的妈妈洗过的说法，认为关键的证据已经被“和谐”了，从而网民对当地政府、对当地的党委、对当地的一些司法机关提出了强烈的质疑和批评。也对为什么邓玉娇的妈妈会把这么关键的证据洗掉而产生了质疑。后来我在媒体上看到她说，关键的证据并没有被毁灭。邓玉娇的妈妈说邓玉娇当时的确被强奸，并说是女儿邓玉娇本人亲口所言。但是后来邓玉娇本人所说的和她妈妈所说的不一样。这是引发这一扑朔迷离的案件遭热议的又一原因。

6 月 16 日，法院对这个案件作出了一审判决，判决结果是：邓玉娇尽管构成了故意伤害罪，但是不承担刑事责任。这个案件作出判决之后，又引起了第四轮争论，究竟邓玉娇有没有构成犯罪？其中刑法学界就有很多争论，特别是武汉大学著名的刑法学教授马克昌先生支持法院的判决，认为法院的判决是有效的，从法院的判决书中看是有理的，是能够自圆其说的。支持这一判决的刑法学家有很多位。据中国政法大学萧瀚博士统计，有八九位刑法学家认为这个判决是合理的。但是，在更多的法学学者和绝大多数非专业人士看来，这个案件的判决还是有问题的，特别是在事实认定和性质的确认上，很多人还是倾向于这个案子应当是正当防卫，不应当是防卫过当，也不应当是故意伤害。这一阶段主要的讨论和争点就集中在这些方面。但无论如何，在网民们看来，法院的判决在很大程度上反映了“民意”的胜利。如果不是民意，不是网上热炒，法院给邓玉娇的裁判不会那么轻。

这个案子从 5 月 10 日发生，到现在已经接近 3 个月了，自从这个案子发生之后，在举国引起如此大的反响，如此大的争论，有点让人匪夷所思，但又合乎情理。从这里面我们可以看出，在当今中国有影响力的案件的司法过程中，往往存在一个民意与法意的纠缠问题，我们如果用一个时髦的话，这类案件总是在进行民意和法意的博弈。由此我想到了另一个问题，即我今天想和大家交流的第二个问题。

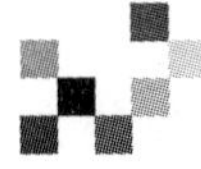

二、如何看待司法中民意和法意的博弈

那么，如何看待从邓玉娇案的侦破、起诉、审理阶段发生的种种争议以及如何看待司法对民意和法意的处理？对这些问题，只要大家了解一些去年在中国法学界发生的一场非常独特的争论，就可以有更深的了解。这场争论也发生在北京大学法学院的贺教授和重庆大学法学院的陈忠林教授之间。邓玉娇案发生之后，我本来想就此发表些文字意见，我有一个网页，在“法天下”上(现在改称“雅典学园”)，这个网页叫“一剪梅”。当时有很多朋友给我留言说：“谢老师，你应当为邓案发发言了、说说话了。”因为前年和去年，我在一些比较敏感的事情上借助这个网页说了一些话，但是今年因工作事务缠身，再加上个人还有很多事务要做出安排，实在无法就这个案件再做专门发言，因为专门发言必须更多地了解案情，但是，我对这个案件的了解实际上很不够。还有我本身也比较忙，所以，就没有参与。不过去年的一些热点案件，尽管我没有在媒体上、网络上发表意见，但是我应陈忠林教授的邀请，到重庆大学做了一次讲演，和去年学术争论的一方当事人陈忠林教授做了当面辩驳。那么，去年发生的这场学术争论的内容是什么呢？总的来说，可以称为“如何看待司法问题”的争论。刚才讲，在去年的争论中，有两种截然不同的观点，一种观点以陈忠

林为代表，他认为司法必须根据常识、常情、常理来判断，他简称“三常”。我把这种观点称为司法大众观点，即司法必须反映民意、反映大众的要求和大众的呼声。另一位学者是北京大学法学院的贺卫方教授，他坚持他一直以来的观点，强调司法必须首先强调的是它的职业化和专业化，法官必须是职业化的，必须是专业化的，必须由专门的人从事法官职业。我认为这一争论非常重要，所以在山东大学的博士研究生的入学考试中，对准备要参加应试的学生出了一个题目：“试评述司法的大众化和职业化之争”。没想到大量的考生根本不知道去年我们中国还发生过这样一场很重要的学术争论，也不知道去年这场争论最后还引起了司法实践界的强烈回应。

我个人觉得这场争论是非常重要的，重要在什么地方？重要在我们中国的法治化进程，今天已经出现了一个明显的拐点。大家知道，在去年的房地产市场中，有些老总经常用“拐点”这个词。我的家乡天水出了一位房地产大亨，叫潘石屹，这大家都知道的，他经常用“拐点”这个词，我今天也把这个词拿过来，说明中国的法治化进程已经出现了拐点。自从 20 世纪 80 年代初期以来，随着我们对“文化大革命”的反省，随着国民的痛定思痛，人们痛感到，要使国家长治久安，必须建立一个法治的国家、法治的社会。从而人们对法律的尊重，在 20 世纪 80 年代、90 年代有目共睹。甚至连我们的最高政治领袖，他对一些个案的批复最后都能引起法学家，甚至一些普通公民的强烈批评。有一年，全国人大作出了一个从重从快的处罚罪犯的决定，法学界更是口诛笔伐。最后迫使有关方面改正了以前的提法，强调要“依法从重从快”。

但是进入 21 世纪以来，我们明显发现了一种情形，尽管国家有法律，尽管国家的法律越来越多，但是法律秩序却越来越糟糕，人们的依法观念，特别是政府的依法观念，尤其是地方政府的依法观念越来越令人担忧。二三十年以前只要记者出面，或一些律师出面，政府还有所忌惮，还有所担忧。记得近 30 年前我在西北政法学院上学期间，那时候陕西有一家法制类的报纸，让我们一些学生做见习记者，我们拿着见习记者证找一些欺凌当地百姓的政府官员，说老实话，政府官员特别担心甚至害怕，尽管你是见习记者，但是地方官员对你是特别重视，那个见习记者证真还管用，说明舆论监督的管用。但是今天，一些政府官员却是有恃无恐。恰恰是这样一种情形，导致了今天我们在司法的理念上和法治的理念上发生了重大的转折，虽然不能说法治每况愈下，但至少在理念上出现了严重问题。

前述法学界的争论，事实上是反映了司法界的这种思想混乱。大家也许注意到了，司法界去年出现了一系列举措，比如“我的双重校友”，河南省高级人民法院院长张立勇先生(他本科是山东大学哲学系毕业的，我也是山东大学哲学院的学生，在那里获得博士学位，这是第一重校友；第二重，我本科是在西北政法大学读的，他的硕士学位是在西北政法大学获得的)去年就获得了“不按法理出牌”的法院院长的名声。这是他在河南高院率先提出的理念，这个理念是由《南方周末》的记者给他概括的，前几个月，我在上海时碰到了这位记者，他也是华东政法大学毕业的学生，他通过对张立勇院长的观点进行了总结，得出了一个结论：这位院长是“不按法理出牌”的院长。张立勇院长确实有很多新举措，这位记者的总结也确实比较形象和到位。例如，张立勇强调要推行马锡五审判方式，反对使用法袍、主张审判前后深入当事人之间等。谈到马锡五审判方式，不妨讲个题外话：我有一位老师，他早年就是按照马锡五先生教的方法判案的，他在50年代曾把上面铁定为不可能再推翻的案子，给推翻了。这取决于他对证据的关注，取决于他通过深入走访民众，获得了案件的更多证据，发现了案件的更多破绽。他的办案精神，真是令我非常佩服。去世前，他出版了《办案十记》这本书，大家如果感兴趣可以看看。这个题外话和我在这里讲的张立勇法官有关联。在去年，张立勇法官提出了一个口号，大概意思是要走马锡五审判方式之路。所以他还带领法官们，风尘仆仆地赶到了陕北，温习当年马锡五审判方式。正是从这些举措中，我国学者信奉的司法职业化之路遭到了挑战，司法究竟是走职业化的道路，还是走大众化的道路，出现了分裂，司法实务界已经在推行大众化之路，学术界于是也为此展开了激烈的争鸣。

这种情形不仅在河南发生，而且江苏省姜堰市也在做类似的工作，他们为了使当地的民众对裁决结果更加容易接受，选择了利用民俗进行裁决的方式。为此，1997年，当地法院还做了一个全国性的研讨会，我本人也参加了。后来，在英国一个研讨会上，我把这个经验介绍给了来自北美、非洲、欧洲以及亚洲的一些法学家，他们对这一经验很感兴趣，特别是非洲的学者对这一经验也很感兴趣。在会议闭幕式上，唯一安排了我做大会发言，把我在小会上的观点重述了一遍。还有，在山东东营，现在也形成了著名的东营经验，《人民法院报》上也有报道，它的核心是突出了对法院的独特管理以及如何根据当地既有的民间规则来处理案件。特别是最近还在我国发生了一个所谓“能动司法”的裁判模式，这就是发生在陕西陇县的能动司法模式。我们有一个学生正在研究美国的司法能动模式。她就专门针对陇县的模式写了一篇论文，我估计她的论文会登在山东的一家刊物上，据我所知，她对陇县的司法模式进行了否定性评价。

如上种种事实说明，中国的司法正在发生着激烈的变化，这种变化是在争议中的变化，这种争议一言以蔽之，就是究竟要走司法职业化还是司法大众化之路的争论。目前，大众化主张略占上风。那么，究竟要对此作否定性评价还是肯定性评价，这里面又涉及很多专门化的问题和学理，绝非三两句话可以说清楚的，所以，我在这里不做更多的评议。我只是想说明，中国的司法究竟是要走职业化的道路，还是走大众化的道路，司法究竟是按照法意判案，还是按照民意判案，现在已经在体制上进行博弈了。法学界的相关争论，折射出的是中国司法过程中已经显现的博弈和问题。这是我今天跟大家交流的第二个问题，顺着这个思路，我在下面继续讲司法中民意和法意的关系问题。

三、司法如何面对民意和法意的关系

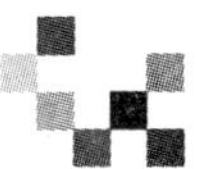

第三个问题，既然民意与法意往往是冲突的，那么怎么在司法过程中协调民意和法意的关系？通过刚才的介绍和大家平时的阅读，我想大家可以发现，民意和法意有时候是一致的，有时候又是冲突的，在两者一致的情况下固然好办，不存在多大问题，怕就怕民意和法意两者是不一致的。那么在不一致的情况下究竟应该怎么办？我根据古今中外的司法审判例证，总结了三种协调模式，向大家报告如下：

第一种协调模式，民意至上论。大家都知道苏格拉底是古希腊文明的重要奠基人之一，他和他的弟子柏拉图、再传弟子亚里士多德的学说，都构成了那个时代非常伟大、非常进步的一页，他们可以说是整个希腊文化和希腊文明的旗手和缔造者。但是苏格拉底在70多岁的时候，却接受了一场面临生死的审判，这场审判，人们把它称为“苏格拉底的审判”，其审判方式，被称为“广场式诉讼”。苏格拉底当时被别人控告，说他玷污了既有的神灵，教唆、蛊惑青年等等。当时雅典对他展开了声势浩大的广场式审判，大家知道这个审判有多少人参加吗？整个陪审团有501人参加，现在我们在座的大概不超过200人吧？但审判苏格拉底时，居然有501人参加审判，参与表决。也就是说501人共同做法官，这样的审判是什么审判呢？我们可以把它称为典型的民意审判。这个审判坚持一个原则，这个原则就是少数服从多数。在这次审判当中，如果我没记错的话，501名审判者中第一轮投票时，有281名投票判处苏格拉底死刑，有220名投票反对苏格拉底有罪，也就是说281票比220票。第二轮投票时因为苏格拉底的态度，有360人赞同他有罪，140人坚持他无罪。这样，就把这位伟大的文化旗手、希腊文化的重要奠基人送上了饮毒自尽之路。

当然，最近有一位学者在他的书当中，对苏格拉底之死提出了一个非常有意思的新的考证，他说苏格拉底为什么要接受死刑，因为当时他面临两个方面的困境：第一，他已经70多岁了，年老多病，身体非常脆弱，腰酸腿痛，为了解除病痛，他还不如来一个轰轰烈烈的事件让自己获得死刑；第二，苏格拉底有一个非常彪悍的老婆，对苏格拉底管得非常严格，为了摆脱老婆的欺辱，他干脆选择这样的方式死掉算了。这本书我看到过，但是我没有看出他考证的实证资料是什么。事实上，苏格拉底之死彰显了当时整个希腊的司法模式，这个司法模式强调的“广场式审判”，是指人民大众对司法活动的直接参与模式。当然，这里的人民大众当时只指向自由民。在这些自由民中，参与苏格拉底审判的既有哲学家，也有贵族、钉鞋匠、农民、手工业者，另外还有一些是做买卖的商人，这些人共同构成了一个庞大的陪审团，然后来审理这个案件。在这样的案件审理中，也表现出了一个问题：希腊在司法审判过程中是非常尊重民众和民意的。但是这样对民意的尊重，不禁让我们思考，它会不会走向民粹主义？会不会借人民的义愤来审理案件？所以，出于这样的考虑，很多人都对希腊的这种审判方式进行了反思。有一位教授在反思的过程中，提出了非常形象化的概念——“剧场式审判”和“广场式审判”。他把希腊的审判模式称为广场式审判，把中国目前我们推广的诉讼方式称为剧场式审判，即由法官居间进行审判，其他的观众进行旁听。法官是审判者，但是他代表着法律进行审查，这个审判模式我们叫做剧场式审判。这就像演戏，并不是大家都上去唱歌、跳舞，而是只有戏子在台上演出，其他人在下面欣赏，这种模式就叫剧场式审判模式。广场式审判模式，就是苏格拉底之死这样的审判模式。

谈到广场式审判模式，我想在座的各位并不陌生，特别是和我年纪相仿的，在座的我看有比我年龄还大的，但绝大多数比我年龄小。我说为什么大家不陌生呢？因为在“文化大革命”期间，广场式审判曾一再上演。那就是通过发动诸多公民对某一个人的义愤，加上官员鼓噪，大家一起义愤地批斗这个人。这不禁让我想起了我小的时候，在我所在的那个村庄里，有一年我们修梯田，农业学大寨，当时的口号是："腊月三十不停工、正月初一照样干"。当时天气比较冷，冬天修梯田的时候，要把冻土块挖下来是很不容易的。当时，我们家乡冬天是有冻土层的，气候也比较湿润，冬天的冻土层非常厚，可见当时有多冷！可有一次，我一位远房堂嫂回家给孩子喂奶，回来晚了，当时已经是晚上，当地的大队负责人就给她戴上了一顶尖尖帽，那个帽子是纸糊的，上面写了侮辱性的三个字："坏分子"。一个大队的队长就可以给一个人定性，让这个人受尽凌辱。当时，队长就让她一个人在那个地上老老实实站着，不能动，后来我的这位三嫂被冻僵了，忽然栽倒在地上！栽倒之后，大队的负责人又组织了一场批斗，其他人纷纷出面指责三嫂一贯的落后思想、落后行为。哦，那个场面真是让人不堪回首！一个正在哺乳期的女子，上地劳动晚了一点就被定名为坏分子，并且被人们进行了这样不讲人性的批斗，这样的审判就是所谓的广场式审判。特别是在批斗的时候，本来很纯朴的、很善良的村民，却很少对她抱有同情之心。大家都很义愤，出言都很激情。为什么会出现这样的情形？我在这儿没有更多的结论。大家自己可以想想，至少有一点：如果没有了制度式规约，广场式审判是什么样的审判模式？所以这样的审判模式，我称为民意优先论，或者民意至上论。在这种审判中，几乎民意就是法律（各位应注意的是：有些学者在论述苏格拉底之死时，因为苏格拉底服从了雅典的审判，所以强调这是法律至上的表现。我想，对苏格拉底本人思想中表现出的法律至上我们应同情地理解，但这种审判本身表现的却不是法律至上，这完全是两个不同的问题）。

第二种模式是民意和法意协调。谈到民意和法意协调，类似的例证，中国古代久已有之，今天我们正准备这样做。古人是怎么做的？我们先回忆一下在唐代发生的针对个案的一次非常重大的争论。唐代的时候有两位著名的作家，一个叫陈子昂，大家都知道，他有名作"前不见古人，后不见来者。念天地之悠悠，独怆然而涕下"。但是大家可能不知道他是一位大臣，还曾经染指过司法事务。当时有一个案件，这个案件发生在陕西，一个叫徐元庆的人，他的父亲在生前被判官判决杀了，后来这个判官做了朝廷的官员。徐元庆伺机替父报仇，结果有一次，在知道这个判官经过某地的时候，把这个判官杀掉了。杀掉这个判官后，当时朝野上下就有一种看法，这个看法率先是由谁提出来的？是的，是由陈子昂提出来的。当时大家都认为，杀掉一个朝廷命官肯定是犯罪行为，这种行为只能按照法律处以死刑。但是根据当时的礼教，杀死判官，是徐元庆为了替父报仇，替父报仇是尽孝道。陈子昂就出了一个后来被柳宗元称为馊主意的判决意见，他一方面要判徐元庆死刑，另一方面又对他的行为进行表扬。当时陈子昂提出这一解决方案之后，朝廷上下对这种意见一致认可。结果等到柳宗元的时候，柳宗元就重新打量了这个案件，他对这个案子的判决提出了严厉的批评，并对陈子昂的《复仇议》提出了严厉的批评，所以他写了一篇文章，叫《驳复仇议》。我相信在座的诸位中，也有人看过这篇文章。在这篇文章中，柳宗元对陈子昂进行痛快淋漓的反驳。尽管柳宗元提出的批驳比陈子昂的动议要晚 100 年左右，但是在他看到前朝这样的举动之后，他指出：既然在法律上惩罚他，你就不能奖励。如果既惩罚又奖励，就说明在法律上价值观不统一，说明法律是没有一个统一的价值尺度。既然在法律上应该奖励的，你就不应进行惩罚。强调“盖圣人之制，穷理以定赏罚，本情以正褒贬，统于一而已矣”。虽然柳宗元根据徐元庆的表现得出结论认为，徐元庆为父报仇后，又能自首归案，显然是一位“达理而闻道者也。夫达理闻道之人，岂其以王法为敌仇者哉?”从而主张不应追究徐元庆的刑事责任。但他所遵循的是礼与刑相统一的标准。从而追求的是规则的统一和至上。按规则，对同一行为，能奖就不能罚，能罚就不能奖，不能亦此亦彼，罔顾规则！这一争论表明，当民意与法意两者发生冲突之后究竟怎么办？究竟应该按照孝道的名义，还是按照法统和国法处理？当时柳宗元选择的是国家法律至上，并且他通过“礼、刑的统一论”，说明他的观点。而陈子昂选择的是协调两者。柳宗元的主张暂且不论，而陈子昂的做法，事实上就是法意和民意的协调论，因为陈子昂既要照顾民意，也要照顾法意，既要依法，也要以礼来做，所以既对他判处死刑，但是按照礼教，按照民意，强调这是为父报仇(显然，在他看来，徐元庆的行为，从礼、法不同的视角观察，是冲突的。当然，今天有人认为，礼就是古代中国最重要的法。其实，柳宗元在文中也表达了这一意思。如果真是这样，那么，礼、法之间的冲突也未免太夸张了)。所以，陈子昂的判决意见，事实上是把民意和法意结合起来了。中国的这种礼教流传了几千年，到今天仍然在很大程度上大行其道。

回想一下，今天我们的国家，我们的法院所强调的是不是也是如此？在座的诸位如果关注中国的司法事实的话都知道，在司法审判中，我们的国家提出了很全面的口号——“三个至上”，即“党的事业至上，人民利益至上，宪法法律至上”。分别看来，这三个至上毫无疑问，都是很有意义的，尤其是人民利益至上和宪法法律至上。但问题是当这三者都至上时，作为司法判准，可能就存在重大问题。这个问题在哪里？就在于一旦人民利益、党的事业、宪法法律它们三者出现冲突之后，究竟谁至上？人们可能又会捡起那句大家都会说的老话：这三者是统一的。为此，最高人民法院就曾专门请了许多著名的法学专家，其中绝大多数是有一官半职的法学专家在北京座谈，很多人就谈到说，这三者是有机统一的，是并行不悖的。但问题仍然存在，仍然没有解决：如果真出现冲突了之后该怎么办？换言之，如果真出现了冲突之后，在司法中要以法律为标准，还是以政治领袖的指示为标准，或者是以民意（人民利益）为标准？是要对案件进行广场式审判？对一个个案进行政治表决？还是依法定程序和实体进行裁判？我想不言自明，既然我们在追求法治，我们在选择依法治国建设法治国家，即使中国共产党，其活动范围也在宪法中，这在党章中有明令规定——中国共产党要在宪法和法律范围内活动。既然如此，中国共产党以及中国共产党所带领下的全体国民，追求宪法法律至上，一起尊重我们共同的宪法法律，这是一个必然的逻辑选择。如上是民意和法意出现冲突后的第二种处理模式，即民意和法意的协调模式。

或许大家要问，究竟能不能协调？我以为，有的时候是可以协调的，但协调的前提是什么？对此，我在第四个问题中再讲，为节省时间，这儿就不过多地谈了。只简单地说一句：一个案件的判决一定要首先符合法意。

第三种协调模式，我把它称为法律至上论的协调模式。谈到法律至上论的协调模式，我就不由地想起1991年发生在美国的罗德尼·金案件，我不知道大家有没有关注过这个案件，因这个案件，导致了1992年美国波及全国的洛杉矶黑人骚动。对此，有些听众可能也是记忆犹新。1991年，美国有一个叫罗德尼·金的黑人，他是一个身体非常健壮，有1.9米的大个头，并且是一个业余体育运动员。他过去曾经负案在身，现在才刚刚把他假释出来不久。有一次，他喝酒了，醉酒之后飙车，在西部的高速公路上开车狂奔，他开车狂奔的速度达到185公里/小时。结果当时有一位白人女警察说他超速了，同行的人也让他慢下来，但是他就是不听，还继续往前冲，最后碰到几个警察把他拦截下来了。结果这位先生力大无比，警察把他拦下来之后，他居然袭警。于是，警察用警棍把他打倒之后，他又爬起来了。在这种情况下，警察对他打了

54 棍，其中有 23 棍落空了。这个场景正好被路过的民众录像了，后来美国的电视台播放了这段白人殴打黑人的录像。这个案子交由洛杉矶地方法院审判，一审案子裁决 4 名警察无罪，这是 1992 年 4 月份裁决的。当看到这样的裁决，黑人真是义愤填膺啦！在洛杉矶、旧金山、西雅图等西部重镇造成了严重的骚乱，当天就有 54 人在骚乱中死亡，受伤的更达到 2300 多人，当天烧毁了各种建筑 1000 多幢。那时候我们中国特别高兴，为什么呢？因为我们此前才发生了“六四”事件不久，西方媒体对中国是横加指责。后来美国也发生这样的事情，中国当然就很高兴：你看，你美国也不过如此嘛！后来这个案子连老布什都介入了。他根据一些先例，提出以联邦的名义重新起诉这 4 名警察，电视媒体报道了这么一起严重侵犯人权的行为，你法院怎么居然还判警察无罪？但是，法院知道，媒体在报道的时候做了手脚，删减了其中一个情节，那就是媒体把黑人罗德尼·金袭警的情节全删掉了。所以黑人才如此义愤填膺，但是法院判决时是看到了全部的过程的，所以才判处警察无罪。最后这起案件，就从普通的飙车案变成了一例政治案件。在这个案件再次审理的时候，洛杉矶地方法院的陪审团判处 4 名警察当中 2 名有罪，当时判了 2 年半的徒刑。结果罗德尼·金和他的律师觉得对警察判得太轻了，民意也认为判得太少了。后来又上诉，上诉到联邦第九巡回法院，上诉要求该法院加重对这 2 名白人的处罚。这时候这 2 名白人警察也不干了，我哪怕耗尽我的资产，一定要把这个官司打到底。他们最后干脆上诉到联邦最高法院。大家知道联邦最高法院作出了什么样的判决吗？啊，联邦最高法院再次推翻了地方法院的判决结果，推翻了给被告加刑的判决结果。于是这个案件就此画上了句号。自从这个生效的判决产生之后，黑人反倒没任何脾气了！为什么？他们知道联邦最高法院的判决是任何人都不能再推翻的。黑人轰轰烈烈的暴动事件，也就这样结束了。我个人觉得，这个案件，最典型地体现了民意和法意的冲突，且冲突如此严重、非常对立，对立到什么程度？就在一审裁决的当天，有 54 人在暴乱中死亡，2300 多人在暴乱中受伤，1000 多幢房屋被烧毁。他们也是由政府（总统）出面干预了，但干预根本无效。虽然上诉审还是判了 2 名白人警察两年半的徒刑，但是上诉到联邦高等法院的时候，管你总统不总统，我只是对法律负责的，我不对总统负责，从而终审推翻了上诉审给被告加刑的判决结果，并且这一裁决还导致了这样一个后果：黑人没脾气了，再不暴动了！显然，大家说这样一个情形，是不是坚持了法律至上的路子？所以，在一个真正的法治国家，一般是当民意和法意出现冲突之后，一定要坚持法意至上。为什么呢？因为法律应当是选民和政府共守的契约。当一个国家的公民、政府都不遵守法律的时候，谁还把法律当回事？对法律的敷衍了事，结果反倒变成有法律还不如没法律。如果是这样，则法律不但不能治国，反而会乱国、祸国。

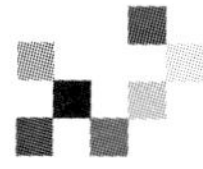

四、民意进入司法的条件

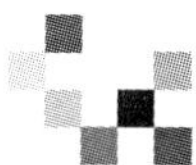

我今天想和大家交流的第四个问题：民意进入司法的条件。既然我刚才这样讲，大家可以从我讲演的倾向中听出来，尽管我在这里介绍民意和法意冲突的三种处理模式，但是在这三种模式中，我更加倾向于法律至上模式。我今天仍然坚持这样的理念，当一个追求法治的国度，大家仍然不遵守法律，人人都以自己的意愿来破坏法律时，那就没有什么法律和法治可言了。那么，这是否意味着民意在司法过程中不起任何作用？当然不是如此。所以我讲的第四个问题是：民意进入司法过程中的条件。

我不知道在座的有没有法官、律师或者检察官。事实上在很多国家，在司法过程中，不考虑民意是不可能的，但是考虑民意必须要有条件。最近我在湖南人民出版社出版了一本书——《法律哲学》，这本书的副标题原是法律的病理和医理，但出版时删掉了。法律本身是有毛病的，法律患病了之后，我们也该设法救治。我把法律的病症分成三种：第一种就是模糊不明，模棱两可，这个时候法官必须要运用特殊的方法来解决法律的模糊不明问题，这个和我们今天讲演的内容没有很大的关联，不讲了。第二种病症叫法律冲突，不同的法律，针对相同的社会关系规定了完全不同的内容，这就是法律冲突。比如消费者因为假冒伪劣商品和商家出现了纠纷之后，究竟是按照合同法规定处理，还是按照消费者权益保护法规定处理？重庆就出现了这样一个案子，一个公民买了一辆车，别人给他写了一封信说你这是有瑕疵的车，他就把这个车开到车行去，车行不承认，最后他把这个车开到交管部门查，果真这个车是个事故车。于是他拿着交管部门的证明再次到车行去，车行仍然否认。无奈之下，他把这个案件起诉到重庆法院。重庆法院面对这样一个案件，虽则事实比较简明，但同时它又是一件疑难案件，在法律上对相关案件的处理规定不一。按照合同法的规定，车行只需要承担违约责任；但是按照消费者权益保护法的规定，车行要承担双倍返还的责任。当时法院尊重了民意，按照有利于保护消费者权益的原则，判处车行双倍返还。后来我看到中央电视台采访这位先生的时候，这位先生非常高兴地说(大意)：我相信法律，我也相信人民法院，我们人民法院的判决是公正的，以后我遇到了任何纠纷都要找人民法院。我想法院的法官看到这种说法之后，肯定是为此很自豪的。可见，当法院面对法律冲突的时候，解决的办法是：或者是进行效力识别，或者是进行利益衡量。除了效力识别和利益衡量之外，法律的冲突还有一种救济办法，那就是当法律规定的法条对案件事实根本不能起到调整作用时，即法律根本就不能调整它想调整的对象时，这该怎么办？我在这本书中别出心裁，总结了一种新的法律方法，我把这个法律方法称为"事实替代"，即法官要根据案件事实，替代目前这个根本不能满足对事实进行调整的法律。就"事实替代"中的"事实"而言，它本身是多元的，既有案件纠纷这样的事实，也有民间规范这样的事实，还有我们今天讲的主题——民意本身也构成了一种事实。所以，当一种法律规定根本不能调整一些独特的社会纠纷的时候，或者法律针对一定事实，实际上产生不了调整的实效时，根据事实裁判，其中包括合理的民意裁决，就有了可能。

我和同仁们在国内发起了两个系列的学术会议，前不久我刚在贵州参加完其中一个研讨会，即"第五届全国民间法/民族习惯法学术研讨会"。在这次研讨会上，我们深入到一个村庄，那个村庄的退休小学校长是全国双语教学的模范，他是苗族人。他在讲到苗族习惯法时，就认为苗族习惯中尽管有很多非常暴力的、非常落后的东西，但是也有一些是苗民自己选择的，你用国法根本处理不了的事情，用这些习惯法反倒就处理好了。他举了一个例证，说当地发生了一个纠纷，法院如果判决，肯定和他们的民俗解决不一样。一审判决当事人都不执行，但法院又想继续解决这个案件。后来这个村的村长说：你们如果要再处理，我们这里的纠纷将来就由你们解决得了，我们就干脆不管了。这几句话，反倒把法官给唬回去了。因为他们如果全部要按照国家的法律来做，当地的村民是根本不会接受的。贵州凯里有一个西江千户苗寨，其有一个所谓"罚三个150"的规定，就是如果一个人你违反了村寨的规定，要罚其上交150斤肉、150斤米和150斤菜(以前的规定分别是100斤)。这对于深圳人来说，或许不算什么，但是在"地无三尺平、天无三日晴、人无三分银"的贵州那样一个欠发达地方，这可能让有的人被罚得倾家荡产。上交这些东西干什么呢？请全村人吃一顿，既表明对你的惩罚，也表明大家通过这种方式相互谅解，促进和气。在类似的地方，你要用相关的国家法律来进行统治，不仅没必要，而且不可能。必要性是一个方面，可能性是另一个方面。所以，当有些法律规则和它所要调整的对象在明显对立的情况下，你就需要引进民意了。这就是事实替代的模式，我认为，这是民意能够进入司法的第一种情形和条件。

民意进入司法的第二种情形，就要涉及法律的第三种病症，即法律漏洞这种病症。法律规定本身也是会有漏洞的，对有些问题，在法律上根本没有规定。对这种法律的病症，在司法中也有几种救济方式。一种是类推适用，一种是法官造法或法律续造。这两种方法，都和运用民意关联不大。[①] 还有一种是法律发现，当法官在已有的法律中找不出相关的法律规定的时候，法官可以在社会事实中，包括在民意中发现，这时候也可以运用民意。由于时间的关系，并且这也是一个很专业的问题，在这里我就不再展开。

总结一下我以上讲的两点，民意在什么情况下才能进入到法律中？我认为只有两种情况下才能进入法律中：第一种是当法律规定和它所要调整的对象完全对立的情况下，可以用民意替代法律；第二种是在法律有漏洞，但是在既有的法律中找不出可比照的、合理的法律条文来裁判的时候，则可以根据民意来进行调整，这是在民意中发现规则，我们把它称为法律发现。否则，在其他的司法过程中，民意一定要服从法意，法意和民意一旦发生冲突，法意必须凌驾于民意之上，除非革命来临，和平不再。

大家要问了，既然民意要服从法意，那么为什么在邓玉娇案件中，以及近几年发生的争论比较大的案件中，反倒是普通公民代表了法意，而法官并没有代表法意？从这个意义上，我有一个基本看法，这也是我今天想和大家交流的最后一点，也是我总结性的陈述，即怎么看待当前民意和法意的冲突？

---

① 值得一提的是：对这一观点，我已经做了纠正。在本书第十二讲中，我在谈到能动司法的适用条件时，强调法院能动司法只有在三种条件下才有必要和可能，一是“事实替代”时；二是“法律发现”时；三是“法律续造”时。法官在司法中运用民意，其实就是一种“能动司法”，所以，在法律比较健全的国度，民意进入司法也只有在如上三种情形下才有可能。

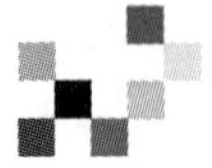

五、怎么看待当前民意和法意的冲突

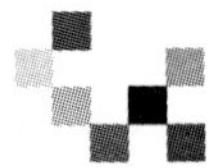

近几年来，不仅仅中国的法治发展走向了拐点，而且整个中国社会发展也进入了一个拐点。大家知道，我们的人均国民生产总值已经达到了3000美元以上的程度。根据国外一些学者的研究，当一个国家人均生产总值达到3000美元以上时，这个国家就会转入重大的矛盾和冲突期，人均生产总值从3000美元到7000美元或8000美元之间，一般是这个国家的矛盾最激烈的时期。目前，我们国家进入了前所未有的矛盾爆发期，在这样的矛盾爆发期中，我们究竟要通过什么样的方法处理各类矛盾？一种方法仍然是借助古老的、丝丝入扣的思想政治教育工作。现在高层的一些想法和做法，基本上是沿袭了50年代的做法。近几年的先进事迹报告会越来越多，但是社会秩序却越来越乱，人们的道德状况越来越滑坡，人民对政府也越来越不满。什么原因导致这种情形的发生？我个人觉得，社会发展了，我们整个国民的精神状态、国民对权利和义务的要求感觉完全不同了，但是我们的政府，乃至我们的政党（我是无党派人士，所以只能对有党派者称为“贵党”）在处理相关问题的时候，依然延续的是去年的皇历。大家知道，以去年的皇历来查今年的日子，只能是错误的。我们的社会结构发生了如此大的转型，我们再普通的打工仔也可以做人大代表，可以创业成为全国非常有名气的实业家。在这种情况下，我们仍然延续着50年代的思想政治教育工作，必然会产生这样的问题：究竟谁给谁做思想政治工作？为什么这样提问？因为我们都是主体，我们都有独立的思想、独立的见解、独立的意识、独立的人格，你给我做，我就一定能相信吗？即使在政治上，人们都有各自独立的政治主张、政治见解、政治追求和抱负，在这样的情形下，每个人都是平等的，所以必然会出现一个谁是天然的“思想政治工作者”，谁是天然的“接受思想教育者”的问题。这一问题的存在，使思想政治教育工作的实效轰然倒塌。

在这样的背景下，如果我们仍然沿袭既有的模式，必然会导致民意和法意的重大冲突。特别让人吃惊的是，在最近几次所涉及的焦点案件或影响性案件的争论当中，包括邱兴华案件的争论、许霆案件的争论、“正龙拍虎”案件的争论，以及今天我们讨论的主角——邓玉娇案件的争论中，还包括最近发生在两个地方的孙卫民案件和胡兵案件的争论中，确实每每能够代表法意的，反倒是一些普通的网民。因为网民在穷追猛打，锲而不舍地寻求法律究竟是怎么规定的。而政府(有时甚至法院也加入其中)往往为了掩盖事实，减轻责任，刻意去违背法意。在这方面，最典型的是"正龙拍虎"案。大家知道，发生在陕西的周正龙拍虎案，很多网民、科学家和知识分子指出这个案件肯定是政府在背后造假，但是政府却总是自信满满又信誓旦旦，再三声明虎是真的。最后直到"人赃俱获"，弄得政府实在无路可走了，才羞答答出来承认：是有关官员参与造假了！

所以，在这一系列的事件中，人们不禁要问：为什么天然执法的机构——政府不能担当维护法意的职责？本来，不论是政府、法院还是检察院，他们都是执行国家法律的，是通过日常执法或者司法，来贯彻落实法律的。可如今，他们现在反倒不能代表法意，反倒是普通公民代表法意！难道这不是巨大的讽刺吗？民意和法意在民众这里实现了某种统一，反倒是代表法意的政府、法院和检察院，每每和法意背道而驰了！这究竟是什么原因？很值得我们特别反思。这是一个大是大非的根本性问题！它表明我们的法治自身出现了问题，我们法治的某些环节出现了脱节。

所以，今天虽然我们讲了邓玉娇的个案，讲了当民意和法意出现冲突的时候，如何处理的策略和原则。前面所讲的，都是一般的民意与法意的处理原则。在司法中，只要两者有冲突，必须首先处理民意与法意的协调问题，特别是如何以法意为准据，吸收民意的问题。现在某些案件，明显的是法院判错了，如许霆案可谓典型。许霆案件在2007年10月审理的前后中，我正好在广州参加全国第二届法律方法研讨会，许霆的父亲来求助十一些学者，当时还做了一个座谈。一审离奇地重判之后，二审又离奇地予以轻判。这不禁让人追问：你的法律还有谱吗？为什么同一个案件，前后却作出差别如此悬殊的判决？同样，为什么都是交通肇事案件，法院对苏伟民和胡兵两个人却作出了如此悬殊的判决？法院是如何定性苏伟民是故意杀人的？对此在司法上没有能够自圆其说的交代，这才是产生民意与法意冲突的根本原因。因为关注这些事件的网民们，只要从常识出发，就能看出这些判决背后的破绽。破绽总是有原因的，是法律的原因，还是政府、法院，公务员、法官的原因？网民们自会持之以恒，打破沙锅问到底的，因为他们毕竟人多力量大。这或许是民众反倒能代表法意的原因所在吧？

所以今天我在说民意与法意出现冲突的时候，我并不认为我们的网民一定是代表和法意冲突的民意的，反之，他们有时代表的恰恰是和法意相吻合的内容。而我们的行政官员、法官的行为却有时和法意产生了冲突。这里隐藏的问题是什么？我想问题是千头万绪的，最根本的原因，就是在当下中国的体制上，无论是对法官，还是检察官，还是政府官员，都没有建立一种足够的、仅仅为法律负责的机制和体制，即使我们的法官，在法律之外更要考虑为其上级负责，考虑为地方负责。

由此可见，我们必须严格地健全法治制度，让人们都做法律的奴仆，都服从规则治理的事业。这让我想起了伟大的马克思，他有一个伟大的教诲(当然这一教诲主要给法官的，我想公务员、检察官，甚至普通公民也应该是一样的)：对法官而言，除了法律之外，便没有别的上司。什么意思呢？法律是法官的唯一上司，法官只对法律负责，只服从法律，不服从任何达官贵人、实权领袖，只服从法律！只有这样，我们的司法才能把法意作为至上，并通过司法裁判，引导民意对法律遵从。我期待着这一天尽早地到来，我相信，这也是大家的期待。好，我今天就主讲到这里。谢谢大家！

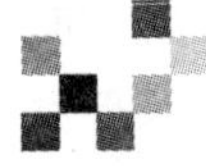

与听众的互动

主持人：感谢谢教授的精彩演讲，今天在现场互动的环节要改变一下相关的方式，就是主要采用写纸条的方式，大家把纸条交给工作人员，工作人员交给我，经过挑选之后选取最有价值的话题进行回答。

主持人：首先我念一个听众交给我的纸条。

提问1：在现在这种情况下，谢教授您对法意和民意的博弈现状有怎样的认识，是觉得已经比较满意了，还是觉得有较大的提升空间？

谢晖：根据这位听众的问题，我来谈一下我个人的看法。我觉得最重要的民意和法意的博弈不应当在司法阶段，而应当在立法阶段。立法行为是一种政治行为，民意和法意的博弈严格说起来是一种政治行为。这种情况在现代民治国家都有，比如说，1994年在意大利发生了一起事件，当意大利政府颁布了一个税收法案后，选民们对这个法案表示了强烈的抗议，形成了声势浩大的抗议该法案的民意运动，迫使政府在10天之后尴尬地收回了这个法案。所以，我觉得民意和法意的博弈更应当是在立法阶段。但是大家也知道，我们今天中国的政治体制是不足以充分地展开民意和法意博弈的，尽管我们实行了人民代表大会制度，但是这种制度还有很多值得完善的地方。我有一本书叫《法治讲演录》，已经出版的是上部，下部没有出版，内容主要是关于政党政治与法治、议会政治与法治、政府政治与法治、司法模式与法治、法律观念与法治等。上卷出版了多年，下卷迟迟不能推出，是我不愿为出版社找麻烦，因为下卷我讲的是非常开放的，是我给学生讲课，根据录音整理的，出版社是希望放在一卷里面，后来我主动抽出来了。如果将来我的《法治讲演录》的下卷有可能出版的话，大家感兴趣，可以看看。那里对这位听众的问题，其实做了比较系统的回答。我们今天的政治体制模式，不足以通过立法模式表现民意的博弈，以及民意和法意的博弈。但作为一种政治博弈，应当体现在立法阶段。我觉得，这种博弈不过才刚刚开始，距离制度化、常规化的规制还很远。只有达到制度化、常规化时，才能称得上令人满意。

提问 2：谢教授，邓玉娇案是否应该适当地量刑、缓期执行，以适量彰显法律的严肃性。

谢晖：我对你的看法基本赞同，但是这又涉及诉讼程序的问题，邓玉娇案已经提上了诉讼日程，进入了诉讼程序。到目前为止，我还不知道姓黄的先生的行为被起诉了没有，如果被起诉了，您的这种期待也是我的期待，如果没有起诉，我们呼吁它尽快进入诉讼阶段！

提问 3：邓玉娇案在整个调查过程中，有两个律师痛哭，您对此是如何评价的？有人认为他们是企图操纵和利用民意。

谢晖：这两位律师中，其中有一位，尽管我和他没有任何的私人交流，但是严格来说是网友，其中有一位姓夏的律师，他在网络上有一个响亮的网名，叫“楚望台”，他的文章写得非常漂亮。他后来针对高一飞的观点进行了强烈的批评，他说当时他为什么失声痛哭，是有自己的原因的，是出于对当事人的真正同情和对掩盖案件真相的强烈义愤。我个人觉得，如果一个人真心地投入到对某一事情的热情中时，当自己所期待的努力，最终可能化为泡影的时候，如果当场哭一场也是人之常情。律师也是人，不能过多苛求。我作为一位教师，一般情况下很少掉眼泪，但是我也特别在乎我的事业，如果让我追求的事业因为某种原因化为泡影时，我也会哭泣。我觉得应该把两位律师的哭泣当成自然的感情流露，他们不是演员，他们不可能针对记者的面刻意挤几滴眼泪。我宁可相信他们的哭是真情之流露，而不是什么表演。当然，这仅仅是我个人的看法。

提问 4：邓玉娇案中彰显的那种对抗情绪是民之过？还是官之过？抑或是官民都过？谢教授对这个是怎么看的？谢教授提出了民意和法意的问题，大陆有民意毋庸置疑，那么我想问的是有法意吗？

谢晖：非常感谢这位听众的问题！我个人对这个问题的看法，其实我在最后一个问题中已经有所交代。我认为，威权模式和法治模式即使能结合，也需要以法治为前提，需要法律下的威权。有人说李光耀是把威权模式和法治模式结合的典范，但在我看来，李光耀仍然走的是典型的法治模式。他是有个人权威，但是他恰恰是在严格的法治背景下形成的个人权威。现在东南亚有些国家的威权领导人，到一定的时候走向了自己主动退位的方式，最后成功地把这些国家带向了法治。新加坡率先垂范，马来西亚等后续跟进。印尼一直坚持一党一人统治，尽管威权领导人的统治有可圈可点之处，但最后还是落得凄惨的下场。菲律宾也是一样，他们都已经成功地走向了在法治规范下的民治政治。李光耀是威权领导人，但他不能违背新加坡的宪法，如果违背了，李光耀也吃不了兜着走。可见，法治对现代社会的极端重要性。而我国目前存在的最根本的原因，就是在今天，究竟要走什么样的政治模式的问题，现在再用人治、权治，显然路子已经越来越逼仄了，甚至已经是不可能了，我们的目标只能走法治的路。

提问 5：当今网友的意见多大程度上代表了民意？且不管其是否是正义的，至少对法治造成了很大的损害，从而变成了以公、检、法牵头共同协商案件的结果，而不是司法判决的结果。

谢晖：这是一个非常专业的问题，我也赞同你的一些看法。目前，确实在我们国家的司法中存在这样的问题。网络意见在多大程度上真正代表了民意，也确实是值得我们反思和质疑的问题。美国学者麦金泰尔曾写了一本书，书名是《谁之正义？何种合理性？》，我觉得可能包含着类似的问题。当我们谈民意的时候，大家知道，目前我国有 13 亿多人口，那么在这些人口中，究竟我们要问的是谁的民意？谁的法意？这肯定是个问题，并且是个大问题。但是，每个人总会得出自己的民意观。每个人也只能根据自己眼睛所见、耳朵所听进行判断，从而每个人的判断，总是建立在自身的经验基础之上。像康德所讲的那种先验综合判断，每个人都有，但未必都会运用。我想康德做的先验综合判断也未必一定是正确的。正因为这样,西方的解释学家提出了一个理念,认为:每个人对问题的看法都是带着前理解或者前见进行的,也就是说,我的某个结论,肯定有我的前见因素,有我事先的态度在,我是带着既有的态度和立场来思考某一问题的。从这个意义上讲,网络是否代表了13亿人的民意,或者说13亿人的民意存在不存在都是问题。为了更广泛地表明民意,西方一些国家现在已经形成了某些重大问题的全民公决。我们现在还不存在全民公决,也没有进行全民公决的政治体制。在这种情况下,究竟怎么判断一种意见是民意或者是什么意义上的民意?确实,你的质疑是非常有价值的、非常有道理的,我也只能这么说。还有一个问题是,在一旦民意和法意出现博弈的时候,我们动用其他的裁处方法,基本上不是法院独立审判,这涉及司法独立的体制问题。坦率地说,中国现在根本不存在实践意义上的司法独立,所以,一个案件一有疑难、一遇"民意",司法就不能独立审理,就需要"三长"、"四长"共同参与解决。这确实令法律人沮丧!这种非法定的"程序",其正当性当然很值得怀疑,因为中国所有重大案件、疑难案件,甚至是涉及一个地方要人的案件,都要经过类似非法的"特殊程序"处理。从这个意义上讲,我们根本就没有司法独立。既然我们的法官没有办法独立办案,也就只能仰人鼻息。如果我们的法官能够说:只有法律是他的上司的话,那么,法官也就可以理直气壮地说:网民不能代表法意,只有我法官才能代表法意。但是,这种条件,我们现在还不具备。当你法官既要为政治负责,又要为领导人负责,还要为广大民众负责,更要为当事人负责的时候,法官的责任面也太多、太大、太宽泛了,这样,有责任等于无责任。因为一旦我负不起这个责任,就可以找书记、找"三长",甚至"四长",让大家分摊责任。所以你看看,这是不是个体制性的问题?

主持人:由于时间的关系,今天的论坛活动到此结束,谢谢大家的光临!

第十讲

日常生活中的法理学*

——在“教育部全国法理学课程骨干教师高级研修班”上的讲演

报告人 谢晖教授
时　间 2006年8月4日
地　点 山东大学威海分校学术报告厅
主　办 教育部全国法理学课程骨干教师高级研修班

各位学员上午好!

在座的各位都是从全国各地,千辛万苦地来到这儿。我对大家的到来表示欢迎!这样的话题本应在开幕式上讲,可因为我昨晚才从国外回来,所以迟至今天才跟大家见面,非常抱歉!今天我给大家讲的题目是:“日常生活中的法理学”。研修班原定的题目是让我讲法哲学的专题,这个专题我过去给博士生讲过,由于一来正好今年广西师范大学出版社准备给我出版这个讲座的录

* 本讲内容,是2006年8月4日在山东大学威海分校举办的“全国法理学课程骨干教师高级研修班”上讲演的录音整理。由山东大学威海分校法学院副教授张景明等整理,感谢张景明副教授的整理!值得一提的是:讲演的前一天晚上,我方赴美归来。尽管近20小时没睡觉,但第二天还是精神饱满地讲了整整三个半小时,是自我感觉和听众感觉都不错的一次讲演。总共讲了五个内容,可惜录音整理只有半截稿,一半以上的内容录音并没有被整理出来。可谓断章、残篇!甚是遗憾!该次研修班的主讲老师分别是:於兴中教授、朱苏力教授、刘星教授、张文显教授、郑成良教授、徐显明教授、陈金钊教授和谢晖教授。学员有来自国内数十所高校的法理学教师120余人。

音整理稿，在座的各位如果感兴趣将来可以看一下。二来因为时间的关系，我原先讲的法哲学是五讲，要把这五讲都给大家在这有限的时间里展开是不可能的。所以我结合此次美国之行的感受，讲几个日常生活当中的法理学问题。这仅仅是我的一些感悟，讲给大家，大家听听，如果有道理就共同享受，没道理可嗤之以鼻。结束后有什么问题咱们再交流一下，那我今天着重要讲五个题目：

一、排队 、先来后到与法律对我们生活的简约

大家都非常熟悉一个日常现象：排队现象。在我们小的时候，要购物就经常需要排队。1988年，因为当时物资供应匮乏，加之物价上涨，“抢购”成风，公民都到街头排队买米买面。我记得非常清楚，当时我尚未结婚，我未来的岳母站在粮店排队买米，居然买了三大袋大米、一袋面粉放到窄小的家里。这里我讲排队是为了说明什么问题呢？如果大家到欧美国家去，就会发现类似的排队现象简直是司空见惯的。特别是美国人，他们排起队来还很有耐心，这会让我们感到很惊奇！这有些不同于我们这里。在我们这儿，尽管有排队，但在很多排队的场合，总有人不太自觉！我有位同学，现在在甘肃某个大学工作。他有一次在食堂排队打饭的时候，正好有几个大个子，不知是维吾尔族的，还是哈萨克族的，他当时没弄清楚，就加在了他的前面。我这个同学看不过，就数落了他们两句：“大家都在排队，你们为什么要插队？”没想到这几位同学转过身来对我这位同学是老拳相加，最后害得我这位同学住进了医院，现在，我这位同学是那所大学法学院的负责人。所以，我们对排队总是显得很不耐烦。你要去坐缆车登黄山，排队是必须的，我们经常会看到人们很不耐烦的各种表情和举动。这就是我们对排队的态度。但是如果你要在欧美国家，看到排队这种现象，不但非常常见，而且大家也是非常自觉的，如果在排队过程中有加塞现象，那大家是嗤之以鼻的！我多次看到在快餐店里有插队的现象，但插队者十有八九是中国人。不过只要后面的人稍一提醒，插队者也就知趣地退出来了。

好了，由排队现象，我们能看到秩序形成的基本规范。这里，我不自觉地想到了我们中国有句古老的格言，这个格言是什么呢？它就是“先来后到”！

“先来后到”啊，确实是个非常简单的规则，但在处理利益关系问题上，“先来后到”的习俗规范已被我们写在了民法当中。民法对类似问题的表达是什么？那就是物权取得的重要原则——先占原则，即人们在利益获取机制上，在物权取得问题上，法律上设立了按照先来后到的方式取得的这样一个原则。这样一来，显然，我们复杂的交往，就被一条简单的规范给简约化了，这就是规范对人们交往秩序的简约化。同样，规范给人们的交往提供了方便，否则，大家来了都不排队，都不按照先来后到的原则，那么我们的生活、我们的秩序，有可能越来越复杂，最终也使人际关系复杂化，而不是简约化。由此进一步，我在想一个问题：法律的使命究竟是什么？它不是使我们的生活更加复杂化，而是使我们的生活变得越来越简约化，通过法律来解决生活问题、交往问题，就是使我们的生活和交往从复杂变得简单。

在这里，大家或许要问：法律究竟是如何简约人们生活的？这里我想讲几点：首先我要强调，简约生活，就是要使我们人类的交往行为符号化、可感知化、可预测化。我们人类首先是通过符号来简约我们日常生活和交往行为的。谈到“符号”这个词，大家或许能够想起德国一位著名的学者——卡西尔先生。他曾经对人做了一个界定，他怎么界定人的呢？他说：“人是符号的动物！”后来梁治平先生进一步阐释了卡西尔的这个论述，又把“人是符号的动物”进一步解说为“人是文化的动物”！好，这些学术观点暂且不论，那为什么说符号能够简约我们的生活呢？我们先从符号的分类谈起。我把符号大体上分为以下这么几种：

第一种符号是行动的符号，行动本身就是一种符号，行动就是我向他人展示我的行为和意志的一种指令，符号就是这么一种指令。在行动符号当中，最美的、令世人都可以接受的一种符号，就是“舞蹈”！舞蹈是世界上最美的行动符号！所以，尽管对其他民族的文化你一点都不了解，但是只要看到那个民族优美的舞姿，那么我们可能就会对那个民族的文化产生一种认同和好感。比如我们中国曾经有那么一部舞剧，在座的各位可能都看过，这部舞剧名叫《丝路花雨》，这部舞剧中有位著名的演员叫付春英，是我的甘肃老乡（可惜这位杰出的演员最近在北京被一个歹徒杀害了。唉……我一生当中为与我不相干的人的去世哭过三次，即为三个人哭过，其中一位就是付春英。这个歹徒曾经给付春英家做过装修，后来发现付春英家里可能很有钱，然后到她家里偷钱，被付春英发现了。结果歹徒把她凶残地杀害了！唉……人的天良怎么都沦丧到这么个地步了呢？好端端一个人，说杀就杀掉了）。付春英在那部舞剧中，塑造了一个非常美妙的形象——英娘，当时人们把她称为“反弹琵琶”的姑娘！“反弹琵琶”，大家听说过吗？“反弹琵琶”的画面在甘肃敦煌的莫高窟里面就有，图像不大，但如果定睛看去的话，确实是栩栩如生，非常优美。这样一个画面上的“反弹琵琶”的形象，要在舞蹈中塑造出来，是极其不容易的。据说，当时在《丝路花雨》的众多演员当中，只有三个人可以成功地作出这个“反弹琵琶”的动作，其他人都做不到。这样一个舞剧排演出来之后，引起了全球性的轰动。那个时候我正在上大学，如果没记错的话，它先后在北美、欧洲、澳洲巡演，好评如潮。让人们对古老的中国文化，对它的神秘、美感有了更深刻的理解和接受。这就是舞蹈的价值！舞蹈作为一种行动语言、行动符号，给人们提供了人类行动的美感。这是第一种符号——行动的符号，“行动的符号”对我们生活的简约，就在于通过行动，给其他人一种明确的指令。如大家都在追赶一只野兔，都想抓到它拥为己有。其中一位最先抓到了，他抓到的行为就是一种指令：抓兔行为到此为止，再不能从他手上抢夺了。是这样吧？

第二种符号是语言符号，或者声音符号。声音是种符号，声音本身也可使我们的生活变得简约化，在座的也许有我的学生。我的学生即使不在现场，假如他正好路过我们的报告厅，在外面一听：“啊，这是谢老师在讲课！”于是，我的声音就对他产生了方便的指令功能。他如果对我的讲课很感兴趣，会选择来听我的课；反之他对我的课如不感兴趣，会选择赶快跑吧，不要让谢老师发现了！哈哈。为什么我的声音对他的行为有指令作用呢？因为他对我的声音是有辨析能力的，是非常熟悉的。可见，声音给我们提供了一种令我们熟悉的韵脚、韵律和发声人的态度。在所有的声音符号当中，应当说有一种符号是大家所公认的，即使你不是那个民族的人，但有可能这种声音符号会撼动你的心灵。那么，这种符号是什么符号？（众议）对！是歌曲、是乐曲、是音乐。比如我国著名的《梁祝》，即使欣赏者不是中国人，当他听到如此优美的旋律的时候，也会交口称赞、沉浸其中。为什么呢？它能够产生对人类交往和情感的沟通效果！所以，有些学者认为，乐和法之间，有着必然的内在关联。孔子强调乐教，是不是就出于这种考虑？如果在座的各位有兴趣，可以作进一步的考察，将来可以做个有关音乐和法律间关系的专门研究！声音简约我们的生活和秩序，也是通过声音的那种指令功能来实现的。“张景明”……哈哈，当我喊这个声音的时候，知道张景明这个人的同学，都向他看，或都寻找他。为什么？

因为我的声音给这些同学发出了指令。

第三种符号就是文字符号。文字符号是最精致的符号，它是人类对其他符号的一种提升。文字符号就构成了福柯意义所讲的“词”，从这个角度上讲，文字符号事实上是人类从自然状态，进入到自觉的社会状态的一个重要标志，这是我的一个看法。循着我前面讲课的思路，大家也许会问：最美的文字符号应当是什么？我个人感觉，最美的文字符号应当是诗歌！不知在座的各位以为然否？诗歌是最美的文字符号，因为诗歌往往和韵联系在一起，和音联系在一起，时间的关系，我在这就不多展开。文字符号对我们生活和交往的简约，大家更为理解，我也不详加分析。

在这里，大家可能又要问：谢老师，你为什么要讲这么多符号问题？讲符号是为了说明什么问题？一言以蔽之，符号本身，就是简约我们日常生活的一种方式。这次赴美时，我和我的同伴——中国著名的政治思想家葛全教授在路上就谈到了符号的规范问题。我给他举了个例子，说我过去的一位同学，她正好在国外定居，有次见到她，她问起我们班的某位同学现在在干什么？我反问她，我们班的哪位同学啊？她想了好长一会，说不上名字来，也就是说不上这位同学的符号来。她只是描述说这位同学个头不高，人也很瘦，当时走路一摇一晃、慢腾腾的。我说：我真是想不起来你说的是哪位。去年 10 月份，我们同学在西安聚会，她坐在我跟前，突然就跟我说“谢晖，我想起上次问你的那位同学的名字了，是白习雄”！“啊，白习雄啊！”我说。同时我也马上回忆起来：“噢，她讲的是对的！”他确实是个头不高，走路慢腾腾的，人也比较瘦小，但干什么我也不清楚。但是上一次她询问我时，我怎么也说不上来，她究竟是在问谁！各位看看，因为她上次的那些描述，反倒使我们的生活、交谈复杂化了，而不是简约化了！但她后来说“白习雄”这三个字后，一下子使我们的脑瓜子变得非常清晰、非常简单、非常明朗！葛全教授认为这种分析很有道理。和这一故事相关，在从旧金山到洛杉矶的飞机上，我和葛全教授还说到了一个话题，我说 20 世纪山东历史上出过四位足以称为全国最顶尖的人文大学者。这四位学者是谁呢？我谈到季羡林，谈到傅斯年，还谈到牟宗三，但是另一个学者，我知道他的贡献，足以称得上是 20 世纪山东四大人文大学者之一，但至于叫什么名字，却一时想不起来，我说他是搞史学的。他问我叫什么，我说我真是记不起来了。然后他呢，现学现用，说：“好啊，老谢，你在路上给我讲的那个故事，那个规则又出现了，你说不上名字来，我就一点也想不起来这个人是谁！”

（葛全教授是搞中国思想史的）直到我们到洛杉矶的时候，我忽然想起来了，我说："老葛，我想起来了，那位山东学者叫邓广铭！"他听后说："哦，原来是他，我不知道他是山东人！"我举这些例子是为了说明什么呢？就是想说明：符号，不论是对人的符号，对物的符号，对事的符号，它都有一个非常重要的目的，就是使人们的生活变得简约化！同样不论是声音符号、行动符号，还是文字符号，特别是文字符号，它的目的就是使我们的生活变得更为简约化、规范化，所以当我们用符号来表达对事物的态度的时候，当我们用符号来表达对象的时候，它本身表明，人们在追求自身交往和生活的简约化，而不是使我们的生活变得更为复杂化！

法律是一种符号，作为符号，这是法律简约我们生活的第一个步骤！为什么这么讲呢？因为法律自身总是通过一定的符号表达出来的，或者是通过行动符号，如有些地方用草标作为标记，说明某种物已经被自己先占；或者是通过声音符号，如有些地方则通过歌唱的方式，把"法律"唱出来；当然，更多的地方和时候，是通过文字的方式把法律写出来。关于这个问题，我曾经专门在《法律的意义追问》这本书中进行过描述，如果在座的各位感兴趣可以看看这本书，该书中有一节叫做"法律作为符号"，这篇文章已经发表在《学术界》这个刊物上，在座的各位如果感兴趣也可以去看看！总之，法律首先作为一种符号，和其他所有符号的功能一样，在简约着我们的日常生活和日常交往。

法律简约生活的第二步是什么呢？要让我讲，那就是"规则"。规则就是对生活的简约！从广义上讲，符号就是规则，但我这里的规则，是从狭义上讲的。在我们日常生活中对秩序、对交往的简约，除了通过符号这种规则方式之外（这是一种广义上使用的规则概念），我们还要通过法律规则来简约。当然，说到规则，大家也许就会问：难道符号不是规则吗？规则严格说起来不就是符号吗？没错，对此我刚才已经讲过，再重复一遍：从广义上讲，规则确实是不同符号的一种运用，它就是符号的一种组合！所以说规则是一种符号，我不但完全赞同，而且如前所述，专门著文论述过。但是，毕竟法律规则又不同于普通意义上的符号，所以我在这儿把规则单列出来，以区别于普通的符号。

规则，大家知道，在一般意义上可以分为两种：一种规则可称为物理规则，或者机械规则！这种规则如果用黑格尔的话来说，那就是"事物的定在"，后来马克思也借用了黑格尔的这句话，他所讲的是"事物关系的规定性"。我们的交往行为，必须根据"事物关系的规定性"来进行，否则，倘若不按照"事物关系的规定性"来进行，那么，最后就会导致我们人类自受其害！就如恩格斯当年在自然辩证法当中所举的一个著名事例那样，祸害人类。这个事例发生在两河流域，本来两河流域是人类文明发祥最早的区域。那个区域，之所以人类文明能在那里发祥，就和它当年优良的自然条件是紧密相关的。可后来，因为人们不尊重"事物关系的规定性"，过度地放牧、过度地进行人类其他活动，导致两河流域成为一片荒漠！尽管今天这个地方仍然是人类文明的重要区域，并且大国为了争夺那里的资源，是是非非，仍然不断，但是和当年巴比伦那样一个伟大的时代相比较，这个地方是明显衰落了。类似的个案还有很多，比如我们新疆一带的楼兰文明，那样一个伟大的文明，就因为我们人类的过度活动而在一夜之间消失了！还有高昌文明（著名的交河遗址就在吐鲁番）等，也毁于我们人类的贪婪和战火。这些遗址都在新疆，在座的各位有兴趣都可以看看，本来当年都是盛极一时的文明现象，但后来因为人类的过度活动或者战争，而逐渐消失了。类似的，据说在柬埔寨的森林里曾有一种文明，叫什么名字我记不清了，现在庞大的文明遗址还在，但那里的人却神秘地消失了。还有印第安文明，虽然印第安文明的毁灭，主要是殖民者对印第安人的大肆杀戮，据说北美的殖民者对印第安人的杀戮，达到90%以上。但除此之外，这种文明也有几个是自身灭亡的，这种消亡据说是和当时印第安人的生活方式有关，我只看了个别研究，诸位有兴趣可以继续去深究。我讲这些例证，都是为了说明：如果人类不尊重物理规则，不尊重"事物关系的规定性"，最终导致的必然是人类深受其害。相反，只有尊重了"事物关系的规定性"，我们的生活才能简约，所以，尊重物理规则，是简约我们生活的一个非常重要的方式。大家说是不是？就是在法律当中，立法也必须反映"事物关系的规定性"，倘若不反映"事物关系的规定性"，最终只能使我们的生活变得更加复杂。比如水，究竟什么样的水是人可以喝的？什么样的水是人不可以喝的？这里有一个"物理"标准，这个标准使我们对水的能喝与不能喝，有一个清晰的界限。国家关于水的饮用标准，就是根据"物理"规则制定的，是根据"事物关系的规定性"制定的。再如大气环境，究竟什么样的大气环境是适于人类生存的？什么样的大气环境是根本不适于人类生存的？威海被称为所谓的"国际人居城市"，它的法定标准究竟是什么呢？这样一个标准，大家知道，它首先是一个"物理"规则，是一种"事物关系的规定性"！所以我们在立法的时候，如果表达了"事物关系的规定性"，毫无疑问我们的生活就会变得简约，倘若背反了"事物关系的规定性"，也可以肯定，会使我们的生活变得更加复杂！大家想想是不是如此？但是非常遗憾，在我们目前的立法当中，我不说是大量的，但至少有相当多的法律，它所表达的恰恰不是“事物关系的规定性”，而是违反了这一规定性。谈到这个问题，记得在我上大学时，我有一位老师——严存生教授，在座的各位应该都知道，他写过两篇文章——一篇叫做《法律、利益、规律》，还有一篇叫做《法律、意志、规律》，都和规律相关，和法与“事物的规定性”相关。当时很多人对法律与规律间的内在关联，要么言而不详，要么根本不去探究。但严老师很早就关注相关的问题了！今天尽管有很多人在研究这样一个问题，但是在立法中要尽量反映“事物关系的规定性”，反映事物的规律，并根据法定的规律来简约我们的生活，我们做得还是很不够的！这是第一种规则：物理规则。

和物理规则相对应的，我们称为价值规则。毫无疑问，价值规则在一定意义上，必须建立在物理规则基础之上，但是价值规则它有自身的规定性，这个规定性是什么呢？它不以物理规则为绝对的指向，所以在这个意义上讲，可以说人类的法律，即使是反映物理规则的人类的法律，它也有必然的价值取向在当中。以我方才的举例为例，什么样的水是人类可以饮用的水？这个制定标准究竟是什么？在相关的法律规定中，尽管是根据物理规则制定的，但是它本身充分地体现了价值因素。为什么呢？你的法律准则是根据人的饮用标准制定的，不是根据骡马、牛羊的饮用标准制定的。谈到这儿，在座的从乡村来的同学大概有这样的经历。在我小的时候，我们家乡的泉水一般是通过小堤分隔为两部分：一部分是专供牲口饮用的，那部分水是比较脏的；另一部分是专供人饮用的，这部分水一定是全村100来口人重点保护的，那个泉眼不能受到污染，所以，乡民就这样把人饮用的水和牲口饮用的水给分开了，这种对泉水的分隔和保护，涉及什么因素呢？价值因素！现在环境恶化、水位下降，我们家乡连泉眼都没了，我们怎么解决饮水问题呢？只能用窖储存雨水！在座的我不知道有没有从甘肃来的，如果有就应该知道“窖”是什么意思。村民用水泥垒一个很大的窖坑，然后待到下雨时把窖给灌满，当地几乎每户家里都有两眼窖，一眼是专门用来喂牲口的，一眼是专门供人饮用的。对供人饮用的这口窖灌水时，必须将院落打扫得干干净净，但是对牲口用的那口窖灌水，就可以稍微粗枝大叶一点。这说明了什么问题？说明我们人类在做任何一种活动时，都首先要有价值选择。毫无疑问，像我刚才讲的，饮用水的标准尽管它是根据物理规则制定的，但是这个物理规则中已经渗透了一个因素：那就是价值选择，对人的需要的价值选择！正因如此，我们可以说，任何法律，自始至终总是和人的生活、交往相关，所以，在我看来，不反映价值因素的法律是不存在的！哪怕这个法律完全是根据事物关系的规定性制定的也表达着人的价值需要，所以不反映人类价值因素的法律是不存在的。甚至可以说，在政治社会领域中，价值因素本来就是一种“规定性”，我不知道大家赞同不赞同？

那么好了，话又得说回来，在这里讲这么多价值规则是为了说明什么呢？我仍然要说明规则制定的目的和价值，就是为了简约我们的生活，而不是使我们的生活变得复杂化。因为任何一种规则对我们而言，都提供了一种预期，提供了一种反复的可适用性。规则、规则嘛，如果没有这些特点，我们就不能称为规则！为什么我们敢于到银行去存款？就因为有相关的规则保障嘛！在座的绝大多数都是年轻人，挣点钱都不容易，但把辛苦所得放在银行里，没有规则，我们敢吗？在许多农村地区，老太太、老大爷们，有了钱不到银行存款，为什么呢？他们不敢！他们对银行没有理性预期，反认为钱放在家里是最安全的！我就亲眼看到过一例，一位老人家辛辛苦苦地掐辫子挣来的钱(她掐得比较快，赚的钱也比较多)，她就是不敢存到银行里去，而是放到哪里呢？她放到炕筒里去存起来了！因为炕夏天不需要烧火取暖，所以她就将钱放到炕筒里，结果时间一长，老人家把这件事给忘了。后来到了秋末，需要烧炕，一烧火，老人家想起了钱还在炕筒里放着呢！等到她把钱拿出来的时候，烧得只剩下了1/3。当时我正在家里，老人凄楚的哭声，我还记得非常清楚。那她为什么不把钱存到银行去呢？因为她对银行没有我们现在这样的理性预期啊，她认为自家的炕是最保险的，银行是不保险的。类似的例证，我们可以在有关的报刊上经常看到。所以，我们敢于到银行去存款，是因为我们有一个基本的判断，那就是在规则的保证之下，想用钱的时候，我就可以把钱从银行里提出来。而且，我们不仅能把钱提出来，还能获得这笔钱的孳息。人们恰恰是基于这种判断，这样的预期，这种对规则的信赖，才决定把钱存到银行里。所以，我们日常的法律生活就是如此，就是基于对规则的信赖，以及规则对我们的生活带来的简约和方便，我们才去坚持规则的。反之，如果一种规则不但没有简约我们的生活，而且使我们的生活更复杂化了，那么对不起，我宁可不遵守这个规则。谈这个话题有什么意思呢？其实它可以给我们更多的联想：我个人觉得(不知在座的各位认为如何)，当下在我们中国，在立法过程以及司法过程之中，恰恰是把简单的问题复杂化了，而且是越来越复杂，从而法律、执法、司法等，使我们的生活复杂化而不是简约化。大家想一想是不是如此？这就是不少人之所以反感法律、规避法律的非常重要的理由。这种情形不仅仅在中国存在，即使在国外也存在。所以，怎么样才能通过法律，通过法律对物理规则和价值规则的表达，使我们的生活更加简约而不是复杂化，我想，这应当是法学家的重要使命，当然，也应当是法律家的重要使命，还应当是立法者的重要使命。如果按照德沃金对立法者的要求，那也应当是哲学家的使命（不仅仅是德沃金，很多学者都对立法者有这样的要求：要么说立法者应是理性者，要么说立法者应是哲人，要么干脆说立法者应是哲学家，所以，从这个意义上讲，问题毫无疑问，怎么样通过规则简约我们的生活，也应当是哲学家所关注的问题，因为他们理所当然地应当成为社会的立法者）。如上是我讲的法律简约生活的第二个过程：通过规则来简约人们的生活，简约人们的交往行为！

法律简约生活的第三个层次，即通过规则的调整来简约我们的生活。听到这里，大家也许会立马提出问题：规则和规则调整，是不是有点多此一举？因为有规则就必然有规则调整，你为什么在规则之外还要专门强调规则调整呢？我在这里要说的是：有规则未必就有规则调整！规则调整说的是规则实施的问题，而规则本身从法学上讲是个立法问题。有立法、有法律，未必有法律的实施。我方才讲有两种规则，其中一种是只要有规则，就有规则的运行，这是物理规则，它是机械的，是自发运作的。所以人们经常讲，这种规则不因我们人类的好恶而改变，不因人们意志的转移而转移，这就是我们讲的物理规则。但是反映了价值属性的法律规则就不一定这样——有法律规则未必有法律规则的落实和实行，未必有法律规则的调整，未必通过调整使法律规则演变为我们的生活秩序。诸位，是吧？这样的现象，在我们的日常生活中并不少见，大家经常列举的是我们的宪法。人们经常讲：我国是有宪法，但没有宪政的国度，也就是说，我们虽有宪法，但是没有使宪法得以实现、发挥调整作用的国度。再比如我们的“民族区域自治法”，尽管有这个法律，但严格来说我们没有真正地把这样的法律落实下去。谈到这个地方，我不禁想起1991年我在全国一些民族地方调查时的一个经历。我们在座的各位应当知道，到目前为止，中华人民共和国五大民族自治区域有没有自治条例？有没有？嗯，五大自治区都没有制定自治条例，尽管30个自治州绝大多数已经有了自治条例，但五大自治区都没有。这其中的背景因素非常复杂，因为我做过调查，有些因素我也略有所知，其中有些因素也很敏感，我在这里就不再多讲了。但至少人们根据"民族区域自治法",提出这样的质疑:为什么到目前为止,五大自治区都没有按照自治法制定自治条例?原因就在于我们的自治法没有真正得到贯彻落实,相关法律没有发挥调整作用嘛!尽管不少地方根据"民族区域自治法"的规定,制定了单行条例,但至少五大自治区到目前还没有制定自治条例的事实,让"民族区域自治法"在一定意义上成为宣告性法,甚至成为摆设,没有实际价值。我举这个例子仍然是为了说明,当我们的法律在我们的日常生活中不能发挥作用的时候,或者没有发挥调整作用的时候,它事实上只能反过来,因为法律复杂化了我们的生活,而非简化我们的生活!是不是如此?所以,我当年在做民族区域自治调查的时候,有些地区的官员,他们甚至有些地区的群众,坦率地说,对有些自治的结果很不满意。他们甚至把自治,称为"治自"。一句话,我们没有通过法律简约我们的生活,反倒复杂化了!即法律没有发挥其调整作用。这是目前我国法律治理中所存在的重大问题:法律如果没有,或不能简约我们的生活,反之,法律复杂了人们的生活,那必致法将不法!

好了,话再说回来,再讲法律调整或规则调整,并不是说有法律必然有法律调整,必然使法律得到贯彻落实。那谈到法律调整问题,在座的各位都给学生讲法理学,可很遗憾,过去法学界对法律调整现象,或对法律调整问题,特别是对法律调整的机制问题,研究得非常有限。在很大程度上,我们对法律调整机制的论述,基本上是满足于一种规则的论述,这种规则就是惩罚规则。我个人觉得这很不够、很不够!所以去年在我和陈金钊教授撰写的由高等教育出版社出版的《法理学》,以及在我的《法学范畴的矛盾辨思》中,我提出了自己对法律调整和法律调整机制问题的看法。我个人认为,法律调整至少应该分为以下几种:

第一种调整类型叫放任,也可称为放任性调整。也许在座的各位会问:你把放任作为法律调整的形式合不合适?我说当然合适!为什么?因为我们知道法律它由两大规则构成,一大规则是权利规则,另一大规则是义务规则。我们经常讲认真对待权利,那到底怎么认真对待呢?这必须从权利的运作机制谈起。权利在法律上的运作或调整机制是什么?一言以蔽之,在法律上,权利的调整机制就是放任,有放任才有权利!法律上不赋予放任机制,权利就不复存在。作为我个人,更关注的是如何将权利规定予以运行,成为社会现实。这里就涉及一个技术性因素,这个技术性因素是什么呢?简而言之,就是放任!没有放任的世界,权利是不存在的!目前,尽管权利被法学家喊得山响,尽管权利被人们视为神圣，但是我们的权利保障还很不够。不够的原因是什么呢？原因就在于我们恰恰把放任性调整的机制给忽略了！反之，我们经常喜欢让政府来做保姆，喜欢让政府代替公民实现权利。我们的家长也特别喜欢做保姆，代替家庭成员，特别是子女实现权利。从而把公民的放任性选择、子女的自主安排给抛弃或否定了，所以对权利问题尽管我们研究了很多，但是对权利调整及放任的机制我们研究的并不多！这是我讲的法律调整的第一种方式！如果我们的政府能够按照放任的要求和规则来处理有关问题，就不会婆婆妈妈，整天有那么多的麻烦事！

第二种调整方式叫引导，当然法律还有个引导功能，特别是对义务而言。义务本来就是导引我们行动的一种规则，所以在义务的落实上，我们应该通过引导这种机制来予以贯彻，这个问题如果在座的各位感兴趣也可以看一下我和金钊教授合著的，去年由高等教育出版社出的《法理学》一书中“法律调整”那一章，我这次就不多讲了。

第三种调整方式是奖励——它针对模范遵守法律的行为。谈到奖励，我就想到在我们中国古代的一些法律思想当中，人们已经谈到法律的一个重要调整方式就是奖励。所以法家这样主张：法律是用来“壹赏壹刑”的。“壹赏”就是统一奖赏，“壹刑”就是统一刑罚，这和我讲的简约的观点正好是一致的。但是非常遗憾，我们后来的法学者，在谈到这个问题的时候，却往往把奖励排除在法律调整的范围之外，不把奖励当作法律调整的一种单独方式，这是非常遗憾的！当然，近些年来一些学者开始关注奖励调整的问题，甚至还专门写文章研究法律奖励问题，但只是把它作为法律规定的一种简单解说，很少有人特别强调，更很少有人自觉地将奖励性调整纳入法理学的研究范畴。如果继续这样坚持下去，我们的法学也罢，法律也罢，它往往都会是游离人心的，因为你开口闭口仅仅讲法律制裁，最后必然导致一个结果：法律和人之间没有亲和感！法律是远离我们的日常生活的，而不是接近于我们的日常生活的，更不是简约了我们的日常生活！所以，我们应该关注奖励调整方式问题的研究！

第四种调整方式是法律调整的最末一种方式，也是迫不得已的一种调整方式，叫法律制裁——它专门针对违法行为！通过如上四种法律调整方式——放任、引导、奖励、制裁，我想说明的仍然是通过法律规则的调整，法律是怎样简约我们的生活的！这是我今天给大家讲的第一个主题：由排队、先来后到的规则，到法律对我们生活的简约。

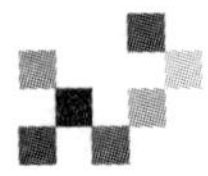

二、割草、自扫门前雪与法律的日常化

这次我们到了在美国芝加哥附近的一个小城叫丹尼森城，有位从天津移民去的著名学者吴量福教授，担任此城的高级雇员。他给我们讲了一个事例，该城规定：城内的草长到一定高度时必须割草。全城的草坪分为两部分：一部分是私人院子里的，另一部分是归政府管理的公共草地。公共部分的草地自然由政府负责割，而私人部分的草如果长得超过规定高了，政府就会在网络上下发一份割草公文给你。割草的费用是很贵的，但是如果你不割，那对不起，政府要替你割，但是费用要比私人割高得多。不仅如此，政府还会给你开罚单！对此，大家可能会说，他们那法律管那么宽是不是太过了？我觉得这里可能存在一个误区：过去我们总把法律管的问题看得太大，太神圣，让人望尘莫及！把它当作伟大崇高的理想，而没有使它生活化，最后导致法律是远离我们的，不是亲和于我们的。大家想想是不是？但是，在美国，这类的事情很多，法律很生活化。比如在丹尼森这样一个不到6万人口的小城市，就有它严谨的和严格的法律体系！它也规定不能在规定的公共场合喝酒。那么，什么是公共场合呢？大街上算不算公共场合？什么才算喝酒？吴先生告诉我们：大街是公共场合，比如我拿一瓶酒在大街上走，这没问题，但如果你把酒瓶盖子打开，那么对不起，这就被推定为你在公共场合喝酒了！

他讲的这件事情让我生发这样的联想：法律究竟是高尚的、高贵的、让我们望尘莫及的理想规则？还是事无巨细的、我们日常生活的写照？我们究竟应用何种理念来观看法律？我过去在很大程度上是个法律理想主义者，也许想着法律应该怎么怎么崇高，这个崇高不仅仅是实施效率上的崇高，更重要的是法条上的崇高，它规定的问题应当是宏大的，应当是私人所解决不了的，只能由政府出面才能解决的。但是通过我这次访美的观察和感悟后，认为，倘若法律与我们的日常生活失去了关联，那还叫不叫法律？谈到这个问题，我就不自觉地想起我国近些年有一个学校有几名学者，在认真地、热烈地探讨着日常生活中的哲学问题，不知有没有人知道？嗯，不错，是黑龙江大学！黑龙江大学的校长衣俊卿先生，我国著名的学者，我非常看重他的研究。他就带领他的团队，专门研究日常生活中的哲学问题。他主持了一套有关日常生活哲学方面的书。当然，据我所知，日常生活学派主要来自东欧，衣先生他们接过这个话题在认真探讨。我对这个学派非常感兴趣，我个人觉得，从实践哲学到日常生活哲学，这应当是我们哲学研究的进一步深化。好像是去年吧，《光明日报》准备刊发一组有关哲学的文章，即"日常生活哲学与社会科学的关系"，我也莫名其妙地接到了一份约稿函，后来，我接受邀请，尝试着写了一篇文章，叫《日常生活与法学研究》，诸位感兴趣可以看看。我认为，这样的流派对我们法学研究的启示是：在我们的法学研究及法治建设当中，我们究竟应如何关注日常生活？讲到这里，也让我想起另一个日常规则，这也是在我们中国流传已久的，褒贬不一的规则，叫"自扫门前雪"。我们古人说，"各人自扫门前雪，莫管他人瓦上霜"，那么我们在理解这句话的时候，因为句子的整体性，我们总是对它抱以贬义的态度。可现在来看，"各人自扫门前雪"事实上反映的是在现代社会里，个体自治和个体责任的确定问题。我们在讲个体自治的时候，更多的人是从权利的角度来看的，有权利才能伸张每个人的主体性，才能伸展每个人的主体精神！毫无疑问这样理解是对的，但是不全面。因为另一个方面，我们还必须关注，如果在权利背后没有责任机制、没有义务机制，那么这样生成的权利及其个体，有可能是变形的，有可能是很成问题的，谈到这个地方，我就想通过另一些经历，说说我的一些感受。我曾有几次打听路的经历，给我留下了深刻的印象。一次是在北京大学，我当时是第一次去北京大学，我想去法学院，就问一位同学："同学，法学院怎么走？"那位同学还算礼貌，头就那么朝一个方向一甩，然后就昂着脖子往前走了。噢，我似乎也明白了，法学院就朝那边走。这就是他给我的指示，可是后来我还是没有找到法学院。接着，我又问了另一位同学，这是位女孩子，她给我的指示是，一挥手——扬起手来朝某个方向一指，什么话也不说，自顾自昂首朝前走了。这就是我在咱们的著名学府北京大学问路的经历。还有一次是在中国政法大学，尽管此前去过那里，但很久没去，也就生疏了。我问一位老师："老师，研究生三号楼怎么走？"那位老教师轻轻地朝后甩了甩头。我感谢过后，本来向前走，那位老师向相反方向走。但我又感觉还是不清楚，就又跑回来，想进一步向那位老师问清楚。没想到文质彬彬的老师居然很生气地朝我发火说："我不是刚才跟你说了吗，你怎么还来问？"这时，我多了点事，说："老师，我看您文质彬彬的，怎么这点小事，就不耐烦了呢？我也是老师……"听到我这么说，他也感到不好意思，忙说："对不起，唉，现在学校年轻人都去走穴，就我们老人教学，你说咋办啊！"听到这里，我也理解老人的焦虑甚至焦躁了。还有一次，是我在香港大学的经历。1990 年，我首次去香港，我也是打听它的法学院。大家如果去过香港大学就知道，港大的建筑都是连体建筑，很多的楼都是连体的，想找法学院很不好找，后来我碰到了四五位男女同学，我就问他们法学院怎么走。他们的国语讲得很不好，但尽管如此，他们还是结结巴巴，并十分热情地把我带到了法学院楼下为止。接着，他们又朝法学院相反的路走去……这让我真是非常感动。我以为这是偶然，后来我再去港大的时候，又多次故意问几次路，结果被问者都是如此热情，直到我满意为止。每次都是屡试不爽，大家知道香港是一个高度讲究人的权利的地方，但是他们的公民在交往过程中，又是如此的相互尊重，给一位陌生的问路人如此周到的服务。而我们却是恰恰相反，虽然，我们是高度注重道德教化的地方，但是我所遇到的种种，确实让人无语。

我也注意到，这些年我国的一些城市也规定了类似“自扫门前雪”的规定。例如济南就规定，沿街经营的所有商户，在雪天有义务扫除其门前的积雪。如果不扫除，由环卫部门代为扫除，但需要为此交罚单。但人们对此执行得很不到位，相关政府部门的执行也很不力。因此，法律规定和权利义务之间往往没有直接关联。你看看我们的小区里，各家各户的院子里，和我们的人一样，长满了“无政府主义的个性草”。

大家知道，法律的目的，既是为了保障公民的权利和自由，也是为了督促公民的义务和秩序。自由和秩序分别代表了法律的价值。我把它们称为法律的双重价值，并且这两者代表了法律的最高价值。尽管两者都是法律的最高价值，但是我以前更多的是倾向于法律的自由价值，倾向于自由的领先性。这在我的《法律信仰的理念与基础》一书中有专门论述。但是，这些年来，我对这种观点有所修正，这种修正，也是我在这多年的体验与磨炼中感受到的：法律的永恒价值不是自由，而是秩序！或者法律所寻求的，必须是秩序的自由，而不是无序的自由。我在给学生讲课的时候，曾专门谈过这样的命题：“我们宁可要不自由的秩序，也不要无秩序的自由”，我不知道大家是否赞同这个看法？讲到这个问题的时候，就必然要涉及法律和道德的关系问题，那就是我们对秩序的经纬，究竟是要通过道德温情来实现呢，还是要通过法律规制来实现？我主张通过法律规制来解决。所以我主张应在道德调整和法律调整之间划出明确的界限。

我把秩序大体上分为两种：第一种是科层化的层级秩序。毫无疑问，大家都应清楚自古至今，在有秩序的时代每每就有法律的经纬。如果我们把中国古代的“典”也称为法的话，那么《唐六典》就恰恰成功地调整了当时科层化的法律秩序，在那里，上下级的关系和职权界分非常严谨，上下级之间的权力不得僭越。否则，在刑法上，就构成僭越罪；也不得失职，否则，就构成渎职罪。谈到这里，我就不禁想起电视演绎的我的老乡秦始皇的一则故事。不知是香港还是台湾，有部电视剧叫《秦始皇》，在座的各位可能看过，印象中演绎的秦始皇有些残暴，但有一个情节让我感觉他恰恰非常讲法制。当时，秦始皇遭受到山东老乡、燕赵志士(当时，今天山东滨州一带属于赵国地界)荆轲的刺杀，他因此非常惊恐，所以，提防工作做得很扎实，晚上看书也不例外。他当时最爱看的书是《韩非子》。他曾说："寡人得与此人游，死无憾矣！"可见他对韩非，以及对《韩非子》的器重。有一天晚上，他看书时，看着看着就睡着了，身上的披风也掉在地上了。后来他的一个卫兵看到了就把披风捡起来给他披上，结果把他惊醒了。后来他做了两件"残忍"的事：第一件事，他把那位卫兵给杀掉了，因为那个卫兵犯了罪，犯了什么罪？用俗话讲，就犯了"狗拿耗子多管闲事的罪"，构成了僭越罪！紧接着他又杀了另一个人，就是伺候他起居饮食的那个人。我刚才讲，有些人看到了这些情节，会觉得秦始皇真的残暴。但是作为法学工作者，我在想秦始皇如果真是这样，其行动背后的法律制度逻辑是什么。我由此例想进一步引申出的是：即使在这样的一个时代，科层制的秩序已经通过法律来经纬，从这个意义上讲，科层制绝不仅仅是现代的产物，在古代就已经早已存在。到了近代，尽管我们已经进入到民治社会，但科层制的模式并未取消，反之，它是社会秩序构造的必要方式。取消了科层制，也就意味着无政府主义的来临。虽然科层制赋予了不同科层的人们在法律上的特权，但同时值得关注的是，这些在法律上的特权，仍然是以公平原则作为前提的。为什么呢？因为不同的科层是向所有人开放的。例如，美国的总统不是一人干到底的，不是终身制的，而是限任职的。宪法上已经为它的最高行政首长限定了他任职的时间。任职时间一到，开放地选举下任。总之，在我看来，科层制的秩序结构，这种纵向的秩序模式，不论在近代以来也罢，近代以前也罢，大体上可以说它是通过法律来经纬的。从我们人类的交往经验看，科层的存在是不可避免的，只要有秩序就会有科层。没有科层的秩序几乎是不可理解的，事实上也是难以实现的。因为只有不同层次的科层的存在，才有可能使人们找到大家都可接受的上层公共权力系统，以解决纠纷，安排公共事务，否则，人们的纠纷就没办法解决，社会的公共事务就没人来安排和解决，这是我讲的第一种秩序，纵向的科层制的秩序模式。

第二种秩序，我把它称为平权交往的秩序。大家知道，民商法所调整的就是平权主体在社会交往当中所发生的社会关系，所以，大家一听就懂，一听就明白。但是要注意，古典社会处理这种问题和现代社会处理这种问题是不一样的。在古典社会中，更倾向于运用道德（或礼）来解决平权交往主体当中出现的问题，但自从近代以来，更多的是喜欢用法律来解决平权交往的秩序问题。所以我刚才讲，说到这个问题必然涉及道德与法律关系问题。我们究竟应该怎么看待道德和法律的关系？我觉得这是一个在法治建设中必须解决的问题。诸位有些可能知道，我在《法治讲演录》中就有个比较彻底的说法，我说法治本身是种德性的统治，所以在那本书中，我有一个讲题就叫“德性的法治”。这本书是去年广西师范大学出版社出版的，没看过的同仁有兴趣可以看看。在那本书中，我受徐显明教授的启发，把道德分为以下四个层次：

一是公共道德，顾名思义，应当是大家都能做到的道德，是一个人作为公民理应做到的道德。这样一种道德，在依法律建立秩序的过程当中，应当被全盘地纳入法律体系。在公共道德当中，大家都知道的，最著名的就是我们称为民法帝王条款的那条道德规范，即诚实信用。这样一种道德，在我看来，它不仅仅是民法的一个帝王条款，而且是整个法律的帝王条款。所以在罗马法当中特别强调诚信问题，中国古典法当中也特别强调无信不立的问题。大家都还记得商鞅的南门徙木的故事吧？商鞅在改革过程当中，颁布了很多让人不敢相信能够落实的法律。他也担心自己订立的法律得不到落实，让改革落空，于是，为了取信于民，他就置木南门，看谁能把那大木头搬到指定的地方，只要搬过去，定有重赏。开始赏得比较低，所以没人搬。后来他就加码奖赏。俗话说，重赏之下，必有勇夫，后来有个人居然真搬了过去，他当场就兑现了奖金，并说：改革的法令，就像南门徙木的奖赏，言必信，行必果。由此他力行他的法治路线，这个故事说明，即使在国家公共管理领域，诚信都具有无上的价值。虽然商鞅改革，后来助长了从我家乡发源的一个帝国的成长，甚至这样的一个帝国，直接影响了我们民族的心灵结构，到如今，人们对这样的帝国都不感兴趣，但是我们的观念，我们的思想至今仍受秦始皇的帝国思想影响，仍受商鞅改革成果的影响，你喜不喜欢是一码事，我们身受其影响是另一码事，这就是商鞅的功劳，这也是当时诚信的功劳吧？我注意到有一位学者林语堂先生，他曾经在研究法家，特别是在研究韩非子的时候，对这样的法治路线给予了充分的肯定。当然，林先生写的文章，主要是为了向欧美人介绍我们中国的思想文化，因此，他的文章毫无疑问对法家、韩非子等有美化的成分。他说韩非子已经发现了“公民”这一概念，说当时“公民”就是为了区别“私人”这一概念而来的,所以他认为韩非子的法治主义绝不像我们想象的那样是专制主义的代名词。对此,不知道大家赞同不赞同?或许大家在没有看《韩非子》之前是没有发言权的。至少在我看来,韩非子和商鞅一样,对“信”是特别讲究的。这一直影响了中国古典的文化心态,甚至社会结构。所以,在特权的、专制的古代中国社会,也很讲究“信”在法律当中的地位和作用。而今天我们当然也要讲“信”,不仅是在私法上,而且在公法当中更应讲“信”。

谈到这里,我就想起前几年张高丽先生从深圳调到山东之后,他极力想把山东创建成一个诚信大省。有一次,在涉及诚信建设的问题时,有关方面征求我们几个学者的意见。尽管是征求意见,但开始时,出席会议的领导人还是在向我们讲大道理。到了学者自由发言的时候,我就提了个问题,我说:“我们张省长批评了那么多的不诚信现象,那么,要建设诚信山东,到底该从哪里做起呢?到底今天哪些领域最不诚信呢?”那位领导掐着指头给我数落了很多很多的不诚信,但唯独没有说政府不诚信、制度不诚信。听到这里,我建议说:要建设诚信山东这个提法我认为非常好,但是您要找准现在国家、社会不诚信的根源是什么。我给他建议说:诚信山东的建设,必须从抓法律建设开始,要从抓政府建设开始!当然大家知道的,即使我建议了,这几年过去了,尽管山东已经是个很诚信的地方,但是说诚信山东,我们今天似乎还不能这么说,甚至还差之甚远,和香港人的诚信比较,和台湾人的诚信比较,我们还相差很远!这次到南德州大学的时候,南德州大学校长有个说法,说我们南德州就像你们山东一样,我们南德州人的性格就像山东人的性格一样,很敦厚、很让人放心和可靠。他又说,我一到你们的上海,就感觉像到了我们的纽约,感觉到了尔虞我诈,没有诚信感。他讲,我们乐于和你们威海分校合作,就是看上你们山东人和我们南德州人性格很相像,哈哈,这是个题外话。在我个人看来,尽管山东已经是一个比较诚信的地方,但和在商业主义熏陶下的法治世界相比,还差之甚远。所以如何在公法上提升我们的公共道德感,使诚信这样一个最基本的公共道德原则,化为可操作的法律的具体技术,是我们应当关注的问题。这是第一层的道德。

第二层次的道德就是职业道德……(本节所讲的内容因为与“地方自治与法治”一讲的相关内容雷同,为避免本书重复,故略去)。

第三层次的道德是政治道德。顾名思义,政治道德应当是政治家恪守的道德准则。这样的道德,毫无疑问,在现代社会里只能是法律化的。政治家更应受法律制约,地位越高的政治家更应受法律制约,受更多的制约,这已经成为一种通则。那么,政治道德在法律上体现究竟何在?我们可以说,宪法就是政治道德法!我有一个说法,如果一个国家的领导人个人私德修养非常高,但是当他不尊重国家宪法时,完全可以这样说,他在政治上是一位缺德的领导人。谈到这里,也许大家会说是不是有点尖刻?我曾经注意到,有个国家一位非常受人尊敬的领导人,他有一次出访的时候,自己的纽扣掉了,就戴着老花镜,在飞机上自己缝纽扣,正好一个记者看到了就拍了下来,作为一本杂志的封面。很多人看后都感动得了不得!当然,这样一种生活习惯和作风,确实感动了我们读者。但恰恰是这么一位领导人,在那个国家处理一些国家事务的时候,背离了该国的宪法。要我说,这样的国家领导人,即使在生活作风上让我们再推崇,但是在处理国家大事上,可以说他是政治道德上的缺德者。再比如我们尊敬的温总理,今年过春节时,温总理是在山东过的。我们的有些记者观察能力非常强,报道说十年前温总理也在山东过春节,穿的是一件羽绒服,十年后在山东过年,老人家仍然穿这件羽绒服。相信大家看到了这个报道,毋庸讳言,我看过之后,也和很多人一样,当时是深受感动,当我看到我们的领导人是这样的清廉、这样的节俭,我确实心中潮湿、眼圈也潮湿了。不过事后仔细想想,作为这样一个大国的领导人,他哪怕一天三换衣都无所谓,这没什么大不了的。对公民而言,最关心的,应是我们领导人的一言一行、一举一动都要符合我们的法度,符合宪法和法律的要求。我想,公民对温总理的爱戴,更重要的是他对人民疾苦的挂怀,对国家法律的尊重和维护。至于他穿件什么衣服,实在不需要过分在道德上放大。否则就失却了对政治道德——宪法的关注,而斤斤于对私人道德的关注。但是,非常遗憾,目前我们的媒体宣传、思想观念等,经常用温情的道德稀释了刚性的法律!导致的结果是:法定的基本道德流失,不切实际的高尚道德"流行",最后,只能是空泛的道德说教。所以,尽管我国有法律的道德一种制度化的道德,却无法转化为法律下的道德行为。我认为,这是我国目前在法制建设中存在的一个致命性的问题!从这个意义上讲,所有的政治道德都应是法律化的,都需要通过宪法这样的法律形式表达一个国家对政治和政治领袖的道德要求。

最后一种道德就是私人道德。(本节所讲的内容因为与"地方自治与法治"一讲的相关内容雷同,为避免本书重复,故略去)。

……(以下所讲内容没被整理)。

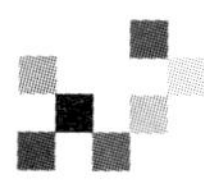

三、ADR、勤俭节约与调解规则

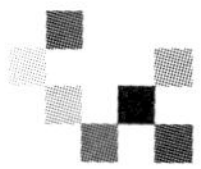

ADR是替代性纠纷解决机制的一个英文缩写。这次我们在赴美过程中，在当地的法院、律师事务所、检察院访问的时候，在跟他们的法官、律师、检察官交谈的时候，我特别关注了一个问题：ADR问题。在我们想象中，他们在司法审判过程中，大部分的案件都应是通过判决解决的。岂知，我在休斯敦的一家律师事务所访问的时候，他们的主任告诉我，他们60%的案件都是通过调解解决的，尽管我在过去看到过相关的资料，说美国也很注重调解，没想到他们能有60%的案件是通过调解解决的。后来我和他们的法官交谈的时候，我又故意问他：你们的ADR结案率是多少？结果他回答：大约60%。我说，这是基层法院？还是上级法院？他说基层法院、上级法院都是这样，大体差不多。后来有位华裔法官跟我交谈的时候，他说事实上，美国选择ADR这种方式主要就是为了节省整个法律成本。这样的例证告诉我们，在我们今天中国的法律制定过程中，法律运作过程中，应不应该考虑成本问题？也许在我们中国考虑成本，更多的是考虑经济成本、物质交往过程中的核算问题，但是对精神成本，尤其是制度成本我们关注得很少。近几年来随着经济分析法学在我们中国比较广泛的接受，我们也经常谈到制度成本问题，但是在我们制度建设当中是不是真的关注成本问题，还是特别值得我们继续关注的。

……(以下所讲内容，没被整理)。

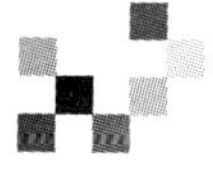

四、门牌号、数目字管理与法律的效力

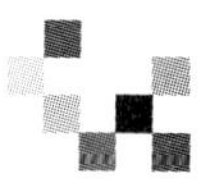

……(本标题下所讲的内容，没被整理)。

五、小费、民间规范与纳税人的习惯

……(本标题下所讲的内容，没被整理)。

第十一讲

“司法的社会认同”研讨会评议*

——在“司法的社会认同”学术研讨会上的评议

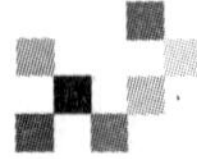

一、关于“司法的社会认同”问题评议

谢谢主持人马主任！这次应徐州中级人民法院的邀请，能来到徐州和各位法官交流，我感到非常高兴！感谢徐州市中院对我的邀请！禹贡天下有九州，最厚重者数徐州！能到徐州这样一个人杰地灵的所在和各位法官交流，更是甚感高兴！

首先，我认为今天这个会议的选题非常好！坦率地讲，我是直到今天早上，才知道我们会议的选题的。虽然前天葛文就把会议论文寄给了我，但我因为忙于湖南出版社的一个约稿，没有顾得上看。方才到会场，才看到会议的这个主题：“司法与社会认同”。

---

* 本讲内容是2008年8月27日，应江苏省徐州市中级人民法院的邀请，本人在该院举办的“司法的社会认同”学术研讨会上的评论意见之录音整理。我认为这是一次很有深度，也很有价值的学术研讨活动。在研讨中，大家既关注现实问题，也进行理论回应。因为会议分为上下午两个单元，分别是“司法的社会认同”和“良性司法效果的制度设计”，我的评议也分为两节。本人的评论意见，虽然因为评论的对象较多，显得有些分散，但主题仍是集中的，也反映了我在这一问题上的基本观点，故收录在本书。感谢徐州市中级人民法院的工作人员所做的评议记录！本人在此基础上，根据对发言细节的回忆进行了加工。主要内容，以“司法与社会认同”为题，发表在《审判前沿观察》2008年第2辑（上海人民出版社2008年版）。

作为一位学者，我说它非常好，不仅仅是因为一些政治领袖最近对司法之社会效果的坚持和号召，也不仅仅是现任首席大法官特别强调司法的人民或者公民的满意度。我之所以认为这一议题非常重要，是因为在我看来，经过近30年的持续不断的改革，中国的社会转型和矛盾急剧突出，因此，司法越来越彰显其地位和作用。我想，这一点大家不难理解。我们在看一部小说或一场戏曲时，最喜欢看的就是其激荡人心的冲突、高潮部分。事实上，在社会交往关系中，司法所要处理的纠纷，就是社会交往的冲突和高潮部分，所以，社会交往的“读者们”，就自然特别关注司法，关注司法对于社会纠纷的处理结果。这种情形，正是司法越来越被人们重视、越来越被国家关注的原因，也是社会主体越来越喜欢“阅读”司法、品味司法的原因所在。完全可以说，司法在当今这个时代，远比行政更受人关注。例如，前不久国家有关部门颁布的“禁塑令”，虽然也受到人们的关注，但它肯定没有彭宇案、杨佳案、许霆案等更受社会的关注。原因何在？就在于行政所处理的是日常事务，它没有凸现社会矛盾、冲突的高潮情节。而司法则不然，它随时所要处理的，就是社会交往、社会矛盾的高潮所在。正因为如此，徐州中院选取这样一个话题——司法的社会认同进行研讨，我认为选题特别好。这从一个侧面也说明：在我们这个时代，司法越来越受到人们的关注和期待。

好了，下面我对五位法官的发言分别做一些评议。五位发言人作为司法实践中真正的法律专家，他们的发言对我都很有启发。张文超院长谈到司法社会认同的五个视角，即公开、公正、效率、为民和道德。我把它稍加诠释，则张院长所讲的，事实上分别涉及方法（公开）、结果（公正）、过程（效率）、目的（为民），以及法官素质（道德）这五个角度。这五个视角的满足，在他看来，是司法得到社会认同的关键所在。可以认为，这是一个对司法获得社会认同的宏观架构上的安排。这种对司法和社会认同关系的理解，很值得我们玩味。

刘静荣院长在她的发言中谈了司法之社会认同中的“四民”，即民心、民族、民意、民主。我稍微引申一下她的观点，则民心所涉及的是情感认同问题，民族所涉及的是文化认同问题，民意所涉及的是理性认同问题，而民主所涉及的是制度认同问题。我觉得，刘院长在此提出的问题，显然不仅仅涉及司法本身的问题，而且涉及我国整个制度的变革问题。尽管刘院长是站在司法角度谈的，但我个人认为，她事实上提出了一个非常重大的立法问题。

高主任提出司法权威和社会认同的关系问题。这确实很重要。实际上，司法权威有两种模式，第一种模式是自治性的司法权威。在欧洲历史上，曾经出现过这种情形：即究竟选择哪些法官处理当事人之间的纠纷？通常而言，这是由两造自由选择的。就像在一个村落，陷于纠纷中的村民究竟选择谁来调解纠纷是自治的一样。所以，在黑格尔看来，司法权并不仅是国家权力的一部分，他也把司法权归于市民社会中。当然，近代以来，各民治国家都无所例外地把司法列为国家权力的范畴，但即使如此，在有些地方和国家，人们仍然寻求国家权力下的自治性司法权威。例如我国台湾，就尝试让当事人选择法官做自己案件的裁判者。显然，在自治性司法权威模式下，司法的权威在当事人的选择中自然得到了认同。这也是司法之社会认同的重要前奏。第二种司法权威，就是制度权威。它表明，不论司法如何裁判，只要符合法律规定，就是权威的。既然制度是这样规定的，就说明一例案件的裁决，不是因为法官多么英明果断，而是制度赋予了法官这种裁判的权力。大家知道，在美国曾发生过一些引起全球讨论的重大案件，例如辛普森案件、白人警察殴打黑人案件，都曾引起了轩然大波。其中后者一审裁判后，甚至在洛杉矶、旧金山、圣迭戈、西雅图乃至美国全国，引起了一场强大的“黑人暴动”，但在终审时，法官仍旧不为暴动所动，保持了很强的独立性。原因何在？就因为制度就是这样规定的。这是制度给予司法的权威。这种分类意在说明：在当下中国，我们强调司法、法官权威时，究竟要追求的是制度型的权威，还是自主(治)型的权威？

王庭长在发言中提到在司法过程中，一方面要追求司法的社会认同；另一方面则必须强调法官是在进行专业性裁判，司法最终征服人心的根据是法官的依法裁判。我觉得，这是真正的中的之论。尽管法官的司法裁判，需要寻求当事人、社会、民众的认可，但这只有在法官依法裁判的前提下才有可能。如果法官为了迎合所谓民意，枉法裁判，随意出入，即使案件审判得到一时的认同，也不能得到整个社会的认同。大家知道，随着信息化的发展，审判公开包括了对案件审理结果的公开，特别是网上公开——每个案件的审判结果都要公布，每个裁决都可能要在网上公布。试想，当读者发现一项裁决根本不符合法律规定时，尽管你的裁判能得到当事人的认同，甚至也能得到一定范围内的社会认同，但自始不符合法律的裁判，能否赢得民心、获得民意？能否使司法具有权威、获得社会支持？我想是困难的。所以，王庭长的发言，尽管包含很多内容，但我认为他所强调的法官对依法审判的遵守，对法律的尊重，是特别值得我们关注的。

刘庭长谈到了诉前调解问题。在刘庭长的发言中，我们获知他所强调的诉前调解，既不是诉讼活动，也不是司法活动，而是一项具有独立价值和功能的纠纷解决机制。众所周知，调解既是中国文化传统中解决纠纷的重要内容，也在当今世界具有重要影响。我们理应关注它。我也很关注调解模式对纠纷解决的独特作用。有一次，我和贺卫方有个争论，当谈到ADR解决机制时，贺认为它和中国传统调解制度毫无关系。我则反问他：那两者有没有可以沟通之处呢？他表达了肯定意见。我就此进一步说：既然两者是可比较的、可沟通的，那么，了解一下我国的调解传统，是否能更加方便地把美国的ADR纠纷解决机制引进到中国来？我想，大家都会同意这种看法的。对调解问题的关注，不仅在中国存在，当今世界很多国家，随着对司法效率的追求，都特别关注这个问题。我在美国一个基层法院参观时，获知在该院，民事案件的60%左右是通过ADR机制解决的。甚至因此还专门有了代理ADR案件的律师事务所。我就接触过这些律师事务所的律师。所以探讨和关注调解问题，我个人认为，对纠纷解决的社会认同，是非常具有价值的。这一问题和目前各地法院所展开的诉调对接问题的实践，有无关系？我也很想知道。前些年，司法部曾经推广过一个著名的经验，即陵县经验。我曾带我指导的学生专门调查、研究过。这一经验虽然因为倡导者，当年司法部长高昌礼的倒台不再提倡，但在当地仍然具有很大作用。它的特点是：在涉及一些乡村村民之间的案件时，由于司法程序冗繁复杂、成本高昂、案件裁决后很难得到执行，当地倡导并建立了由司法牵头，相关机关如司法行政局、土地管理局、民政局等参加的类似于法庭的机构，当地起名为调解庭。由调解庭处理的案件，社会认同度也颇高。这些经验，对中国的纠纷解决而言意味着什么？我认为很值得继续深入探讨。

以上就是我对五位法官发言的评议，以及我在听取了诸位的发言后，所产生的体会。下面借此机会，谈一下我对司法与社会认同关系的一些看法。谈到司法的社会认同，我有以下几点思考：

第一，在成文法背景下，如何处理司法的法律认同和社会认同的关系？在判例法国家，这个问题比较好解决，尽管在判例法国家强调法官要遵循先例，但与此同时，法官还能够根据本案案情在诸多的先例中进行先例识别，甚至还能够根据现例（这里所讲的是“现在”的“现”字）进行创造，所以，在判例法世界能够很好地把形式理性和实质理性结合起来。但在成文法国家，却不是如此。

在成文法国家，强调法官必须依法办案，在有法律时必须遵循法律，除非没有法律或者有法律授权时，法官才能适用民间规则，甚至进行法律续造，以解决纠纷。这就意味着，当法律认同和社会认同一致时，一切都好办；但当法律认同和社会认同背反时，究竟该如何处理？在这样的情形下，如何既能实现法律认同，又能实现社会认同？我想，在司法层面，只能以法律认同取代社会认同。在大陆法系国家，社会认同问题的解决，在很大程度上是立法者的事情。立法活动，就是不同社会主体、不同利益集团之间自由辩论和博弈的结果，就是少数服从多数的结果。在立法已定的前提下，如何解决法律认同和社会认同问题的关系？在我看来，司法的社会认同，不是从宏观角度讲的社会认同，而是通过个案的处理所讲的社会认同。它首先追求的是当事人的认同。方才有些发言者认为，社会认同并不仅仅是指当事人的认同。尽管这个说法在一定意义上是有道理的，但我在这里还要补充一点：在司法的社会认同中，最重要的认同就是当事人的认同，其次才是其他人——当事人周围的人的认同。在重大疑难案件中，甚至还涉及整个国民的认同问题。大家可以看出，司法的社会认同和立法的社会认同是不同的，立法的社会认同就是表达民意，而司法的社会认同首先要解决的是当事人的满意。当然，当事人的满意不是要让法官枉法裁判，迁就当事人，而是要求法官必须依法裁判、执法如山。

第二，在强调司法的社会认同之时，如何克服民粹主义？方才我已经指出，司法的社会认同，绝不是要求法官枉法裁判，以迎合一方或双方当事人的需要，不是要求把司法变成民粹主义的试验场。大家知道，列宁当年对民粹主义及其危害有过深入的解释和批判。共和国成立以来，大民主曾经风靡一时，恰恰是民粹主义破坏了民主主义。民主不是民粹，这两者必须分开。民主是一种制度模式，民粹则往往打破制度的制约，以同情、义气等替代制度，最终是以情代法。司法的社会认同也不是追求司法的民粹，不能说一时一地的公民们有什么要求，法官就可以置法律于度外，毫无原则地满足这些要求。这样，司法的社会认同势必就演变为司法的民粹主义。所以，我认为，强调司法的社会认同，绝不是以民粹主义来替代法律裁决。反之，必须要求法官发挥其专业水平，而不能任由民粹思潮支配司法、支配法官裁决。只能通过法官对法律的严格恪守、运用，实现社会认同，而不能通过法官对法律的背弃来曲意迎合“民意”、寻求司法政绩。如果是那样，则宁可不要所谓社会认同。

第三，在强调司法的社会认同时，如何克服法律虚无主义？这是和上个问题紧密相连的。法律虚无主义，自来就是我们国家的特产。在《牛津法律大辞典》中，你可以发现一个词条，这是我们中国人贡献给世人的一个重要词条，即法律虚无主义，是庄子贡献给世人的。虽然在中国历史上，并没有按照法律虚无主义进行统治——众所周知，中国古代还有很发达的法制，但这种观念，却长久以来存在。一旦遇上合适的机遇，就会成为破坏法制的观念基础。在我们强调司法的社会认同时，也存在一个司法的社会认同如何克服法律虚无主义的问题。目前在司法活动中，在强调司法的社会认同时，人们更多强调的是所谓国情、社情、民意，强调的是情，而由此忘记了法。我以为，这样做是很危险的，它本身既违背了司法的基本职能，也违背了司法社会认同的基础——合法。所以我觉得在强调司法认同的时候，如何努力避免法律虚无主义，这是我们大家必须关注的问题。在中国古代，法官断案即使很强调情、理、法的结合，但它的基础还是法。即使在“乔太守乱点鸳鸯谱”(据说历史上确有其事，我们看到的故事已经经过了小说加工)这样离奇的故事中，也能看到对法律的尊重。在清代判官于成龙那里，裁决了一个案件，类似于乔太守乱点鸳鸯谱。案情是：一位富有但其貌不扬的公子，看上他村一位女孩。为了取得女孩及其家人的欢心，他邀请友人顶替他去定亲。女方见顶替者一表人才，也就答应了这门婚事。结婚娶亲之际，该公子又托这位朋友顶替他去娶亲。但天公不作美，顶替者虽然到了女方家，可连日大雨误了其“娶妻”回家。女方家长不得已让顶替者和其女儿在娘家拜堂成亲。拜堂后几天，顶替者都能守身如玉，但最后还是防不胜防，顶替者和该女子终然成就了好事。事情败露后，该公子诉诸衙门。于成龙主审该案，判决顶替者和该女子结秦晋之好，而该公子却人财皆损！这种判决尽管强调情字当头，但也不违当时法律。这进一步提示我们，在强调司法的社会认同时，如何坚持法律第一、法律至上，兼顾情、理的重要性，因为只有这样，才能在强调司法的社会认同之时，有效克服法律虚无主义。

第四，与此相关的另一个问题是，如何克服司法的广场化效应。在强调司法的社会认同时，怎么避免司法的广场化效应，这也是我们必须关注的问题。在人类历史上，司法曾经是广场化的，它的目的是让激愤的人们，尽量通过广场化的“审判”、控诉，以激愤的民意来左右司法，这和司法的民粹主义是一脉相承的。大家肯定都听说过苏格拉底之死，他就是被501人的审判，判决死刑的。这是典型的广场式诉讼。据说古希腊的审判，有时候审判者居然能达到数千人的规模。这种情形，不仅在古希腊有，在一些伊斯兰国家，至今仍然存在。例如在中东、北非一些国家,至今对通奸者仍实行由激愤的民众乱石砸死的裁处方式。这种在韦伯笔下笼统地称为卡迪司法(尽管韦伯对源于伊斯兰世界的"卡迪"这个词不无误解、直至误用)的审判机制,其核心就是激发民众力量,从而也过于关注民众的力量,而放弃专业的、理性的价值。这种情形,在我国"文革"期间被发挥得淋漓尽致,可谓到了登峰造极的地步!大家知道,现代司法所采取的是剧场化审判模式:法官主持、双方当事人及其代理人"表演",其他人只能是看客,最终裁决者不是看客及其激情,而是法官及其理性和法律。也许大家会说,这种司法的广场化,在今天是完全可以避免的,也没有存在的条件。但是,我在这里要强调的是:尽管如今我国的司法,不可能存在古希腊的或者"文革"期间的那种广场式审判,但如果法官不注意应做什么、不应做什么,像刚才惠岭主任所介绍的那样,如果法官不尽量避免外界的干扰,而是一会儿受制于网络意见,一会儿受制于滔滔民愤,那事实上还是没有广场的广场式审判。所以,这里提出在关注司法的社会认同时,如何避免司法的广场化效应,并不是杞人忧天,多此一举。

第五,在强调司法的社会认同时,如何克服对司法独立的漠视。对司法的社会认同,可能会演变为法官不是依法独立判案,而是根据政治正确的要求判案,其结果可能会导致法官对法律的漠视,对独立司法的漠视。最近,司法独立问题似乎成了一个敏感的词,人们因为领导人的一些讲话,就轻易动摇了多年来树立的一些基本的司法观念。我多少感到有些不解,也感到一些担忧。司法独立、法官独立,绝不仅仅是权力的独立,与此同时,也是责任的独立。你要让法官独立承担司法责任、错案责任,就必须让他们享有独立判案的权力。这是至为简单的道理。有不少人认为,在我国不能实行法官独立办案,因为法官的素质不高。我觉得,这些都是托词。法官不能独立办案,其结果也就往往导致法官不能独立承担裁判不公、枉法裁判的责任。因为现行制度,如审委会制度,已经提供给了法官推脱责任的基本方式。法官不能承担责任,那么,枉法裁判、裁判不公的责任由谁来承担?一个托词是所谓集体责任。但我们完全可以说,集体责任最终就是没有责任。没有责任的司法,就不可能产生司法权威,也不可能让人们信任司法。所以,在强调司法的社会认同时,必须以确保法官独立审判为前提。否则,所谓司法的社会认同,就变成了政治的社会认同,而不是司法的社会认同。这在逻辑上势必消除了司法,使司法要么变成某种傀儡,要么变成一个可有可无的工具。

好了，以上是我对今天上午五位发言人的评议，以及我本人对司法与社会认同关系问题的一些看法。也算是对在座的各位法官——真正的法律专家的请教。谢谢大家！

二、关于“良性司法效果的制度设计”问题评议

谢谢主持人李主任！下午我们探讨的主题是“良性司法效果的制度设计”问题。方才我听了五位发言人的发言，和惠岭主任的感觉非常像，受益匪浅。下面我就五位发言人的发言做一下具体总结，我以为他们的发言具有以下四个共同的特征：

第一是实证性强。五位发言人的发言，具有明显的实证性。可以说都是发言人在其各自的实践中所发现的问题。葛院长在发言中对于司法之社会认同较差原因的探讨、张院长对司法中三对重要关系的论述、蔡院长对影响司法社会认同的执行问题的检讨、赵主任对律师与法官沟通中存在的严重问题的揭示，以及刘庭长所提出的法官与当事人的沟通问题等等，都是只有亲历过司法实践的人，才有可能提出的问题。他们都以目前所遇到的问题为入口，进行阐述论析，这让我感触颇深：纸上得来终觉浅，绝知此事要躬行。

第二是反思性强。听罢五位发言人的发言，不得不说他们在发言中具有很强的反思能力和批判能力。葛院长对于司法能动性的探讨、对司法中实质合理问题的关注，张院长对客观事实不能时对法律事实的关注，蔡院长对裁决执行中存在的严重问题的担忧，赵主任对律师和法官沟通中存在的种种现象的尖锐批评，刘庭长所提出的命题本身所具有的反思精神，都表明诸位法官、律师，不是在应付差事，而是在发现问题的基础上，认真反思、认真批判、认真检讨。说实话，透过这种反思精神，也让我对法官、律师有了新的认识。

第三是对策性强。五位发言人在发言中，不仅结合司法实践，指出了目前我国司法在社会认同方面所存在的严重问题，而且对所存在的问题，提出了克服、救济它们的对策，所以，他们的发言对策性很强，这也让我非常感动。人们经常说：提出问题是解决问题的一半。这话没错。但如果一个人只会提出问题，而不会提出解决问题的方案，总是给人虎头蛇尾的感觉。五位发言人在提出问题之后，又能有针对性地提出解决问题的方案、对策，这是不是在一定程

度上也反映了法官思维的方式？哈哈，这也给我提出了进一步研究的任务。

第四是可行性强。五位发言人不仅提出了司法之社会认同中所存在的问题，也不仅针对这些问题提出了相关的对策，而且在我看来，这些对策的可行性也非常强。如张院长有关“三个能力”的主张，赵主任有关在法官与律师沟通中相互提供电子信箱以方便对案件之不同观点进行交流的提议，刘庭长关于就“拟裁判结果”在法官与当事人之间建立交流、沟通机制的独特建议等，都很具有可操作性。问题是我们如何把这些建议、对策纳入制度的有效框架中。

上述是我对五位发言人发言的一个总体性评论。下面，我分别向几位发言人就一些我所关心的问题提出请教：

张院长，您提出了三种关系，那么，当这些关系不能协调时究竟怎么办？我注意到：您对证据（法律）事实和客观事实的关系已经阐述得很清楚，处理得非常好，即当法律事实不一定能达到客观事实的情形下，我们只能选择法律事实，而不能选择客观事实。但有些问题，您似乎无论在发言中，还是在文章中，都没有交代。我方才匆匆看了您的文章，没看到您的相关论述。即当合理性与合法性出现冲突时怎么办？怎么判定合理性问题？当两者冲突时，是以合法性取代合理性呢，还是相反？这是一个问题。同样，问题也涉及另一对关系，即当专业精神和群众路线出现冲突时怎么办？要首先强调专业精神还是首先强调群众路线？毕竟法律思维不同于政治思维，政治思维每每基于日常思考，而法律思维必须强调例外情形——这样，才能深入矛盾，并解决矛盾。只有在考虑冲突时怎么办，才符合法律思维。

蔡院长，您对执行问题的反思是深刻的。确实，执行问题已经严重地影响了司法的形象和司法的社会认同。但执行问题是否应当是司法的问题？在前两年的司法改革中，我坚决反对把执行问题继续放在司法权中。我很多年前曾写过一篇小文章，就叫《执行，司法的累赘》。2002年，在牡丹江召开的一次有关司法改革的研讨中，我公开主张法院把执行权交给行政，因为执行的性质是行政权，不是司法权。我方才看到蔡院长在文中也提到了英美国家以及日本也存在裁决执行不力的问题。但我要说，他们的执行不力，不会像我们这样直接影响到司法的社会认同。原因在于，在这些国家，裁判的执行不在法院，法院只是发布执行的令状，具体执行活动则由有关行政当局行使。所以，执行不力不会直接影响司法的社会认同。但我国把执行问题放在法院，这样，执行不力自然会影响法院司法的社会认同问题。所以，我建议法院最好放弃执行权。当然，这样大家会问，那司法的办案经费从哪里得到保障？我也清楚法院之所以重视执行权的个中缘由，但因为这些缘由而把司法执行权牢牢掌握在法院之手，我认为真是得不偿失。因此，把执行纳入司法中，在体制上是否正确？我特向蔡院长和诸位提出请教。

赵主任，您谈到司法的社会认同必须要以公正作为基础，一般说来，这是不错的。但公正只是司法所要追求的目的。司法的核心是不是公正？我很怀疑。前些天，我在网上和一位年轻学子做了一段交流。我注意到，国内学者在解释乌尔苏斯的那句名言——“法律是善良公正之术”时，把立足点常常放在“善良公正”这个价值问题上，这并没有什么错，但立足点有问题。“公正善良”的价值问题应当由谁来解决？我认为伦理学家、政治学家、社会活动家、政治家等都能解决这个问题。而法学家、法律家所要解决的，恰恰是如何实现“公正善良”的技术问题，而不是“公正善良”本身。当法院要代表法律、社会实现公正善良时，是需要一些工具、技术支持的，所谓“工欲善其事，必先利其器”，大家耳熟能详啊！这也是放之四海而皆准的真理吧？如果没有司法技术，再强调司法公正、社会善良，都只是大而无当的口号。司法对任何公正目的的追求，必须借助司法技术、工具。所以，当我听到、看到某些领导人对司法技术的鄙薄时，深感这位领导人并不具体知晓什么是司法技术。总之，我认为司法活动，就是通过对工具理性，技术理性的强调、运用，以实现法定的目的理性。我不知道这样的意见赵主任怎么看？

刘庭长，您提出了法官和当事人拟裁判结果沟通的问题，这确实是很有见地的。但问题是，当拟裁判结果和最终的裁决结果并不一致、发生了冲突时，怎么向当事人交代？事前和当事人的沟通如何补救？如果得不到补救，是不是会更进一步妨碍司法的社会认同？还有，司法的裁判结果，按照一般原理，只能在合议之后。那么，您所说的拟裁判结果，究竟在诉讼的哪个阶段才能形成？如果法官事先就拟裁判结果和当事人公开交流，是否是对司法的正当程序的背反？我在您的文章中没看到相关论述，很期待您就这些问题继续解答一下。我觉得，这其中还存在着许多值得细化的问题。另外，刘庭长方才还提到了山东德州法院的“判前评断”问题。对此，我比较熟悉，因为“判前评断”方案的起草人之一，就是我数年前指导的一位在职法律硕士，他的硕士学位论文，就是《论判前评断》，答辩获得了优秀。但判前评断和您说的以拟裁判结果和当事人沟通尚有不同。因为“判前评断”只是在法官之间进行的，在德州法院的实践中，一般不涉及以“判前评断”为据，和当事人之间的沟通事宜。

好了，以上是我对五位发言人发言的评议，以及我对五位发言人的请教。下面，我发表一些个人的看法：今天下午我们探讨的主题是“良性司法效果的制度设计”，如果站在法院的外部立场思考问题，刚才大家提出的很多问题，应由立法机关来解决，仅仅司法机关，尚不能解决这些问题。不过我认为，就司法机关本身而言，在内部制度上解决裁判技术的制度化问题，是尤为重要的。以下我就司法裁判技术的制度化问题简要发表一些见解。

近些年来，我国法学界明显开始关注司法的方法问题，为此，我和国内其他一些学者，联合倡议召开系列性的全国法律方法论论坛。其中第一届在中国政法大学召开，第二届在华南理工大学召开，今年第三届由我所在的单位威海分校法学院主办，在日照召开。明年第四届在浙江大学召开，后年或许在上海师大，或许在苏州大学召开。虽然法律方法的研究在我国有所起色，但法律方法究竟是干什么的？不同的法律方法所适用的条件、问题、场域各是什么？对此，法学界探讨明显不够。我最近的努力，就是想解决不同法律方法所适用的场域问题。这就是我上午提到的、现在正在写的一本书所要完成的任务。

虽然任何一个案件的裁决，法官都需要运用一定的裁判技术和方法，但法官真正对裁判技术的运用，是和法律的病症相联系时才能凸显的。法律作为一种社会规则，作为人的理性的产物，它也会有病症的。我认为，法律的病症，可以归纳为三种。这三种病症，分别有不同的解决方法和技术。简述如下：

法律的第一种病症是：法律的模糊不明。对这种病症，法官在司法中采取的救济措施就是模糊释明技术。首先是法律解释，即通过法律解释解决法律在文字意涵上可能存在的意义模糊问题。其次是法律推理，即当案件事实适用于法律中，并和法律间出现模糊时，法官采取法律推理技术以解决模糊的方法。最后是法律论证。在司法中，当双方当事人及其代理人、法官（陪审员）之间出现不同意见时，就需要采取法律论证技术。目前，我国学者在研究法律论证问题时，对法律论证究竟针对什么，法律推理究竟针对什么等，都研究得很不够。

法律的第二种病症是法律冲突。在面对法律冲突这一病症时，法官需要冲突消解的方法。这里也存在三种克服、救济或消解冲突的方法。首先是效力识别方法。这些方法大家都很熟悉，如原则优先于规则、上位法优于下位法、特别法优于一般法、新法优于旧法、程序法优于实体法、国际法优于内国法等等。其次是利益衡量方法，即当同一效力位阶的法律之间发生冲突时，适用该种方法。很多学者，包括我院前任院长梁慧星先生，在研究利益衡量时，借鉴日本学者的观点，把这一方法也作为漏洞补充的方法，我认为这是不妥的。司法中利益衡量的主要功能，就是解决法律冲突的方法。最后是事实替代方法。事实替代这种说法，我尚未见到国内有学者论述过。这种方法的适用场合是，当我们既定的法律不能调整它要调整的对象时，法官所采取的司法方法。如法律规定的是西，而它欲调整的事实走向却是东，这样，法律无法对应于事实，法官就只能运用事实中蕴涵的规则，以替代法律本身。

法律的第三种病症是法律漏洞。法律漏洞的司法救济方法统称为漏洞补充。具体来说，它的克服方法也有三种：首先是类推适用。即以最相类似的法律条款，适用于法律上没有明确规范的某种事实。大家知道，我国刑事法律曾经明文肯定过类推适用，如今类推适用虽然在定罪量刑上被废除，但在情节等问题的裁量中，并未废止。至于在民事司法中，需要类推适用处更多。其次是法律发现，即法官在案件事实中发现规则。它所适用的基本情形和场域是，当法律上对类似案件事实根本没有规定时，法官才可以在事实中发现规则。它和前面提到的事实替代似乎很相像。但请大家注意：事实替代针对的是既有法律对所调整的对象（事实）的调整不能，而法律发现所针对的是某种案件事实在法律中根本没有规定。最后是法律续造，这是法官根据自由裁量权，对法律中没有规定的案件事实，在案件事实中也找不到相关的裁判规则时，直接构造裁判规则的方法。这里涉及所谓“法官造法”的问题。这种方法也可称为“法律续造”方法。

总之，在我看来，在法院内部，亟须解决的是技术规则的制度化问题。我想，以上问题，法院内部的一些举措，如建立类似于美国一些法院所采取的指导法官办案的“手册”等，对法院内部行为而言或许是非常适宜的，也是法院能够做到的。关于以上法律方法的具体论述，我前面提到的正在写的那本书将会详细阐述。如果大家感兴趣，到时候可以继续交流。

此外，刚才惠岭主任谈到了美国不同州的法院，在一些司法问题上的举措和对策，我觉得很重要。以前我国的学者在谈美国司法情形时，更多谈的是联邦的司法制度，很少谈甚至不谈州、市的司法制度。其实，据我粗浅的了解，在美国，州、市的法律和司法存在很多特殊的问题和制度，因为它们只解决地方性的案件，不解决跨区域的案件，如跨州案件由联邦法院审理，而跨市案件由州法院审理，各市、各州只审理本市、本州内发生的案件。这不同于我国。大家知道，在我国，各级法院的法律适用，一般都适用的是全国统一的法律。但在美国联邦制国家下，市法院直接对本市的规则负责，州法院只对本州的法律负责。这样，各市、州法院就有很大的自主权。我在美国听说那里最小的市只有 120 人，市里也有法院，有 3 个议员，每周召开一次议会，市民们可自由参加。我也到过一个只有 5 万多人口的城市，在芝加哥附近，其城市地位和数百万人口的芝加哥市是“平级”的！显然，在美国，城市是自治的，城市之间没有职位的高低之分。所以法院也就有更多案件裁判的自治权。各市的法院、各州的法院，也就完全可以提出，并实施自己的、不同于联邦的审判对策和制度，制定一些完全有别于联邦法院的裁判规则、准则。

还有，惠岭主任方才提到了美国法院的一些灵活措施。其实，在美国，20 世纪以来司法上一直存在着司法守成主义和司法能动主义的争论。司法守成主义以法律形式主义为理论基础，强调法律怎么规定，司法就怎么去做；强调司法对法律的严格遵守。而司法能动主义，则建立在法律现实主义基础上，它强调司法必须结合社会现实，结合社会的需要进行裁决。在美国，无论学术界，还是司法界，都存在这两种不同的司法观点。因为最近我们的一些博士研究生在研究这些问题，我随着他们的研究，对此也约略了解了一些，在这里顺便说说。

哈哈，通过这一天时间的研讨，我还有一种强烈的感受：我们的法官真是非常辛苦的！我在这里仅仅坐了一天，就五六个小时吧，已经感觉到腰酸背痛了，可以想见，法官们审理一起案件，动辄端坐一天，甚至数天，那是个什么滋味！所以，有这种切身体会，就更进一步了解了做法官的辛苦、不易！谢谢各位法官！

第十二讲

权力扩张、能动司法及其悖论*

——在几次学术研讨会上的即席讲演

一、为什么要关注法律方法与司法能动间的关系？

各位同仁：

为期两天的第四届“全国法律方法论坛”马上就要闭幕了，在此，我代表“全国法律方法论坛”各发起单位致闭幕词。我想，在会议即将结束之际，各位代表依然沉浸在会议上各位学者讲演、评论和辩驳的情境中。俗话说，没有不散的筵席。我们只能期待来年将在黑龙江举办的第五届“全国法律方法论坛”上集体见面了。下面我就结合这次会议的有关情况，讲三个方面的问题：

第一，为什么要强调法律方法与司法能动的关系？

在一天半的讨论中，各位学者就司法能动问题进行了深入的探讨。但是有一个问题大家并没有提到。尽管大家提到了司法能动主义奠基于健全的权

---

* 本讲所涉及的三篇讲演，分别是笔者 2009 年 11 月 8 日在上海师范大学召开的“第四届全国法律方法论坛”会议上的闭幕词，2010 年 6 月 5 日在山东平邑召开的“山东省法律方法研究会第二届年会暨‘能动司法与法律方法’研讨会”上的会议评论和 2010 年 4 月 25 日在上海召开的第三届“长三角、珠三角法院院长论坛”会议上的一则评议。因为三次讲演都涉及司法能动这样一个话题，所以放在一起，作为笔者在这一问题上比较系统的看法。

力分立(三权分立)体制,即当司法权深入到立法权或行政权领域时,或者在一定意义上有悖于三权分立的原则时,才存在司法能动以及司法能动主义。但大家或许忽视了另一种情形,那就是伴随着资本经济由自由竞争向垄断经营的发展,伴随着因这种现象而出现的国家经济职能的形成和迅速扩张,资本世界的各种权力在整体上出现了扩张,其中行政权的扩张更加迅猛。司法能动主义,在很大程度上奠定在国家权力整体扩张,特别是行政权扩张的这一背景下。强大的行政权如果配之羁束的司法权,那么,传统的分权制衡原则就会荡然无存。因此,可以认为,司法能动主义是司法权扩张的一种表现,也是在资本垄断经营背景下,权力关系重新博弈或者重新安排权力制约关系的一种方式。与此同时,司法能动现象也是在资本垄断经营背景下,国家权力边界在一定意义上模糊的产物。所以,司法能动,依然是沿着权力制约的目标和思路而行进的,尽管它的结果未必一定是主体自由的福音和交往安全的屏障。

在我国,和司法权相关的权力关系有两个方面特别值得关注:一是我国的权力关系一直处在模糊状态下。尽管宪法上有元首权、立法权、行政权、司法权、检察权和军事指挥权的“六权”分界,但不论在立法上,还是实践中,各种权力之间的界限十分模糊,特别是行政机关内部的各行政部门之间的权力关系和边界更是模糊——甚至出现了我曾经论述过的在某些领域里的“权力缺席”现象。因此,在我国,权力在模糊状态下的扩张现象,更是触目惊心。对此,如果大家关心一下20世纪末和21世纪初山东司法行政界所创造的六大经验,如“陵县司法调解经验”、“148法律服务热线”、“莱芜依法治家”的经验,都可以明显看出在权力模糊状态下,行政机关在我国是如何想方设法扩张其地盘和权力的。我曾经很想就此安排学生分析权力扩张的事实,可惜,真正写出来的同学不多。今天各地所积累的“司法能动”经验,依然具有司法权欲扩张的明显痕迹。

二是我国的司法权,既承担着国家权力的公共职能,也承担着执行执政党行使治权任务的政治职能。对此,大家认为合理也罢,不合理也罢,但从社会实证意义上看,事实上就是如此。公共职能要求司法权必须尊重法律,而政治职能却要求司法权必须服务于党的要求、服务于大局、服务于人民需要。这样,我们可以发现,我国的司法能动现象,有两个层面:一种是通过一些政策性措施积极扩大司法权,如近年来开展的司法改革;一种是在司法个案中实现司法能动。前种情形,在肖扬法院时代,是竭尽全力设法通过突破现有宪法和法律来实现公共职能的，并通过此来实现司法权的扩张。对此，昨天到会的宪法学者刘松山教授有过深入的探讨，发表在《法学》上，大家有兴趣可以看看。至于在具体个案中的司法能动现象，因为时间关系，我在这里就不再展开。

这就表明，我国的司法能动现象，明显是法律上权力模糊状态下的产物，不过它不具有明显的权力制约的功能，但具有一定的社会安抚功能和政治姿态功能。这是我们在研究我国的司法能动现象时，必须关注的问题。所以，我们不能完全借助在美国存在的司法能动主义理念，来看待我国的司法能动现象，而应当深入我国的司法实践，来观察、分析我国的司法能动现象——不管这种现象从应然视角看正确与否。当然，还必须关注的是，上述两种在政策方面展开的司法能动现象，并没有提高我国司法的权威。这种情形，是特别值得各位在研究我国的能动司法现象时予以注意的。

第二，本次“法律方法论坛”的收获。

作为一个闭幕词，自然需要对会议本身的收获做些总结。此次会议，获得的成果是多方面的，我就不对此全面地展开论述了。我在这里，想特别谈两个方面的收获，即近两年来我们这个论坛的两个关注点的转变。

我方才回忆，迄今为止，我国学术界有关法律方法研究的全国性学术会议，已经举办过十次了。第一次是梁治平发起的法律解释问题研讨会，其结果形成了会议论文集《法律解释问题》。第二次是全国法律论证与法律方法研讨会，如果我没记错，是 1999 年“五一”前后在山东大学威海分校召开的，《人民法院报》对此做了详细的报道。第三次是 2000 年“全国法律解释学”研讨会，由山东大学法学院、山东大学威海分校法律系、《法学研究》编辑部联合在青岛举办。第四、六次是葛洪义教授倡导的两次“法律方法与法律思维”研讨会，分别在兰州和乌鲁木齐举办，并出版了《法律方法与法律思维》论丛。第五次是“和谐社会与法律方法”研讨会，由山东大学威海分校法学院举办。第七到第十次就是我们的“法律方法论坛”，迄今为止，已经举办了四次。

我不想在这里联系其他会议做评论，仅联系“法律方法论坛”的四次会议，对本次会议的特点做个总结。我认为，我们这次会议和前三次会议相比较，第一个特点是在主体定位上，我们收获了年青一代，或者收获了新的会议主体。大家或许记得，第一、二次论坛，我们在会议主体上走的是“名家”策略。如在第一次论坛上，我们邀请了价值哲学家、著名法理学家和政治哲学家与会，这些学者尽管都学有建树，他们的理论主张对法律方法的研究也不乏启示，但毕竟有些学者对法律方法并没有研究。所以，在第一次会议上，尽管国滢教授和我都做了会议基调发言，但有些大牌教授的发言，却逃离法律方法领域。自第三届会议开始，国滢教授和金钊教授有意将会议代表落实为学有专攻的法律方法研究者。这样，一批研究法律方法的新人便登上了这一论坛。此次会议就更是如此，在这次会议上，我们明显地看到，尽管也有一批大牌教授来到这里，但这些教授共同的特点都对法律方法问题素有研究。更特别值得关注的是，这次会议在很大程度上已经不是大牌教授主导了，而是由法律方法领域中的年轻人所主导。通过这次会议，大家认识了硕士研究生朱明哲、李睿、冯威、刘拓、张晓晓、徐涛、刘振宇等，更认识了一大批博士研究生和刚刚取得博士学位的年轻人。他们发言的内容，在一定意义上是我们这些进入中年的教授应学习和补充的。昨天晚上我和国滢、成良教授等在交流时这样说：在某些领域，我们这些老师反过来要做学生。所以，这次会议让一批年轻学子走向论坛，给我们的论坛真正注入了活力和新鲜血液，这也预示着我们未来的论坛，只要持之以恒，将会取得更大的成绩！

我觉得我们这次会议的第二个收获，就是在法律方法的大框架下，确定了一个明确的主题，那就是法律方法与司法能动。尽管早上葛洪义教授在发言中，就这个论题本身的问题提出了质疑，陈金钊教授昨天也说我加进了“私货”。呵呵，确实，在选题设定上，我基本上是依照我对法律方法体系的认识来决定这个选题的，也基本上反映了哲学诠释学意义上的“私货”吧(其实在这一主题确定过程中，我已经征求过葛洪义、陈金钊教授等发起单位负责人的意见了，他们都表示同意)。但我认为这一主题的确定很有价值。前三次会议，我们讨论的就是法律方法问题，没有进一步确定一个更具体、更明确的主题，更没有把法律方法的理论问题和实践问题紧密结合起来，所以，讨论起来未免内容分散。但这次会议，我们以司法能动为主题、以法律方法为理论基础，说明法律方法之于司法能动可能的、具体的价值和贡献。我认为，这个选题明显具有理论和实践的双重面向，即能够把法律方法的理论问题较好地适切到司法活动的实践中去。我想，这就是这次会议在选题方面的重要收获。可以这样说，这既是一次法律方法论的会议，也可能是全国第一次由学术界举办的有关司法能动问题的研讨会。在这个意义上，这个选题，这种结合司法实践的一种具体现象，对法律方法问题的研讨，可能在选题方面是一个创造。遵循选题方面的这种创造原则，我期望我们以后的论坛能够在选题上更进一步，真正把法律方法的理论面向和法律、特别是司法的实践面向紧密地结合起来，使我们的这一学术论坛取得更大的成绩。

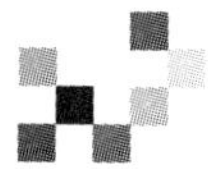

二、对我国提出的"能动司法"问题的八点思考与批评

尊敬的严老师、丁院长、李院长、吴院长、王院长，尊敬的金钊教授，尊敬的各位学者、法官，特别是方才做主报告的尊敬的各位报告人，大家上午好！

这是我到这个美丽人家第二次参加会议，第一次在这里开会已经是六年前的事情了。方才，五位报告人分别就各自的报告主题进行了阐述。据我所知，杨建军博士尽管研究美国司法能动主义问题的时间不长，但在发言中对美国司法能动主义发展的几个关节点阐述得非常清晰明白，对相关典型案例也交代得非常清楚。胡桥博士以激情的语言，阐述了能动司法的意义，强调能动司法是一种政治思维，但我要问的是，如果套用麦金太尔的话，你所讲的究竟是何种政治？因为在现代民治国家，司法本身是政治的一个重要组成方面，现代政治的外在形式，就是法治政治。因此，司法的一切问题，并不是外在于政治的。同时，他也提到"能动司法"是一个决策。但在我的印象中，我国的"能动司法"依然是一些地方法院的经验，也是一些领导人自己的谈话，似乎还没有形成某种"决策"。我不知道胡博士这样讲的根据是什么？李全昌主任结合自己的切身体会，道出了作为一位法官的苦衷。他关于司法之法律效果和社会效果的分析，尽管有一定道理，但在我看来，当两者发生冲突时，一般情况下，应理所当然地寻求法律内的社会效果，而不是琢磨首先抛开法律，追求社会效果。曹志海主任我们是十多年的老相识、老朋友了，他的报告阐述了研究能动司法时，社会实证方法的价值。确实，能动司法作为"行动中的法"的样式，需要社会实证方法加以研究，但在我看来，法学研究中的实证，更重要的还是规范实证。最后，刘铮法官的报告，我认为抓住了能动司法的最重要的问题，因为能动司法归根结底是一个和司法自由裁量权紧密相关的问题。

好了，下面我就借此机会，结合几位报告人的报告，讲如下八个问题。事实上，有关能动司法的会议，这是我第三次参加。第一次是我和国滢教授、金钊教授、继承教授等所发起的，在上海召开的第四届全国法律方法论坛。那次论坛的题目叫“司法能动与法律方法”。第二次是今年在上海召开的长三角和珠三角中级法院院长论坛，其中一个重要主题也是能动司法与法律方法。这次是第三次。通过这么多次会议，以及对能动司法问题的思考，我想讲如下几点：

第一，能动司法，究竟是司法的原则问题，还是例外问题？司法活动究竟要严格依法进行还是可以超越法律，发挥法官的创造性？这不仅是当下中国面临的问题，而且在西方国家，甚至在中国古代，这一问题也都存在。但事物总有主次，如果我们认真弄明白了能动司法之所指，则会了解能动司法绝不是指发挥法官在司法中的主观能动性，人类一切有意识的活动，都存在主观能动性问题。能动司法也罢，司法能动也罢，都含有打破当下法律规定，在法律之外寻求司法裁判之社会效果的意蕴。一例案件，即使因为法律规定存在问题而无法获得更好的裁判效果，从而法官需要在法律之外寻求能动方案，但对整个司法而言，它也只是一种例外，绝不是原则。法院和法官的原则，只能是严格遵循法律办案。如马克思所讲的那样，对法官而言，除了法律之外，便没有别的上司。现在，在我们的司法实践中，大有把能动司法这种例外当作原则来对待的情形。过分强调这一点，势必让我们的司法由规范调整蜕化为个别调整。大家知道，法理学上有一对重要的概念，就是个别调整和规范调整。其中从个别调整到规范调整的发展，意味着人类社会秩序组织方式的巨大进步。现在，我们一旦把能动司法作为一种原则，经常行使，无非是把规范调整变成个别调整，类似案件得不到类似处理，这样，不但耗时费工，支出的是高昂的成本，收获的是微弱的效益，而且更重要的是无法在实质上满足公民的公平要求和公正感。人们之所以对同案不同判普遍不满，缘由就在这里吧？

第二，司法需要法律权威还是司法政策权威？事实上，在司法活动中，人们越来越感到一些司法政策性规定的实际影响，甚至超过了法律本身的影响，例如我国检察系统推出的宽严相济的刑事政策对相关司法活动的影响，而法院系统倡导的“能动司法”，在客观上对法院司法审判的影响究竟如何，暂且不论，但在外观上对法院、法官的影响不可小觑。前些日子，北理工法学院和北京市二检院联合，召开了一起学术论坛。在会议上，该院负责人以他在检察院十多年的经历为例，告诫年轻学子，学好法学专业课，仅仅是进入司法实践的入门条件，除此之外，还需要掌握很多知识和交往方式，其中他特别谈到了对司法政策的把握和做好一位合格的检察官之间的关系。是的，司法要关注司法政策，这我赞同；同时，司法政策对司法活动肯定有影响，这我也赞同。但是，当司法政策凌驾于法律之上，司法者借助司法政策，把法律规定置之度外时，这我就很不赞同了。严格说来，司法政策如果被置于制度的框架中观察分析，最多只是法律体系结构中的一部分，它应当和法律的原则、规则一起发挥法律的整体性作用。所以，借助司法政策搞“能动司法”，在学理上看，逻辑上是矛盾的，也是不能自洽的。或者说参照某些司法政策进行司法，本身是根据法律司法的一种表现，而不是“能动司法”的理由。所以，司法活动的宗旨，仍然应定位在对法律的尊重和恪守上，而不是借助司法政策，挑战法律权威。

第三，司法应当贯彻法治政治，还是权治政治？在前面的评论中，我已经提到法治政治这个概念。民治时代以来，但凡实行民治或民主的国家，其政治内容是民主的，但政治的外在表达和规范形式必须是法治的，否则，人多嘴杂、意见纷纭的民治政治就无以为继。正因为如此，像市场经济必然是法治经济一样，民主政治必然意味着法治政治。这样，民主政治和法治政治之间，就有某种内关联性和同构性。民主政治天然的是对权治政治的反对。在我看来，纯粹倚赖于权力、有权能使鬼推磨的权治政治，压根儿就和人治政治不能比肩，更是法治政治的解构者和破坏者。但毫无疑问，在目前我国的体制下，作为法律守夜人的司法，却屡屡为权势所动。方才一位报告者就谈到了为了避免裁判结果不被接受，法院如何事先和事后和党委沟通、和人大沟通、和政府沟通的情形。大家可以想见，这对法院而言究竟意味着什么？对法治而言，又意味着什么？所以，当“能动司法”借助为“大局服务”的理由而唯权力是从，放逐了法律时，司法所贯彻的就是赤裸裸的权治政治，而不是法治政治。大家知道，在中国古代，还有诸如张释之等不畏强权，敢于和皇帝当场论辩、叫板的司法官呢，可为什么如今我们专司法律的法官却普遍缺乏这种精神呢？自然，我认为，这必须从制度中寻求原因。

第四，目前我国司法面临的是权能扩张，还是权能到位？提出这样的问题，是大家都知道，我国社会，目前正进入社会学家和经济学家得出的那个规律性的社会矛盾多发期，即当一个国家的人均国民生产总值达到 3000 美元以上时，一般难以避免的社会冲突期。在这种情形下，有些人认为“能动司法”的提出，是司法当局为了迎合社会对纠纷解决的需要，瞅准时机，设法扩张司法权的举措。但是在我看来，我国目前亟须解决的，是司法权能的到位问题，而不是这一权能的扩张问题。多年前，我写过一篇文章，叫做《权力缺席与权力失约》。在那篇文章中,我特别强调当代中国权力运行中的“失约”问题,在很大程度上是因为法律没有对各种权力给出边界明晰的界定。这就导致“权力”运行可以横冲直撞、无所规范、难以制约。如今,我国的司法权尽管在宪法和法律上有一定的规定,但是和现代社会司法权所要求的权力到位、责任明晰相比较,我国的司法权是明显缺位的、不到位的。而目前所开展的“能动司法”,正如前所述,并不能真正满足司法权能扩张的要求,反倒是司法权受制于其他各种权力。所以,借助“能动司法”来扩张权力,或许在美国等西方国家司法权早已到位的背景下行得通,但在我国显然是很不现实的。我国目前真正要解决的,依然是司法权的落实和权能归位问题,并在这一基础上,解决司法责任问题。否则,司法既无权力,不能独立,其结果也只能是无责任。权力不独立必然导致责任不独立。这个道理无须多讲。当一个案件必须向党委请示的情形下,当党委下令,法官必须照办的情形下,究竟谁承担责任?最近在河南发生的赵作海事件难道还不能说明个中问题吗?

第五,“能动司法”就是要解决制度欠缺的司法救济吗?我国“能动司法”提出的另一个理由,是要克服法律的僵硬性、呆板性所造成的对不断变化的社会需要和社会关系的不适应,同时也为了救济法律所不能解决的问题,从而在法律效果之外实现所谓社会效果,达到所谓法律效果和社会效果的双赢,实现司法的和谐。毫无疑问,任何时代、任何国家的法律不可能是没有缺陷的,同时,当法律有缺陷时,针对个案,通过司法机制以救济法律的缺陷,也是世界各国的通例。但是,这种救济只能在个案的处理中,并且针对的只能是法律的实际缺陷,而不是为了迎合个案中的所谓民意、当事人的需要而恣意放逐甚至破坏法律。否则,所谓通过“能动司法”,以实现救济法律、实现和谐司法的目的,就只能是无的放矢。大家应当知道,当前的社会矛盾,既是社会的结构性矛盾,也是法治追求和权治传统博弈的结果。因此,在这种背景下,任司法如何努力,只要你迎合的是权力,而不是法律,矛盾便会越来越多,而不是相反。这从多年前的绑架法官案,用硫酸对法官毁容案,直到最近发生的令人发指的在办公室枪杀数名法官案(本评论后没几日,广西梧州又发生六名执行法官遭泼硫酸案!)都说明:和谐司法不是靠能动于法律,而受制于权力的方式就可以实现的。事实恰恰相反,这样的“能动司法”,不但不能救济法律的不足,反而给法律带来不断的麻烦;不但不能实现所谓的“和谐司法”,而且让规范不足的司法越来越不和谐。

第六，司法面对的法律移植与移植“偏位”问题。刚才也有报告人提出了对我国法律移植的反思。确实，自从清末民初以来，我国法律发展一直延续了一条艰难的移植之路。共和国成立以来，特别是改革开放以来，为了迅速走向世界，和国际接轨，我们继续开展了大规模的法律移植活动。对这种法律移植运动，国情论者也进行了诸多的矫正和反思，但中国大规模的法律移植运动并没有结束，只是需要反思的是，我们的法律移植活动是对位的，还是“偏位”的（我认为在这里用“偏位”这个词比用“错位”这个词要恰当）。我为什么要提出这样的问题？有两个方面可供诸位参考。一方面，以往我国的法律移植过分注重实体层面的移植，而忽视方法层面、技术层面的移植。所谓实体层面的移植，就是对一种社会关系，别人怎么规定，我们也大体怎么规定；而方法或技术层面的移植，则未必关注别人怎么具体规定一种规范，而更多关注这种规范的产生和运作机制和方式。另一方面，我国的法律移植，更多关注全国统一法律的移植，而没太关注国外地方和中央关系方面法律的借鉴和移植。举例来说，我国虽然移植了不少全国性的法律，可当这些法律适用到具体地方时，每每出现和各地的风俗传统大相径庭的情形。但即使如此，法院、法官在解决地方主体之间的诉讼时，还要无可奈何地适用全国统一的法律。放眼世界，在现代很多国家，当涉及本地当事人之间的诉讼时，法院更多适用的是地方法律和规范，哪怕这个地方只是区区数万人的一个城市。但是，在我国，大家知道，即使省级地方的立法，对法院而言，只能是裁判的参照，而不能是裁判的根据。前些天我还和某地级市负责人谈到，我们地级市能否争取到地方立法权？他说，这几乎不可能。我跟他说，这正是我特别感兴趣的问题之一。例如我们临沂市，一座具有 1000 万人口、地方风俗习惯极其复杂的城市，在涉及本地当事人的案件时，却只能适用全国统一的法律，而居然没有临沂地方的法律。我觉得这是我们在移植法律时，特别需要关注的问题。这里涉及地方自治问题。前年，我在国内多个地方讲过《地方自治与法治》这样的讲题，在某校讲演时，被告知这一主题不能讲，但去年、今年我又讲了两次。我觉得国家在移植法律时，如何既关注国家层面的移植，同时又关注地方制度层面的法律移植，这是一个必须重新认真打量的问题。没有一定的地方自治，就很难有健全的法治，也很难有“符合实际”的司法。没有一定的地方自治，就必然会逼迫着法官以违法为代价而去“能动司法”。

第七，“能动司法”与“主体性司法”。尽管在我国目前独特背景下提出的

"能动司法",具有很多特别值得重新反思的问题,但如果对"能动司法"做一种美籍华人学者林毓生意义上的"创造性转换",那么,我们从中也可以开发出有益于司法进一步发展的因素,这就是把"能动司法"和"主体性司法"联系起来。大家知道,任何能动行为,都只能在主体性前提下才有可能。当一个人、一个机构只能听命于人,只能被动地接受别人指示的时候,他就不具有主体性,也不具有能动能力。所以,对"能动司法"如果进行理想的引导,把它引导到司法主体性上来,或许会将"坏事"变成"好事"。那就是通过对能动司法的强调,通过对司法主体性的强调,仍然把司法改革的着力点导向"司法独立"这个主导命题上来。因为只有这样,法院和法官才可能"能动司法",也才可能承担司法责任。如果不这样,那么,所谓"能动司法",不过是无的放矢、无根之谈。

好,我就拉拉杂杂评论如上几点,同时这也是我本人对"能动司法"问题的一些思考。或许不妥,请各位能批评指正。再次感谢五位主报告人的报告!

三、从法律方法视角看"能动司法"的适用限度

谢谢主席!感谢上海市第一中级人民法院和上海财经大学法学院再次邀请我参加这一论坛。

按照会议的要求,我是给许建院长的论文和发言做评议的。方才听到他的发言,很有感触,也很有教益。不过有一点可能诸位都有感受:许院长根据论文的发言和他的自由发言之间,尽管有一定的联系,但也有明显的冲突,这就给我的评论带来了难度。肯定了他论文中的看法,就在某些方面要否定他临场发挥的意见;反之,肯定了他临场发挥的意见,可能就要否定他论文的主张。呵呵,确实比较难。尽管如此,我还得说些话,不妨借此机会,讲以下几个问题。我的发言可能会超过会议要求的时间,请主席能允许并谅解!

第一个问题,能动司法与司法克制的关系。能动司法问题,随着现任最高人民法院院长的倡导,在全国各地如火如荼地开展,并且各地还创造了一系列经验,例如陕西陇县经验、河南高院重回马锡五审判方式的经验、江苏泰州经验、山东东营经验等。但究竟如何理解能动司法,它和司法能动能否等量齐观等,尚是没有解决的问题。为此,我和国内几位学者去年在上海师范大学主持召开的第四届全国法律方法论坛,主题就是"司法能动与法律方法",那可能是

国内学者首次就这一主题展开的讨论。同时，我也注意到，国内法学博士生的论文选题，已经有多篇是研究这一主题的。如山东大学的李辉博士生、吉林大学的侯学宾博士生、山东大学的施嵩博士生以及武汉大学毕业的一位博士，他们所研究是相关主题，不过前两位直接研究的是司法能动主义，而后两位研究的是司法克制主义问题。他们的论文，我看过其中几篇，所以，对相关问题，多少了解一些。

在西方国家，特别是在美国，司法能动是和司法克制相对应的一个概念。自从法治理念在西方广播以来，严守法律形式主义、规则至上主义是所有奉行法治的国家在司法中被普遍接受和运用的主张。但是，随着社会生产方式的迅速变化和发展，新型纠纷、疑难案件越来越多，导致如果不加分析地严守司法克制主义，可能对一些新型案件、疑难案件和复杂案件而言，反倒不能更好地解决，于是，反思法律形式主义、反思司法克制主义，就在法学界和法律界得以展开。在理论上的成果就是法律现实主义等法学思潮的诞生；在实践上的成果就是司法能动主义的出现。可见，司法能动主义来自西方，在西方国情下，照样存在司法能动主义。所以，并不是说只有在中国，在社会主义国情下，才存在所谓的能动司法问题，才需要结合国情，创造性地司法。

但考虑到目前我国的能动司法毕竟不同于司法能动，所以，能动司法自始就不是司法克制的对称。因此，能动司法在一定意义上和司法能动不可同日而语。在我国尚没有出现严格规则主义、没出现克制主义司法的背景下，推行能动司法，只是一种对政治国情的选择和适应，而不是对司法克制现象的矫正措施。因此，我国的能动司法现象就有了自己的政治语境和文化语境。但无论如何，它与司法能动还有区别。

第二个问题，能动司法与司法能动的区别。这两个词虽然文字相同，只是文字的排列组合不同，但两者间有很大的差异。前面已讲过，司法能动现象，是在美国等西方国家产生过的一种司法现象，特别是在宪法的司法审查问题上。其目的是为了克服法律形式主义的过度机械、过度教条。司法能动现象的产生，有以下三个背景：

第一个背景是法律严格规则的建立和运用，即没有司法克制实践经验的背景，就没有和它相对应的司法能动现象。以此相对照，可以发现，我国目前所倡导的能动司法活动，恰恰是在严格规则主义的法治还很不成熟的情形下展开的，因此，它只是对政治国情的一种呼应，可能并没有长久的制度基础。

第二个背景是权力分立,特别是严格的三权分立的背景。严格来说,司法能动所讲的"能动"一词,就是司法权借助司法活动,对宪法所规定的立法权和行政权范围的突破,也就是说把司法权深入到立法权和行政权中。大家知道,20世纪以来,随机性事务的迅速发展和经济垄断的不断发展,进一步催生了国家行政权的迅猛扩张。面对扩张的行政权,要么控制,要么放纵。西方人根据其权力运行的一贯逻辑,还是进行了控制,其中借助司法权和司法运作模式对行政权的控制就是一例。但司法权在控制行政权扩张时,同时自己也在扩张权力,所以,可以把它看作是一种以限制权力为目的的权力竞争现象。我国宪法尽管原则上规定了权力分工,但并没有严格的权力分立,所以,能动司法也就不能在控制政府权力和议会权力的意义上使用和展开。

第三个背景是司法独立的确立。也就是说,司法能动行为是法院和法官在司法独立的背景下所展开的司法自主活动。而我国所展开的"能动司法",却是法院,乃至整个司法机关在方方面面受制的情况下,在司法根本就无法独立的情况下展开的。对这个问题,待会我还要专门讲,这里不再展开。

第三个问题,能动司法与法律授权。能动司法究竟应当是法院和法官自主的活动,还是在国家法律授权之下的活动?我想,能动司法不应是对国家法律原则和精神的突破,即使它不可避免地会突破一些法律规则的规定。这就要求尽管能动司法强调法院和法官灵活地运用法律,把法理和情理适当地结合起来,但在这种结合过程中,是不是就可以撇开法律的规定,任法官和法院发挥其主观能动精神而进行司法呢?我想,完全不是这样,也不应当是这样。法院和法官的能动司法活动,一旦没有法律授权的基本制约机制,就背离了法治对司法的基本要求。我国一些法院的能动司法活动,也强调了借助法院内部的规则对能动司法活动予以规范,不过这种自己给自己制定规则的情形,尽管比没有规则要好,但毕竟不是通过立法机关的法律所获得的授权,所以,其局限也显而易见。

法律对于能动司法活动的授权,无外乎两个方面。一个方面是实体性的授权,即只要具备法律授权中所预设的条件,法院就可以采取能动司法措施;另一个方面是程序性的授权,即只要有相关的能动司法的需要,法院和法官就可以根据正当程序的规定提起能动司法。目前,我国所展开的能动司法,基本上是没有法律授权的,而仅仅在经验层面展开活动,在很大程度上是一种摸着石头过河的活动。所以,它的局限性,我想在座的各位法官比我要清楚得多。

第四个问题，能动司法与司法独立。我在这里想和大家分享的一个看法是：司法独立和能动司法之间不但没有南辕北辙的背离，而且它们之间还有千丝万缕的联系。只有在司法独立的背景下，才能有更好的能动司法。如果司法不独立，司法随时追寻，主动接受所谓监督、制约，即司法不能以主体的身份和资格作用于案件事实的判断和法律的适用，那么，与其说司法是能动的，不如说司法是受动的。一切能动，都源于主体地位的建立。当法院和法官因为过分受制、因为主动接受监督而丧失了其主体地位时，司法能动也就只能是皮之不存、毛将附焉了！

第五个问题，能动司法与制度理性。我想讲两个方面的问题：一个方面，在我国所倡导的能动司法举措中，能否发展出一种修正的、类似于西方国家出现的那种司法能动模式来。另一个方面，这种可能性与制度理性的关系。

就第一个方面而言，我觉得目前我国倡导的能动司法，尽管是对司法独立和法治原则在一定程度的背反，但只要我们在研究中、解释中运用能动司法的概念，并把它放置在目前我国国民对司法解决纠纷、实现正义的独特要求背景下，或许可以借此积极推进陪审团制度在我国的出现，以便进一步完善我国的司法制度。这样，反而能把能动司法的明显消极方面化解掉，使它纳入制度理性的范畴。

就第二个方面而言，目前我国的能动司法，主要停留在经验事实阶段。放眼全国各地法院，几乎每个法院都有自己的一套经验，真可谓经验满天飞。对这种情形，去年在上海召开的“司法能动与法律方法”会议上，有些学者称为“司法乱动”。今天在会休期间，我也听到有些法官说“司法乱动”这样的话。事实上，这表明我国的能动司法还主要停留一种经验事实阶段。这种经验事实，如果上升不到制度理性上，就不但不能由能动司法，进一步发展出司法能动的情形，反而会败坏司法的声誉，破坏司法的尊严。前不久，在山东德州法院举办的一次讲座中，我特别强调了经验事实转化为制度理性的必要性，因为法律和司法活动，尽管离不开经验，但仅仅停留在经验层面，就必然会和理性对法治及司法的要求背道而驰。

第六个问题，能动司法与法律方法。这也是今天会议的重要主题之一。我认为，所有的能动司法活动，都应当是一个法律方法作用于其中的活动。而任何法律方法，都是针对法律所存在的问题或者病症提出来的。我在湖南人民出版社出版的《法律哲学》第三卷中，专门探讨了法律的三种病症和补救这些病症的九种方法。

法律的第一种病症是法律的意义出现了模糊，即法律的文字意义出现了模糊不明。对这种病症，在法律上的三种救济方法是：法律解释，即从字面意义上释明法律；法律推理，即把案件事实代入法律规定中，推断出裁判结论，并进而释明案件事实和法律遭遇时，法律意义的模糊不明；法律论证，即在多个法律推理间，通过议论和辩驳，寻求最恰当的、适用于当下案件裁判的法律推理。这三种法律方法，基本上都是严格遵循法律规则的司法方法，所以，这三种法律方法和能动司法之间一般没有联系。能动司法不能借助这三种法律方法而展开。

法律的第二种病症是法律的意义出现了冲突。尽管法律意义的冲突在整体上也是一种法律的意义模糊，但它所表达的又是另一种情形，即就某个法条或某部法律而言，它们在文字上的意义是明晰的，但当这些明晰的规则和与它相关的其他法律的规定相比较时，又出现了意义冲突现象。针对这种法律病症，救济的法律方法也有三种：第一种是效力识别，大家都很熟悉；第二种是利益衡量，大家也很熟悉；第三种是事实替代，这点大家可能不太熟悉。它是指当制定法完全违背社会事实的规定性，根本不能调整它所想调整的社会关系时，用社会关系本身的规定性替代法律的规定。可见，在上述三种法律方法中，前两种方法仍然是法官在法律之内的选择，谈不上什么能动司法的问题。只有事实替代方法，是法官对制定法的放弃，反而选择以社会关系的规定性取代法律的规定。这显然是一种能动司法了。

法律的第三种病症是法律的意义空缺，即刚才深圳中级法院院长所讲的法律漏洞。法律出现了意义空缺时如何补救？这里也有三种法律方法，即：一是类推适用，这是大家都很熟悉的；二是法律发现，即在案件事实的规定性中发现最适合于当下案件的规范内容；三是法律续造，即面对疑难案件，法官根据自己的内心确信、理性判准等创造规范，实现对案件的裁判，补救法律的不足。在这三种法律方法中，大家可以看出，其中两种法律方法，即法律发现和法律续造都属于法官在法律之外的能动活动。所以，和这两种法律方法相关的司法活动，一定是能动司法活动。

综上所述，可以发现，在以上九种法律方法中，和能动司法可能相关的法律方法一般有三种，即事实替代、法律发现和法律续造。其他法律方法，一般并不关涉能动司法问题。

图书在版编目(CIP)数据

沟通理性与法治/谢晖著.—厦门：厦门大学出版社，2011.7
(法意文丛)
ISBN 978-7-5615-3887-6

Ⅰ.①沟… Ⅱ.①谢… Ⅲ.①法学-文集 Ⅳ.①D90-53

中国版本图书馆 CIP 数据核字(2011)第 109087 号

厦门大学出版社出版发行
(地址:厦门市软件园二期望海路 39 号 邮编:361008)
http://www.xmupress.com
xmup @ public.xm.fj.cn
沙县方圆印刷有限公司印刷
2011 年 8 月第 1 版 2011 年 8 月第 1 次印刷
开本:787×960 1/16 印张:19.5 插页:1
字数:322 千字 印数:1～2 000 册
定价:35.00 元